De macht van mode

Redactie
- Jan Brand
- José Teunissen
- i.s.m. Anne van der Zwaag

Auteurs
- Nanda van den Berg
- Rosetta Brooks
- Patrizia Calefato
- Ginger Gregg Duggan
- Akiko Fukai
- Henk Hoeks
- Eric de Kuyper
- Dirk Lauwaert
- Ulrich Lehmann
- Gilles Lipovetsky
- Ted Polhemus
- Jack Post
- Karin Schacknat
- Anneke Smelik
- José Teunissen
- Chris Townsend
- Barbara Vinken
- Anne van der Zwaag

De macht van mode
Over ontwerp en betekenis

TERRA

ArtEZ Press

Inhoud

	Voorwoord	7
	Introductie	9

Mode en geschiedenis

	Dirk Lauwaert **Het moreel en de mode**	14
	Barbara Vinken **De eeuwigheid – een ruche aan een jurk**	28
	Ulrich Lehmann ***Tigersprung*: het modelleren van de geschiedenis**	42

Mode en maatschappij

	Gilles Lipovetsky **Kunst en esthetiek in de modemaatschappij**	70
	Eric de Kuyper **Als alles mode is, wat gebeurt er dan met de Mode?**	92

Mode als een tekensysteem

	Patrizia Calefato **Mode als tekensysteem**	126
	Anneke Smelik **Mode en de media: van haute couture naar beeldcultuur**	152
	Dirk Lauwaert **De kleding en de Innerlijkheid** **Kleding is een ding** **Kleding en verbeelding** **Het democratisch snobisme**	172

Mode als opvoeringskunst

	José Teunissen **Van dandy tot modeshow** *Mode als opvoeringskunst*	194
	Ginger Gregg Duggan **The Greatest Show on Earth** *Eigentijdse modeshows in relatie tot de performancekunst*	222

Rosetta Brooks 248
Gezucht en gesteun in Bloomingdale's
Een bespreking van een postordercatalogus voor de lingerieafdeling van Bloomingdale's

Mode en globalisering

Ted Polhemus 262
Wat trekken we aan in de global village?

Akiko Fukai 288
Japan en de mode
Japans modeontwerp

Mode en kunst

Karin Schacknat 314
De kunst van het mixen

Chris Townsend 342
'Like the Difference'
Zoals de *différance* tussen kunst en koopwaar, zoals de *différance* tussen een leven en een lifestyle – Silvia Kolbowski's en Peter Eisenmans project voor Comme des Garçons in 1995

Chris Townsend 360
Slaaf van het ritme
Sonia Delaunay's modeproject en het gefragmenteerde, beweeglijke modernistische lichaam

Modetheoretici

Henk Hoeks, Jack Post 392
Vijf pioniers van de theorie van de mode
Een encyclopedisch overzicht

Modeontwerpers en -fotografen

Alber Elbaz	18
Yves Saint Laurent	26
Maison Martin Margiela	34
Comme des Garçons	38
Christian Lacroix	50
Madame Paquin	58
Mary Quant	68
Vivienne Westwood	78
Ann Demeulemeester	94
Bernhard Willhelm	102
Coco Chanel	110

Nicolas Ghesquière	118
Miuccia Prada	122
Guccio Gucci	130
Dolce & Gabbana	138
Giorgio Armani	146
Inez van Lamsweerde	158
Sophia Kokosalaki	178
Alexander van Slobbe	184
Paul Poiret	206
Viktor & Rolf	214
John Galliano	218
Alexander McQueen	234
Guy Bourdin	244
Helmut Newton	256
Burberry	260
Tommy Hilfiger	266
Diesel	274
Ralph Lauren	282
Gianni Versace	286
Issey Miyake	292
Junya Watanabe	298
Yohji Yamamoto	302
Jean Paul Gaultier	310
Lucy Orta	322
Walter van Beirendonck	330
Alexandre Herchcovitch	334
Hussein Chalayan	338
Bless	346
Sonia Delaunay	358
Elsa Schiaparelli	382
Personenregister	407
Over de auteurs	411
Colofon	414

Voorwoord

Het fenomeen mode was nog nooit zo rijk geschakeerd als vandaag de dag. Er wordt veel over gedebatteerd en geschreven – de kennis over datgene wat het dichtst op onze huid zit groeit dagelijks. De schappen van de kiosken liggen vol met modebladen die de laatste tips over de uiterlijke stand van zaken rond mode geven. Maar op intellectueel gebied is mode nog een onontgonnen terrein, terwijl mode een belangrijk fenomeen van onze hedendaagse cultuur is.

Het ArtEZ Modelectoraat beschouwt de hedendaagse mode als een spiegel van haar tijd, waarin belangrijke maatschappelijke en culturele ontwikkelingen te herkennen zijn. Door het plaatsen van mode in een theoretische en maatschappelijke context worden onderliggende betekenislagen inzichtelijk en bespreekbaar gemaakt.

Vanuit dit standpunt is er drie jaar gewerkt aan een nieuw type modehandboek dat vanuit een hedendaagse visie terugkijkt op de modegeschiedenis. Mode als fenomeen van onze visueel georiënteerde cultuur waarbij antropologische, sociologische, filosofische en semiotische inzichten de stijlgeschiedenis verrijken.

Het Modelectoraat ArtEZ hoopt door middel van deze publicatie de theorievorming omtrent modevormgeving van een stimulans te voorzien bij met name hbo- en universitaire studenten, en bij een algemeen in vormgeving geïnteresseerd publiek.

José Teunissen
*Lector Modevormgeving ArtEZ
hogeschool voor de kunsten*

Introductie

Wat is mode eigenlijk? En wat is het verschil tussen mode en kleding? Op deze en veel andere vragen probeert dit boek antwoorden te formuleren. Sommige theoretici leggen de oorsprong van de mode – als steeds veranderende kledingsmaak – in de Renaissance, anderen zien de innovatieve rol van de maîtresse aan het Franse Hof als het cruciale moment. De maîtresses aan het hof van Lodewijk XIV waren in elk geval de eerste niet-adellijken die 'schoonheidsidealen' en 'de goede smaak' gingen bepalen. Zij dwongen respect af op basis van hun verfijnde smaak en niet door hun sociale komaf.

Wanneer in de negentiende eeuw vervolgens de burgerij opkomt, de democratisering zich verbreidt en de verlichtingsidealen gemeengoed worden, groeien individualiteit en persoonlijkheid uit tot centrale begrippen van de moderne cultuur. Mode wordt nu zelfs cruciaal bij het veruiterlijken van het innerlijk, van de ziel en de eigen persoonlijkheid. Het maakt mode in de negentiende eeuw tot een van de vitale elementen van de moderniteit en het anonieme stadsleven. Het daagt belangrijke denkers als Charles Baudelaire, Stephane Mallarmé en wat later Georg Simmel uit tot serieuze bespiegelingen over de impact en de precieze werking van mode op deze moderne cultuur. Aan deze denkers – en aan Walter Benjamin en Roland Barthes die in de twintigste eeuw het belang van mode in hun studies onderstreepten – zijn alle auteurs van dit boek schatplichtig. We kunnen ze beschouwen als de pioniers van de huidige modetheorie. Van deze sleuteldenkers zijn daarom in het laatste hoofdstuk beknopte biografieën opgenomen, samengesteld door Henk Hoeks en Jack Post. De ontwerppraktijk van de mode krijgt in dit boek aandacht in door het boek geweven lemma's. Van belangrijke en in de teksten voorkomende mode-ontwerpers en -fotografen worden hier de belangrijkste uitgangspunten en theorieën behandeld en staan enkele exemplarische ontwerpen afgebeeld.

Alle artikelen in dit boek illustreren dat mode een van de belangrijkste expressievormen is van onze hedendaagse cultuur. Om mode als cultuurfenomeen te doorgronden is een brede, interdisciplinaire invalshoek noodzakelijk. Vanuit de sociologie, de antropologie, de semiotiek, de psychologie en recent ook vanuit de *visual culture* zijn interessante visies en theorieën over mode ontwikkeld. Deze diversiteit aan invalshoeken is dan ook bij de verschillende artikelen en auteurs terug te vinden.

De artikelen zijn ten slotte gegroepeerd rond zes thema's, die als een rode draad door de geschiedenis en theorie van de mode lopen.

Mode en geschiedenis

In het eerste hoofdstuk brengen we een drietal essays bijeen die gaan over de specifieke manier waarop mode omgaat met geschiedenis. Mode heeft van zichzelf geen band met vaststaande betekenissen en tradities. Elk seizoen vernieuwt ze zich en creëert ze haar eigen nieuwe betekenissysteem, zonder dat daarin plaats is voor officiële tekens van status of religie zoals dat in traditionele culturen wel het geval is. Dirk Lauwaert beschrijft in *Het moreel en de mode* hoe de altijd 'immorele mode' toch hedendaagse morele en culturele thema's in zich herbergt.

Barbara Vinken beschrijft in *De eeuwigheid – een ruche aan een jurk* hoe conceptuele ontwerpers als Martin Margiela, Yohji Yamamoto en Comme des Garçons 'het verstrijken van tijd' en 'het gedragene' in hun ontwerpen vorm weten te geven. Daarmee laat ze zien hoe begrippen als tijd en geschiedenis de mode in de jaren negentig dichter bij de ideeënwereld van de kunst brengen.

Mode weet als geen ander medium elementen uit de geschiedenis op te pikken en ze een hedendaagse uitstraling te geven. Baudelaire beschreef al in 1863 in *La peintre de la vie Moderne* hoe mode de esthetiek van het moment, van het vluchtige met het eeuwige weet te verbinden. Ulrich Lehmann probeert in *Tigersprung: het modelleren van de geschiedenis* deze relatie tussen mode en geschiedenis precies te definiëren. Daarvoor baseert hij zich op het begrip *Tigersprung* dat eind jaren dertig door Walter Benjamin werd geïntroduceerd. Hij toont aan hoe mode als cultureel fenomeen ons besef van geschiedenis telkens weet te veranderen en te actualiseren. Diezelfde tijdstheorie in het werk van Walter Benjamin is overigens ook de leidraad in *De eeuwigheid – een ruche aan een jurk* van Barbara Vinken.

Mode en maatschappij
Mode is minder vluchtig en ijdel dan men in intellectuele kringen graag wil geloven. Onder het oppervlak van nieuwe roklengtes en andere kleuren is mode tevens een spiegel van de maatschappij en haar sociale verbanden. De filosoof Gilles Lipovetsky legde in eerdere studies al uit hoe mode samenhangt met democratisering en het ontstaan van het begrip individualiteit. In *Kunst en esthetiek in de modemaatschappij* beschrijft hij hoe de beeldende kunst als fenomeen steeds meer op mode gaat lijken. Vroeger waren de grenzen nog scherp te trekken: kunst was voor de eeuwigheid, mode voor het moment. Kunst was origineel, uniek en mode conformistisch. Mode was voor de massa en kunst voor de intellectueel. Mode ging over de futiele en de vluchtige ervaring en kunst over eeuwige schoonheid. Deze grenzen zijn nu vervaagd. Niet alleen de kunst, maar ook de musea en het culturele erfgoed hebben zich steeds meer aan de verleidelijke principes van de modemarketing overgegeven. Ook zij stellen consumentisme, verleiding, beleving en het vluchtige moment voorop.

Analoog aan Gilles Lipovetsky stelt Eric de Kuyper in *Als alles mode is, wat gebeurt er dan met de Mode?* dat de mode allerlei andere terreinen geannexeerd heeft. Ze heeft zich over zoveel gebieden uitgestrekt dat ze in feite niets meer met mode te maken heeft, concludeert hij in zijn betoog waarin hij laat zien hoe mode van oorsprong als paradox in onze cultuur functioneerde. Mode gaf vorm aan het spanningsveld tussen het mannelijke en het vrouwelijke. Met mode kon je tegelijkertijd je individualiteit uitdragen en ook tot de groep behoren. Mode was vluchtig en tegelijkertijd bestendig. Ze leek natuurlijk, maar was altijd artificieel. Nu de mode algemeen verbreid en voor iedereen toegankelijk geworden is, zijn veel van deze paradoxen verdwenen. De seksuele differentiatie van man en vrouw bijvoorbeeld is van een cultureel (mode)verschil tot een biologisch verschil gereduceerd. Met bodybuilding en esthetische chirurgie worden vandaag de dag slechts de verschillen gemarkeerd. Het wezen van mode als cultuurfenomeen lijkt daardoor verdampt.

Mode als een tekensysteem
Met *Système de la mode* was Roland Barthes in 1967 de eerste theoreticus die vanuit de semiotiek mode als een betekenissysteem probeerde te definiëren. Hij beperkte daarbij het begrip mode tot de bijschriften zoals ze bij foto's in de modebladen te lezen waren. Patricia Calefato wil anno 2006 ook de 'echte' mode, zoals die ons via communicatiemiddelen als tv, internet, muziek en de foto's in modebladen voorgeschoteld wordt, als betekenissysteem doorgronden. Daarvoor benadert ze de mode vanuit een brede, multidisciplinaire invalshoek die ze modetheorie noemt. Ze ziet mode als een systeem van betekenisproductie waarin de culturele en de esthetische performance van het geklede lichaam bestudeerd wordt. In haar artikel *Mode als tekensysteem* geeft Calefato antwoord op vragen als: hoe komt betekenisvorming in de mode tot

stand? Hoe communiceert mode? Wat is de relatie tussen teken en identiteit en hoe gaat mode om met de definiëring van man en vrouw, de populaire cultuur en luxe-artikelen?

In *Mode en de media; van haute couture naar beeldcultuur* legt Anneke Smelik uit hoe mode niet zonder de media kan bestaan. Modemagazines, glossies, damesbladen bestaan niet zonder de mode, maar omgekeerd bestaat de mode ook niet zonder deze tijdschriften. De mode is voor zijn succes, zowel als kunstvorm als als commerciële onderneming, afhankelijk van de media. Ze legt uit hoe de media een belangrijke rol hebben gespeeld in het complexe culturele fenomeen dat de mode is geworden en hoe mode een onmisbaar onderdeel is geworden van onze hedendaagse beeldcultuur.

In een viertal persoonlijke notities probeert Dirk Lauwaert te beschrijven wat het betekent om kleren te dragen. Met behulp van kleding bepaalt een drager zijn identiteit: hij veruiterlijkt zijn innerlijk en tegelijkertijd vormt de kleding een sociaal pantser om de buitenwereld tegemoet te treden. Daarnaast is mode ook verbonden met het lichaam. Ook sekse, erotiek en seksualiteit van een lichaam krijgen pas vorm met behulp van kleding en de codes die daarbij horen. Mannen ervaren en definiëren hun kleding tenslotte anders dan vrouwen.

Mode als opvoeringkunst
Mode is bij uitstek een opvoeringskunst die op de catwalk en in de modefotografie haar ideale platform vindt. Ooit waren er etiquetteboekjes die strak voorschreven hoe men zich behoorde te gedragen, maar vanaf het verschijnen van de dandy in de negentiende eeuw – die de anonieme stad als zijn performanceplatform ziet – wordt de performance, het nonchalante flaneren, een vast onderdeel van de mode. Deze performance wordt in de twintigste eeuw geabstraheerd en gestileerd tot de modeshow, zoals we die tegenwoordig kennen, beschrijft José Teunissen in *Van Dandy tot modeshow. Mode als opvoeringskunst.* Ginger Gregg Duggan laat in *The Greatest Show on Earth. Eigentijdse modeshows in relatie tot de performancekunst* zien wat de overeenkomsten tussen de modeshow, het theater en de cultuur van de performancekunst precies zijn. Ze maakt binnen deze context ook duidelijk welke varianten een modeshow kan hebben en wat dat betekent voor de mode die wordt getoond.

Dat stijl niet een kwestie is van wat je aanhebt, maar van hoe je iets draagt en de houding waarmee je een *image* vertolkt, is ook het thema dat Rosetta Brooks behandelt in *Gezucht en gesteun in Bloomingdale's. Een bespreking van een postordercatalogus voor de lingerieafdeling van Bloomingdale's* over de fotografie van Guy Bourdin voor de Bloomingdale's postordercatalogus in de jaren zeventig. Ze signaleert hier een belangrijke kentering in de modefotografie. Niet het product, maar het productbeeld wordt in de jaren zeventig belangrijk. Daarmee wordt de modefotografie steeds meer entertainment en misschien wel kunst in plaats van productinformatie.

Mode en globalisering
Mode is van oorsprong een westers fenomeen, iets dat andere culturen niet kennen. Maar anno 2006 hebben ook andere culturen hun weg gevonden naar het platform in Parijs.

Mode was altijd al een internationale aangelegenheid, met Parijs en Londen als het centrum.

Tegenwoordig maken mondiale zenders en vooral internet de shows op de Parijse catwalks overal ter wereld onmiddellijk zichtbaar. Parijs is nog wel het centrum van de modewereld, maar het verschijnsel Fashion Week heeft zijn intrede gedaan op alle continenten en vooral buiten de westerse wereld. Voor 1980 keek de modewereld al wel naar andere culturen, maar vanuit een overwegend Eurocentrisch gezichtspunt (exotisme). Alles wat buiten Europa werd gemaakt was geschikt als inspiratie (etnisch, exotisch) en werd tot Westerse mode volgens Westerse smaak omgevormd. Etnische kleding werd niet gezien als 'mode' volgens Westerse normen. Deze strikte scheiding is nu verdwenen. Mode die geworteld is in lokale tradities wordt inmiddels serieus genomen en gewaardeerd. Ted Polhemus onderzoekt met welke criteria deze nieuwkomers op de internationale modemarkt rekening moeten houden in *Wat trekken we aan in de global village?*

Akiko Fukai legt in *Japan en de mode* uit hoe Japanse ontwerpers als Issey Miyake, Kenzo, Yohji Yamamoto en Comme des Garçons in de jaren tachtig Parijs – en daarmee het Westen – konden veroveren, terwijl de esthetiek en de visie die ze binnenbrachten Japans was en verankerd in 'de cultuur van de kimono'.

Mode en kunst

Met de komst van het postmodernisme in de jaren tachtig kreeg de mode-ontwerper een nieuwe rol. Hij leverde geen dwingende totaalbeelden meer, maar semiologische componenten, legt Karin Schacknat uit in *De Kunst van het Mixen*. Het maakte de mode conceptueler en meer verwant met de beeldende kunst. Toch is er al eeuwen een relatie tussen mode en beeldende kunst, al zijn zij niet doorlopend op dezelfde manier verbonden, stelt Schacknat. Lang bleef die relatie een overzichtelijk eenrichtingverkeer: de kunstenaar gebruikte mode als één van zijn expressiemiddelen bij de afbeelding van mensen. Deze toestand veranderde in het midden van de negentiende eeuw, onder andere door de uitvinding van de fotografie en door het verschijnen van de eerste couturier, Charles F. Worth. Onder invloed van de romantische tijdgeest die voorzag in een glansrol voor de kunstenaar als individueel genie, afficheerde Worth zich graag als zodanig. Paul Poiret ging aan het begin van de twintigste eeuw nog een stap verder en werkte met en omringde zich met kunstenaars en kunst. De komst van de couturier tilde het ambacht van de kleermaker naar een artistiek niveau dat interferenties met beeldende kunst mogelijk maakte. Aan het begin van de twintigste eeuw ontstonden diverse concepten die voorzagen in een samengaan van mode en beeldende kunst, zoals bijvoorbeeld Gustav Klimmt, Josef Hofmann en Henry van de Velde probeerden te bewerkstelligen.

Chris Townsend werkte voor dit boek twee verschillende projecten uit waarin hij in detail uitlegt hoe mode en kunst kunnen samengaan. In *Like the Difference* gaat hij in op het project dat kunstenaar Silvia Kolbowski en architect Peter Eisenman in 1995 ontwikkelden voor de winkel van Comme des Garçons in New York.

In het artikel *Slaaf van het ritme* analyseert Townsend hoe de jurk van Sonia Delaunay, die speciaal voor een nachtclub ontworpen werd, niet bedoeld was als modeartikel maar als instrument om een modernistisch lichaam ruimtelijk neer te zetten. De jurk drukt letterlijk uit wat het betekent om een bewegend, fragmentarisch subject te zijn en zelf aan die mobiliteit en fragmentatie bij te dragen.

Modetheoretici

In het laatste hoofdstuk bespreken Jack Post en Henk Hoeks vijf theoretici die in het theoretisch discours van de mode en moderniteit nog altijd als essentiële denkers fungeren. Post en Hoeks schetsen niet alleen hoe het gedachtegoed in hun tijdperk gestalte kreeg, ze laten ook zien hoe ze op elkaars denken voortbouwden.

Jan Brand
Hoofd dAcapo-ArtEZ, studium generale ArtEZ hogeschool voor de kunsten

José Teunissen
Lector Modevormgeving ArtEZ
Conservator mode en kostuums Centraal Museum, Utrecht

Mode en geschiedenis

Dirk Lauwaert

Het moreel en de mode

1. Mark Borthwick, Chloë Sevigny toont stukken uit Martin Margiela's maat 74 collectie, lente-zomercollectie 2000

Mode en geschiedenis

Mensen zijn de geklede soort, eertijds volgens het trage systeem van het gebruik[1], vandaag volgens het snelle systeem van de mode. Vroeger kozen mensen niet zelf wat ze droegen, maar schreef de traditie hen dat voor. Natuurlijk waren binnen het traditionele kostuum persoonlijke variaties mogelijk, maar ze waren beperkt en betroffen details. Vergelijkbaar dus met de taal: de regels kunnen niet eigenhandig gewijzigd worden, maar die regels vormen een soepel systeem dat het eigene toch zegbaar en denkbaar maakt.

Vandaag dus het andere systeem, dat van *fashion*, van de mode. Mensen worden niet meer volgens een conventie gekleed, maar – zo lijkt het – naar eigen goeddunken. Die hypothese maakt elkeen weer iedere ochtend verantwoordelijk voor zijn verschijning. De naakte verantwoordelijkheid schept verwarring, onzekerheid en angst. ('Ik weet niet wat ik moet aandoen' is de vaak gehoorde ochtendkreet van het ene geslacht, een noodroep die in het oude systeem ondenkbaar was, omdat alles geregeld was.) Mensen kleden dus zichzelf in het systeem van de mode, naar eigen humeur en wens, niet meer naar seizoen, gelegenheid en rol. Dat heeft een immense investering in het zelfbeeld en in de erotische dimensie ervan tot gevolg gehad. Onze erotiek is zeer vestimentair bepaald. Toch ontvlucht iedereen de eenzaamheid voor de kleerkast en de spiegel. Men wil zich 'vrij' 'laten kleden'. Aanvankelijk door een kleermaker die de wensen vertaalde, later door een ontwerper die wensbeelden (als *commodities*) via de markt voorstelt, waaruit kan worden gekozen.

De open dialoog tussen het lichaam en een kleermaker, later tussen het lichaam en de voorstellen van de ontwerpers die samen de *fashion industry* laten spreken, hebben de polemiek tegen de gewoonte in het hart van de kleding geplaatst. Daardoor komt kleding in de historiciteit terecht: stijlen kunnen erkend worden, breuken aangeduid.

De zich kledende mens ervaart kleding als een open avontuur. Een avontuur van het sociale en erotische zelfbeeld, dat ieder slechts kan construeren in relatie tot iets eerders. Mode functioneert volgens een dialogisch model: ieder vestimentair voorstel staat tegenover een vorig voorstel en lokt weer een nieuw voorstel uit. Kleding is dan ook de eerste plaats waar wij het historische als zodanig zien: historische films worden kostuumfilms genoemd, precies omdat het verleden ogenblikkelijk afleesbaar is van de kleding die de *stars* dragen. Historisering (in romans, films en schilderkunst) begint steeds als kostuumarcheologie.

Gekleed worden versus kleding kiezen

De mode begint aan het Bourgondische hof. Daar is het elkaar aflossen van in en out of fashion ontstaan. Het duurt evenwel tot de late negentiende eeuw voor de economische en technologische voorwaarden vervuld zijn om van mode onze hedendaagse fashion industry te maken. Het Second Empire brengt alles samen. Parijs wil dé stad van de luxe-industrie zijn: de stofindustrie levert de grondstoffen, zij is de 'zware' industrie. Worth, de eerste couturier, verkoopt als het ware de 'software': concrete, particuliere ontwerpen. Hij keert alle rollen om: de aristocratie komt naar hem, en niet omgekeerd. De kleermaker voert niet de wensen uit van de vrouw, hij doet haar dwingende voorstellen. Het is opnieuw een man die vrouwen kleedt, wat sinds 1675 steeds meer in onbruik was geraakt.[2] En dan volgt in de tweede helft van de twintigste eeuw de democratisering van fashion via de *prêt-à-porter*.[3] Kleren worden vooraf gemaakt in alle mogelijke maten en de klant kiest zijn maat. Ongehoord! Voorheen hadden kleermakers met een lichaam te maken: dat moest opgemeten worden, dus aangeraakt, om het gekleed te krijgen. Kleding ontstond in de onmiddellijke relatie met het lichaam. In een confectiezaak daarentegen wordt gepast, niet meer gemeten.

Fashion schept vandaag nochtans de illusie van een persoonlijke relatie tussen kleding en klant (jij kiest immers zelf), maar de echt persoonlijke verhouding tussen klant en producent, tussen lichaam en uiterlijk is verbroken. Verkopers hebben geen kennis van de kleding, ten hoogste van een *look*. Ze zijn geen naaisters en kleermakers, maar een vleiend oog dat niet kan zien waar iets fout zit in het pak, ze kunnen hooguit vaststellen dat een ander pak 'misschien' beter zal passen. Ze kijken hoe je ermee staat, niet hoe het is gemaakt. Het eerste is niet onbelangrijk, maar een beetje dwaas als je het tweede er niet meteen aan kunt toevoegen. Het is als een technicus die alleen maar met jou kan constateren dat een apparaat niet werkt, en verder geen enkel idee heeft over de wijze waarop het gerepareerd kan worden.

Deze aberratie is het symptoom van de paradox van een industrie van het gepersonaliseerde. Niet het gesprek met de klant bepaalt de kleding, maar de voorstellen van de producent. De verkoper koppelt dat voorstel aan jou, hij haalt het niet alleen uit het rek, maar hangt het met zijn noodzakelijke en tegelijk ongewenste blik ook echt aan jou. Hij kijkt of jij in een Armani past, niet of bij jou een Armani past (wat een impertinente gedachte zou dat zijn!).

Men hore hierin geen pleidooi voor een vrije kleding. Als er iets niet vrij kan zijn, is het wel de kleding. Het 'ik' dat erin tot uitdrukking komt, voert geen egocentrische monoloog. Men is niet zichzelf in zijn kleding, men wordt het ten hoogste. Wat een illusie om te denken dat in kleding de vrijheid van het individu zich zou kunnen realiseren. Juist omdat men denkt erin zichzelf te zijn, vindt de geest van de tijd er een des te grondiger uitdrukking.

Uit het pashokje
Ik begreep als tiener de drukte niet van moeder en grootmoeder. We stonden in Au Coin de Rue voor mijn eerste pak. Ik verdroeg die blikken niet op mijn lichaam, terwijl ze de charme keurden van die stugge jongen in dat nieuwe pak. Ze bouwden een jongeman zoals ze die zelf in hun lichaam wensten. Zoals Stewart Novak aankleedt in *Vertigo*: om een verschijning te creëren van het andere geslacht.

Verschijning: het magische moment is het uit de kleedkamer komen met het nieuwe pak. Voor de allereerste keer: de blik vangen. Poseren en stappen voor de spiegel. In dat kader verschijnen en hopen dat je nu echt nieuw kan gezien worden. Hoe hulpeloos ontroerend is de vrouw – die weer een meisje is – als ze te voorschijn stapt en onzeker 'hoopt' op de goede blik. Op het kledingstuk? Nee, op haarzelf.

Decennia later, een bezoek aan een luxekledingzaak. Een driedelig pak dat meteen - een bijzondere revelatie – als gegoten zit. Onmiddellijk ga je je anders bewegen: je voelt dat het pak iets heel belangrijks verandert, namelijk de verhouding tussen je lichaam en de ruimte. Het kost veel minder inspanning je te verplaatsen. Je doet het tegelijk bewuster én eleganter, met meer zwier neem je meer ruimte als je territorium. Net zoals dansmuziek nodigt het pak je uit tot bewegingen. Bewegingen die de ruimte definiëren. Kleding moduleert mijn onmiddellijke levensruimte.

Dat expansieve gemak is een van de cruciale aspecten van de elegantie. Die wordt van binnenuit gevoeld en is nog essentiëler dan de bevestiging van dat gevoel in de blik van de anderen. Ik voel me niet elegant omdat de blik van de anderen dat signaleert, nee, ik veroorzaak hun gecharmeerde blik door de elegantie die ik in mezelf realiseer. Kleding is dus niet alleen sociaal, maar in de eerste plaats ondersteuning van het ik. Kleding – men denke maar aan het insnoerende korset, aan spannende lingerie[4] – maakt de huid en het vlees zelfbewust. Kleding is auto-erotisch. Het wekt de erotiek en de trots, de erotiek als trots. Men voelt zichzelf. Narcistisch, maar ook genereus, affirmatief zichzelf manifesteren, maar ook geven. Dat is elegantie: die gespannen boog tussen imponerende autoriteit en verleidelijke generositeit.

De kleding is een fundamentele uiting van de verhouding van het zelf tot het zelf

– nog vóór kleding de verhouding is van het zelf tot de ander. De kleding filtert het zelf en geeft het als een innerlijk beeld aan het lichaam terug. Dit lichaamsbeeld is er eerst voor het lichaam en voor het zelfgevoel in dat lichaam, en niet voor het oog noch van zichzelf (voor de spiegel), noch van de anderen (in de wereld). Het zelf ervaart zich niet als een *picture* buiten zich, maar als een morele kracht, als een innerlijke kwaliteit. De tonus van de zelfervaring is gekoppeld aan het tactiele moment van de kleding: hoe het kostuum mijzelf doet voelen en laat aanvoelen. Of juister: welke voorstellen het mij doet om mezelf te voelen.

De lokalisering van kleding
Het grote probleem van de reflectie over kleding betreft haar lokalisering. Reeds in de eenvoudigste uitspraken – de onmiddellijke commentaar in een kledingzaak, bij een voorbijganger, een modefoto, een omroepster – probeert men het probleem in een specifieke richting te duwen, namelijk een objectiverende. Kleding is dan steeds het probleem van de anderen (niet van het beoordelende ik), van het beeld (niet van het eigen lichaam) en van de code (niet van de eigen persoon). Ook alle geschiedenissen en theorieën van de mode projecteren het verschijnsel buiten de schrijver en de lezer, buiten degene die toont en kijkt. Meest flagrante uiting van deze tendens is Barthes' beroemde boek dat mode zelfs buiten het beeld projecteert, in de tekst bij het beeld.[5]

Dit lijkt me de beste weg om iets essentieels over het hoofd te zien: dat de mode en de kleding steeds hier en nu beginnen, in mijn lichaam. Geen enkele reflectie over mode is los te denken van de geklede schrijver en lezer. Kleding moet niet vastgesteld worden aan anderen, elders: men moet vertrekken van de veel fundamentelere vaststelling van het 'zich kleden'. Dan is meteen ook duidelijk dat kleding niet 'constatief' is, maar performatief.

Nog anders geformuleerd: kleding is geen code, geen mededeling – zoals het culturalistische project stelt – maar een praxis.

Kleding verwijst niet naar iets, maar is een scheppend doen. Kleding representeert niet, maar presenteert.[6] Kleding definieert niet, maar positioneert. Kleding is pragmatiek, geen semantiek. Kleding schrijft geen tekst, maar definieert een veld. En dat veld is slechts vanuit een 'ik, hier, nu' te verstaan. Vanuit een lichaam dat gesitueerd en geseksualiseerd is.

Mode en de vrouw
Fashion lijkt het domein van de vrouw te zijn. Daar zijn goede argumenten voor: sinds de 19e eeuw is haar kleding de inzet van de meest ingrijpende, meest zichtbare verschuivingen. In de vrouwenkleding 'werkt' het fashion-principe heel sterk. Mannenkleding is sinds dezelfde 19e eeuw stabiel, minder beweeglijk en fantasievol, in kleur en concept steeds neutraler – kortom, vaal, donker en teleurstellend.[7] Het lijkt even alsof de man in het systeem van de traditionele kleding zit en alleen de vrouw in dat van de fashion opereert.

Deze opdeling lijkt overeen te stemmen met een oude moraliserende lectuur van de mode, namelijk als een uiting van vrouwelijke ijdelheid die tegengesteld is aan de mannelijke pudeur. Fashion bekritiseren is altijd het vrouwelijke ervan onderstrepen.

De vrouw zou dus in de mode staan, de man erbuiten. Alleen de vrouw zou interessant zijn in haar verschijning, de man niet. Alleen de man zou redelijk en terughoudend zijn, de vrouw onredelijk en opdringerig. Misschien zijn er veel dagelijkse ervaringen die in zulk een tegenstelling begrepen kunnen worden, maar de mode zelf in elk geval niet. Dat mannen en vrouwen in twee antropologisch verschillende systemen zouden zitten, is ondenkbaar. Alsof mannen niet weten dat vrouwen interessante mannen willen zien! Iedere puberjongen die voor het eerst bewust (zij het protesterend) zijn haren voor een spiegel kamt, komt tot die onthutsende vaststelling. Het protest maakt voortaan deel uit van de charme van het mannelijke uiterlijk. De vrouw zou zeker niet willen dat haar minnaar haar rol in de toiletkamer

Alber Elbaz
1961, Casablanca (Ma)

De eindjaren van de twintigste en de beginjaren van de eenentwintigste eeuw laten zien hoe een aantal respectabele maar vaak zieltogende oude modehuizen nieuwe allure verkrijgt door het aanstellen van de juiste mensen op de juiste plek. Het in 1889 opgerichte Parijse modehuis Lanvin vormt daarvan misschien wel het meest succesvolle voorbeeld. In 2001 wordt de Israëlische ontwerper Alber Elbaz door de Taiwanese mediabarones Shaw-lan Wang – die het modehuis in datzelfde jaar als investering heeft aangekocht – benoemd tot ontwerper voor de vrouwenmode. Meteen vanaf zijn eerste najaarscollectie voor Lanvin in 2002 oogsten Elbaz' ontwerpen internationaal grote waardering. Sinds zijn aantreden is de verkoop van Lanvins confectie en accessoires vertienvoudigd en het aantal verkooppunten drastisch gestegen. In juni 2005 wordt Elbaz door de Council of Fashion Designers of America geëerd als internationaal ontwerper die een 'Outstanding Creative Contribution' aan de mode heeft geleverd.

'Internationaal' is zeer van toepassing op Alber Elbaz, die in Casablanca werd geboren uit joodse ouders en opgroeide in een voorstad van Tel Aviv. Van 1982 tot 1986 volgt hij in Israël de modeopleiding aan de Shenkar-academie. Op zijn vijfentwintigste vertrekt hij naar New York, waar hij zeven jaar zal blijven. Hij wordt de rechterhand van Geoffrey Beene, die bekend staat vanwege zijn zeer hoge standaarden en zijn afschuw voor wat hij de vulgariteit van de mode en kledinghandel noemt. Volgens Elbaz heeft hij van Beene de techniek geleerd, hoe hij met de verschillende stoffen moet werken en 'dat er tussen het voor- en achterpand een vrouwenlichaam zit'. Vervolgens wordt Elbaz vanaf 1996 hoofdontwerper bij Guy Laroche en vanaf 1998 bij Yves Saint Laurent Rive Gauche. Hij wordt vervangen door Tom Ford als Yves Saint Laurent in 2000 aan de Gucci-groep verkocht wordt. Daarna is Elbaz een jaar in dienst van Krizia.

Zijn flatteuze, vrouwelijke ontwerpen voor Lanvin worden – zoals modejournaliste Suzy Menkes het omschreef – gekenmerkt door *an ambiguity in the cut and drape with a dash of imperfection [...] a looseness and ease as a dress strokes the body*'. Over zijn werkwijze onthult Elbaz in een interview: 'Je kunt wel iets uit de archieven als inspiratie nemen, maar je moet er iets aan toevoegen, een klein beetje onzekerheid [...] En het gaat over contrasten: je moet iets toevoegen aan een lieve roze jurk, iets stedelijks. Misschien iets grijs dat een beetje lelijk en contrasterend is, maar waardoor het geheel werkt.'

Alber Elbaz, die geroemd wordt om zijn zachtaardige karakter en die door zijn enigszins clowneske voorkomen de tegenpool is van de glamoureuze Tom Ford, is inmiddels een zeer gevraagd ontwerper, zowel door een vrouwelijke clientèle als door vele modehuizen. Onlangs vernieuwde hij echter zijn contract bij Lanvin, volgens eigen zeggen uit genegenheid voor mevrouw Wang omdat zij 'de enige was die hem aannam toen niemand anders hem wilde hebben.'

Literatuur:
Brana Wolf, 'Alber Elbaz, Lanvin, Paris, Frankrijk'. In: *Sample, 100 Fashion Designers – 010 Curators, Cuttings from Contemporary Fashion*, pag. 112 - 115. Phaidon, Londen/New York 2005.

Afbeelding:
1. Lanvin, reclamecampagne 2005

gaat spelen. Maar ze sleurt hem wat graag voor die spiegel – *cet espace féminin* – om hem daar onhandig te zien zijn. En blijkbaar speelt iedere man die tegenstribbelende rol als was het aangeboren.

In werkelijkheid kleedt men zich steeds binnen de geslachtelijke polariteit, nooit als man of vrouw 'op zich', maar steeds als vrouw tegenover een man (naast een andere vrouw tegenover een man) en steeds tegenover de vrouw (naast een andere man). Men kleedt zich steeds om af te bakenen – zeker ook wanneer men die grens lijkt op te heffen. Men installeert differentiërende vormen en details, die als mannelijk of vrouwelijk worden betekend. Dubbel mechanisme dus: tussen de polen van mannelijk en vrouwelijk, maar ook tussen het niveau van de vorm en dat van de betekenis. Betekenis die gegenereerd wordt in de polariteit met het fascinerende voorstel van het andere geslacht.

Tonen en verbergen
De mode zit steeds tussen het affirmatieve laten zien en het voorzichtige verbergen in. Mode is nu eenmaal het culturele middel bij uitstek om de zichtbaarheid van het lichaam te moduleren. Dat gebeurt in twee bewegingen: verbergend en openbarend. Verbergen en tonen, *pudeur* en *impudeur*, bescheidenheid en ijdelheid, terughoudend en opdringerig. Mode is het sturen van de blik – weg van het ene en naar het andere. Aandacht vestigen op of integendeel afleiden van de anatomie en seksuele kenmerken, de rijkdom en de luxe, de ijdelheid of het schaamtegevoel.

Het lichaam en het 'morele' dat erin opgesloten is, worden gekneed door de mode. Er wordt een evenwicht gezocht tussen verbergen en tonen en ook tussen wat verborgen en wat getoond wordt. Ook hier is het essentieel deze twee operaties als aan elkaar gebonden te zien: men kan iets verbergen door iets anders te accentueren en omgekeerd impliceert het accentueren steeds het verbergen van iets. De hypothese van het naakte lichaam, maar ook die van het geheel verborgen lichaam bestaat niet. Kleding is pas mogelijk omdat er steeds een plek in een andere positie is. Het is die anders gebruikte zone die voor speling zorgt: daarmee kan geruild, geschoven worden. 'Ik geef je dit in ruil voor dat,' zegt de mode tegen het lichaam.

Dit principe geldt zowel binnen één lichaam als tussen lichamen.[8] De interne verschuivingen zijn een antwoord op verschuivingen tussen het mannelijke en het vrouwelijke, tussen hoog en laag in de maatschappij, tussen jong en ouder in de generaties. De ene zal voortdurend de lege plaats van de andere proberen te veroveren. Men zal verbergen en laten zien als repliek op een voorstel van de ander. Kleine, permanente duels van het tonen en het kijken, geregeerd door laten zien en verbergen. Het permutatiesysteem is overzichtelijk en in de praktijk onuitputtelijk.[9] Men heeft de indruk van een voortdurende herhaling (omdat de mogelijkheden van het schaakbord beperkt zijn) en tegelijk zijn de manoeuvres daarbinnen ontelbaar, wat de indruk geeft van het onuitputtelijke en feeërieke van fashion.

Het beeld dat uit deze formule ontstaat, is dat van het fragmenteerbare, combinatorische lichaam. Wat gedeeld kan worden, is de anatomie. Niet als protheselichaam, maar als de deling van het erotische lichaam dat tegelijk één en deelbaar is, partieel en toch steeds weer geïntegreerd. Slechts in de perversiteit wordt de deling radicaal (met het fetisjisme als schoolvoorbeeld). De mode zelf speelt ten hoogste met perverse motieven, maar onderwerpt die steeds aan een geherintegreerd lichaamsbeeld.

Het geïntegreerde lichaam is weliswaar de permanente achtergrond van de fragmentering, maar ze is ook een onrealiseerbare utopie – de droom van het naakte lichaam als volledige overwinning op de fragmentering door de kleding, door de mode, door de cultuur. Maar het naakte lichaam is betekenisloos.[10] Het is niet toevallig dat de extreme macht de lichamen ontdoet van alle kleding. Zo verliezen ze ook alle betekenis. Het naakte wordt bloot en is een depressieve toestand van betekenis en libido. Het lichaam kan in die staat geen voorstel meer doen. Het is pas door de kleding dat het lichaam betekenis krijgt en in uitwisseling kan treden. Zonder kleding is het merkwaardig genoeg meteen een gesloten object: radicaal zichtbaar en daardoor onzichtbaar voor het socialiserende kijken dat organiserend en combinerend is.

Mode als hedendaagse metafoor

Mode is de postmoderne metafoor voor het maatschappelijke. In de cynische hulderede over de maatschappij als – uitsluitend – bepaald door het modieuze principe weerklinken alle aan de mode vastgekoekte moraliserende registers. Het cynisme is alleen maar een moralisme dat zichzelf ontkent, dat moraal met het gezicht naar de muur draait en denkt het probleem daarmee te hebben geëvacueerd. Helaas, juist door het morele engagement te ontwijken, kan het ouderwetse moralisme waarvan het gebruik maakt ongestoord zijn gang gaan. Cynisme is de slaap van de rede.

Mode lijkt een geschikte metafoor om een cultuur te beschrijven die als een substantieloos spel wordt gediagnosticeerd. Eerst moet dan echter gewezen worden op het substantieloze van het metaforische gebruik van de mode. De geringste reflectie over kleding en mode reveleert het tegendeel van de willekeur, van de inhoudelijke leegte, van de pure oppervlakkigheid, namelijk een essentiële historische en libidineuze investering in kleding en mode, de intieme kruising van het private en het sociale, van actualiteit en historiciteit, van lijflijkheid en levensfilosofie. De permutatie is slechts de regel van het spel, niet het wezen van het spelen zelf. De code is het middel, niet de essentie van de geleefde mode.

Het theater was de metafoor van het laatmodernisme. Wat een verschillend perspectief! De metafoor van het theater plaatste tenminste polariteiten op het intellectuele menu: tussen scène en zaal, tussen hier en daar, tussen spel en referent, tussen tekst en uitvoering. Maar de mode? Omdat men ze moedwillig (puriteins) verkeerd begrijpt, in die schijnbare cultus van het beeld, die in werkelijkheid een iconoclasme is, wordt het feest van de desillusie geopend met de reductie tot mode (en van de mode). Mode staat door dat onbegrip veel zwakker dan theater.

Mannelijke architectuur

Een stuk stof blijft niet zomaar liggen op een bewegend lichaam: ze valt open, los en glijdt omlaag. We herinneren ons dat allemaal van kinderspelen waarin we ons met lakens probeerden te verkleden. Alsof we allemaal toch eerst door de chiton en de toga heen moeten, in een steeds weer herhaald parcours van de kledinggeschiedenis: van de minimale, naar de maximale constructie.

Onhandig gehuld in zo'n lap stof ervaren we wat kleding voor ons is geworden, namelijk een architecturale constructie. Ze is gearticuleerd rond openingen en gewrichten, kent een binnen en een boven, een hoog en een laag. Het knippen van de stof, de découpage volgens een patroon, de naden die de delen weer samenbrengen, het spel met de stofrichtingen, het inbouwen van hulpstukken (zoals het korset voor vrouwen[11], maar ook ooit voor mannen) maken de architectuur niet tot een metafoor, maar tot substantieel onderdeel van de kleding. Die architectuur is een gebinte waaraan de wanden opgehangen worden. Het is dus als een bewegend huis.

De constructie in stof wordt doorgaans verborgen achter een parade van plooien, versieringen en effecten. De logica van de constructie is de kern van iedere kleding, maar zelden het thema van de mode. Fashion is vaak alleen maar een kwestie van decoratie (stofkeuze, kleur, borduursel, juwelen), terwijl daaronder de architecturale optie onveranderd blijft. Revoluties zijn wat dat betreft heel zeldzaam.

De architectuur is vanaf een bepaald moment nadrukkelijk het thema van het

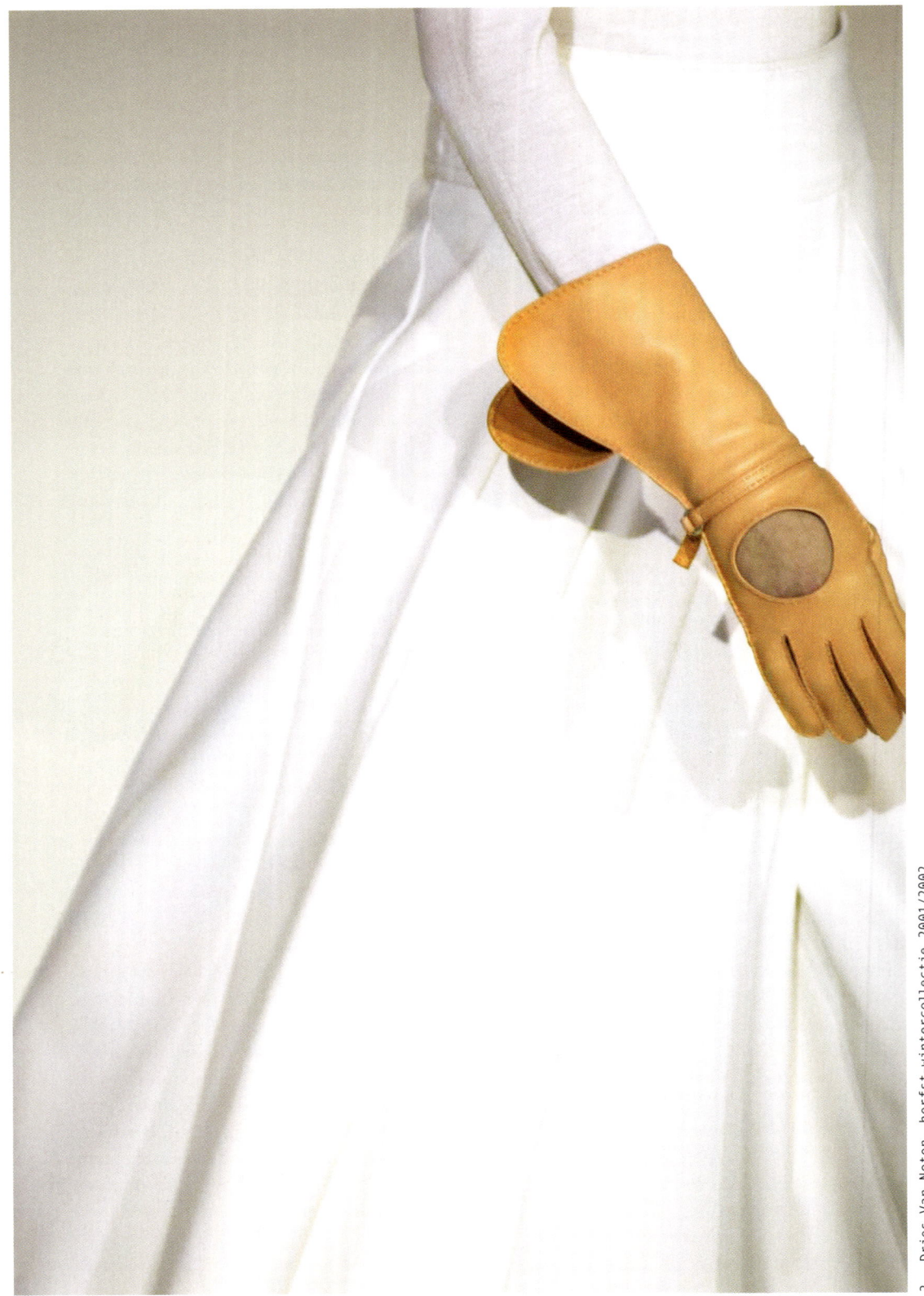

kledingconcept geworden: de kleding wordt als het ware binnenstebuiten gekeerd; het grondplan wordt zichtbaar gemaakt. Dat gebeurt niet bij de vrouwelijke, maar bij de mannelijke kleding: het driedelige herenpak.[12] Daarmee is de mannelijke kleding modern geworden: expliciet over haar eigen middelen, elegant in de soberheid waartoe de zichtbaarheid van die middelen dwingt. Het logische én morele succes van de mannenkleding heeft haar precies aan het modieuze onttrokken.

De morele dimensie van deze mannenkleding ligt in haar duidelijke en blijkbaar zeer bevredigende definitie van het viriele: praktisch en efficiënt (in sportieve en militaire zin), nuchter en autonoom (heel makkelijk kan het kostuum een rebelse toets ontvangen), neutraal en bescheiden, helder leesbaar en gebaseerd op zelfcontrole (er is ook een klerikale dimensie aan het pak). Mannenkleding volgt de vier ledematen (vrouwenkleding is ook in de fase van de mode gekoppeld gebleven aan het kleed dat de beide benen verdoezelt). Rechte lijn, rank, soepel – zo oogt het modebeeld van de man sinds de negentiende eeuw. Het is een combinatie van neoklassieke strengheid en rationele architectuur die aan de andere kant een grote romantische expansie toelaat. Het realiseert binnen een heel precieze vorm een verbluffende rijkdom aan nuances en gevoelens.

Mannenkleding presenteert met andere woorden een heel ander voorstel over wat het betekent een lichaam te zijn dat tegelijk een ik en een sekse heeft. Mannenkleding steunt niet op decoratie (geen decoratieve borduursels; eenvormige stof- en kleurkeuze), noch op drapering en haar expansie. Ze streelt het oog niet. Integendeel, ze laat expliciet de werking van het kostuum als architectuur zien en wint daardoor op het ene vlak soepelheid en op het andere vlak de elegantie van het understatement. Daarmee is de mannelijkheid gedefinieerd als rechtuit, eerder dan retorisch; als affirmatief, eerder dan verleidelijk (als verleidelijk door het affirmatieve).

Dit levert nu juist een groot probleem op in verband met de hypothese van de kleding als dialoog, als speelveld tussen de geslachten, als vestimentaire ontmoeting tussen het mannelijke en het vrouwelijke principe. Terwijl de man met zijn kostuum uit de mode als spectaculaire veranderlijkheid lijkt weggestapt, is de vrouw juist steeds meer in die spectaculaire beweeglijkheid opgenomen. Alsof fashion door de langzame kristallisatie van het mannelijke kostuum tot functionele kleding in een systeem van twee snelheden is terechtgekomen. Aan de ene kant het hypersnelle bij de vrouw – en daar steeds minder grijpbaar voor gesocialiseerde articulatie, voor coherentie – aan de andere kant de heel lange duur van de mannelijke kleding (twee eeuwen al).

Kleding en de Theorie van het Individu
De traditionele kleding en het fashionsysteem zijn beide praktisch toegepaste hypothesen over de verhouding tussen individualiteit en maatschappelijkheid. Er is iets bijzonders aan deze praktische filosofie: ze is tegelijk 'moreel' en 'seksueel'. De mode is geen rechtlijnige informatiecode over een maatschappelijke rol die men speelt, maar geeft – veel fundamenteler – aan hoe men die maatschappelijke rol speelt. Terwijl het 'ik' en de 'maatschappij' abstracte entiteiten blijven in een theoretisch veld, worden ze door de kleding juist zeer concreet (concreter kan niet) gearticuleerd als iets waarin ieder hoe dan ook geïmpliceerd is. Kleding is meer dan een positiebepaling. Het is een intentieverklaring. De vrouw speelt in dit gebied van de onmiddellijke en praktische filosofie een uiterst actieve rol. In en door haar kleding is zij een permanente bron van hypotheses over het 'ik' tegenover de anderen, over het 'ik' dat steeds geseksualiseerd is, maar ook steeds over een morele substantie beschikt.

Met termen als 'look' en (vroeger) 'chic' wordt verdoken en afgezwakt – maar daarom niet minder leesbaar – méér aan de orde gesteld dan het 'beeld' dat men produceert. Met moraliserend misprijzen lijkt Baudrillard de mode tot schijnbeeld te herleiden. Het tegendeel is het geval. Kleding doet voorstellen over innerlijke kracht, over levenswil, over luciditeit ten aanzien van het bestaan als een 'ik' in de maatschappij. Zien we fashion (ten onrechte) als vrouwelijk, dan lezen we daarin vrouwelijke vindingrijkheid om voortdurend tussen de polen van zichzelf en de wereld, van zichzelf en haar geseksualiseerde lichaam een evenwicht te vinden door een onophoudelijke beweeglijkheid te installeren.

Dat zoveel aan de orde wordt gesteld in het kiezen en dragen van kleren blijkt uit de heftigheid en radicaliteit waarmee vrouwen elkaar beoordelen: veroordelen en bewonderen niet in termen van mooi of lelijk, maar van levenshouding. Dat zij slecht gehoord worden en zichzelf daarin ook niet goed begrijpen, heeft te maken met ons verwrongen idee over wat een 'ik', een 'persoon' is. De psychologisering van ons mensbeeld heeft een veel oudere beoordelingswijze vervangen en ze slechts als restfunctie laten bestaan.

Die oude idee van de persoon wordt voor mij het mooist samengevat in het woord 'moreel' (dat wij steeds meer verstaan als een ander woord voor 'moraal'). Het 'morele gehalte' van een persoon is echter iets anders dan zijn moraliteit, het laatste heeft te maken met de veerkracht waarmee iemand gevaren, tegenslagen, weerstanden en beproevingen trotseert. (Het woord 'demoraliseren' is daarvan afgeleid.) Iemands moreel is het ensemble van geestelijke kracht (die noch tot intelligentie, noch tot moraliteit, noch tot libido te herleiden is). De kleding als dagelijkse praktijk is de grote vertegenwoordiger van dit heel oude mensbeeld, dat volledig uit onze horizon lijkt verdwenen.

Voor ons is de term 'subjectief' op catastrofale wijze aan de term 'persoon' gekoppeld geraakt. Subjectief is het begrip dat de persoon steeds weer relativeert en waarin de persoon uit het centrum van ieder betoog wordt geschoven. Op het persoonlijke kun je dan geen valabele uitspraken steunen, geen overtuigingen bouwen. In alle discussies blijkt haar antipode het objectieve te zijn en bijvoorbeeld niet het willekeurige, toch een veel betere kandidaat. Mode biedt ook hier een schitterend denkveld: fashion is de ontmoetingsplaats tussen het persoonlijke en het geregelde, mode is – zoals iedereen kan ervaren – juist niet de willekeur, noch objectief, maar juist daarom essentieel.

Ons verdraaide idee van de mode – met zijn moraliserend en antimoreel programma – leidt ons af van de basis van het verschijnsel, namelijk de worteling van het vestimentaire in de geschiedenis van een maatschappij en in de praktische filosofie die aan de grondslag ligt van een jurk, een schoudervulsel, een open kraag, een gesp, een hoge hak, een korset.

Niet zo verwonderlijk dus en toch zo merkwaardig dat de mode die we als zeer wisselend ervaren, en dus gebonden aan en in de temporaliteit, juist zo'n zwak historisch besef heeft. We zijn mode steeds meer gaan zien als een geschiedenis die slechts actualiteit (het *in* moment) en geen verleden kent (want dat is slechts het onbespreekbare *out* moment van diezelfde actualiteit). Verleden in de mode is slechts datgene wat nu uit de mode is. Daardoor zien we dus niet meer hoe de grote wijsgerig-affectieve articulaties van de geschiedenis zich in de eerste plaats in en via kleding openbaren.

1. Waar 'costume' rijmt met 'coutume', zoals een Parijse tentoonstelling van 1987 in haar titel aangaf.
2. Verordening van Louis XV die aan vrouwen toeliet zich als kleermaaksters te vestigen. Daarvóór waren het naaisters in dienst van de exclusieve mannelijke kleermakers.
3. In 1973 bewegen ontwerpers zich op het terrein van de confectiekleding: ze koppelen de idee van exclusief ontwerp aan industriële productie en massale distributie. Zie Didier Grumbach, *Histoires de la Mod*. Éditions du Seuil, Parijs 1993.
4. Alix Giroud de l'Ain in: *Elle*, december 1997.
5. Roland Barthes, *Système de la mode*. Éditions du Seuil, Parijs 1967.
6. Haar relaties zijn direct. Ze zijn daardoor misschien juist minder expressief, in elk geval minder kneedbaar. Er is een inherente 'eerlijkheid' die van kleding een zoveel groter risico maakt dan de taal: de kleding liegt niet, maar verraadt je onherroepelijk.
7. John Harvey, *Men in Black*. Reaktion Books, Londen 1995.
8. Zo helder uiteengezet in Eric de Kuyper, *De verbeelding van het mannelijk lichaam*. SUN/Kritak, Nijmegen/Leuven 1993. Zie ook Dirk Lauwaert, 'De geest gaat steeds door het lichaam (v/m). Over De verbeelding van het mannelijk

lichaam van Eric de Kuyper'. In: *De Witte Raaf*, nr. 49, mei 1994, pag. 25.
9. Erg verhelderend is in dat verband het boek van Fred Davis, *Fashion, Culture, and Identity*. Chicago University Press, Chicago 1992.
10. Een fragiele staat die juist daarom binnen de intieme erotiek het vertrekpunt is voor een heel ander project.
11. Over het construeren van het vrouwelijke door het aan- of afwezige korset, zie Marianne Thesander, *The feminine Ideal*. Reaktion Books, Londen 1997.
12. Men leze daarover het onvolprezen boek van Anne Hollander, *Sex and Suit*. Knopf, New York 1994.

Yves Saint Laurent
1936, Oran (Al)

De Franse, in 1936 in Algerije geboren, ontwerper Yves Saint Laurent (YSL) wordt al op jonge leeftijd opgemerkt door de Franse *Vogue*. Begin jaren vijftig vestigt hij zich in Parijs waar hij korte tijd een modeopleiding volgt. Zijn schetsen worden onmiddellijk door Vogue gepubliceerd. De directeur van het blad introduceert hem bij Dior die YSL aanneemt als zijn assistent. Wanneer Dior in 1957 overlijdt, komt de jonge ontwerper aan het hoofd van het modehuis te staan en de eerste collectie die hij voor Dior lanceert, de jeugdige en comfortabele trapezelijn, wordt een groot succes.

YSL hanteert een hele andere benaderingswijze dan zijn leermeester. Evenals zijn grote voorbeeld Schiaparelli verkent hij de grenzen van het modebegrip. Waar Dior de luxe haute couture-traditie uit het verleden koestert, richt YSL zich juist op wat zich op straat afspeelt. Hij incorporeert elementen uit de eigentijdse jongerencultuur en transformeert ze tot haute couture. Dit zien we bijvoorbeeld terug in de zwarte leren jassen en de coltruien die hij in 1960 als onderdeel van zijn 'Beat Look' introduceert en waarvoor hij de rock-'n-roll-stijl als uitgangspunt neemt. Zijn revolutionaire ideeën slaan bij het huis Dior echter niet aan en YSL wordt vervangen door Marc Bohan. Met behulp van zijn partner Pierre Bergé introduceert hij in 1962 een lijn onder zijn eigen naam met op de marine en werkkleding geïnspireerde ontwerpen.

In 1966 richt YSL het Rive Gauche-label op en breidt hij zijn couturecollecties uit met prêt-à-porter, wat zeer vernieuwend is. Hij laat zich graag inspireren door herenkleding hetgeen resulteert in de legendarische introductie van het mannenpak voor vrouwen. YSL komt als eerste met een outfit voor de vrouw die praktisch en casual is, maar ook gedistingeerd en chic. Hoewel YSL ook verantwoordelijk is voor innovaties als de transparante jurk en de verbreiding van de prêt-à-porter, dankt hij zijn wereldwijde bekendheid aan het ontwerpen van het vrouwenpak, dat een bijdrage vormt aan de emancipatie van de vrouw.

De eigen tijd blijft zijn grootste inspiratiebron wat leidt tot aan Pop-Art en andere kunststromingen gerelateerde collecties maar ook tot oosters geïnspireerde, hippie-achtige ontwerpen. Zijn fascinatie voor verre culturen komt onder meer terug in op Peru, China, Marokko en Rusland gebaseerde collecties. Zoals de collectie *Africaine* die hij in 1967 ontwerpt, waarin veel linnen, hout en brons is verwerkt en de weelderige en kleurrijke op de Ballets Russes geïnspireerde collectie die hij voor de winter van 1976/1977 presenteert. De enorme diversiteit binnen zijn oeuvre levert soms kritische maar veelal lovende reacties op.

In 1998 neemt YSL de Amerikaan Alber Elbaz als ontwerper aan, maar wanneer Gucci in 1999 het huis overneemt, komt Tom Ford aan het hoofd van het modehuis te staan. In januari 2002 neemt YSL als ontwerper afscheid van de modewereld, die in zijn ogen dan te commercieel geworden is.

Literatuur:
Duras, M., *Yves Saint Laurent: Images of Design, 1958-1988*. A.A. Knopf, New York 1988.
Vreeland, D. e.a. (tent.cat.), *Yves Saint Laurent*. Metropolitan Museum of Art, New York 1983.

Afbeeldingen:
1. Yves Saint Laurent, doorkijkensemble, collectie 1968
2. Yves Saint Laurent, avondjasje waarop een regel uit een gedicht van Jean Cocteau is geborduurd, collectie herfst/winter 1980/1981
3. Yves Saint Laurent, vrouwenpak, 1975

Barbara Vinken

De eeuwigheid – een ruche aan een jurk

1. Martin Margiela, lente-zomercollectie 1999

Walter Benjamin schrijft ietwat terloops in een van de lemma's van zijn *Passagen-Werk*: '[H]et eeuwige is in elk geval eerder een ruche aan een jurk dan een idee' (Benjamin, 1983, I:594). De bewering is prikkelend en lijkt op het eerste gezicht absurd: is de sierzoom aan een jurk niet eerder een frivool teken van futiliteit, van de willekeurige en almaar wisselende grillen van de mode? Het spreekwoordelijke rijk van de mode is het rijk van het vluchtige – vooral wanneer het wordt afgezet tegen de diepgang en de serene schoonheid van ideeën. De tijd van de mode is niet de eeuwigheid, maar het ogenblik. Met niets heeft de mode zo'n intieme relatie als juist met de tijd. Coco Chanel omschreef de kunst van de ontwerper als 'l'art de capter l'air du temps.' Paul Morand, haar ghost-writer en vriend, vergeleek haar om die reden met Nemesis, de godin van de vernietiging: mode komt tot leven door te doden. De essentie van de kunst van de mode in relatie tot de tijd is verwoord door Chanel:

> 'Hoe vluchtiger mode is, des te volmaakter ze ook is. Je kunt onmogelijk iets beschermen wat al dood is.'
> (Morand, 1976, 140-141).

Mode is omschreven als de kunst van het volmaakte ogenblik, van de plotselinge, verrassende en toch ook verwachte harmonische verschijning – het Nu op de drempel van de onmiddellijke toekomst. Ze komt op hetzelfde moment tot stand als ze vernietigd wordt. Door te verschijnen en het ogenblik zijn ultieme vorm te geven is mode bijna al weer deel van gisteren, vergaan, oud. Een volmaakte allegorie voor de mode vormt daarom Courrèges ongerepte piepjonge meisje, een moderne, minimalistische maagd, mager, in het wit gekleed en vol verwachting over wat de toekomst brengen moge. En om dezelfde reden wellicht is de laatste jurk van elke show van oudsher die van de gesluierde bruid, een vrouw op de drempel van hooggespannen verwachtingen. Dit moment ontkent de tijd als 'durée', het wist de sporen uit van de tijd, schrapt de geschiedenis als differentie door zichzelf als absoluut neer te zetten, vanzelfsprekend, volmaakt – als een moment dat een eeuwigheid wordt, de 'Vorschein' van de eeuwigheid. De sluier van de melancholie verhoogt slechts de treffende schoonheid van het vergankelijke ogenblik, en de vluchtigheid en breekbaarheid daarvan.

De bijna té citeerbare paradox van Benjamin verwijst naar en citeert zelfs uit een sonnet uit Baudelaires *Tableaux parisiens*, getiteld 'A une passante'. De heldin daarvan is niet een bruid gekleed in blanke verwachtingen, maar een weduwe in een elegant zwart rouwkleed. Het voorbijgaande ogenblik versus de eeuwigheid is de centrale tegenstelling waaromheen het gedicht is opgebouwd: 'un éclair, puis la nuit' – een weerlicht-achtige openbaring die de kortstondige schoonheid van de vrouw onthult:

> *Fugitive beauté,*
> *Dont le regard m'a fait soudainement renaître*
> *Ne te verrai-je plus que dans l'éternité.*

De ruche is een paar regels eerder in het spel gebracht:

> *Longue, mince, en grand deuil, douleur majestueuse*
> *Une femme passa, d'une main fastueuse*
> *Soulevant, balançant le feston et l'ourlet*

een beweging waardoor een ogenblik lang het 'been van een standbeeld', haar standbeeld-achtige been ('sa jambe de statue') zichtbaar wordt.

De mode lijkt hier haar traditionele taak ten opzichte van de tijd niet aan te kunnen: ze lijkt niet in staat de geschiedenis als differentie te wissen, niet in staat de tijd op te heffen ten gunste van het volmaakte moment van het Nu. De oudheid verschuilt zich achter de sluier van de moderniteit, de dood steekt midden in het leven haar kop op, Eros en Thanatos komen bijeen. In plaats van harmonie ontstaat er een botsing, een gewelddadige frictie. Het efemere kan zich niet voordoen als het eeuwige. De tijd en de dood hebben hun 'stigma' achtergelaten, symptomen van het stadsleven die Benjamin ontwaart op het gezicht van de 'passante' met behulp van Prousts *Recherche*.

Heinrich Heine was de eerste die de mode beschouwde als het paradigma van het moderne leven, vanuit de voor de hand liggende etymologie van 'la mode' en 'la modernité' in het Frans, en van 'Mode' en 'Moderne' in het Duits. Mode als vluchtig verschijnsel vormt de centrale drijfkracht van de moderne tijd. Het antieke en het moderne, het eeuwige en het efemere vormen niet langer een tegenstelling, maar beïnvloeden elkaar wederzijds; de oudheid, kunnen we zeggen, is haar leven niet langer zeker. Deze nieuwe relatie wordt vaak voorgesteld als een botsing tussen de eeuwige, ideale schoonheid van het standbeeld en een mode van het moment die de schoonheid misvormt – een botsing tussen hoog en laag. De technische term voor dit poëtische genre is travestie. Met een diepe, komische zucht betreurt Heine de travestie en misvorming van het ideaal van de klassieke schoonheid door de mode van zijn tijd: 'De fierste boezem verheft zich in een ruche van grove kant en de meest spirituele heupen gaan gekleed in saai katoen.'

'O Treurnis, uw naam is katoen, bruingestreept katoen. Niets heeft mij ooit treuriger gestemd dan de aanblik van een dame uit Trient wier figuur en teint deden denken aan een marmeren godin, maar die op dit edele antieke lichaam een jurk van bruingestreept katoen droeg, waardoor het leek of de versteende Niobe plotseling jolig was geworden en zichzelf verkleed had in onze eigentijdse kleding en nu hoogst onbeholpen met de trots van een bedelaar door de straten van Trient liep.'
(Heine, 1829/1969, 349)

Net als Heine ontwikkelt ook Baudelaire een nieuwe esthetiek via een botsing tussen de mode en een standbeeld – de dominante thema's van de 'passante'. Er komt iets nieuws voort uit deze botsing, een derde term, al is dat ook een negatieve. De nieuwe zienswijze die uit deze gewelddadige confrontatie voortkomt is de romantische ironie. De charme daarvan zit hem in de rauwe, abrupte stijlbreuk, de onharmonische, wilde en ongerijmde vermenging van hoog en laag, van het belachelijke en het sublieme. De romantische ironie ís dit hiaat, ís de ontbinding van datgene wat zowel de eeuwige schoonheid van het klassieke standbeeld als het volmaakte moment van de mode bepaalt. Baudelaires 'passante' is een manifest voor de nieuwe stijl en legt terloops het groteske contrast bloot van het fel onharmonische moment van de mode, een moment dat er amper in slaagt te blijven ontsnappen aan wat het tevergeefs poogt buiten te sluiten: de 'differentiëring door de tijd', zoals Benjamin het noemde. Leven en dood, rouw en erotiek, oudheid en moderniteit, eeuwigheid en het vluchtige ogenblik komen in een licht te staan dat zeker niet dat van de idealiteit is. Het standbeeld is de belichaming van de normatieve, eeuwige canon van de schoonheid, dat het louter toont in haar geometrische afmetingen, en is als zodanig een bovenmenselijke weerspiegeling van de schoonheid van de goden. De juiste reactie van de beschouwer hierop is ontzag en belangeloze bewondering.

In de romantiek wordt het standbeeld het symbool waaromheen men het verlangen organiseert – denk aan Gaultier, Barbey d'Aurevilly, James, Hawthorne of Sacher-Masoch. Juist het feit dat ieder verlangen in het standbeeld ontbreekt – de koele, blanke, ongerepte volmaaktheid van haar marmeren armen en benen – wekt het verlangen het beeld in vuur en vlam te zetten. Het stigma dat het christendom de oudheid heeft bezorgd, is dat ze de mannelijke seksualiteit als sadistisch heeft aangemerkt, als het verlangen om het ongerepte te bevlekken. De unheimliche Ander van het standbeeld, het duistere tegendeel ervan, is de pop, zoals in E.T.A. Hoffmanns *De zandman*, wier schoonheid geen reflectie of afdruk vormt van Gods schoonheid, maar van de bedrieglijke mechanieken van de mens. De mode speelt met de charme van het standbeeld en de pop, met een wonderlijke koppeling van leven en dood, met een verschijning die lijkt te leven. In de verschijning van Baudelaires statueske vrouw ligt de verwijzing naar het 'corps morcelé' en het fetisjisme er nogal dik op (Steele, 1996). Benjamin ziet mode als de topos bij uitstek van het fetisjisme, als de plek waar wordt gependeld tussen het anorganische, zoals het standbeeld, en het levende:

> 'Elke mode koppelt het levende lichaam aan de anorganische wereld. Mode claimt de rechten van het lijk in de levende persoon. Het fetisjisme, dat gebaseerd is op de erotische aantrekkingskracht van het anorganische, is de levensader ervan.'
> (Benjamin, 1983, I:130).

Het symbool van die koppeling – diep weggestopt in het atelier van de modeontwerper – is de 'paspop', de pop waarop de kleding wordt gemodelleerd. Baudelaires 'passante' onthult dat de geheime achtergrondfiguur van de paspop een nabeeld is van antieke, statueske dimensies.

Zowel de blanke schoonheid en pracht van het antieke marmer als de eigentijdse mode pendelen op en neer tussen het bezielde en het onbezielde: tussen een standbeeld dat à la Pygmalion tot leven komt en een levende vrouw die een onbezield standbeeld wordt. Haar uiterlijk doodt, maar leidt ook tot een wedergeboorte, een renaissance. De erotische lading van het ogenblik wordt vereeuwigd in een soort *piccol' morte*: 'liefde, niet op het eerste maar op het laatste gezicht' in de befaamde woorden van Benjamin (Benjamin, 1936/1968, 169). De prijs die voor deze vereeuwiging moet worden betaald is de travestie van het sonnet door middel van splitsing, nevenschikking en ontleding. De serene rust van een eindeloos blauwe lucht, het met licht overgoten blauw-wit waarin dit standbeeld kan verschijnen, wordt verruild voor een krijtende, oorverdovende straat in de hoofdstad van de moderniteit, die de vrouw weer verder voert met de massa. De erotische nervositeit en wulpsheid van de wapperende ruche staan in schril contrast, niet alleen met de rouw van een weduwe, maar ook met de onverstoorbaarheid van de schoonheid van het standbeeld, en draagt bij aan en bepaalt zelfs de volmaaktheid die elk verlangen te boven gaat. In plaats van de verrukte, gesublimeerde, metafysische bewondering voor de schoonheid die ooit volmaakt was, zien we hier een vreemde liefdesscène *à l'antique* waarin de rollen zijn omgekeerd. De ogen van de vrouw hebben ditmaal de kracht van Jupiters donder en bliksem: 'ciel livide ou germe l'ouragan'. Het weerlicht dat de blik van de toeschouwer treft met de kracht van een onverwachte klap – 'un éclair, puis la nuit' – draagt bij aan de overweldigende essentie van een Jupiter die een andere gedaante moest aannemen om te voorkomen dat het object van zijn verlangen tot as verging, zoals Semele. Hier treft de bliksem het lyrische ik van de dichter via de ogen van het obscure object van zijn verlangens: hij wordt overvallen door een seksuele vervoering en een extreme erotische spanning – 'crispé comme un extravagant' – alsof hij door een elektrische schok is getroffen. Dit 'crispement' is echter bepaald geen puur persoonlijke reactie, maar deel van de gedragscode van de elegante man, zoals gekarakteriseerd door Taxile Delors in de *Paris-Viveur* en door Benjamin geciteerd:

> '*Une figure d'homme élégant doit avoir toujours [...] quelque chose de convulsif et de crispé. On peut attribuer ces agitations faciles, soit à un satanisme naturel, soit à la fièvre des passions, soit enfin à tout ce qu'on voudra.*'
> (Benjamin, 1983, I:126).

Aan de hand van de beschrijving van een van de meest kenmerkende en alledaagse voorbeelden van het moderne stadsleven – het wisselen van erotisch geladen blikken tussen volmaakte onbekenden, eerder vertegenwoordigers van een modetype dan echte individuen – herschrijft Baudelaire de geschiedenis van de liefdespoëzie, traceert de vorm die het verlangen in de moderne tijd aanneemt en wijst op de structuur van de nieuwe mode. Een vluchtig ogenblik, *en passant*, dat je vergeet. Als deze 'passante' onvergetelijk is, dan is dat omdat het gedicht via de shock de aura van een traditie reproduceert, zij het in negatieve vorm. Misvorming brengt het spoor van de vorm voort. 'De differentiëring door de tijd, waarin alleen het dialectische beeld waar is, is onbekend bij Baudelaire,' schreef Benjamin. 'Probeer het zichtbaar te maken via de mode.' *A une passante* brengt evenwel precies dit beeld voort in een differentiëring door de tijd (Haverkamp, 1992, 77-8). Op het moment dat de weerlicht-achtige verschijning van de mode scheidt van de eeuwigheid van het standbeeld, verschijnt via de botsing van twee modaliteiten die beide de tijd ontkennen, de geschiedenis als differentie, à la Jupiters bliksem. Wat te voorschijn komt is niet de hele geschiedenis, maar de misvorming die de moderniteit in de oudheid teweegbrengt én de misvorming die de oudheid teweegbrengt in de moderniteit. De 'passante' in rouwkleding draagt de stigmata van de tijd en de dood. De botsing der tijden brengt het aura voort op de enige manier waarop dat mogelijk is: als een onbewaakt ogenblik. Het tijdloos volmaakte ideaal verschijnt, misvormd. Maar laten we teruggaan naar Benjamin en 'het proberen zichtbaar te maken via de mode'.

De tijd van 'dé mode', de zogenaamde 'mode de cent ans' – die van Charles Worth tot Yves Saint Laurent loopt, met hoogtepunten als Chanel en Schiaparelli – is nu voorbij, zoals de meeste modekenners zullen beamen. Een van de meest fundamentele veranderingen in wat ik heb omschreven als 'mode-na-de-mode' is de relatie van de mode tot het ideaal en tot de tijd (Vinken, 1993). In de 'mode de cent ans' werd het verouderingsproces gewist – wat oud wordt was het tegendeel van wat als modieus werd begrepen, het was 'uit de mode'. Mode is de kunst van het verwoestende, maar triomferende ogenblik. De mode is de zuivere belichaming van het efemere en ontkent op het moment van haar verschijnen de vergankelijkheid in een oogverblindende onechtheid, waarmee ze een 'Vorschein' van de eeuwigheid oproept: 'het ideaal'.

Volgens mij is mode-na-de-mode een verschijnsel dat ergens begin jaren tachtig ontstaat. En het poogt precies het tegenovergestelde te bereiken: het wil de tijd vormgeven. Zie Yamamoto die bijna al zijn materialen eerst wast om ze de glans van het nieuwe te ontnemen. Dolce & Gabbana – meer op de gewelddadige, om niet te zeggen sado-masochistische toer – branden sigarettengaatjes in herenjasjes en maken er scheuren in. Gigli, vriendelijker gestemd, gebruikt handvaardigheden waaraan de vergane glorie van een vroegere superioriteit kleeft, en technieken die uit landen moesten worden gehaald die nog nauwelijks waren aangetast door de industriële revolutie. Rei Kawakubo, de ontwerper, eigenaar en bedrijfsleider van Comme des Garçons, maakt stoffen die er tweedehands en imperfect uitzien door hier en daar op de weefmachine een schroef los te draaien. Haar 'kanten truien' van twaalf jaar geleden zaten vol gaten en schenen – volgens het als altijd weer alleraardigste commentaar in de pers – amper een frontale aanval van motten te hebben overleefd tussen de troep van een tassenvrouwtje. Kawakubo voegt stukjes oude, vervaagde, met de hand geweven en geborduurde stof in haar eigen textiel in, dat zelf al enigszins versleten oogt. De kleren uit haar wintercollectie van 1994/1995 waren op maat gemaakt voor een heel jong kindje, waardoor ze alleen al door het verschil in grootte de tijd tussen de generaties een materiële vorm gaven.

Sporen van vergankelijkheid, dat is het materiaal waarvan de mode-na-de-mode wordt vervaardigd. Deze nieuwe look tooit zich met de tijd in plaats van met dromen. De kleding draagt indices van het voorbijgaan van de tijd. Dat heeft niets van doen met de revival van het historicisme in de mode die wel is aangeduid als 'postmodern' vanwege haar ecclecticisme en duidelijke willekeur. Als 'historische mode' zou de postmoderne mode de modes van voorbije tijden imiteren (Koda en Martin, 1989). Mode-na-de-mode evenwel herinnert ons niet aan een tijd die anders was dan de onze, maar draagt daarentegen de sporen van een herinnering zonder oorsprong, een *temps perdu* die niet kan worden hervonden en waarin het verloop van de tijd, de *durée*, op niet-continue wijze is vertegenwoordigd.

Zo kan de duur van de vervaardiging van de kleding zelf, de arbeidstijd die nodig was om het te voltooien, worden ontcijferd op het oppervlak van de voltooide kledingstukken. De kleding legt als in een timelapse vaak getuigenis af van de historische ontwikkeling van een bepaalde snit en bepaalde kleermakerstechnieken. Mode-na-de-mode brengt een nieuwe kunst van de herinnering met zich mee. Terwijl het de oudere mode eigen was om in cycli de mode van vroeger te laten herleven en dus te recyclen, maakt de nieuwe mode-na-de-mode van de tijd en de duur haar eigenlijke stof: het materiaal waarvan de mode voortaan is gemaakt is de tijd van haar eigen duur, de tijd waarin het materiaal waarvan ze is vervaardigd verslijt, de tijd waarin haar kleuren verbleken, de tijd waarin ze de sporen van het werk dat erin is gestopt begint te vertonen, de sporen van de tijd dat ze door andere lichamen is gedragen.

Een van de interessantste voorbeelden van deze nieuwe manier om van de tijd en de vergankelijkheid het materiaal van de mode te maken en die als de textuur van de mode zelf zichtbaar te maken, vinden we bij een Belgische ontwerper van de Antwerpse school, Martin Margiela. Margiela is hard op weg klassiek te worden en is naast Gaultier misschien de enige Europese ontwerper die een weerwoord kan formuleren op de Japanse provocatie in de mode en een bijdrage kan leveren aan een revolutie waarvan de belangrijkste exponent jarenlang Rei Kawakubo voor Comme des Garçons is geweest. Kawakubo was niet alleen een van de mensen die de nieuwe structuur van de tijd in de mode promootte, zij veranderde ook de verhouding tussen lichaam en kledingstuk radicaal. Het gaat haar niet langer om het passende stuk stof, dat wil zeggen om het stuk stof dat de ideale vorm van het

lichaam uitvindt door het te herstructureren. Kawakubo schendt daarmee niet alleen een taboe van de mode, maar ook van de klassieke esthetiek die uiteindelijk altijd weer bepaald wordt door een volmaakte symmetrie. Door het radicaal asymmetrische van haar kleren wordt dit klassieke ideaal domweg overboord gezet.

Margiela onttakelt het oude idee van mode – de tijdelijkheid en de idealiteit ervan – op een andere, zij het niet minder radicale en extreme manier. Zijn bijdrage aan de tentoonstelling *Le monde selon ses créateurs* in het Musée de la Mode et de Costume in 1991 bestond uit een vakkundige allegorie van de letterlijk negatieve verhouding tot de mode die in de mode-na-de-mode is ontwikkeld en gerealiseerd. Als symbool van die negativiteit toont het stralende wit van een jasje ons nu juist dat: de aanblik van een fotografisch negatief dat herinnert aan een alles doordringende röntgenstraling – een hoogst kunstmatige en geenszins natuurlijke openbaring van wat onder het oppervlak ligt, van het onzichtbare dat zichtbaar wordt gemaakt. Wat ooit en indirect nog altijd constitutief is voor de mode als de kunst van het kleermaken, de volmaakte snit, onzichtbaar en spoorloos, wordt binnenstebuiten gekeerd en met evenveel vaardigheid gethematiseerd. Eerder kon door het gebruik van handwerktechnieken het effect worden gewekt van het volmaakte, betoverende ogenblik, de verschijning van iets nieuws als iets tijdloos. Het leek volmaakt omdat het de sporen van zijn vervaardiging had achtergelaten, maar die worden nu opengelegd. De kennis en de inspanning die nodig waren voor dit effect werden, als de tovenaar slaagde, een bedrieglijk ogenblik lang volledig uitgewist.

Bij Margiela's kleding worden de verschillende fasen van de vervaardiging tot in de kleinste details zichtbaar gemaakt. De kracht van het effect dat dat oproept komt allesbehalve voort uit wat er verborgen wordt gehouden. De historische ontwikkeling van technische details als knopen,

Maison Martin Margiela
Martin Margiela, 1959 (Be)

De Belgische ontwerper Martin Margiela presenteert zich in 1985 in Londen als een van de 'Antwerpse zes' met een collectie die duidelijke sporen vertoont van de Japanse esthetiek van Yohji Yamamoto en Comme des Garçons, met wie hij in 1997 ook een collectie zal presenteren.

Martin Margiela wordt in 1959 in België geboren en studeert aan de Academie voor Schone Kunsten in Antwerpen. Na zijn afstuderen is hij een aantal jaren werkzaam voor Jean Paul Gaultier, maar in 1988 richt hij in Parijs in samenwerking met Jenny Meirens zijn eigen label op. In datzelfde jaar wordt hier de eerste collectie van Margiela gepresenteerd. Het ontwerp staat binnen de filosofie van Maison Martin Margiela centraal en daarom wordt er over Martin Margiela nauwelijks iets prijsgegeven. Hoewel Margiela met winkels in Tokyo (2000), Brussel en Parijs (2002) inmiddels wereldwijde bekendheid geniet, houdt hij zijn identiteit bewust voor het publiek verborgen. Een foto van of interview met Margiela zelf is zeer schaars, hij presenteert zich nooit als individu maar altijd als onderdeel van het Maison Martin Margiela-collectief. De ontwerpen van het huis worden, om de aandacht niet van de kledingstukken af te leiden, getoond op gesluierde of geblinddoekte, en dus niet te identificeren, modellen. De blanco of uit cijfers bestaande labels van Maison Martin Margiela refereren ook nauwelijks aan de ontwerper of het modehuis. De zwarte getallen op de witte labels verwijzen enkel naar de collectie waartoe het ontwerp behoort, zo staat het getal 15 voor de postordercollectie en 0 voor handwerk.

In de creaties van Maison Martin Margiela zijn bestaande kledingstukken, stoffen en accessoires gedeconstrueerd en bewerkt tot ontwerpen die wel als anti-mode worden bestempeld. Daarbij staat het onderzoek naar wat kleding precies is centraal. Lompen vormen bijvoorbeeld de basis voor jassen, jurken en overhemden die met gebruik van nieuwe stoffen tot unieke kledingstukken zijn getransformeerd. In onvoltooid ogende ontwerpen, zoals een jas zonder mouwen, ligt de nadruk op de constructie van het geheel. Duidelijk zichtbare voeren, naden en plooien onthullen het ontwerpproces. Ritsen en knopen hebben geen functie meer, maar dienen enkel ter decoratie. Vanuit deze benaderingswijze creëert het collectief niet alleen kleding maar ook schoenen, objecten en edities. De sterk aan kunst gerelateerde *assemblages* van Maison Martin Margiela zijn de afgelopen jaren niet alleen op de catwalk gepresenteerd maar ook in talloze musea tentoongesteld, zoals het Metropolitan Museum in New York, het Boijmans van Beuningen in Rotterdam en het Victoria & Albert Museum in Londen.

Literatuur:
Borthwick, M., *'2000-1'* Maison Martin Margiela. Maison Martin Margiela, Parijs 1999.
Te Duits, T. (tent. cat), *Maison Martin Margiela*, Boijmans van Beuningen, Rotterdam 1997.

Afbeeldingen:
1. Martin Margiela, geblinddoekte modellen in rode outfits, collectie herfst/winter 1995/1996
2. Martin Margiela, collectie waarvan de ene kant van iedere outfit helemaal is afgewerkt en de andere kant nog helemaal niet, zelfs met rollen stof aan het uiteinde, collectie lente/zomer 2006

Photographer: TATSUYA KITAYAMA

2. Martin Margiela, 'X-ray'-colbert, lente-zomercollectie 1989
3. Martin Margiela, Jurk uit verschillende stukken stof, die door middel van ritsen verbonden zijn, lente-zomercollectie 1999
4. Martin Margiela, Jurk met zichtbare naden, lente-zomercollectie 1999

ritsen, drukknoopjes wordt omgevormd tot esthetische kenmerken die de tijdloze aantrekkingskracht die ze ooit in één klap wisten op te roepen, totaal annihileert. De snit, de gestikte plooien, de zomen – alles wat vroeger verstopt werd – wordt binnenstebuiten gekeerd. In de mode die vroeger de tijd uitwiste in het nu en voor het nu, waren historische verwijzingen alleen toegestaan als ze een verleden tot leven hielpen komen, een verleden waarvan het karakter als verleden werd gewist in een mythe, of anders gezegd, in niets wat men zich uit het eigen leven kon herinneren. Deze werkwijze om iets op illusoire wijze nieuw leven in te blazen wordt in Margiela's mode-na-de-mode omgekeerd. Maar deze omkering brengt meer teweeg dan de zoveelste allegorie van de tijd en de tijdelijkheid. De onthulde kunst onthult, zoals Benjamin had voorzien, een verband tussen het geslachtsverschil zoals dat door de mode tot stand wordt gebracht, en de differentiëring door het dialectische beeld van de kunst.

Als een tovenaar placht de ontwerper vroeger de kunstgrepen van zijn kunst te verbergen. Door het proces van het kleren maken te thematiseren, verhandelt Margiela de naijverig bewaarde geheimen van de mode. Felipe Salgado heeft het een 'decodering' of 'ontleding' van de kunst genoemd, en hij vergelijkt de wijze waarop Margiela agressief de regels overtreedt met het optrekken van de rokken van de hoofdstad van de mode, de stad Parijs, met de ontsluiering van een geheim dat onder alle omstandigheden verborgen had moeten blijven. Om het in psychoanalytische termen te zeggen: mode is het proces waarin het vrouwenlichaam wordt gemaskerd als fallus om de dreigende seksualiteit ervan te verbergen en in plaats daarvan aantrekkelijk te maken. Margiela deconstrueert de geheime strategie van de mode door het gefetisjeerde vrouwenlichaam te tonen in het proces waarin het wordt geconstrueerd: hij demonteert letterlijk de gladde symmetrie ervan. Margiela, een Belgische ontwerper – bijna een oxymoron, kun je zeggen – vindt zijn eigen

3.

4.

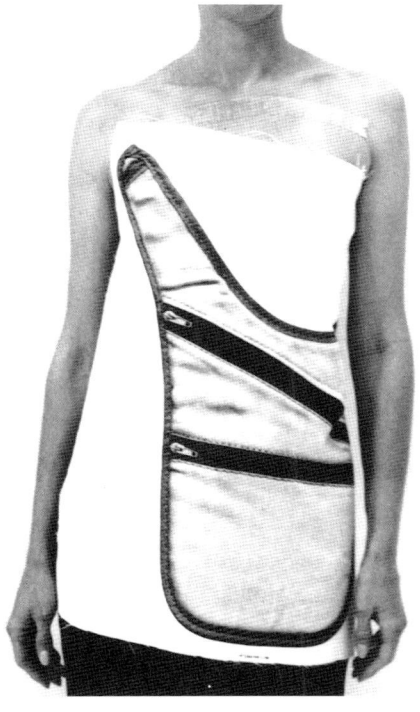

weg door zich te concentreren op de onelegante, Vlaamse vreemdheid in het hart van de *élégance française*, de mannequin of in gewoon Vlaams, *manneken*. De standaardisering van de mannequin blijkt de kern te zijn van het proces waarin het antieke standbeeld normatief is geworden. Het antieke standbeeld is onttakeld en teruggebracht tot de maat der maten, de mannequin. Door de mannequin vanuit het duister achter het podium in de spotlight voor op het toneel te zetten, laat Margiela zien dat het geünificeerde ideale lichaam kunstmatig – en kunstzinnig – is vervaardigd. Hij maakt duidelijk dat de oorsprong van het geünificeerde lichaam in de fragmentering van stoffen is te vinden. Zijn mode is bedoeld om zich te meten met de maat der maten, waartoe alle lichamen worden gereduceerd, de mannequin, de marionet, de pop. Door ons te verkleden als mannequins op wie de stof wordt vastgespeld en passend gemaakt met in het oog springende plooien en naden, brengen deze kleren door hun 'onafheid' de verborgen anorganische nexus van de mode aan het licht door het proces om te keren: het levenloze model als levende persoon, de levende mens als pop.

Door de fetisj te demonteren brengt Margiela de sporen die de tijd achterlaat weer in het spel, letterlijk de tekens van de tijd. Eind jaren tachtig en begin jaren negentig maakte hij overhemden van foulards die hij op rommelmarktjes kocht, jurken van oude jurken die gescheurd en hersteld zijn met nieuwe stukken, truien van oude sokken, katoenen voeringen met schoenafdrukken erop, doordrenkt van de rode kleur uit de laatste modeshow, enzovoort. Deze aanpak moet niet verward worden met ecologisch gemotiveerde recycling of een ander pragmatisch oogmerk: waar recycling iets nieuws maakt door iets ouds te hergebruiken, bestaat het nieuwe er hier juist uit dat het oude als oud wordt getoond – een zuiver esthetische kunstgreep. Maar het oudste verhaal dat door de vertrouwdheid met het oude aan het licht wordt gebracht is het oeroude verhaal van het geslachtsverschil, de autoriteit van de

Comme des Garçons
Rei Kawakubo, 1942, Tokyo (Ja)

Evenals *Yamamoto* tart Rei Kawakubo de westerse modenorm met haar onconventionele ideeën over wat kleding is en hoe het zich tot het lichaam verhoudt. Ze experimenteert met zowel natuurlijke als synthetische stoffen die ze met behulp van complexe patronen zo construeert dat sommige van haar kledingstukken eerder aan sculpturale of architecturale objecten dan aan mode doen denken. Volumineuze, en daardoor zeer draagbare, ontwerpen die sterk op de kimono gebaseerd zijn, verhullen de vrouwelijke vorm. Niet alleen met haar ontwerpen maar ook met de titel van haar label, Comme des Garçons, distantieert Kawakubo zich duidelijk van het gangbare, sexy vrouwbeeld.

De in 1942 in Tokyo geboren Kawakubo studeert literatuur aan de Keio University aldaar waarna ze in dienst treedt bij een Japans textielbedrijf. Na twee jaar als freelance styliste te hebben gewerkt, richt ze in 1969 haar label Comme des Garçons op. Haar eerste collecties zijn sober, veelal uitgevoerd in zwart, en zitten vol rafels, kreukels en gaten. De androgyne zwerverslook van Rei Kawakubo vormt de voorbode van een stroming die een decennium later als 'grunge' zal worden aangeduid en zich niet alleen in de straatcultuur maar ook in de haute couture zal manifesteren. Met ontwerpen die in niets lijken op de glamoureuze, luxe en übervrouwelijke mode die Parijs dicteert, presenteert ze in 1981 voor het eerst haar herfst-wintercollectie in de modestad. De radicaal vernieuwende kledingstukken, waarmee ze een groot vakmanschap aan de dag legt, veroorzaken enorme opschudding. Bleke modellen lopen op platte schoenen, dragen wijde, mannelijke broeken, asymmetrische en binnenstebuiten gekeerde jassen en truien met extra mouwen, gaten en losse zomen. De ontwerpen van Kawakubo raken desalniettemin zeer geliefd bij de intellectuele en artistieke laag van de bevolking wat het bewijs vormt dat ook niet-westerse ontwerpers succesvol kunnen zijn. Haar werk inspireert en vindt navolging bij een jongere generatie ontwerpers: Martin Margiela, Hussein Chalayan en Viktor & Rolf noemen allemaal Rei Kawakubo als hun inspirerende voorbeeld in conceptueel ontwerpen.

Na verloop van tijd breekt Kawakubo met haar zo typerende monochrome palet en wordt haar kleding kleurrijker. Dit zien we ook terug in de fameuze *bultencollectie* die Comme des Garçons in 1997 introduceert en waarin Kawakubo's fascinatie voor het vrouwelijke lichaam misschien wel het meest evident is. Vrouwelijke lichaamsvormen als de taille, de buik of de billen worden gemanipuleerd door de kledingstukken vukraak te voorzien van donzen opvullingen. Door het traditionele vrouwbeeld te ontmantelen verzet Kawakubo zich tegen in de westerse maatschappij ontstane noties over schoonheid en seksualiteit.

Werd de kleding van Comme des Garçons begin jaren tachtig nog met argusogen bekeken, vandaag de dag wordt het label overal ter wereld verkocht en wordt Rei Kawakubo niet enkel geassocieerd met avant-gardistische mode maar ook met het tijdschrift *Six* dat ze sinds 1988 uitgeeft, met meubels en met architectuur. Evenals de collecties die ze huisvesten zijn de winkels van Comme des Garçons vooruitstrevend in concept en uitwerking. Van kale, bijna lege filialen in de jaren tachtig tot de uitbundige inrichting van haar recent geopende winkels in Tokyo en New York.

Literatuur:
Grand, F., *Comme des Garçons*. Assouline Publishers, Parijs 1998.
Sudjic, D., *Rei Kawakubo and Comme des Garçons*. Rizzoli, New York 1990.

Afbeeldingen:
1. Comme des Garçons, outfits met zichtbare naden, collectie 1981
2. Comme des Garçons, collectie die volledig op de paspop is ontstaan door lappen te vouwen en de stof zonder patroon te knippen, collectie lente/zomer 2006
3. Comme des Garçons, Bultencollectie, lente/zomer 1997

5.

Photographer: TATSUYA KITAYAMA

5. Martin Margiela, Trui gemaakt van oude sokken, herfst-wintercollectie 1991/1992
6. Martin Margiela, Twinset uit de *Museumcollectie*, herfst-wintercollectie 1994/1995
7. Martin Margiela, *Museumcollectie*, collectie herfst-wintercollectie 1994/1995

fallus, gedemonteerd als mannequin, als ontwerppop.

Margiela blaast historische modellen niet nieuw leven in om ze er nieuw uit te laten zien, maar gebruikt oude materialen om ze in iets veel radicaal nieuwers te veranderen. De mode heeft daarbij iets teruggewonnen dat ze een hele tijd kwijt is geweest: de fascinatie van het unieke. Ieder kledingstuk is in feite een origineel. Geen enkele foulard is hetzelfde, geen enkele voetafdruk identiek aan een andere. Omdat de tijd in deze kleding is geïntegreerd, hoopt Margiela dat ze door het verouderingsproces voltooid zullen worden: ze moeten net als schilderijen ouder worden. Door iets te maken dat nieuw is juist doordat het niets meer is dan een spoor van de tijd, het gebruik van de tijd, van gebruikte tijd, heeft Margiela een oplossing gevonden voor een van de nijpendste problemen van de modena-de-mode. Zijn kleren waren nooit nieuw, onaangetast door de sporen van de tijd, en kunnen daarom ook niet uit de mode raken, maar alleen ouder worden. Margiela speelt met een van de kernpunten van de mode: de eeuwige terugkeer van het nieuwe, de langverwachte komst van de nieuwe collectie. Dat is altijd het waarmerk van zijn collecties gebleven. In de 'museumcollectie' van de winter van 1994/1995 gebruikte hij historische kledingmodellen – vaak voor poppen of kleine kinderen – niet om ze er nieuw uit te laten zien, maar eerder om hun leeftijd te accentueren, alsof ze bedekt waren met het stof van een vergeten vliering. Zijn wintercollectie van datzelfde jaar werd, net als wijn, benoemd met een jaar: het was gelabeld als de collectie van 1992 en dus naar alle modestandaards hopeloos uit de mode.

De ontwerper als voddenraper: de cirkel is rond en we zijn terug in het Parijs van Baudelaire, dat zijn stempel heeft gedrukt op de moderniteit en de postmoderniteit. Margiela zou zijn werk ongetwijfeld niet beter gekarakteriseerd kunnen vinden dan met hetgeen Benjamin beschouwde als de taak van zijn eigen *Passagen-Werk*:

'[D]e methode van dit werk: literaire

6.   7.

Photographer. Photographer: ANDERS EDSTRöM

montage – ik heb niets te zeggen, alleen te tonen. Ik zal niets kostbaars ontvreemden en me evenmin gevatte opmerkingen toeëigenen. Maar de vodden, de restanten: ik wil ze niet inventariseren, maar ze hun eigen plek laten vinden op de enig mogelijke manier: door ze te gebruiken.'
(Benjamin, 1983, I:575)

Literatuur

Baudelaire, Charles, *Les Fleurs du Mal* (1957). [Onder redactie van Antoine Adam]. Garnier, Parijs 1961.
Benjamin, Walter, *Das Passagen-Werk*. [Twee delen, onder redactie van Rolf Tiedemann]. Suhrkamp, Frankfurt a. M. 1983.
Benjamin, Walter, 'Enige motieven bij Baudelaire'. In: *Kleine filosofie van het flaneren*. [Vertaling Ineke van der Burg, Jan van Heemst, Wim Notenboom]. Sua, Amsterdam 1992.
Haverkamp, Anselm, 'Notes on the "Dialectical Image": How Deconstructive is It?'. In: *Diacritics* 22.3, The Johns Hopkins University Press, Baltimore, Maryland 1992, pag. 70-80.
Heine, Heinrich, 'Die Reise von München nach Genua (*Reisebilder III*, 1829)'. In: *Sämtliche Schriften*, deel 2. [Onder redactie van Klaus Briegleb]. Hanser, München 1969.
Martin, Harold Koda & Richard, *The Historical Mode: Fashion and Art in the 1980s*. Rizolli, New York 1989.
Morand, Paul, *L'allure de Chanel*. Hermann, Parijs 1976.
Steele, Valerie, *Fetish: Fashion, Sex, & Power*. Oxford University Press, Oxford 1996.
Vinken, Barbara, *Mode nach der Mode: Geist und Kleid am Ende des Jahrhunderts*. Fischer, Frankfurt a. M. 1993.

Ulrich Lehmann

Tigersprung: het modelleren van de geschiedenis

1. Madame Paquin, Jurk, 1904

> 'De tijger wandelde als een echt mens op zijn twee achterpoten, hij droeg het pak van een dandy op hoogst elegante wijze, en omdat dat pak hem als gegoten zat, was het lastig het lichaam van het dier te onderscheiden onder de grijze broek met wijd uitlopende pijpen, het vest waarop bloemen waren geborduurd, de stralend witte jabot met onberispelijke plooien en een jacquet dat hem door een ware meester was aangemeten.'
> Jean Ferry, 'Le tigre mondain' (1953)[1]

In de nu volgende bladzijden zal worden verduidelijkt waarom met behulp van een springende tijger de mode kan worden herkend als cultureel object dat bij uitstek in staat is onze perceptie van de geschiedenis te veranderen. Daarbij is een centrale rol weggelegd voor de *Tigersprung* – de sprong van de tijger die eind jaren dertig door Walter Benjamin werd gebruikt als 'dialectisch beeld' om zijn kritiek te verwoorden op de gebruikelijke waardering van culturele objecten uit het verleden en de geschiedenisfilosofie van zijn tijd.

De mode was de voornaamste fetisj in Benjamins materialistische interpretatie van de negentiende eeuw en een element dat hij ook belangrijk achtte vanwege de psychologische betekenis ervan. Ze vormt de vaakst vermelde waar in zijn *Passagen-Werk*, en diende ook als metafoor in zijn studie van de geschriften van Baudelaire en Proust, en van het surrealisme. In een van zijn laatste stellingen uit *Over het begrip van de geschiedenis* (1939/1940) die met elkaar het epistemologische raamwerk van Benjamins grote onvoltooide werk vormen, treft men de volgende passage aan, die essentieel is voor zijn begrip van zowel de geschiedenis als de mode:

> 'De geschiedenis is een zaak van constructie, die niet plaatsvindt in de homogene en lege, maar in de van nu-tijd [Jetztzeit] vervulde tijd. Zo was voor Robespierre het antieke Rome een met nu-tijd geladen verleden, dat hij uit het continuüm van de geschiedenis lichtte. De Franse Revolutie vatte zichzelf op als restauratie van het oude Rome. Zij citeerde het oude Rome precies zoals de mode een voorbije dracht citeert. De mode heeft een fijne neus voor het actuele, waar het zich maar in het struikgewas van het verleden roert. Zij is de tijgersprong in het voorbije. Alleen vindt hij in een arena plaats waarin de heersende klasse het bevel voert. Dezelfde sprong, maar dan onder de vrije hemel van de geschiedenis, is de dialectische als welke Marx de revolutie heeft begrepen.'[2]

Benjamin meende dat de waardering van de geschiedenis er op uit moest zijn het verleden te *activeren* door er het heden in te injecteren. Zo kan een tijdperk uit het valse en positivistische historische continuüm worden gelicht, worden geladen met 'nu-tijd', en weer betekenis krijgen voor, en revolutionaire mogelijkheden bieden aan de (culturele) expressie van onze eigen tijd.

Historisch-materialisme en historicisme
Geschiedenis is niet alleen iets wat we meemaken of waar we over horen of lezen, maar ook iets wat we beschrijven, analyseren en – het belangrijkste – op een bepaalde manier ordenen en structureren. Eén heel belangrijke ordeningswijze is de historisch-materialistische. Deze begrijpt de geschiedenis vanuit vijf fundamentele vooronderstellingen:

1. het zelfbehoud en de zelfverwezenlijking van het individu zijn gegrondvest in sociale constellaties en arbeidsverhoudingen (hiermee distantieert deze zienswijze zich van het idealisme en het individualisme);
2. de objectief waargenomen beweging van de maatschappij wordt aangedreven door sociale verschillen (klassenstrijd) en niet door de zelfverwezenlijking van een 'universele geest' (zoals Hegel had beweerd);
3. de historische ontwikkeling is onderworpen aan objectieve wetten, te vergelijken met natuurwetten;
4. deze ontwikkeling kan dialectisch wor-

den gereconstrueerd en wordt dan relevant voor het heden;
5. elk inzicht in de historische ontwikkeling kan en moet worden omgezet in revolutionaire actie, die uiteindelijk zal leiden tot een klassenloze maatschappij.

Het historisch-materialisme belichaamt het verzet tegen de benadering die de geschiedenis – en zeker haar culturele verschijningsvormen – beschouwt als unieke, op zich staande gebeurtenissen. Deze tweede benadering wordt wel 'historicisme' genoemd.[3] Het historicisme plaatst historische gebeurtenissen en objecten ferm in het verleden en mijdt elke poging er een sociohistorisch patroon of schema in te ontwaren.

Beide methoden om inzicht te krijgen in de geschiedenis stammen uit de tweede helft van de negentiende eeuw. Dit verklaart enerzijds hun 'wetenschappelijke' aanspraken, maar stelt ze anderzijds op één lijn met de oorsprong van de *modernité*, dat wil zeggen met de nieuwe stilistische vorm van de moderniteit zoals uitgedragen door Baudelaire, Gaultier en andere Franse schrijvers rond 1850. De modernité (het etymologische zusje van *la mode*) wordt bij uitstek gekenschetst door trendy kleding. En dankzij de symbolische waarde van kleding, plus de mogelijkheid om als metafoor te dienen, kon Benjamin de tijgersprong een centrale plaats toekennen in zijn epistemologie.

Benjamin volgde in zijn complexe en bij tijd en wijle onconventionele studie van de moderniteit twee hoofdlijnen: 1. een poëtisch-hermeneutische lijn bij de interpretatie van Baudelaire, Proust, het surrealisme en de (kunst)historische kijk op een object als de winkelpassage; en 2. een historisch-materialistische lijn, van de hand van Marx (en Hegel en Engels), die we terugvinden in zijn onderzoek naar de geschiedschrijving, zijn aanval op het historicisme, zijn analyse van politieke systemen (sociaal-democratie versus socialisme), en die uiteindelijk merkwaardig vervlochten raakte met elementen uit de joodse mystiek en vragen over de messiaanse tijd. Deze lijnen werden dooreengeweven in Benjamins *Passagen-Werk* en leverden in meer en mindere mate de textuur voor zijn uiteenzettingen over andere onderwerpen – waarin een prominente rol was weggelegd voor het domein van de kleding.

Door de hoeveelheid bronnen en de veelvuldige verwijzingen in Benjamins onvoltooide werk over de passages van Parijs kan alleen de meest uitgebreide studie over dit project volledigheid nastreven. Ik zal daarom geen poging wagen een lijst te geven van alle auteurs die mogelijk van invloed zijn geweest op Benjamins kijk op het domein van de kleding.[4] In plaats daarvan richt ik me in dit essay op Benjamins weerstand tegen het voorschrift om historische vooruitgang als lineair te zien, en het belang van de mode bij de formulering van deze visie.

Je revers opslaan
De marxistische literatuurcriticus Fredric Jameson heeft het historicisme aangeduid als een term 'die tegenwoordig niet meer kan worden uitgesproken zonder besmuikt je revers op te slaan en een blik over je schouder te werpen.'[5]

Dit beeld is niet alleen van belang omdat het een sfeer van heimelijkheid oproept rond de voorkeur voor een inmiddels in diskrediet geraakte historiografische methode, maar ook omdat kleding hier als metafoor wordt gebruikt. De opgeslagen revers leggen een semantisch verband tussen het beeld van Jameson en het eerdere, corresponderende beeld van revers dat door Benjamin is gebruikt.[6] Voor hem toonden de revers de binnenzijde als paradigmatische keerzijde van de buitenste kledingschil. Voor een historisch materialist – wat de latere Benjamin bekende te zijn – staat de zijden voering die werd omgeslagen op de revers van een jasje of jacquet in de negentiende-eeuwse mode, voor de dialectiek van een these – de sombere kleding – en een antithese – de flamboyante voering daarvan. En omdat Benjamin vervolgens via zijn eigen interpretatie van de mode het historicisme zou aanvallen, is het zijn specifieke kijk op kleding die ons te zijner tijd naar een historische methode zal voeren die zich onderscheidt van het historicisme en deels ook van het historisch-materialisme.

Over de moeilijkheid je uit te spreken voor één historiografische methode, schreef Jameson:

'Het dilemma van elk "historicisme" kan aanschouwelijk worden gemaakt met de specifieke, onvermijdelijke en toch schijnbaar onoplosbare afwisseling van identiteit en differentie, van hetzelfde en het verschillende. Daarover gaat de eerste, arbitraire beslissing die we ten aanzien van elke vorm of object uit het verleden dienen te maken.'[7]

Deze verwijzing naar het subject, naar jezelf, maakt culturele objecten uit het verleden veel geschikter voor de constructie van een historische benadering dan de interpretatie van geschreven bronnen. Als we naar een artefact kijken, voelen we onmiddellijk aan in hoeverre het aansluit bij onze eigen ervaring. Als deze ervaring meer omvat dan een herkenning met ons verstand en zetelt in het domein van de zintuigen – dus ons gemoed raakt – dan geeft bovengenoemde 'afwisseling van identiteit en differentie' inderdaad de doorslag. Met de mode als voornaamste referentiepunt is meteen duidelijk dat elk kledingvoorbeeld deze stelling zal onderstrepen. Wanneer we naar een laat negentiende-eeuwse jurk kijken, zouden we ons daarmee kunnen identificeren als we inzien dat ditzelfde model later weer in de mode is gekomen, zodat we het gemakkelijk kunnen laten doorgaan voor een rok met een queue uit de collectie van een eigentijdse ontwerper, bijvoorbeeld Christian Lacroix. We kunnen er daarentegen ook voor kiezen om de nadruk te leggen op het inherente verschil en stellen dat dit kledingstuk louter en alleen 'historisch' bezien interessant is, wat nog weer iets anders is dan een 'historisch kledingstuk': dat kan heel wel tot onze verbeelding spreken, maar is van geen enkele invloed op onze huidige manier van kleden.

Het dilemma waarover Jameson spreekt, dient zich aan als we voor identiteit kiezen om een object uit het verleden toegankelijk te maken voor onze tegenwoordige tijd. We

2. Maurice Leloir, Schets van een jurk van Jacques Doucet uit zijn *Louis XV*-collectie, 1907-1909, collectie van het kledinggenootschap van het Musée Galliera – Musée de la mode de la Ville de Paris.
Doucet ontwierp niet alleen jurken in de stijl van de achttiende eeuw, maar was tevens een verwoed verzamelaar van meubelen, decoratieve voorwerpen en kunstwerken uit de tijd van Lodewijk XV. Zijn overzettingen van decoratieve idiomen, zoals van inlegwerk naar stoffen, tonen de reikwijdte van de historische citaten. Maurice Leloir was een bekend illustrator, décorontwerper en kostuumverzamelaar sinds de jaren tachtig van de achttiende eeuw, en had zich gespecialiseerd in historische stijlen. Hij was de oprichter van het kledinggenootschap in Parijs in 1906 en ontwierp de kostuums voor de laatste film van Douglas Fairbank, *The Iron Mask* (1929).

3. Jacques Doucet, Avondjurk, 1910.
De actrice Renée Desprez draagt een jurk van couturier Jacques Doucet (1853-1929). Het toga-cum-chiton-ontwerp wordt aangevuld door het achterdoek van de studio, dat verwijst naar de modieuze voorkeur voor Grieks-Romeinse stijlen in die tijd.

4. Émile Pingat, Wandelkostuum van zijdefluweel, geborduurd met zilverdraad, ± 1888, moderne studiofoto uit de collectie van het Brooklyn Museum, New York.
Pingat, die volgens de gebroeders De Goncourt altijd over mode sprak alsof hij iets illegaals en immoreels bedoelde, citeert hier niet alleen een stijl uit de achttiende eeuw, maar verandert ook de sekse van de kledingdrager. De geborduurde ruiterjas voor heren werd groter gemaakt en werd, meer dan een eeuw later, een jas voor overdag voor vrouwen. Het citaat is inderdaad een nogal slordige kledingherinnering.

ontnemen het object daarmee zijn vreemdheid, het specifieke karakter waardoor het überhaupt als historisch object wordt aangemerkt. De stilistische en sociale invloed die bijvoorbeeld de queue werkelijk had, ontgaat ons als we ons die voorstellen op de catwalk van dit seizoen. Als we ons anderzijds volledig concentreren op wat radicaal anders is aan het culturele object binnen de subjectieve historische ervaring ervan, zoals het historicisme doet, dan definiëren we onze eigen cultuur als wezensvreemd aan de vorige, die daarmee volkomen los komt te staan van onze ervaring en ontoegankelijk wordt voor onze sensibiliteit. Zowel het historicisme als het historisch-materialisme kampen met dit probleem, aangezien beide methoden het verleden wensen te respecteren als een bron van kennis en als een mal die kritische vergelijkingen mogelijk maakt, maar ondertussen worstelen met idee dat de blijvende invloed en de relevantie voor het heden van historische objecten niet mag worden ontkend.

De mode lost dit probleem op – uiteraard niet paradigmatisch omdat het de mode altijd vooral te doen is om het succes van de waar – doordat ze stilistische statements maakt, die een dialectische omgeving scheppen waarin elk historisch object, zoals een kledingstuk of accessoire, niet alleen als historisch kan worden gezien (daar waar het voortkomt uit het verleden en als zodanig valt te identificeren), maar ook als basis kan dienen voor een hedendaagse variant, een nieuwe versie van een oude vorm die nieuw leven wordt ingeblazen voor de laatste trend, die op haar beurt weer de mode van morgen inluidt.

Het historische verhaal
Geschiedenis wordt vaak beschreven in termen van oorzaak en gevolg. Dat gebeurt ook in de traditionele kostuumgeschiedenis, waarin wordt geanalyseerd hoe het ene kledingstuk verband houdt met het voorgaande en daar een verbetering of afwijzing van is, overeenkomstig veranderde maatschappelijke normen of politieke opvattingen. De

meeste historische modellen geven blijk van een voorkeur voor zo'n historisch verhaal, dat altijd lineair verloopt.

De mode dient gezien te worden als een geschiedenis zonder verhaal. De mode volgt geen evolutionair pad van de ene vorm naar een telkens hogere incarnatie, een 'beter' kledingstuk. Hoewel er duidelijk sprake is van industriële vooruitgang bij de ontwikkeling van nieuwe materialen, stoffen, weefsels, vastzetmethoden en zelfs manieren om patronen te knippen, stevent de mode niet af op een duidelijk, al dan niet materieel doel – behalve uiteraard dat er elk seizoen weer meer kleren worden verkocht.

De mode is wispelturig omdat ze telkens weer citaten gebruikt. Doelbewust citeert ze een willekeurige stijl uit het verleden in een nieuwe incarnatie of eigentijdse variant. Het type kleding kan onveranderd blijven, maar het uiterlijk ervan wordt vernieuwd door elementen uit het verleden toe te passen. De mode structureert de geschiedenis aldus op een esthetische manier. Ze biedt hierdoor een passende ondersteuning voor een dialectische geschiedenisfilosofie, waarin eerder ideeën en concepten worden uitgewerkt dan een chronologie van gebeurtenissen. De historicus met een dialectisch denkkraam kan overspringen van het ene concept op een verwant concept uit een andere periode, zonder tussenliggende stappen te hoeven zetten.

Toch is de mode ondanks haar antiverhalende verloop ironisch genoeg niet bepaald een steun voor het historisch-materialisme, en dat komt door de rol die ze in de kapitalistische maatschappij vervult. In haar meest vooruitstrevende vorm – en gewoontegetrouw zijn dat de kledingvondsten uit de haute couture – is de mode bij uitstek een statussymbool van de bourgeoisie. Ze is niet alleen een vluchtig element, zoals veel marxistische historici zouden beweren, maar ook een verouderd element in een warencultuur die haar verzadigingspunt al lang heeft bereikt. De koppeling van mode en historisch onderzoek kan, zoals Marx reeds beweerde, oppervlakkig en doelloos lijken vanwege het ontbreken van werkelijke sociale consequenties, maar toch zou ik willen stellen dat de relatie van de mode tot de geschiedenis verder gaat dan haar impact als cultureel object. Het is veelzeggend dat de mode de ordening van de geschiedenis op een vindingrijke wijze naar haar hand zet: ze helpt een nieuwe benadering van het verleden te ontwikkelen die, volgens Benjamin, even instructief kan zijn als het historisch-materialisme.[8]

Gedurende de hele negentiende en de eerste decennia van de twintigste eeuw gaven de voortdurende transformatie van de mode, de hermeneutiek van de kledinggeschiedenis en de interpretatie van kledingstijlen uit het verleden stuk voor stuk vaart aan historische en culturele ontwikkelingen. Niet alleen de vaart achter de mode zelf werd opgedreven, ook de snelheid van de opeenvolgende herstructureringen binnen de moderne maatschappij, aangezien de mode moet worden gezien als de gangmaker van de moderniteit, als de belangrijkste en nimmer versagende graadmeter voor verandering. Benjamin citeert de revolutionair Auguste Blanqui als hij zegt dat 'al het nieuwe dat de mensheid kan verwachten, altijd al zal blijken te bestaan; het nieuwe zal de mensheid niet kunnen bevrijden, net zo min als een nieuwe mode de maatschappij kan vernieuwen.'[9] Maar ondanks het feit dat de mode te vergelijken is met de kapitalistische productiewijze, ondermijnt ze de historiografische beginselen daarvan. Qua materiële structuur blijft de mode eeuwig en altijd hetzelfde, maar in haar verschijningsvorm, in wat de meeste mensen kunnen zien, verschilt ze radicaal van de voorgaande stijl. Zo citeerde Lacroix de stijl van jurken van eind negentiende eeuw en werden zijn eerste modeshows desondanks enthousiast bestempeld als 'revolutionair' en 'radicaal'. Wat we ook mogen denken van zulke overtrokken typeringen, het blijft een feit dat zijn ontwerpen de indruk wekken nieuw te zijn, ook al kan de wijze waarop een lichaam wordt aangekleed onmogelijk fundamenteel veranderen. Benjamins kijk op de mode is dus niet geïnspireerd op haar maatschappelijke rol, het revolutionaire ervan schuilt wat hem betreft in de structurele uitdaging die ze stelt.

De vooruitgang in de moderniteit – waar Blanqui in zijn gevangeniscel niet in geloofde[10] – wordt getypeerd door twee opvattingen: ze ging snel en ze leek onvoorspelbaar. Daar ligt een verband met de mode. Daarom werden allerlei vormen van historicisme, dialectiek en historisch-materialisme uitgeroepen tot onmisbare instrumenten om de moderne tijd te peilen, en werd tegelijk de mode die de buitenkant van de kapitalistische moderniteit omkleedde, voor een aantal dichters en theoretici een wezenlijk element om tot een ordening en zelfs analyse van die moderne tijd te komen.

Omdat de mode zowel een belangrijk esthetisch object binnen de moderniteit is als de sociale graadmeter ervan, slaagt ze er in het continuüm van de geschiedenis open te breken. Alleen liggen de zichtbare kenmerken van de mode ver verwijderd van de historische en politieke gevolgen die zo'n 'explosie van het continuüm' zal veroorzaken. De mode is één dialectisch element in de historisch-materialistische structurering van de geschiedenis, maar vertegenwoordigt tegelijk het tegendeel of misschien zelfs de ontkenning daarvan, omdat de mode van harte bijdraagt aan de grootste kapitalistische zonden van geldsmijterij, de uitbuiting van de massa's (zie de werkomstandigheden in de textielindustrie) en de materialisatie van sociale verschillen.

De dialectiek die inherent is aan de mode, zou van haar een belangrijk object in het historisch-materialistische denken moeten maken. Maar vanwege haar vluchtigheid en oppervlakkigheid en haar eeuwige wederkeer als hetzelfde – hetgeen tegelijk de kapitalistische productie opstuwde – kon er aan de mode geen grote rol worden toebedeeld in een nieuwe historische methode. Als er in een historisch-materialistische context over cultuur werd gesproken, werden literatuur, schilderkunst en muziek als de relevante onderwerpen aangemerkt, terwijl de laatste ontwikkeling in de mode werd afgedaan als in wezen en oorsprong burgerlijk, en verwaarloosbaar wat betreft haar sociale connotaties.

Neem Marx' befaamde uiteenzetting over de economische pijlers van het kapitalisme, waarin het begrip meerwaarde wordt uitgelegd aan de hand van een verhaal over tien el linnen en één jas.[11] Marx bedacht dit voorbeeld omdat Engels nauw betrokken was bij de textielindustrie in Manchester. Het kledingstuk in dit voorbeeld kan echter tegelijk dienen als 'dialectisch beeld', omdat in het verhaal ook het tegendeel van iets concreets figureert, namelijk de rol stof en de abstractie daarvan in de heersende modestijl die het ontwerp van de jas voorschreef. Er is dus niet alleen sprake van een relatie tussen 'waar A' en 'waar B' of tussen de 'relatieve waardevorm' en de 'equivalentvorm', maar ook tussen het ruwe materiaal en het culturele product.[12] Het feit dat mode altijd in haar tijd moet worden gezien, en desondanks impliciet haar eigen chronologie ondermijnt, maakt dat dit voorbeeld over meer gaat dan de evidente relatie tussen de stof en het kledingstuk, en deze verandert in een relatie tussen een product dat losstaat van de tijd, het linnen namelijk, en een product met historische en culturele connotaties: het model en de stijl van de geklede jas. Juist de mode die in het voorbeeld wordt genoemd, blijkt een ideaal hulpmiddel om de beperkingen van het historicisme te boven te komen doordat ze de aandacht vestigt op de mogelijkheid van een transhistorische sprong die via een hedendaags stijlcitaat de jas in het heden zou kunnen plaatsen.

Een sprong in de geschiedenis
Benjamin wilde nieuwe benaderingen onderzoeken waarmee de geschiedenis kon worden geïnterpreteerd en daarmee geschreven of herschreven. Met zijn poging geschiedenis te schrijven, en dan met name van het negentiende-eeuwse Parijs, legde hij de eerste stenen van het fundament voor een filosofie van de mode als zodanig. In het

Passagen-Werk moest de Parijse geschiedenis vanuit een nieuw perspectief worden geschreven, waarbij hij gebruik maakte van de ordening door het historisch-materialisme, van de evocatieve poëtica van de surrealisten en van Prousts literaire versie van de *mémoire involontaire*. Benjamin streefde naar een esthetische vermenging van een geschiedenisfilosofie en een artistieke perceptie van de details van de moderniteit in de tijd dat deze nog in de kinderschoenen stond, in de tweede helft van de negentiende eeuw.

Vanuit historisch-materialistisch perspectief dient het verleden als relevant voor het heden te worden gezien, en vooral ook voor de revolutionaire strijd. De manier waarop Benjamin de geschiedenis en revolutie aan de mode koppelt, lijkt echter nieuw, zo niet idiosyncratisch te zijn. Maar het verband dat hij legt tussen enerzijds de wijze waarop de ene sociale revolutie een voorgaande citeert en anderzijds de wijze waarop historische kledingstijlen in de hedendaagse mode worden geciteerd, geeft veel meer blijk van de onderliggende implicaties dan Marx' relatie tussen linnen en jas. Benjamin gebruikt de waar kleding doelbewust voor een aanval op de geschiedenis.

De mode heeft een neus voor wat modern is in het verleden en ze actualiseert ideeën, die dan aan belang winnen in het heden. Dit is geheel in lijn met de historisch-materialistische uitspraak over de geschiedenis die zichzelf herhaalt: elke gebeurtenis in het verleden kan, in de handen van de materialist, exemplarisch worden voor het heden omdat ze nog een keer zal plaatsvinden – mogelijk in een andere verschijningsvorm, maar identiek in haar sociopolitieke configuratie. Daarom moet het verleden worden geradicaliseerd om ervan te kunnen leren. En dat is precies wat modeontwerpers zeggen te doen als ze hun nieuwste collectie de hemel in prijzen.

Toch deelt Benjamin het marxistische voorbehoud ten aanzien van kleding (of de jas om precies te zijn). Vooralsnog werden de revolutionaire krachten ervan alleen in de wereld van de bourgeois vertolkt, maar als dit potentieel vrijkwam onder de 'vrije hemel van de geschiedenis', dus in de postrevolutionaire tijden waarin het historisch bewustzijn was aangescherpt door de historisch-materialistische blik, zou de mode pas echt een paradigma voor de moderniteit worden en een werkelijke graadmeter voor wat er moest veranderen.

De historische verwijzing in Benjamins citaat over de tijgersprong gaat terug op de eerste bladzijde van Marx' beschouwing over de Franse revolutie van 1848, *De achttiende Brumaire van Louis Bonaparte*:

> 'De mensen maken hun eigen geschiedenis, maar zij maken die niet uit vrije wil, niet onder zelfgekozen, maar onder rechtstreeks aangetroffen, gegeven en overgeleverde omstandigheden. [...] En juist wanneer zij er mee bezig schijnen, zichzelf en de dingen om te wentelen, iets te scheppen dat nog niet heeft bestaan, juist in zulke tijdperken van revolutionaire crisis roepen zij angstig de geesten van het verleden tot hun dienst op, ontlenen aan hen namen, strijdparolen, kostuums, om in deze oude eerwaardige vermomming en in deze geleende taal het nieuwe bedrijf van de wereldgeschiedenis op te voeren. Zo vermomde Luther zich als de apostel Paulus, de revolutie van 1789-1814 drapeerde zich afwisselend als Romeinse republiek en als Romeins keizerrijk en de revolutie van 1848 wist niets beters te doen dan nu eens 1789, dan weer de revolutionaire overlevering van 1793-'95 te parodiëren.'[13]

Het idee om eerdere revoluties te citeren, een idee dat door Benjamin wordt overgedragen op het kledingcitaat (en zo wordt uitgebreid met de 'vrouwelijke' revolutie van het uiterlijk, naast de 'mannelijke' maatschappelijke revolutie), lijkt alleen relevant binnen het strijdperk van de bourgeoisie. Als de hemel echter eenmaal 'vrij' is geworden, is ook de negatieve oneindigheid van 'altijd-hetzelfde' doorbroken en dan maakt een waar historisch bewustzijn de laatste

Christian Lacroix
1951, Arles (Fr)

Zijn fans noemen zijn collecties origineel, uitbundig en luisterrijk. Boze tongen spreken daarentegen van theatrale kitsch en ongenietbare protserigheid. Zoveel is duidelijk: het werk van Christian Lacroix hoort niet bij de minimalisten thuis. Met een overdadig gebruik van fluweel, zijde, juwelen en kant roepen zijn haute couture-creaties iets op van de mateloze pracht aan het Franse hof tijdens de zeventiende en achttiende eeuw.

Lacroix heeft in Montpellier kunstgeschiedenis gestudeerd. Van oorsprong beoogt hij een loopbaan als conservator voor een museum of toneelontwerper. In 1973 verhuist hij naar Parijs om aan zijn proefschrift over kostuums van de zeventiende eeuw te werken. Wanneer hij zelf begint te ontwerpen, wordt hij door zijn toekomstige vrouw Françoise aangemoedigd om er vooral mee door te gaan.

In 1978 stapt Lacroix in de modewereld; hij wordt assistent bij Hermès. Daarna werkt hij voor het keizerlijk hof van Tokio (samen met de hofkleermaker) en begin jaren tachtig wordt hij ontwerper voor het huis Patou. Een moedige daad. Haute couture betekent dan iets slaapverwekkend oubolligs: het modebeeld van de gegoede burgerij werd beheerst door breedgeschouderde, uit één stuk gebeitelde types in scherp gesneden designerpakken. De kansen voor Lacroix' opera-achtige creaties lijken klein. Toch blijken ze enorm succesvol. Voor zijn Patou-collecties ontvangt hij in 1986 de prestigieuze *Gouden Vingerhoed*. Hij ontvangt hem nogmaals in 1988, maar dan voor zijn collectie onder eigen naam.

Het couturehuis Christian Lacroix is in 1987 gesticht, gefinancieerd door Bernard Arnault, de legendarisch rijke voorzitter van LVMH Moët Hennessy. Volgens sommige geschiedschrijvers zou de presentatie van Lacroix' eerste eigen collecties even veel opzien hebben gebaard als wijlen Diors New Look na de Tweede Wereldoorlog. Al is dit misschien wat overdreven, Lacroix' opulente stijl, zijn combinaties van kostbare materialen (al dan niet in verschillende dessins) en zijn vaak spectaculair kleurgebruik leveren veel applaus op bij pers en publiek. Typerend is zijn lancering van de *pouf*, een knievrije ballonrok; vooral als deze wordt gedragen door Lacroix' favoriete model, de grijsharige Marie Martinze-Seznec. Het *Council of Fashion Designers of America* benoemt hem in 1987 tot Invloedrijkste Buitenlandse Designer.

Al aan het eind van de jaren tachtig worden zijn couturecollecties uitgebreid met een eerste prêt-à-portercollectie en een accessoireslijn. In de loop van de jaren negentig komen er nog de casualcollectie *Bazaar* bij, de *Jeans de Christian Lacroix* en een serie huishoudelijk textiel. De eerste herencollectie ziet in 2004 het licht.

Het eerste parfum van Lacroix (*C'est la vie*, 1990) werd geen groot succes: het verdwijnt enkele jaren later geruisloos uit het aanbod. Inmiddels is er een Eau de Parfum *Christian Lacroix Bazar Femme* respectievelijk *Homme*.

In 2002 krijgt Lacroix de artistieke leiding over het huis Pucci. Naast zijn modecollecties ontwerpt Lacroix ook toneel- en operakleding, onder meer voor *Carmen* (Nîmes) en *Phèdre* (Parijs).

> Literatuur:
> François Baudot, *Christian Lacroix*. Thames & Hudson, Londen 1997.
> Charlotte Seeling, *Mode. De eeuw van de ontwerpers*. Könemann, Keulen 2000.
>
> Afbeeldingen:
> 1. Christian Lacroix, Marie Martine Seznec draagt de pouf, collectie 1987
> 2. Christian Lacroix, jurk en schort uit de eerste haute-couturecollectie, collectie lente/zomer 1987

5. Eugène Delacroix, *La liberté guidant le peuple*, olieverf op doek, detail, 1830, collectie Musée du Louvre, Parijs
6. Vladimir I. Kozlinsky, *De doden van de Parijse Commune zijn herrezen onder de rode banier van de Sovjets*, linosnede op karton, 1921, collectie Russisch Staatsmuseum, Sint Petersburg.
De *Tigersprung* die Marx en Benjamin in historische citaten zagen, vindt hier expressie in twee politiek gemotiveerde schilderijen waar bijna een eeuw tussen zit.

sprong naar de vrijheid mogelijk. Als dit betekent dat dan de mode heeft afgedaan en dat ook de poëzie moet worden afgezworen die in het ontwerpen en dragen van kleren met citaten en al schuilgaat, dan is er sprake van een passende paradox: de mode helpt een negatief aspect te visualiseren, dat als het eenmaal aan de kaak is gesteld en overboord is gezet, diezelfde mode de das om zal doen. Toch is zo'n paradox niets nieuws. Zoals Georg Simmel al opmerkte, is de mode voorbestemd om in elke seconde dat ze breder aftrek vindt te 'sterven' en in diezelfde seconde herboren te worden om opnieuw een cyclus aan te zwengelen van nieuwmodische vondsten, die breed worden uitgemeten in de media, meer en meer in zwang raken en dan weer afsterven.[14]

Naast de eerste uitleg van de Tigersprung als het kritische potentieel van de mode, zijn er nog vier andere betekenissen van kleding:

1. door historische kledingstijlen te citeren, kan de mode het historische continuüm openbreken en daardoor zowel vergankelijk als trans-historisch worden;
2. de mode kent geen ontzag als zij citeert en door haar oppervlakkige voorkomen komt ze op vreemde wijze los te staan van enige herkenbare inhoud – vandaar dat de mode ook voor de hermeneutiek van belang kan zijn;
3. de mode weet het meeste los te maken als ze wordt voorgesteld in een gedateerde gedaante – het zijn de 'kleren van vijf jaar geleden' (zoals Benjamin oog in oog met het surrealisme zou postuleren)[15] ofte wel de uitingsvorm van een verleden dat net uit de mode is geraakt, die de verbeelding en de fantasmagorieën op gang brengen die onontbeerlijk zijn voor Benjamins persoonlijke historiografie;
4. de tijgersprong wordt door Benjamin dialectisch geduid en past in de filosofische traditie van Hegel, Engels, Marx en Lukács.

Door haar gebruik van kledingcitaten laat de mode de these van het tijdloze of 'klassieke' ideaal versmelten met de antithese van het evident eigentijdse. De schijnbare tegenstelling tussen het tijdloze en het vluchtige wordt teniet gedaan door de sprong die het verleden nodig heeft om het heden ook maar iets verder te kunnen voeren. Zo wijst ook het trans-historische aspect van de mode erop dat mode evenzeer losstaat van het tijdloze, dus van een esthetisch ideaal, als van de voortdurende voortgang van de geschiedenis. Dankzij de Tigersprung kan de mode een sprong maken van het eigentijdse naar het aloude en weer terug, zonder daarbij exclusief te belanden in één bepaalde tijdgebonden of esthetische configuratie. Dit schept een nieuwe kijk op de historische ontwikkeling. Als de tijgersprong onder de vrije hemel van de geschiedenis wordt gekoppeld aan het dialectische beeld, dan krijg je een convergentie die in essentie revolutionair is.

Het idee dat zowel de revolutie – bij uitstek een tijdelijke historische toestand – als de mode het verleden citeren, en op vergelijkbare wijze, situeert Marx politieke denken in de esthetiek. De politiek geladen verdinglijking én abstrahering van de maatschappij is ten nauwste verbonden met de laatste modetrend, omdat de mode zo ondubbelzinnig de kapitalistische orde illustreert. Opeens wordt een vluchtige entiteit uit het verleden via een stijlcitaat geïsoleerd in zijn werking (een echt materialistische deugd) en het heden ingeslingerd. De historicus neemt een reuzensprong om te achterhalen wat er spontaan en direct is aan iets wat reeds lang achter ons ligt. In het Duits is een *Katzensprung* een ander woord voor heel dichtbij, op een steenworp afstand. In de *Tigersprung*, waarin een veel grotere en vervaarlijker katachtige één grote sprong maakt en op een ver weg gelegen punt doodstil neerkomt, heeft de historisch-materialistische methode dus haar enige juiste en poëtische metafoor gevonden.

De eerste sprong
Na een paar ideeën achter Benjamins opvattingen over mode te hebben besproken, wil ik nu de ontwikkeling van dit beeld schetsen vanaf zijn historisch-materialistische oorsprong tot en met het moment dat Benjamins het zich toeëigende.

De *Sprung* (sprong) komt in het materialistische denken eerder voort uit Engels' dan uit Marx' benadering en werd ontwikkeld door Engels' lezing van Hegel, en dan met name zijn interpretatie van de objectieve natuurwetten. De eerste keer dat de radicale sprong in de marxistische theorie het voorzichtiger *Umschlag* (omslag), dat tot dan toe was gebezigd, verving, is terug te vinden in een brief die Engels in juli 1858 aan Marx schreef vanuit een textielfabriek in Manchester:

'Zoveel is zeker – vergelijkende fysiologie geeft je een gezonde weerzin tegen de idealistische arrogantie van de mens tegenover andere dieren. [...] Hegels opmerking over de kwalitatieve sprong in de kwantitatieve opeenvolging is ook hier weer fraai van toepassing.'[16]

In het *Communistisch manifest* werd deze kwalitatieve sprong het befaamde 'alles Ständische und Stehende verdampft' – 'al het feodale en al het vaststaande verdampt'. In de natuur vindt vooruitgang nooit gestaag plaats, maar altijd in sprongen, en de voornaamste sprong is die waarbij de vorm van een object (element, configuratie, etc.) het continuüm doorbreekt en in een geheel nieuwe toestand verschijnt, zoals water dat steeds warmer wordt en dan opeens verdampt.[17]

Toch vormde het idealisme in Hegels ethiek slechts één onderdeel van het fundament onder het dialectisch-materialisme. Engels moest zijn interpretatie van de Hegeliaanse dialectiek toesnijden op de sociopolitieke geschiedenis. In een essay dat hij voor *La revue socialiste* in Parijs had herschreven, werd de sprong voor het eerst aangemerkt als een revolutionaire actie op zich,[18] en dat kon Benjamin daarom later gebruiken in zijn aanval op het historicisme, waarbij hij, zoals we hebben gezien, op zijn beurt de mode als voornaamste voorbeeld nam. Maar Engels' stelling luidt dat waren, en impliciet het overwicht van het vercommercialiseerde

7. Max Ernst, *Mann und Frauenakt*, collage op papier, ± 1929, privécollectie, Parijs. Ernst gebruikte geïllustreerde verhalen uit populaire tijdschriften, handelscatalogi en medische verhandelingen uit de negentiende eeuw als basis voor collages waarmee hij het collectieve onderbewustzijn opriep dat schuilgaat onder het burgerlijke oppervlak.

object op het consumerende subject, achterhaald en schadelijk zijn voor de mars van de mensheid naar het 'rijk van de vrijheid'.

In het kapitalisme zijn maar weinig waren zo uitgesproken als het kledingstuk. Het vluchtige karakter en het streven ervan om telkens een andere verschijningsvorm aan te nemen, verplicht tot ononderbroken consumeren. Om de mode te volgen dient de gemiddelde consument herhaaldelijk zijn of haar klerenkast opnieuw te bevoorraden. Het is uiteraard zeer wel mogelijk dat we na de sprong in historisch-materialistische zin bevrijd zullen zijn van die afhankelijkheid van de laatste mode. Daarom komt het wat ironisch over dat Benjamin de bevrijdende tijgersprong van de mode nu juist als instrument gebruikt voor een soortgelijke revolutionaire aanval op de geschiedenis.

Voor Engels lag de utopisch-socialistische idee van de bevrijding door het doelbewust onderbreken van het historische proces – oftewel een revolutie – wetenschappelijk en filosofisch verankerd in de dialectische sprong die plaatsvindt in de leefwereld van de mens. Toch voldeed de complexiteit van de theoretische fundering ervan een aantal marxistische critici niet. Ze werden steeds ongeduriger door het uitblijven van revolutionaire acties. Georg Lukács vroeg in 1919 in zijn lezing 'De veranderde functie van het historisch-materialisme':

> 'Het basisprincipe van de dialectische methode dat "niet het bewustzijn van de mens zijn leven bepaalt, maar dat in tegendeel het sociale leven zijn bewustzijn bepaalt," leidt er – als het goed is begrepen – noodzakelijkerwijs toe dat op het scharnierpunt van de revolutie de categorie van het radicaal nieuwe, het op de kop zetten van de economische orde, de gewijzigde koers van de vooruitgang, met andere woorden de categorie van de sprong in de praktijk serieus dient te worden genomen.'[19]

Lukács getrooste zich aanzienlijke moeite om de *Sprung* in zijn socio-economische betekenis te duiden. Voor hem is de sprong niet alleen dialectisch omdat hij de 'dialectiek van de natuur' illustreert, maar ook omdat de daad op zich dialectisch is. Hij beweerde dat de sprong geen eenmalige gebeurtenis is, die 'plotseling en zonder enige waarschuwing vooraf de grootste veranderingen in de geschiedenis van de mensheid teweeg zou brengen', maar reeds wordt aangekondigd in wat er al is.[20] De sprong kan alleen zijn aard behouden als hij – net als de mode – in het maatschappelijke proces past, als hij niets anders is dan de 'bewust besefte betekenis van ieder moment' en een bewust versnelde voortgang in de noodzakelijke richting van dat proces. De sprong wil de structuren blootleggen die reeds inherent in de geschiedenis liggen ingebed. Om de ware reden achter de historische vooruitgang bloot te leggen, moet de sprong kortom 'een stap vooruit lopen op het proces wanneer de revolutie terugschrikt voor "de instinctieve gruwelijkheid van haar eigen doeleinden" en dreigt te wankelen en te vervallen in halve maatregelen.'[21]

Eerder in zijn lezing had Lukács de geldigheid bepaald van Engels' en Marx' interpretatie van de (oorspronkelijk Hegeliaanse) sprong. En daar treffen we een duidelijke link aan met Benjamins *Tigersprung* in de geschiedenis. Voor Lukács bleef dit citaat een aanloop tot een analyse van de revolutionaire actie, maar voor Benjamin zou het leiden tot 'de vrije hemel' die licht wierp op een visie op hoe we het subject én het cultureel object in de geschiedenis moeten zien. Zo las Benjamin in Lukács' Boedapest-lezing, die in de Duitse uitgave van *Geschiedenis en klassebewustzijn* van 1923 verscheen:

'De "sprong van de mensheid uit het rijk van de noodzakelijkheid in het rijk van de vrijheid" betekende voor Marx en Engels meer dan een fraai, maar abstract en hol visioen, dat klinkende stijlbloempjes opleverde waarmee de kritiek van het heden kon worden afgerond zonder dat je je stelselmatig ergens voor hoefde uit te spreken. Het was veeleer de klare en weldoordachte inschatting van de loop die de geschiedenis zou nemen, en de methodologische implicaties ervan hebben grote invloed op de interpretatie van de problemen waarmee wij ons thans geconfronteerd zien.'[22]

Het idee dat de sprong had geholpen bij het inschatten van 'de loop die de geschiedenis zou nemen' zal bij Benjamin allerlei bellen hebben doen rinkelen. Op grond daarvan zou hij zijn kritiek kunnen formuleren op, enerzijds, de manier waarop de geschiedenis 'vooruitgang boekte' en bevorderlijk was voor het kapitalistische systeem met zijn objectivering van het menselijk bestaan en vervreemding van de mens, en anderzijds op de manier waarop de kapitalistische geschiedenis zichzelf herschreef gedurende de hele negentiende en het begin van de twintigste eeuw. Benjamin zag zijn kans schoon voor een aanval op het doorwrochte patroon van het socio-economische weefsel dat het kapitalisme rechtvaardigt via het idee van een lineaire vooruitgang. En omdat zijn kritiek vooral de cultuur betrof, zal hij zeker de ironie hebben ingezien van het feit dat hij nu juist dat typische product van de moderniteit, de mode, als voorbeeld gebruikte bij zijn aanval.

Indachtig Lukács' opmerking over stijlbloempjes en schoonheid in Marx' en Engels' kritiek, gebruikte Benjamin dit hoogst expressieve element, dat de schoonheid of esthetiek van het leven benadrukt door de menselijke vorm te omkleden, als zijn metafoor; en hoewel zijn stellingen er mogelijk dubbelzinnig, zo niet obscuur door werden, verkregen ze tevens een poëtische lading die Benjamin ook altijd in de politiek en de kunsten zocht.

Kledingherinneringen

Voor Benjamin was het domein van de kleding meer dan simpelweg een bijproduct van een positivistische vooruitgangsgeschiedenis naar steeds grotere welvaart door de verkoop van steeds meer bewerkelijke, weelderige en luxe kleding aan steeds meer mensen, dankzij technische ontwikkelingen, verbeterde productie en gedemocratiseerde winkelomgevingen. De naaimachines, de handiger manieren om patronen uit te knippen of de nieuwe warenhuizen zorgden niet voor meer gelijkheid in het westerse kapitalisme, maar alleen voor een verbreding van de klantenbasis voor hun waren. Toen gelijkheid een feit was geworden, was dat niet gelijkheid voor de wet, althans niet waar het de culturele expressiemogelijkheden betrof, maar in de allereerste plaats gelijkheid vis-à-vis het vercommercialiseerde object. Niettemin had de mode, althans voor Benjamin, nog een paradigmatische kwaliteit in petto. Benjamin combineerde zijn interpretatie van Marx en Engels met zijn uitgebreide kennis van Baudelaire en Proust (die hij beide had vertaald en geanalyseerd) en nam het citaat en de *mémoire involontaire* die in kleren vervat ligt als karakteristiek voor de moderniteit.

Binnen de mode fungeren citaten als kledingherinneringen: ze kunnen een complexe tijdsrelatie leggen, maar ook een metafysische ervaring in kaart brengen. Voor Benjamin, die zowel de Franse als de Duitse taal machtig was, was het evident dat modernité/mode en Modernität/Mode etymologisch een sterke verwantschap vertonen, een structurele verwantschap als van zusjes, waarbij de ene term vervat ligt in de andere. De mode is afhankelijk van citaten als zij haar eigen geschiedenis wil herschrijven of zelfs maar ordenen. Niet met het doel onvolkomenheden uit het verleden of stilistische zonden weg te moffelen, maar eerder om een verandering mogelijk te maken waarin het nieuwste kledingmotief toevlucht kan zoeken bij een eerdere versie daarvan en zo een nieuwe impact op het heden kan krijgen. Het verleden wordt geactiveerd voor het heden en veelzeggend genoeg sluit het heden zich in het modeontwerp heel snel aan bij zijn eigen verleden.

Bij kleren heeft de nieuwste trend vaak al afgedaan op het moment dat hij een breder publiek bereikt (zie Simmel). De trendsetters in de mode beschouwen hun heden al bijna als geschiedenis, omdat de kledingindustrie in zo'n hoog tempo blijft veranderen dat het bedenken, citeren en domweg namaken van modieuze vondsten alleen nog te onderscheiden zijn dankzij het imago en de status van de ontwerper, en niet meer door hun feitelijke chronologie.

Voor de materialistische criticus brengt het kledingcitaat een dialectische verhouding tot stand tussen het ultramoderne heden – wat op dit moment wil zeggen de nieuwste modetrend in de eenentwintigste-eeuwse kleding – en zijn 'prehistorische' verleden, namelijk de kapitalistische moderniteit van de negentiende eeuw, die de parameters bepaalde voor de maatschappelijke en historische betekenis van mode. Alfred Schmidt schreef in zijn werk *Geschichte und Struktur* dat Marx 'eigenlijk weigert om nota te nemen van de verdinglijkte, pseudo-objectieve ordening van het kapitalistische leven van alledag, en in plaats daarvan de geschiedenis die erin gestold ligt weer tot leven poogt te wekken, en al doende loopt hij tegen de typisch menselijke, zij het verwrongen werkelijkheid op.'[23]

Net als kapitaal, dat niet alleen een materieel feit is maar een 'verhouding tussen twee mensen', worden ook historische gebeurtenissen herinnerd en verlevendigd door menselijke gedragingen en verschijningsvormen. De gebeurtenissen die Benjamin in zijn *Tigersprung* noemt, worden in kleding zichtbaar gemaakt, waardoor er een intieme, lichamelijke verhouding ontstaat tussen historische protagonisten. Opnieuw is het kledingcitaat de sleutel. Zoals Marx had gezegd, waren de juli- en februaristakingen van 1830 en 1848 in Frankrijk pogingen om toevlucht te zoeken tot de morele en ethische waarden van het 'origineel' uit 1789. Ze werden geciteerd, 'precies zoals de mode een voorbije dracht citeert'. Voor velen werden de idealen van het oude Rome in ere hersteld en opgedist als de deugden van de Franse Revolutie, voor anderen was de eerdere revolutie – zoals te zien valt aan de Empire-stijl na 1800 – voornamelijk een kledingrevolutie die kon worden opgevuld met charme en eigentijdse schoonheid.

Kunst versus mode

De kern van de tijgersprong blijft de aanval op de lineariteit van de historische vooruitgang. Benjamin hoopte door zijn aanval op het historicisme iets te weerleggen wat hij zelf vreesde, namelijk dat de moderniteit, die immers was geworteld in de kapitalistische economie, de mode zou gebruiken om zichzelf immuun te maken voor elke schok van het nieuwe en onverwachte die door de avant-garde zou worden gelanceerd in de eerste bepalende decennia van de twintigste eeuw. Zijn vriend Theodor W. Adorno trad even in Benjamins interpretatieve voetsporen toen hij schreef:

> 'Mode is de niet-aflatende biecht van de kunst dat zij nooit zal voldoen aan het ideaal dat haar is gesteld.'[24]

Men kan de mode niet losmaken van de kunst, het zogenaamd vluchtige niet van het sublieme, zoals de burgerlijke kunstreligie maar al te graag zou doen.

Adorno stelde dat de kunstenaar, het esthetisch subject, zich binnen de avant-garde polemisch had losgemaakt van de maatschappij. In de moderniteit communiceerde de kunst met een 'objectieve geest' – hoe ogenschijnlijk vervalst of corrupt ook – via de mode. Voor Adorno kon de kunst niet het arbitraire en onbewuste karakter behouden dat eerdere theorieën de kunst hadden toegedicht. Kunst wordt volledig gemanipuleerd en is desondanks onafhankelijk van de vraag; maar omdat ze binnen het kapitalisme valt, kan niet geheel aan de vraag voorbij worden gegaan. Adorno benadrukte dat, aangezien de beïnvloeding van de consument in het tijdperk van monopolies prototypisch was geworden voor de heersende maatschappelijke productieverhoudingen, de mode zelf een sociale en culturele onafhankelijke macht vormde. Hij refereerde aan Hegel, die in zijn *Vorlesungen über die Ästhetik* had beweerd dat de kunst de taak heeft om in zich op te nemen wat haar in feite wezensvreemd is.[25] Maar omdat de kunst in het ongewisse was geraakt over de mogelijkheid van zo'n inlijving, wierp de mode haar opgedirkte hoed in de ring en streefde zelf naar de inlijving van die vervreemding, verdinglijking of codificering van de geobjectiveerde cultuur. Daarom stelde Adorno dat als de kunst haar eigen failliet wenste te voorkomen, de kunst zich teweer moest stellen tegen de mode, maar tegelijkertijd de mode in haar domein moest opnemen of accepteren om wel oog te blijven houden voor de voornaamste motors achter het maatschappelijke en culturele leven – zoals vooruitgang en concurrentie. Het is niet echt verrassend dat Adorno, gezien zijn afhankelijkheid van Benjamins keuze van culturele topoi, Constantin Guys, die volgens Baudelaire de 'schilder van het moderne leven' was, als de eerste beschouwde die dacht dat de ware moderne kunstenaar zijn kracht juist behoudt door zich te verliezen in het vluchtige. Adorno sluit zich aan bij Marx en Simmel als hij schrijft:

> 'In het tijdperk waarin de subjectieve geest nog machtelozer komt te staan tegenover de objectieve sociale verhoudingen, vormt de mode een voorafschaduwing van het teveel van deze laatste binnen de subjectieve geest, daar weliswaar pijnlijk van vervreemd, maar toch de illusie corrigerend dat de subjectieve geest puur op zichzelf zou staan. Tegen degenen die de mode verachten, is het sterkste antwoord van de mode zelf dat ze deel is van de passende, historisch verzadigde beweging van het individu [...]. Via de mode deelt de kunst het bed met iets wat ze normaal gesproken verre van zich werpt, en daaruit put ze een kracht die anders zou wegkwijnen onder de afwijzing waarop de kunst is gegrond. Als illusie is kunst kleding voor een onzichtbaar lichaam. In de mode wordt kleding iets absoluuts.'[26]

Zoals Simmel in zijn *Filosofie van het geld* (1900/1907) stelt, wordt het onderscheid tussen subject en object opgeheven door de geest van laatstgenoemde over te hevelen naar eerstgenoemde; iets waarmee zowel Benjamin als Adorno – ondanks al diens kri-

Madame Paquin
1869, Saint Denis (Fr) – 1936 Parijs (Fr)

Paquin wordt in 1869 als Jeanne Beckers in Frankrijk geboren. Jeanne en haar man noemen zichzelf Monsieur en Madame Paquin. Madame Paquin geniet haar opleiding aan het fameuze Maison Rouff in Parijs. Begin jaren negentig opent het paar hier een eigen modehuis. Monsieur Paquin richt zich op het ondernemersschap en Madame Paquin ontwerpt.

Madame Paquin is al snel befaamd om haar vakmanschap en de wijze waarop ze de bleke pasteltinten waarmee haar tijdgenoten werken, verruilt voor levendige kleuren. Ze heeft een grote voorliefde voor luxueuze en kwalitatief hoogwaardige materialen zoals bont en kant die ze, evenals draperieën, veelvuldig in haar ontwerpen verwerkt. Haar ontwerpen worden in Paquins eigen tijd niet als vernieuwend gezien omdat ze vasthoudt aan de traditionele S-lijn. Haar inspiratie put Paquin uit het verleden, wat past in de geest van de tijd. De achttiende eeuw, en dan met name de idealen van de Franse Revolutie, vormt haar grote voorbeeld. Ze creëert romantische avondjurken die in stijl maar soms ook in titel naar dit tijdperk verwijzen. Evenals haar landgenoten een eeuw eerder, richt ze zich ook tot de klassieke oudheid voor inspiratie.

Met een tweede filiaal in Londen is Paquin het eerste modehuis dat een vestiging in het buitenland opent. Filialen in Buenos Aires, Madrid en New York volgen. In 1900 wordt Madame Paquin gevraagd om voor de wereldtentoonstelling in Parijs de deelnemende couturiers te selecteren. Dat deze taak aan een vrouw wordt toegewezen, is een bijzondere aangelegenheid aangezien de haute couture dan nog door mannen wordt beheerst.

Haar naam dankt ze voor een groot deel aan haar befaamde presentaties. Al in 1910 laat Paquin vrouwen tijdens publieke evenementen in haar ontwerpen paraderen. Ze stuurt modellen op een tour door Amerika om haar kleding te showen en houdt in Londen de eerste met muziek omlijste modeshow. Evenals Poiret werkt Paquin regelmatig samen met kunstenaars, zoals George Barbier en Paul Iribe. Wanneer Monsieur Paquin in 1919 overlijdt, besluit ze de artistieke leiding van het huis over te dragen aan ene Mademoiselle Madeleine. In 1936 komt Paquin te overlijden. Het huis blijft voortbestaan tot het in 1953 fuseert met Worth. In 1956 sluit ook Worth zijn deuren.

Literature:
Sirop, D., *Paquin*. Edition Adam Biro, Parijs, 1989.

Afbeeldingen:
1. Madame Paquin, jurk, 1907
2. Madame Paquin, jurk, 1940
3. Madame Paquin, avondmantel van bont, 1938

8. Jean Ignace Isidore Gérard Grandville, *Mode*, litho, 1844, illustratie voor het boek *Un autre monde*, collectie Bibliothèque Nationale, Parijs.
   De mode geeft, grillig als ze is, een zwiep aan het rad van fortuin om te zien welke stijl ze nu eens zal citeren, welk kledingstuk nu weer uit de mottenballen wordt gehaald. Een select groepje dandy's kijkt bewonderend toe. Volgens Grandville's afbeelding zou in 1992 de Jacobijnse muts weer opduiken in de mode. De kunstenaar zat er niet ver naast met zijn voorspelling: het was in 1989 (de tweehonderdste verjaardag van de Revolutie) toen deze muts prominent aanwezig was in de zomercollectie van Jean-Paul Gaultier.
9. Paul Boyer (?), Foto van een installatie in het Hôtel des Modes, 1908.
   De twee jurken rechts zijn van Maison Doeuillet, die in het midden van Ernest Raudnitz. De twee portretten aan de muur zijn van Giovanni Boldini. Links hangt het *Portret van Mme. Marthe Régnier* (1905), gekleed in een avondjurk van Maison Paquin, rechts hangt het *Portret van Mlle Lantelme* uit 1907, gekleed in een ensemble van Jacques Doucet. Het feit dat mode en kunst nadrukkelijk naast elkaar worden geplaatst in de salon – een verfijnde variant op de galeries vol mode-en-sculpturen in de Parijse warenhuizen – geeft aan dat de Franse haute couture er officieel naar streefde waren te presenteren die grensden aan kunst.

tiek op de vaagheid van Simmels 'levensfilosofie' – zouden instemmen. Bij alle drie functioneert de mode als een historische correctie die belangrijk genoeg hermeneutisch potentieel heeft (al schatten ze de omvang daarvan verschillend in). Mode weet het object naadloos in te passen in het individuele subject. De mode heeft het uiteraard voor het zeggen waar het kleding betreft, maar ze doet meer dan dat. Vandaar dat het in tegenstelling tot de traditionele waardering van culturele objecten, in de moderne tijd continu leek alsof kunst de maatschappij of geschiedenis slechts 'aankleedde', terwijl in werkelijkheid de mode het absolute principe ervan vormde.

De modieuze waar

Benjamin zag in alle voorbije tijdperken een groot aantal verwachtingen die niet waren uitgekomen. 'Het verleden voert een heimelijke index mee, waardoor het op de verlossing wordt gewezen,' schreef hij eind jaren dertig.[27] Een heden dat reikhalzend uitziet naar de toekomst, heeft als taak zich zijn verleden te herinneren en nu tot stand te brengen wat vroeger verwacht werd. Volgens Benjamin bestaat er geen strijd en geen ideologische tegenstelling tussen een voorkeur voor het oude of het nieuwe, maar vindt er een versmelting van het archaïsche en de moderniteit plaats in het object: in goede zin in het vermogen van de mode om een sprong te maken, in slechte zin in de 'warenhel' die Parijs typeerde in de negentiende eeuw. Om deze reden ligt in Benjamins dialectische beeld, en met name in zijn *Tigersprung*, het ene conflicterende element reeds ingebed in het andere. In deze beelden klontert het archaïsche samen met een moderne (esthetische) expressie. Daarin schuilt niet alleen een dreiging dat fouten uit het verleden opnieuw zullen worden begaan, maar ook een generieke kracht die tegenwicht biedt aan het destructieve vermogen van de moderniteit om de maatschappij te verdinglijken en de mens te vervreemden. Deze generieke kracht is de door Benjamin beschreven 'verlossing', gekenmerkt door de mythische kwaliteit die de uit een voorbije eeuw overgeleverde waren eigen is (zie het surrealisme, met name de romans van Louis Aragon). Als de mode die overlevering voor eigen doeleinden gebruikt en een nieuwe stijl ontwikkelt door oude kledij te citeren, dan visualiseert en materialiseert ze de vraag die Benjamins dialectische beeld aan de orde stelde op een epistomologisch niveau.

In een brief uit 1935 plaatste Adorno vraagtekens bij juist deze veronderstelling in Benjamins gedachtegang. Adorno trok zowel de verlossing in twijfel als het mythische karakter dat de waar zou bezitten:

'Als je de waar ziet als een dialectisch beeld, betekent dat ook domweg dat je haar ziet als de reden voor haar eigen ondergang en "opheffing" [Aufhebung], en niet als pure regressie naar het oude. Enerzijds is de waar het vervreemde object, waarvan de gebruikswaarde dus verloren is gegaan, en anderzijds is ze een overgeleverd object dat, omdat het ons vreemd is geworden, zijn urgentie heeft overleefd.'[28]

Bij een bespreking van verouderde kleding als citaat of als iets wat alleen 'historisch' interessant is en keer op keer wordt herhaald,[29] moet ook worden gekeken naar wat dat betekent voor haar rol als waar. De tournure van rond 1880 is een waar die zijn gebruikswaarde heeft verloren omdat men zo'n jurk niet meer kan dragen zonder de indruk te wekken vermomd of gekostumeerd te zijn. Anderzijds, als iemand een jurk met een queue aantrekt die een citaat is (een ontwerp van Lacroix in een eerder voorbeeld), dan draagt men een waar die volgens Adorno 'haar urgentie heeft overleefd' omdat ze van het origineel vervreemd is en voor het heden is geactiveerd. Natuurlijk kan een echt modieus ontwerp nooit naar méér streven dan geactiveerd te zijn voor het heden: ze kan er niet boven uitstijgen, want zoals we gezien hebben zou ze dan geen mode meer zijn, maar de functie van object krijgen, mogelijk zelfs die van een autonoom of 'subliem' kunstwerk.

10. Erwin Blumenfeld, *De prinses van de parels*, 1939, publiciteitsfoto voor Les Bijoux Cartier, collectie Marina Schinz, New York. Blumenfeld fotografeerde een deel van een negentiende-eeuws modieus portret, vergrootte het negatief en combineerde dat met een echte parelketting en hoed. De foto die hij daarvan nam, werd gepubliceerd in *Harpers Bazaar* in september 1939 en was een passend voorbeeld van de ironische manier van citeren uit het eigen verleden die de mode erop na houdt.

Wat de modewaar echter wel kan, is ontsnappen aan haar eigen ondergang, ironisch genoeg door haar dood te bespoedigen en zichzelf voortdurend te vernieuwen. Is het ontwerp 'geaccepteerd' als mainstream kleding, dan is het nieuwe eraf en begint het hele proces waarin een nieuwe stijl of look wordt bedacht en aan de man gebracht weer van voren af aan. Het 'herschrijven' van het (kostuum)geschiedenisverhaal gebeurt kortom in een snelle opeenvolging van afleveringen, en door voortdurend op haar eigen 'opheffing' aan te sturen vermijdt de mode idealiter elke regressieve tendens. Daarom kan het niet anders of de enige pasklare waar voor een dialectisch beeld is: kleding, en dat illustreerde Benjamin met zijn tijgersprong.

Adorno sluit zich aan bij Benjamin als hij voorziet dat toekomstige problemen aan het heden de eis zullen stellen dat het bereid is met zorg voor het verleden op te treden en daarbij een besef te ontwikkelen van de gevolgen die dit optreden heeft voor de toekomst. Door zo'n bewustwording in retrospectief ook uit te breiden naar het verleden, schept Benjamin een complex patroon van een toekomst die nog alle kanten op kan, een 'gemobiliseerd' verleden (ook geïllustreerd door het domein van de kleding), en precies tussen die twee in een kortstondig heden. 'Mode is de eeuwige wederkeer van hetzelfde. En toch, zijn er juist in de mode niet redenen te vinden voor verlossing?' vroeg hij, en hij formuleerde daarmee een vitale vraag voor zijn eigen historiografie.[30] Dat de maatschappij telkens weer dezelfde fouten maakt en tekortkomingen kent, wordt door de mode niet aan de orde gesteld. Maar haar 'eeuwige wederkeer' wijst op een ordening waarmee mogelijkerwijs de aanval kan worden geopend op het historisch begrip dat het kapitalisme van zichzelf uitdraagt, een aanval die doorstoot tot de kern van zijn zelfrechtvaardiging.

De mode vormt de essentie van een heden dat kortstondig is geworden en dat voor Baudelaire en Benjamin daarom synoniem is met de moderniteit. Ze vormt er niet de substantie van – haar vluchtige kenmerken laten dat nu eenmaal niet toe – maar een geconcentreerd extract, dat door de nutijd te belichamen en openlijk te verwijzen naar het verleden, met recht een aanlokkelijke toekomst kan worden genoemd. Benjamins interpretatie van de mode stelde hem in staat de metafysische kant van een 'messiaans' verleden te combineren met de materialistische kant van een sociohistorische kritiek. Deze laatste bestond niet uit een orthodoxe dialectiek, al was Engels' en Marx' kritische lezing van Hegel wel van invloed, maar was eerder een zoektocht naar een steunpunt voor het esthetische binnen de dialectische methode, en binnen zijn eigen toepassing van het historisch-materialisme. Door afwisselend de nadruk te leggen op wat ik omschreef als de poëtisch-hermeneutische en de historisch-materialistische lijn, zeker in de latere fasen van zijn *Passagen-Werk* (vanaf 1934), moesten de talloze referenties aan nieuwe vormen van sociale, culturele en historische kritiek altijd in ontwikkeling blijven, hoe progressief ze ook al leken. Benjamins pogingen het historicisme af te danken waren evenwel vastberaden genoeg om vol overgave de historisch-materialistische tegenhanger ervan te omhelzen. Het was belangrijker een complex historisch patroon te vormen van lijnen die symbool stonden voor verwante, maar chronologisch losstaande gebeurtenissen in bijvoorbeeld de Parijse revoluties, dan het positivistische continuüm te volgen van een oppervlakkig waargenomen sociaal patroon in de loop van de negentiende eeuw.

Tot besluit van dit essay zou ik een klein voorbeeld willen geven van de manier waarop het dialectische beeld van de tijgersprong in de collectie van een modeontwerper vorm kan krijgen. Deze 'sprong' – die niet gezien mag worden als doorslaggevend bewijs voor mijn stelling, maar eerder als visueel hulpmiddel – zal 'letterlijk' zijn en geen simpele stilistische sprong, zoals bij de Directoire-jurken die rond 1795 en 1810 de burgerlijke waarden van de Griekse/Romeinse democratieën citeerden en die zo'n honderd jaar later weer opgang deden in de wat kleding betreft revolutionaire afschaffing van het korset door de hooggeplaatste taille in de ontwerpen van Paul Poiret.[31] Daarom is mijn sprong een passend voorbeeld bij Benjamins observatie dat de mode 'een fijne neus' heeft voor het actuele, dat wil zeggen het politiek geactiveerde, 'waar het zich maar in het struikgewas van het verleden roert.'

De tijgersprong van Mme Jeanne Paquin
Toen de historicus Jules Michelet zijn eigen tijd evalueerde, de negentiende eeuw, keek hij terug naar de dromen en hooggespannen verwachtingen uit voorgaande tijdperken, en dan met name naar die aan het eind van de achttiende eeuw: de idealen van de Franse Revolutie. Al die tijd was ook de mode blijven dromen van een toekomst waarin de verschillende klassen en seksen zowel materieel als geestelijk elkaars gelijke zouden zijn, zoals indertijd al zichtbaar was gemaakt in de revolutionaire dracht van de sans-culotten, man én vrouw, en de uniseks lange hemden van bonte katoen. In 1795 had Chamfort, de 'moralist van de opstand',[32] de kleding in het hart van zijn maxime geplaatst:

'Men moet eerst rechtvaardig zijn en dan vrijgevig, net zoals men eerst linnen hemden heeft en daarna kanten.'[33]

Honderd jaar later zou de eigentijdse mode een tijgersprong naar dit revolutionaire verleden maken. In haar zomercollectie van 1898 maakte de Franse couturière Jeanne Paquin expliciet duidelijk dat ze de geschiedenis 'herschreef' door een jurk te ontwerpen die ze vernoemde naar de beroemde historicus. Haar ontwerp 'Michelet'[34] was een hemelsblauwe jurk, met boven aan het lijfje kleurrijk, eenvoudig borduurwerk. Het zag eruit als de elegante versie van een zondagse boerenjurk, die nog chiquer was gemaakt door Paquins handelsmerk: een subtiele bontvoering langs revers en zoom. Wat Mme Paquin betreft was het ontwerp een hommage in kleding aan de historicus die een hele reeks lezingen had gehouden aan het

Collège de France over 'L'éducation des femmes par les femmes' (1850) en die nooit moe werd te benadrukken dat vrouwenkleding een grote rol speelde in de maatschappij.

Michelets visie op het belang van kleding staat beschreven in het dagboek van de gebroeders De Goncourt, die in maart 1864 een feest bezochten bij de historicus thuis:

> 'We gingen in ons "burgerkloffie" naar het bal bij Michelet, waar alle vrouwen verkleed waren als onderdrukte landen: Polen, Hongarije, Venetië enz. Het was alsof je naar de dans van de komende revoluties in Europa zat te kijken.'[35]

De burgerlijke historicus met een zwak voor politieke opstanden verruilde zijn inzet voor gelijkheid en vrijheid voor de rol van gastheer op een elegant gemaskerd bal voor de betere en intellectuele kringen. Hij droomde van een Europa dat zich had losgemaakt van Pruisen en Rusland, maar zijn protest kan heel goed zijn gesmoord in het geruis van de zijden en chiffon volants van zijn vrouwelijke gasten.

Paquins collectie uit 1898 bevatte ook een minder bedekte verwijzing naar de Revolutie in de vorm van het 'modèle Robespierre'[36], een ingetogen zwarte jurk van zware zijde en popeline met een brede ceintuur, die het geheel iets terughoudends en sereens gaf. De zwarte stof en de snit symboliseerden het idee van politieke striktheid, terwijl de ceintuur voor de noodzaak van orde stond, omdat de strijd voor morele reinheid anders gemakkelijk zou kunnen omslaan in obsessie en terreur.

Twee seizoenen later, in de zomer van 1899, tilde Paquin het 'herschrijven' van de geschiedenis op een nog hoger visueel plan. De jurk 'Thermidor'[37], genoemd naar de elfde maand van de revolutionaire kalender, was geknipt in de vorm van een Grieks-Romeinse zuil uit crème en gebroken witte zijde en taft. De plooien liepen over de hele lengte van de jurk; er was geen lijfje – en dat was nieuw toen – en de taille werd slechts aangegeven door subtiel stikwerk. Aan de hals van de jurk waren enkele zakdoekjes vastgezet: lapjes fijne kant die zodanig op de zijde waren gestikt dat ze deden denken aan de uitgehouwen (Korintische) kapiteel van een zuil.

De adaptatie van revolutionaire idealen, dat wil zeggen de reflectie op de burgerlijke waarden binnen de Grieks-Romeinse samenlevingen, werd in dit geval niet gesymboliseerd door een eigentijdse interpretatie van een chiton of een toga, zoals bij de hooggetailleerde jurken uit het Directoire-tijdperk, die keer op keer weer in de mode kwamen. Paquin probeerde daarentegen in te haken op de formatieve idealen van de oude maatschappijen. Het structurele element in zowel de bouwkunst als de esthetiek in het algemeen, de zuil, werd door haar teruggevoerd tot haar 'natuurlijke' oorsprong en gebruikt om er de menselijke gedaante in te kleden. Dit gebeurde in navolging van wat Hegel zo'n zeventig jaar daarvoor van de mode had gevraagd in zijn colleges over esthetiek:

> 'Het principe voor een kunstzinnig soort van kleding is dat moet worden gedaan alsof ze architectuur is [...]. Bovendien moet de architectonische aard van wat er wordt gedragen en hoe dat wordt gedragen zichzelf openbaren overeenkomstig de mechanische aard ervan. Precies dit principe is te zien in de kleding van de ideale standbeelden van de antieken (oftewel de oude Grieken). Zeker de mantel lijkt op een huis waarin men zich vrij kan bewegen.'[38]

De 'Thermidor'-jurk eiste een fiere, zelfverzekerde houding van de draagster. Omdat de draagster werd belemmerd in haar bewegingen, gaf dat haar gebaren iets weloverwogens. Na de kledingexcessen in de tweede helft van de negentiende eeuw – de crinoline, heel veel stroken en de queue – hebben Paquins ontwerpen iets strengs en ingetogens. Het accent lag duidelijk op de stof (luxer dan ooit) en de snit. Het dialectische beeld dat inherent is aan de mode vindt ook uitdrukking in de 'Thermidor'-jurk omdat het element dat oorspronkelijk massiviteit en kracht uitdrukte, de oprijzende zuil, nu in kleding diens antithese werd: ruisende zijde. Door de 'constructie' van de jurk werd het materiaal door de plooien echter wel stijver, en dat gaf de jurk een vergelijkbare symbolische waarde.[39] En omdat de jurk door een vrouw werd gedragen, en zodoende een hoogst sensuele relatie met het lichaam aanging, nam de symboliek alleen maar toe en werd de invloed op de maatschappij directer voelbaar.

Tijdens het werken aan zijn *Passagen-Werk*, en zeker ook in zijn late werk 'Over het begrip van de geschiedenis', wierp Benjamin het historicisme van zich af en gebruikte hij de historisch-materialistische methode om belangrijke lijnen in de cultuur van de voorgaande eeuw met elkaar te verknopen tot een historisch patroon. Als een cultureel object dat symbool stond voor de moderniteit, werd de mode ontleed volgens een herhalingspatroon. De invloed ervan werd dialectisch gereconstrueerd via het beeld van de tijgersprong. Deze tweeledige functie leidde tot een activering of verdinglijking van het object, waardoor het kon worden gezien als deel van een meer omvattende politieke praktijk. Hoewel Benjamin ogenschijnlijk trouw bleef aan het historisch-materialisme, hield hij zijn methodologie idiosyncratisch, zo niet grillig, omdat hij het poëtische element van de moderniteit niet wilde kwijtraken. Mogelijk omdat hij theoretisch bezien toch bedenkingen had, maar zeker omwille van zijn streven het poëtische element van de moderniteit te behouden, ordende Benjamin de geschiedenis niet volgens de rigide historisch-materialistische methode. En door kleding als metafoor te gebruiken, hield hij welbewust afstand van de marxistische analyse. Maar omdat hij de mode wel dialectisch maakte – door de tijgersprong – bleef die afstand tot een minimum beperkt.

In zijn laatste geschriften kon de historicus in Benjamin aldus het donkere en strakke jacquet van de negentiende-eeuwse materialist dragen en in flamboyant contrast daarmee de hermeneutisch-poëtische voering tonen die getuigde van een hoogst

11. Madame Paquin, Afbeeldingen van de ontwerpen *Michelet*, aquarel, zomer 1898, *Robespierre*, aquarel, zomer 1898 en *Thermidor*, aquarel, zomer 1899, collectie Victoria & Albert Museum, Londen

persoonlijke stijl: een stijl die empathie voor het begrip mode wist te wekken en er zodoende voor zorgde dat er voor het eerst grondig werd nagedacht over de filosofie achter die mode.

1. Jean Ferry, 'Le tigre mondain' (1953). In: *Le mécanicien et autres contes*. Maren Sell/Calmann-Lévy, Parijs 1992, pag. 105.
2. Walter Benjamin, 'Over het begrip van de geschiedenis'. In: *Maar een storm waait over het paradijs*. [vert. Ineke van der Burg en Mark Wildschut], SUN, Nijmegen 1996, pag. 150. De tekst werd in 1942 voor het eerst gepubliceerd door Adorno in New York.
3. Met name in de architectonische geschiedenis wordt historicisme ook gebruikt als term voor het gebruik van stijlen, ornamenten en motieven uit het verleden in vaak eclectische combinaties. Uiteraard is het citeren van voorgaande stijlen ook inherent aan kledingmode, zoals in dit essay wordt besproken. Maar anders dan bij architectuur, wordt deze aanpak in de mode zelden expliciet aangewend als methodiek of esthetische praktijk.
4. De lezer wordt verwezen naar de bundel over mode '(Konvolut B)'. In: Walter Benjamin, *Das Passagen-Werk. Gesammelte Schriften*, V.1 & 2. Suhrkamp Verlag, Frankfurt am Main 1982, pag. 110-132 (met name pag. 127-128), als ook de bibliografie op pag. 1277-1323. Het Passagen-Werk werd samengesteld uit Benjamins nagelaten geschriften en noten (1929-1940) en geredigeerd door Rolf Tiedemann en Hermann Schweppenhäuser met W. Adorno en Gershom Scholem.
5. Fredric Jameson, 'Marxism and Historicism'. In: *New Literary History*, Deel IX, nr. 1, herfst 1979 (pag. 41-73), pag. 43.
6. Zie: Walter Benjamin, 'Der Ursprung des Deutschen Trauerspiels' (1924-1925). In: *Gesammelte Schriften I.1*. Suhrkamp Verlag, Frankfurt am Main 1991, pag. 584.
7. Jameson, *Marxism and Historicism*. pag. 43.
8. Sándor Radnóti stelt iets soortgelijks in zijn bespreking van de overeenkomsten tussen de hermeneutiek van Gadamer en Benjamin in: Gary Smith (red.), *Benjamin: Philosophy, History, Aesthetics*. The University of Chicago Press, Chicago/Londen 1989, pag. 128-129.
9. Walter Benjamin, *Das Passagen-Werk*. Ibidem, pag. 1256.
10. Zie Benjamins bespreking van Auguste Blanqui, *L'Éternité par les astres* (1872) in zijn exposée 'Parijs, hoofdstad van de xixe eeuw'. In: Walter Benjamin, *Kleine filosofie van het flaneren*. [Vert. Ineke van der Burg et al.]. Sua, Amsterdam 1992, pag. 25-26.
11. Karl Marx, *Het kapitaal*. Deel I. [Vert. dr. I. Lipschits]. Unieboek, Bussum 1970, pag. 6 e.v. De eerste druk van het eerste deel van *Das Kapital* verscheen in 1867, de herziene vierde druk uit 1890 (verzorgd door Engels) wordt algemeen aanvaard als de meest gezaghebbende uitgave.
12. Karl Marx, *Het kapitaal*. Deel I, pag. 8-9. Marx ziet een soortgelijke tegenstelling, alleen dan tussen weven en kleermaken, die hij typeert als enerzijds 'concrete arbeid' en anderzijds 'abstracte arbeid'.
13. Karl Marx, *De achttiende Brumaire van Louis Bonaparte*. Pegasus, Amsterdam 1976, pag. 19.
14. Zie Georg Simmel, 'Fashion'. In: *International Quarterly* X, Okt. 1904, pag. 130-155.
15. Walter Benjamin, 'Die Gewalt des Surrealismus' [1928/1929]. In: *Gesammelte Schriften*, II.3. Suhrkamp Verlag, Frankfurt am Main 1991, pag. 1031.
16. Friedrich Engels, 'Letter to Karl Marx'. In: Karl Marx/Friedrich Engels, *Collected Works* 25. Lawrence & Wishart, Londen 1983, pag. 327.
17. Friedrich Engels, 'Anti-Düring' [1876-1878]. In: Karl Marx/Friedrich Engels, *Collected Works* 25. Lawrence & Wishart, Londen 1987, pag. 61.
18. Friedrich Engels, 'The Development of Socialism from Utopia to Science' [1880]. In: Karl Marx/Friedrich Engels, *Collected Works* 25. Lawrence & Wishart, Londen 1987, pag. 270.
19. Georg Lukács, *History and Class Consciousness* [1923]. Merlin, Londen 1971, pag. 249.
20. Zie Georg Friedrich Wilhelm Hegel, *Science of Logic*. Deel I [1812/1813]. Allen & Unwin, Londen 1929, pag. 390.
21. Georg Lukács, *History and Class Consciousness*. Ibidem, pag. 250.
22. Georg Lukács, *History and Class Consciousness*. Ibidem, pag. 247.
23. Alfred Schmidt, *History and Structure* [1923]. MIT Press, Cambridge, Mass./Londen 1981, pag. 61.
24. Theodor W. Adorno, *Aesthetic Theory*. Routledge, Londen/New York 1984, pag. 436. De tekst is geschreven tussen 1966 en 1969, en in 1973 werd dit onvoltooide boek door Gretel Adorno en Rolf Tieleman geredigeerd voor publicatie. De ambivalente relatie tussen kunst en mode die Adorno hier noemt, was door Simmel geanalyseerd in zijn sociologische en filosofische essays van na 1895.
25. Zie Georg Friedrich Wilhelm Hegel, *Aesthetics: Lectures on Fine Art*, Deel I. Clarendon Press, Oxford 1975, pag 31. De lezingen zijn viermaal gehouden, in resp. 1820/1821, 1823, 1826 en 1828/1829, en de tekst is vervolgens samengesteld uit Hegels eigen papieren en daaropvolgende aantekeningen. De tweede editie (door H.G. Hotho, 1842) wordt algemeen beschouwd als de meest complete en gezaghebbende uitgave.
26. Theodor W. Adorno, *Aesthetic Theory*. Ibidem, pag. 436.
27. Walter Benjamin, 'Over het begrip van de geschiedenis'. In: *Maar een storm waait uit het paradijs*. SUN, Nijmegen 1996, pag. 143.
28. Brief 'Hornberg i. Schwarzwald, 2 augustus 1935'. In: *The Correspondence of Walter Benjamin 1910-1940*. The University of Chicago Press, Chicago/Londen 1994, pag. 497-498 [aangepaste vertaling]. Benjamins brieven zijn door zijn vrienden Gershom Scholem en Theodor W. Adorno in 1975 geredigeerd voor publicatie.
29. Zie Benjamins uitroep in zijn *Passagen-Werk* over eeuwige waarden of tijdloze waarheden: 'Dat is even waar, dat het eeuwige eerder een ruche aan een jurk is dan een idee.' *Das Passagen-Werk*, pag. 578.
30. Walter Benjamin, 'Over het begrip van de geschiedenis', op. cit.
31. Veelzeggend in dit verband is dat de Directoire-mode – als de mode à la Grecque – een tijgersprong maakte naar haar eigen verleden, en werd geciteerd en uitgebreid werd omgevormd (of 'herschreven') toen de Fransen enthousiast het Griekse verzet tegen de Turkse bezetting tussen 1821 tot 1829 ondersteunden.
32. Zie Albert Camus, *L'Homme révolté*. Gallimard, Parijs 1951, pag. 677.
33. Chamfort, Nicolas Sébastien-Roche, *Maximes, pensées, caractères et anecdotes*. Garnier-Flammarion, Parijs 1968, pag. 82. Aan de verzameling teksten was in 1779/1780 begonnen, maar er werd aan bijgeschreven tot de eerste publicatie in 1795.
34. Afbeelding in de schetsboeken van de modehuizen Worth en Paquin deel III, in het Victoria en Albert Museum, Londen (code E.210-1975).
35. Jules & Edmond de Goncourt, *Journal. Mémoires de la vie litteraire*. Deel II: 1864-1874. Fasquelle/Flammarion, Parijs 1956, pag. 25.
36. Schetsboeken van Worth/Paquin deel III (code E. 197-1957).
37. Schetsboeken van Worth/Paquin deel IV (code E. 252-1957).
38. Georg Friedrich Wilhelm Hegel, *Aesthetics: Lectures on Fine Art*. Deel II, Clarendon Press, Oxford 1975, pag. 746/747.
39. Historici hebben ons verteld dat de Dorische zuil is gebaseerd op de Griekse vrouwenchiton.

Mode en maatschappij

Mary Quant
1934, Londen (GB)

Afbeelding:
1. Twiggy in minirok, 1960

Mary Quant's revolutionaire ontwerpen zijn emblematisch voor de mode van de *Swinging Sixties*, waarvan Londen het centrum is. De ontwerpen van Quant breken in deze periode drastisch met het heersende modebeeld. Ze doen sterk aan kinderkleding denken en worden gekenmerkt door felle kleuren, grafische patronen en Mary Quants wereldbekende logo (de margriet) dat voortdurend in haar werk terugkomt.

Quant wordt in 1934 in Londen geboren en studeert hier beeldende kunst aan het Goldsmith's College of Art. In 1955 opent Quant in Londen haar eigen boetiek 'Bazaar' waar ze in eerste instantie andermans ontwerpen verkoopt maar al snel ook haar eigen kleding aan de man brengt. Quant verafschuwt de heersende mode en introduceert een avant-gardistische look die hier radicaal tegenin gaat, de zogenaamde *Chelsea look*. Geen cardigans, lange rokken, petticoats en blouses, geen benadrukking van de taille en de boezem, maar eenvoudige en korte, rechte kokerjurkjes.

Tot Quants grote vernieuwingen op het gebied van de mode behoren de nylon panty, de regenjas en laarzen van pvc, de schoudertas, de hot pants en bovenal de minirok, waarmee ze geschiedenis schrijft. De ontwerpster richt zich als een van de eersten op trendy tieners, een doelgroep met een beperkt budget, en houdt daarom de prijs van haar kleding laag. In plaats van voor de bovenlaag van de bevolking ontwerpt Quant voor de massa. Daarbij introduceert ze met het cultmodel Twiggy een nieuw ideaaltype voor de vrouw: tenger en androgyn. Niet alleen haar mannequins maar ook Quants modeshows zijn innovatief. Kinderlijke modellen bewegen zich al dansend op popmuziek over de catwalk. Naast kleding verkoopt ze tevens accessoires en een make-uplijn voor tienermeisjes.

Haar ontwerpen worden onmiddellijk omarmd door de zich tegen de gevestigde orde afzettende jeugdbeweging. Halverwege de jaren zestig zijn Quants ontwerpen mateloos populair en worden ze over de hele wereld verkocht. Wanneer deze jeugdcultuur eind jaren zestig op zijn einde loopt, verliest Mary Quant haar invloed binnen de modewereld. Eind jaren zeventig verkoopt ze haar bedrijf. Vanaf dat moment houdt ze zich vooral bezig met het ontwerpen van kleding voor andere labels en haar eigen cosmeticalijn. Met name in Japan zijn producten van haar hand nog steeds zeer geliefd.

Literatuur:
Carter, E., (red.), *Mary Quant's London*. Londen 1979.
La Haye, A. de, (red.), *The Cutting Edge of 50 Years of British Fashion 1947*-1999. Victoria and Albert Museum, Londen 1997.

Gilles Lipovetsky

Kunst en esthetiek in de modemaatschappij

1.

1. Sylvie Fleury, *Agent Provocateur*, 1995
2. Swatch, reclamecampagnes 2004 en 2005

In de maatschappijen die zich zijn gaan kenmerken door massaconsumptie en -communicatie is de mode niet langer verbonden aan een specifiek domein – dat van de kleding – zoals dat eeuwenlang het geval was. De mode is uitgewerkt tot een veralgemeend en grensoverschrijdend proces dat zich meester heeft gemaakt van onophoudelijk groeiende domeinen van het gemeenschapsleven en zo alle maatschappelijke verhoudingen heeft geherstructureerd, de objecten evenals de cultuur, de omgang met het lichaam evenals de vertogen en beelden. Sport en spel, pers en televisie, reclame en design, voeding en hygiëne, uitgeverij, management en zelfs de ethische dimensie (rockplaten en concerten voor de hongerigen in Afrika, tv-marathons voor het goede doel), niet één van die domeinen onttrekt zich meer aan de werking van de mode. De tegenwoordige consumptie- en hyperconsumptiemaatschappijen zijn uiteraard te beschrijven aan de hand van een veelvoud aan specifieke eigenschappen (levensstandaard, comfort, media, vrije tijd, vakanties, etc.); vanuit structureel oogpunt beschouwd zijn het maatschappijen waarin steeds grotere segmenten van het sociale leven worden gekannibaliseerd door het rijk van de mode. We leven in een tijdperk van omvattende mode, of hypermode, terwijl tegelijkertijd de kleding zelf een steeds kleiner deel van het huishoudbudget in beslag neemt.

Onze tijd wordt in alle opzichten gemarkeerd door een formidabele expansie van de modelogica. De consumptie-, de vrijetijds- en de communicatie-industrie zijn gedwongen hun modellen en programma's continu te vernieuwen; ze moeten innoveren en het tempo van de verandering stijgt. Elk jaar verschijnen twintigduizend nieuwe massaconsumptieartikelen op de Europese markt, en op de Amerikaanse alleen al zestienduizend. Het periodiek lanceren van nieuwe producten en de 'geplande veroudering' die kenmerkend waren voor de mode, zijn een categorische verplichting geworden

2.

voor alle op de consumptie gerichte economische activiteiten. Ook het principe van de geringe modificaties, dat zo typerend was voor de kledingmode, vindt men nu in het hart van de vele bedrijfstakken die moeten gehoorzamen aan de eis tot personalisatie van de producten, mass customisation, meervoudige versies en opties. Elk automodel wordt tegenwoordig in tientallen versies geproduceerd; in de jaren negentig kwam Seiko elke maand met zo'n zestig nieuwe horlogemodellen. De massamarketing is afgelost door een segmentatiemarketing van een uitzinnig gediversifieerd productenaanbod met een onophoudelijk groeiend assortiment aan keuzes en varianten.

Tegelijkertijd zijn we getuige van een algemene esthetisering van het dagelijks leven, die is af te lezen aan reclamebeelden, design, de aankleding van winkels en etalages, de inrichting van stadscentra, de bescherming van het historisch erfgoed, de hausse in de verkoop van schoonheidsproducten, lichaamstatoeage en cosmetische chirurgie. De hyperconsumptiemaat-

3. Joggende vrouwen aan het strand

schappij gaat gepaard met een onbegrensde toename van esthetische verleidingen, een totale enscenering van ons dagelijkse leefmilieu. Een cosmetisering van vormen, ruimtes en lichamen, bevestigd door de verleiding die uitgaat van de hyper-keuzevrijheid, de zelfbediening in een ludieke en humoristische ambiance, 'jong' en cool, sexy en hip. Hele blokken van het dagelijkse leven dobberen momenteel in een bad van hedonisme, van vrije tijd en van verheerlijking van het leven in het hier en nu, dat wil zeggen de primaire tijdsdimensie van de mode. Fun shopping en retailtainment, theatralisering van de stad en polysensorisch ontwerp, amusement en feestcultuur, kortom: de distributie, de objecten evenals het stadsleven, worden nu gestuurd door een alomtegenwoordige logica van verleiding en mode. De drie kernprincipes van de mode – vluchtigheid, kleine verschillen, verleiding – zijn geen sociaal geïsoleerde fenomenen meer, maar ordenende principes van de hyperconsumptiemaatschappij als geheel.[1]

Dit roept de vraag op: hoe ver strekt zich het rijk van de hypermode uit? En met name: hoe is het erin geslaagd het domein van de kunst te veroveren? Welke nieuwe kenmerken vertoont dit domein en hoe wordt het gezien? Wat betekent de esthetische ervaring in een tijdperk van geglobaliseerde verleiding, totale marketing en totale mode? Op de volgende pagina's wordt geprobeerd deze vragen te beantwoorden.

De kunst als hypermode
In een klassieke benadering zijn de grenzen tussen kunst en mode scherp te trekken. De mode-industrieën draaien geheel en al om verkoop en winst, en de kunst wordt in principe beheerst door een niet-commerciële geest. Mode raakt uit de mode, kunst is eeuwig. De mode raakt de massa's, kunst is moeilijker toegankelijk. Mode impliceert conformisme, moderne kunst hecht aan originaliteit en uniciteit. De mode staat aan de kant van het oppervlakkige, het futiele, de lichtvoetige verleiding, de kunst aan die van de diepere zin en de esthetische verheffing.

Zulke tweedelingen zijn schijnbaar nog altijd actueel. De productiewijzen (industrieel systeem tegenover individuele creatie), de referentiesystemen (commercie tegenover pure creatie), de plaatsen waar de dingen worden uitgestald (modewinkels versus musea, galeries en kunstcentra) en de publiciteitskanalen (damesbladen versus kunsttijdschriften) vormen nog altijd afzonderlijke werelden. Toch valt moeilijk over het hoofd te zien dat de scheidslijn tussen de kunst en de mode danig is vervaagd. In het systeem van de totale mode zijn ze niet langer scherp en absoluut afgegrensd. De lezer kan hierover oordelen aan de hand van enkele voorbeelden, gekozen uit duizend andere.

Het wemelt van de kunstmusea, maar die worden tegenwoordig ingericht met het oog op toeristische ontwikkeling en massarecreatie. Men spreekt tegenwoordig van 'belevenisconsumptie' (shows, spelletjes, vrije tijd, toerisme) en van 'belevenismarketing' in de trendy sectoren van de distributie.[2] De kunstcentra van hun kant organiseren niet langer exposities van kunstwerken die bedoeld zijn om bewonderd te worden: ze willen de bezoeker een ervaring laten meemaken, een belevenis en bepaalde emoties. Er is een auto die Picasso heet en een parfum in een verpakking van Sol LeWitt. De merken zijn onvermoeibaar in hun pogingen hun image over het voetlicht te brengen via herkenbare logo's en slogans; bepaalde hedendaagse kunstenaars lijken zelf reclameman te zijn geworden, met beeldmerken en handschriften die tot in het oneindige worden herhaald. Hoe minder de musea en tentoonstellingen zich presenteren als tempels van een aanbeden schoonheid, hoe steviger het regime van de modekunst zich vestigt. Een blad wordt omgeslagen: de scheiding tussen de domeinen wordt verstoord en een proces van vervaging breekt aan, waarin de kunst mode wordt.

Dit alles dateert niet van vandaag. Halverwege de negentiende eeuw vergeleek Baudelaire de esthetische moderniteit al expliciet met de mode, met het voorbijgaande, het vluchtige.[3] Later heeft de verafgoding van het Nieuwe, telkens weer hernieuwd door de dynamiek van de avant-gardes, de banden tussen de kunst en de mode versterkt. De mode berust immers ook op een voortdurend zoeken naar verandering en een negatie van de tijdsdimensie van de traditie, te weten het verleden. Het artistieke universum wordt niet langer geregeerd door de traditie en het zoeken naar schoonheid maar – net als de mode – door permanente vernieuwing, opschudding, verrassing. Het gaat erom de banden met het verleden door te snijden, breuken te maken en opnieuw te beginnen. De moderne kunst presenteert zich, parallel aan de mode, onder het teken van de kritiek op het onmiddellijke verleden, van de discontinuïteit, van versnelde golfbewegingen. Van de mode zegt men dat ze 'zich in de permanentie opheft', en 'haar lot is dat ze zichzelf moet uitwissen';[4] van haar kant is de avant-gardistische moderniteit de 'negatie van zichzelf' en 'creatieve zelfvernietiging'.[5] Het werk moet absoluut hedendaags zijn, absoluut modern, losgemaakt van verwijzingen naar het verleden, zelfs het meest nabije verleden. Met de viering van het heden ten koste van het verleden verschijnen de avant-gardistische werken, net als de mode, als hymnes aan de strikte moderniteit. Met wat Harold Rosenberg 'de traditie van het Nieuwe' noemt[6], vestigen de krachten die de koers van de mode sturen, de esthetiek van het Novum en het principe van de geplande veroudering, zich in het hart van de kunst.

Tegelijkertijd is het echter zo dat de modernistische kunst is gebouwd op een frontaal verzet tegen de mode en naar buiten toe uiting geeft aan een iconoclastische, futuristische, in de woorden van Adorno, 'compromisloze' mentaliteit. De kunst van de avant-garde is een opstand tegen de smaak van het grote publiek; ze verwerpt de esthetiek van de schoonheid uit naam van een onbeperkte creatieve vrijheid. Haar ambities omvatten de kunst om de kunst,

4.

5.

4. Jeff Koons, *Michael Jackson and Bubble*, 1988, collecties Dakis Joannou Collection Foundation, Athene, The San Francisco Museum of Modern Art en de Broad Art Foundation, Santa Monica, Californië
5. Daniel Buren, *Boven – beneden*, installatie Fort Asperen, 1987
6. Maurizio Cattelan, *La Nona Ora*, 1999, Galerie Emmanuel Perrotin, Parijs
Op de foto: de installatie in de Kunsthalle Basel
7. Pipilotti Rist, *Regenfrau (Rainwoman) (I Am Called a Plant)*, videoinstallatie 1999, collecties Musée d'Art Moderne de la Ville de Paris, Parijs, Stedelijk Museum voor Actuele Kunst, Gent, Musée des Beaux-Arts, Montréal

maar ook het veranderen van het leven, het opheffen van de scheiding tussen kunst en leven, de afschaffing van het museum en het verwezenlijken van een totale mens. Deze ambities zijn neergelegd in werken met een hermetisch, dissonant, ontwrichtend of scandaleus karakter, de absolute tegenpolen van de mode en haar lichtvoetige verleiding. De mode berust op een logica van onmiddellijke verleiding; de kunst van de avant-garde op haar beurt trekt ten strijde tegen de theatrale verleiding van het beeld, tegen de esthetische harmonie, tegen de charme van de perspectivische voorstelling.

Maar hoe staat het daar momenteel mee? Die spanning en strijd tussen kunst en mode, zijn die eigenlijk nog actueel? In een tijd van veralgemeniseerde verleiding moet die vraag opnieuw op tafel worden gelegd.

Al direct moet worden geconstateerd dat er geen grote revolutionaire artistieke bewegingen meer bestaan, geen modieuze ismes, geen diepgaande omwentelingen zoals het fauvisme dat was, of het kubisme, het expressionisme, de geometrische abstractie, het constructivisme, het dadaisme, het surrealisme. Men krijgt momenteel juist de indruk dat de herhaling de overhand krijgt over de creativiteit, gelijkheid over het verschil, het business-as-usual over de esthetische subversie. Wat vooral opvalt zijn monotonie en déja-vu, niet het gevoel van iets absoluut nieuws. Zoals Octavio Paz onderstreept:

'De verwerpingen van de avant-garde zijn tot rituele herhalingen geworden, de rebellie tot procédé, de kritiek tot retoriek, de transgressie tot ceremonie.'[7]

Wat we zien begint steeds meer te lijken op een zucht naar originaliteit om de originaliteit, op een hyperbolisch proces dat weliswaar niet systematisch, maar toch vaak uitmondt in de leegte.

Vervolgens constateren we dat de hedendaagse kunst haar 'ontregelende' vermogen heeft verloren en trekken begint te vertonen van futiliteit, van onbeduidendheid, soms van flauwe grappigheid of bedrog. De tijd van een subversieve kunst (de abstractie,

Duchamps urinoir, het spektakel van Dada) ligt achter ons; een echt schandaal verwekken is moeilijk, want de provocatie is zo goed als geïnstitutionaliseerd. Het principe van het nieuwe, zelfs dat van de provocatie, is door het publiek geassimileerd; er is in feite geen verzet meer, geen verontwaardiging, geen schandaal, het publiek heeft alles al eens gezien en laat zich niet of nauwelijks meer choqueren.[8] De avantgardistische kunst staat niet meer voor een sfeer van iconoclasme met revolutionaire of radicale connotaties. Wat overblijft is een algemeen gevoel van 'alles kan', gebaseerd op onverschilligheid of verveling.[9]

Zo raakt de hedendaagse kunst steeds meer vereenzelvigd met het spektakel of het non-spektakel zonder meer en lost steeds verder op in de modevorm, een universum van overtolligheid en overbodigheid waarin het niet uitmaakt wat er wordt getoond, een sfeer van willekeur, bevrijd van elk criterium en elk hoger ideaal. Als het domein van de kunst plaats biedt aan willekeurig wat, wordt het een domein zonder werkelijke inzet, zonder reële uitdaging, zonder serieuze tegenstand, een domein dat geen zware betekenis meer heeft en dus uiteindelijk niemand meer dwarszit en nauwelijks nog gevoelens oproept of hartstochten wekt.

De installaties van objecten, de performance- en happeningskunst, het werk van de minimalisten en conceptuele kunstenaars wekken de indruk dat de kunst is overgeschakeld naar het tijdperk van de gebeurtenis om de gebeurtenis, van trivialiteiten, van het zinloos tegen elkaar opbieden, van het modevoorwerp bij uitstek: de gadget. We zijn weliswaar nog ver verwijderd van de verleiding van de kleding*look*, maar dat zou nog slechts het sluitstuk zijn van het mode-worden van de kunst, want in al deze kunstvormen ontvouwt zich een zuivere logica van het effect, van vrijblijvende escalaties, van vluchtige dingen, gemaakt om te verdwijnen, van verfijnde variaties op bijna niets,[10] die een ruimte creëren met een weerklank, even oppervlakkig en willekeurig als de mode.

8.

9.

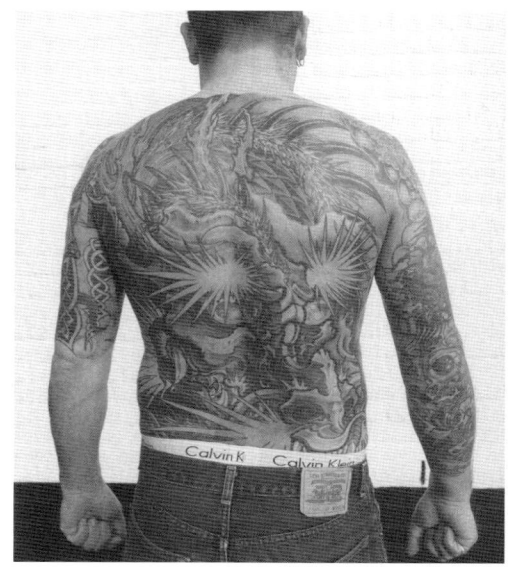

Deze overdaad aan tekens die niets betekenen, deze nutteloze artistieke krachttoeren verdringen de betekenis achter een futiel spektakel dat aandoet als ostentatieve verspilling. Op deze plaats mogen we het zeggen: de hedendaagse kunst is meer mode geworden dan de mode, oppervlakkiger, willekeuriger, nuttelozer zelfs dan de mode. De kunst manifesteert zich als een voorbeeldige uiting van supermode, van hypermode. Natuurlijk ligt niet alles in de hedendaagse kunst op hetzelfde niveau en moeten we er geen misverstand over laten bestaan dat er nog altijd kwaliteitswerk en kunstenaars met talent zijn. Dat neemt niet weg dat over het geheel genomen de artistieke sfeer tendeert in de richting van een vertoning zonder inhoud, zonder belang, zonder consequenties en zonder serieuze culturele inzet.

Deze perceptie van kunst is nieuw. Sinds het begin van de geschiedenis heeft de kunst uitdrukking gegeven aan de macht van het heilige en het bovenaardse. Ze was de taal van het absolute en van de maatschappelijke en politieke hiërarchieën. Het kunstwerk werd geacht een gevoel van vervoering en verheffing op te roepen en te worden beschouwd in stille overpeinzing en heilig ontzag. Daar komt onder onze ogen een eind aan. We zijn aan het eind gekomen van het verval van de aura, het proces dat al door Walter Benjamin werd gediagnosticeerd, het eindstadium van de desublimatie en de democratische desacralisatie van de kunstwerken.

Het universum van de kunst ademt momenteel een geur van leegte, van overbodigheid, van opzichtige willekeur. Hegel onderstreepte dat de kunst allesbehalve een simpel 'plezierig spel' was omdat ze het Absolute of de waarheid uitdrukt in de zintuiglijke ervaring en zo het universele verbindt met het bijzondere. Juist die universele dimensie verdwijnt steeds meer uit de kunstwerken die niets méér lijken uit te drukken dan hoogst particuliere fantasma's en persoonlijke obsessies, een zuiver subjectief spel. Het gevoel overheerst dat de kunst in de greep is van navelstaarderij,

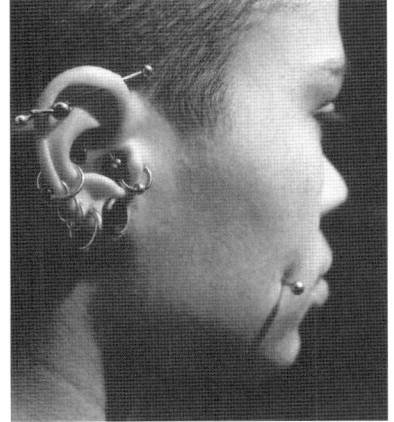

8. Chocoladesoep op een in minimalistische stijl gedekte tafel
9. Marco, Tatoeages op de rug die invloeden van de tatoeagetradities uit het Stille Zuidzee-gebied tonen
10. Camilla, Brazilië, meerdere oorpiercings en een wangstaafje
11. Benetton, reclamecampagne 1991

narcisme, hyperindividualisme, verstoken van betekenis en van grote collectieve inzet. Het tijdperk van de hypermoderniteit valt samen met dit proces van gadgetisering, vervlakking en uiterste individualisatie van de kunst. Misschien concretiseert zich op deze manier Hegels idee van het 'eind van de kunst'. Het eind van de kunst, uiteraard niet te verwarren met het verdwijnen ervan – er zijn nog nooit zo veel kunstenaars en kunstwerken geweest of zo veel expositieruimten – maar als het oplossen van de kunst in de willekeurige, oppervlakkige, gratuite orde van de mode.

De esthetisering van het dagelijkse leven
Vergissen we ons niet: het hypermoderne samengaan van kunst en mode betekent geen scheiding tussen de industrieproducten en de esthetische kwaliteit, geen triomf van de middelmatigheid of de vulgariteit van de mediaindustrie. Het betekent veeleer een algehele esthetisering van de dagelijkse omgeving onder het gezag van het principe van esthetische verleiding. Een esthetisering in commerciële stijl natuurlijk, vaak stereotiep en risicoloos, maar daarmee nog geen afbraak van esthetische waarden. 'Lelijkheid verkoopt slecht' (Raymond Loewy), vandaar dat geen enkel industrieproduct nog ontsnapt aan een bewerking door een designfirma; het moet immers voldoen aan de eisen van 'decoratieve' charme en formele kwaliteiten bezitten: ontwerp, verpakking, kleuren, de stijl, het uiterlijk, de esthetische verleiding raken steeds hechter geïntegreerd in het universum van de productie van 'dingen'. Merkcommunicatie verloopt langs dezelfde weg: topmodellen, prachtige lichamen en gezichten, weelderige landschappen, verfijnde interieurs overspoelen de publiciteitsmedia. Themawinkels, -bars en -restaurants vullen hun functionele rol aan met een esthetische en verschaffen de klant een decor en een gepersonaliseerde ambiance. Ze voeren een wedloop om het juiste concept en image, vloeiende vormen en curven, een nieuwe transparantie en elegance. De lay-out van de magazines wordt met veel zorg en aandacht

Vivienne Westwood
1941, Glossop (GB)

De excentrieke Engelse modeontwerper Vivienne Westwood, die nooit een formele opleiding genoot, oefent al decennialang invloed op ons modebeeld uit. Westwood wordt als Vivienne Isabel Swire in Glossop geboren. Gedurende een korte periode volgt ze lessen aan de Harrow Art School en is ze werkzaam als lerares. In Londen ontmoet ze Malcolm McLaren, manager van de band de Sex Pistols, en in 1971 openen ze samen de winkel *Let It Rock*. In eerste instantie richten ze zich op kleren uit de jaren vijftig maar al snel verkopen ze op punk geïnspireerde kleding met een fetisjistisch karakter: veel leer, rubber, kettingen en ritsen. De winkel en de kleding die er wordt verkocht, zijn sterk verbonden met de Londense straatcultuur. De doelgroep is jong en anarchistisch en bestaat voornamelijk uit punkers en rockers. Binnen korte tijd wordt Westwood gebombardeerd tot koningin van de punk. Met de in 1976 gelanceerde collectie *Bondage* shockeert ze de Engelse modescene. Hoewel haar kleding in de pers als ondraagbaar wordt bestempeld, vinden haar ontwerpen onmiddellijk navolging en loopt het storm in de winkel.

In de jaren tachtig, wanneer punk is gecommercialiseerd, verschuift de interesse van Westwood naar de modegeschiedenis en andere culturen. Daarbij wordt het technische aspect van mode in haar werk steeds belangrijker. Ze verricht onderzoek naar historische kledij en past oude snijprincipes op haar eigen ontwerpen toe. In 1981 presenteert ze tijdens haar eerste catwalkshow in Londen een op de zeventiende eeuw geïnspireerde piratencollectie en daarop volgt de collectie *Savage*, die op de native Americans geïnspireerd is. De zeventiende en achttiende eeuw dienen in 1985 als uitgangspunt voor de *Mini Crini*-collectie waarin Victoriaanse bustes, crinolines en korsetten vrijelijk worden gecombineerd met eigentijdse elementen zoals ritsen. Onderkleding wordt tot bovenkleding getransformeerd en de klassieke schoonheidsidealen, billen, heupen en borsten, worden niet alleen benadrukt maar dienen in de ogen van Westwood als vrouwelijk machtsmiddel. Tien jaar later zien we eenzelfde benadering terug in de collectie *Vive La Cocotte* waarvoor stukken uit het Victoria & Albert Museum als inspiratiebron dienen. Begin jaren tachtig wordt de samenwerking met McLaren beëindigd en start Vivienne Westwood onder haar eigen label haar solocarrière. Ze keert terug naar Londen waar ze in 1987 de op koningin Elizabeth II geïnspireerde Harris Tweed-collectie lanceert. Hierin komt haar liefde voor de Engelse modetraditie en snit duidelijk naar voren.

De geschiedenis speelt ook in het volgende decennium een belangrijke rol in haar thematiek en materiaalkeuze. De *Portrait*-collectie die ze in 1990 presenteert, zit vol verwijzingen naar de

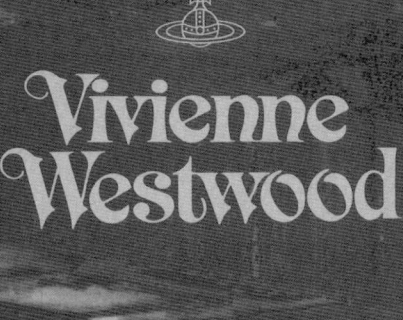

schilderkunst en voor de collecties die volgen dient de twintigste-eeuwse mode ter inspiratie. Ook Engeland blijft een geliefd onderwerp. Voor de collectie *Anglomania* uit 1993 maakt ze veelvuldig gebruik van Engelse stoffen als tweed en tartan. In datzelfde jaar introduceert Westwood haar ready-to-wear *Red Label* en wordt ze benoemd tot Professor of Fashion aan de Berliner Hochschule der Künste. In de jaren die volgen, opent ze winkels over de hele wereld, waaronder flagshipstores in Tokyo en New York, en lanceert ze een mannenlijn en haar parfum *Boudoir*.

Westwoods motto is praktisch: '*learning through action*', zoals ze zelf zegt. Ze is zeer gedisciplineerd en hecht veel waarde aan details. Westwood heeft een hang naar traditie, maar transformeert het verleden in eigentijdse soms humoristische parodieën hierop. Ze hanteert een eclectische benadering van mode die extreem succesvol is en overal ter wereld navolging vindt. In 2004 is haar werk bekroond met een overzichtstentoonstelling in het Victoria & Albert Museum.

Literatuur:
Krell, G. en Molyneux, M., *Vivienne Westwood. Universe of Fashion.* Universe Publishers, New York 1997.
Wilcox, C., *Vivienne Westwood.* Victoria and Albert Museum, Londen 2004.

Afbeeldingen:
1. Vivienne Westwood, collectie *Vive la Cocotte*, herfst/winter 1995/1996
2. Vivienne Westwood, collectie *Dressing Up*, herfst/winter 1991/1992
3. Vivienne Westwood, collectie *Anglomania*, herfst/winter 1993/1994
4. Vivienne Westwood, reclamecampagne 2005
5. Vivienne Westwood, collectie *Bondage*, 1976
6. Vivienne Westwood, collectie *Mini-Crini*, lente/zomer 1985

afgestemd, niet alleen op de leesbaarheid, maar ook op het esthetisch genot. De vormgeving van de televisiestations en studio's wordt bestudeerd en geherformatteerd ten bate van het 'esthetisch comfort'. Zelfs de cuisine speelt in op de verleidingskracht van het uiterlijk, met de Zen-stijl in de presentatie van gerechten en de 'creatieve' enscenering van de tafel.

Hierbij komt de promotie van luxe en de bijbehorende imaginaire verfijning via chique beelden en betaalbaar geworden productlijnen. Centra van steden worden getransformeerd tot esthetische vitrines, tot openluchtmusea, en de bescherming van het historische erfgoed staat hoog op de agenda. Er is de cosmetisering van het lichaam: tatoeages zijn enorm populair onder de jongeren en cosmetische chirurgie wordt alledaags. Het zijn natuurlijk zeer ongelijksoortige en verspreide verschijnselen, maar ze wijzen in de richting van een opwaartse spiraal in het aanbod van, de vraag naar en de toepassing van esthetische praktijken in de maatschappij van de modehyperconsumptie.

De modebeschaving wordt zo onscheidbaar van de democratisering van esthetische waarden, in onze dagelijkse omgeving evenals in het collectieve bewustzijn en gedrag. Ze is tegelijk de beschaving waarin de esthetische vernieuwing minder 'van bovenaf opgelegd', minder 'despotisch' is, maar zich richt naar de wensen en smaken van het publiek. Met het principe 'de klant is koning' en de opkomst van de statusdoorbrekende emotionele consumptie heeft de 'aristocratische esthetiek' – gesymboliseerd door de pracht en praal van de Haute Couture in haar hoogtijdagen – plaats gemaakt voor een marketing-esthetiek, een marketingmode die symbool staat voor het hoogste stadium van de democratische mode.

In deze context wordt het steeds moeilijker vast te houden aan de traditionele verheerlijking van de Grote Kunst en de neerbuigende houding tegenover commerciële producten of de zogenaamd lagere kunsten.

In feite stellen de zogenaamd lagere, industriële of toegepaste kunsten veelal minder teleur dan de 'verheven' kunst. De reclame is vaak creatiever dan de installaties en performances van de avant-garde. Ik vermeld in het voorbijgaan dat de reclame tegenwoordig provocerender en spraakmakender is dan de kunst zelf; men hoeft maar te denken aan de fameuze campagnes van Benetton of aan de 'porno chic'. De commerciële film lijkt me inventiever, interessanter, rijker aan universele betekenissen dan wat experimentele film wordt genoemd. De modefotografie, de inrichting van winkels en het industrieel design lijken me creatiever en inventiever dan talloze schilderijen en sculpturen van de avant-garde.

Ik wil hiermee niet zeggen dat de mode, de reclame en het design nu het monopolie op de creativiteit hebben, maar dat het vanzelfsprekende hiërarchische onderscheid tussen edele kunst en triviale kunst zinloos is geworden. Nogmaals: men vindt vaak meer creativiteit in industrieel design, reclame of commerciële films dan in het avant-gardistische academisme. Het heeft geen zin meer hoge kunst tegenover industriële kunst te stellen, waar het om gaat is dat het onderscheid nu ligt tussen creatief, rijk, mooi werk enerzijds en repetitief, overbodig werk anderzijds, in welk domein dan ook. Reclame of design zijn niet inferieur omdat ze commercieel zijn en de 'verheven' kunst hoeft niet bewierookt te worden, enkel omdat ze niet-commercieel of hermetisch is. We moeten breken met die manier van denken die een hiërarchie aanbrengt in verondersteld heterogene domeinen. Of een werk uit de hoge kunst of de kunst-voor-de-markt voortkomt is niet belangrijk. Waar het om gaat is het gerealiseerde, het werk als zodanig; zo kan ook een object dat gehoorzaamt aan de eisen van de commercie mooi en creatief zijn en werkelijk esthetisch genot schenken. De oplossing van conventionele esthetische hiërarchieën en classificaties, dat is toch ten minste een prestatie die men op het conto van dit tijdperk van hypermoderne mode mag bijschrijven.

12. Centre Georges Pompidou, Parijs, architecten: Piano en Rogers
13. Power Plant, Baltimore (USA), winkelcentrum

Hypermoderne musea en architectuur

De stormachtige overgang van kunst naar mode uit zich niet alleen in de kunstwerken. De plaatsen waar die worden geëxposeerd, de musea, worden zelf ook heroverwogen en geherstructureerd in het licht van de modelogica. Het Centre Georges Pompidou in Parijs illustreert al sinds het eind van de jaren zeventig de nieuwe overheersing van de mode en de verleiding. Zoals bekend hebben Piano en Rogers geprobeerd de geest van mei 1968 te bewaren in hun ontwerp, een maatschappijkritisch project om de cultuur toegankelijk te maken voor iedereen in plaats van die te reserveren voor een elite. Hun keuze voor hightech – een transparante, metallieke architectuur die doet denken aan een fabriek of een raffinaderij – is dus enerzijds een uiting van avant-gardistisch radicalisme.

Anderzijds bood het Centre, met zijn aanblik van een gigantische Meccanomachine in bonte en vrolijke kleuren en met zijn roltrappen en omlopende galerieën, een ludieke en gezellige, beweeglijke en transparante visie op de cultuur. Piano en Rogers hebben geen gewijde tempel willen bouwen, in zichzelf besloten, gescheiden van de stad. Heel hun ontwerp onderscheidt zich door de weigering van het intimiderende en traditionele beeld van de cultuur, van een museum als heiligdom, gewijd aan stille overpeinzing en meditatie. Geen 'kathedraal' voor een spirituele inwijding, maar 'een feest, een groot stuk stedelijk speelgoed' (Piano).

Dat wil zeggen dat de criteria van de mode (hedonisme, speelsheid, provocatie, lichtheid, toegankelijkheid, dynamiek) zich hebben genesteld in het museale domein zelf. Voor het eerst verliest de architectuur die de kunst huisvest haar sacramentele en educatieve karakter, wordt ludiek en vermaakt zich met een knipoog naar een fabrieksgebouw. In de 'culturele machine' loopt men rond als in een supermarkt: de sacrale sfeer van het museum maakt plaats voor een relaxte en hedonistische, interactieve en toeristische ambiance. Het rijk van de mode heeft zich

14.

15.

meester gemaakt van de museumruimte.

Sinds die tijd heeft de modelogica nieuwe wegen ingeslagen. Het Guggenheim-museum voor moderne kunst in Bilbao vormt daarvan een buitengewoon voorbeeld. Hier is voor het eerst een museum zonder eigen werken en collecties, een lease-museum met kunst die wordt gehuurd van een Amerikaans museum. Hier is bovenal een museum dat met zijn verstrengeling van volumes en chaotische vormen een ongelooflijk stedelijk spektakel schept, een 'ludieke' en fantastische mastodont, opgeblazen en blijkbaar ontdaan van wat de eerste functie van een museum is. Verbazingwekkend en fascinerend trekt het meesterwerk van Frank O. Gehry alle aandacht van het consumentenpubliek aan zich: het gebouw wint het van de tentoongestelde werken, de verpakking is belangrijker dan de inhoud. Hyperspectaculaire architectuur, museum als belevenis: het 'grote schip van titanium' doemt op als een werk waarin kunst en mode in elkaar opgaan, strengheid en overdaad, macht en recreatieve scenografie. Het educatieve museum maakt plaats voor het museum van de verleiding, van de emotie, van de shock. Ik zeg dit niet bij wijze van kritiek, integendeel. Ik vind dit sculptuur-bouwwerk opwindend, inspirerend, magnifiek. Het bewijst dat de modelogica tot de hoogste prestaties in staat is.

Het zijn niet alleen de musea die de schokgolf van het modesysteem registreren, men vindt haar in tal van hedendaagse architectuurwerken terug. Vanuit een bepaald gezichtspunt beschouwd is er natuurlijk niets verder verwijderd van de modelogica dan de geïndustrialiseerde stedenbouw en architectuur. Dit tijdperk ziet in de stedelijke periferie of in de nieuwe steden monotone en lelijke bouwwerken verrijzen, ruimtes zonder poëzie of verrassing, die niets gemeen hebben met de speelsheid en de verleiding van de mode. Zo zijn er talrijke voorbeelden van hedendaagse monumentale architectuur die qua aanblik weinig met de mode hebben uit te staan. Ik denk aan de Arche de la Défense, de Piramide van het Louvre, de Opéra Bastille, de

14. Port Discovery, Baltimore (USA), kindermuseum
15. Museo Guggenheim, Bilbao, architect: Frank O. Gehry
16. Tate Modern, Londen, exterieur
17. Tate Modern, Londen, interieur

Bibliothèque Nationale de France, allemaal nieuwe Parijse bouwwerken met armzalige en tot een elementaire geometrie gereduceerde vormen. Hun gedaante, bekleed met gladde materialen en glaspanelen, maakt indruk door de massa. Met hun gordijngevels en glasconstructies lijken gebouwen als de Bibliothèque Nationale de France van hun lichamelijkheid ontdaan, transparant, onstoffelijk. Hun esthetiek berust op een koude, vergeestelijkte abstractie met ascetische ondertonen, het tegendeel van de lichtvoetige en hedonistische theatraliteit van de mode.

Is de werking van de mode hier dan afwezig? Geenszins. Ze is ook hier actief, maar op een andere manier. Wat immers ook hier overheerst is de logica van het effect, het image en de marketing. Karakteristiek voor deze moderne monumenten is dat men ze in één oogopslag kan vatten. Het zijn vormen die niet gezien en nog eens bekeken hoeven te worden: één blik volstaat. Men wordt verrast, maar alleen op het eerste gezicht; de emotie is kortstondig en laat geen sporen na. De verleiding put zich ter plekke uit, als het ware.[11] Kortom: het gaat net als bij de mode om krachtige, onmiddellijk heldere beelden, zonder imaginaire nawerking. De onmiddellijke, vluchtige bevrediging die de mode kenmerkt, doet zich momenteel ook voor bij de beschouwing van zulke prestigieuze gebouwen.

Deze architectuur beantwoordt aan de nieuwe eisen van steden die hun image willen managen door zich te voorzien van 'beeldbepalende' gebouwen met eenvoudige en onmiddellijk te plaatsen vormen: zo bouwen ze hun merkbeeld op en trekken toeristen met emblematische, direct herkenbare bezienswaardigheden. Tegenwoordig noemt men dat 'branding', of de marketing van de stad. Het beeld regeert en de 'strenge' nieuwe monumentaliteit voegt zich, paradoxalerwijze, naar de logica van de mode, dat wil zeggen de logica van het merk, het logo, de *impact* van de reclame.

Het omvattende systeem van de mode is dermate krachtig dat het een omwente-

18. Zosen, Aviadro en Mister (ONG collectief), *Esperanza*, graffiti in Barcelona

ling heeft gebracht in onze verhouding tot ons culturele verleden, tot ons erfgoed in het algemeen. De hypermoderniteit van de mode is paradoxaal: juist op het moment dat onze maatschappijen gaan functioneren volgens de overheersende logica van de mode maken we een massale opwelling van interesse in het verleden mee, een bezeten zorg om het behoud en de nagedachtenis van het erfgoed. Grote prestigieuze tentoonstellingen in de musea trekken een groeiend publiek, waarvan de aantallen in Frankrijk schommelen tussen de 300 duizend en de 800 duizend bezoekers. Het percentage Fransen dat nog nooit naar een museum is geweest komt niet boven de vijftien procent uit. Men hoort wel gekscherend zeggen dat er in Europa elke dag een nieuw museum wordt geopend. Elke stad behoort een of meerdere musea te hebben; provincies en regio's komen onophoudelijk met nieuwe voorstellen voor de stichting of renovatie van musea. In Frankrijk zijn in twintig jaar zeshonderd musea vernieuwd of opgericht. De smaak voor het verleden is alom en de nieuwsgierigheid is groot. De modemaatschappij is niet gebouwd op een absoluut of autarkisch heden, maar op een paradoxaal heden, een heden dat voortdurend bezig is het verleden te ensceneren en te 'herontdekken'. Zo goed als alles wordt opgenomen in de kringloop van erfgoed en museum, alles is geschikt om geconserveerd en gemusealiseerd te worden, tot de meest recente 'dingen' aan toe. Het hypermodernisme is een tijd waarin alles erfgoed is en alles wordt herdacht.

Het hypermoderne systeem ontkent het verleden niet. Integendeel: het rehabiliteert het verleden, conserveert het, maar vernieuwt het ook, en richt het opnieuw in naar de smaken en eisen van het heden. De binnensteden worden aangekleed en heringericht tot toeristische consumptieproducten, oude loodsen en kloosters worden omgebouwd tot culturele centra, hotels, kantoren, musea of theaters. Oude plattelandshuizen worden opgeknapt, met de oude balken maar verder met alle moderne gemakken. Wat oud was, wordt gebruikt om iets nieuws te maken. De moderne mode had geen vaderland, geen geheugen, geen zichtbare wortels; de hypermoderne mode[12] gaat over recycling en kruising van oud met nieuw: na de modernistische en hightech *total look* (Centre Pompidou) de hypermoderne esthetiek van de loft, hybride combinaties van de herinnering en het heden (Tate Modern in Londen), de ultieme vormen van een democratisch esthetisch theater.

Esthetische ervaring, consumentisme en individualisme

De manier waarop men zich tot kunstwerken verhoudt, is tegelijk symptomatisch voor de consumptie en het amusement in de modemaatschappij. De werken uit het verleden worden niet langer beschouwd met eerbied, in een stille contemplatie die meer of minder is gemengd met angst, maar in het aanhoudende rumoer van de toeristenstroom. Ze worden als het ware naar binnen geslagen, geconsumeerd als fastfood, in het snelle zapritme van de afstandsbediening. Een recente enquête laat zien dat een gemiddelde bezoeker niet langer voor de *Sabines* van David blijft staan dan 40 of 15 seconden, afhankelijk van het feit of hij het etiket leest of niet, en 9 of 5 seconden voor de *Grande Odalisque* van Ingres. Het gewijde aura dat het kunstwerk omgaf heeft plaatsgemaakt voor een ludieke, hypermobiele, verstrooiende belevenis.

De verhouding met de kunst is opgegaan in de kringloop van de hyperconsumptie van mode en belevenis. De kunstwerken functioneren in onze maatschappijen als objecten voor het massa-amusement, attractieve bezienswaardigheden, instrumenten om de recreatie te diversifiëren en de tijd te 'doden'. Wat de bezoeker/toerist zoekt, zijn steeds nieuwe stimulansen, emoties van een seconde, verstrooiing, veel meer dan een specifiek esthetische ervaring. Mensen die musea bezoeken zijn geen kunstliefhebbers meer die houden van esthetische contemplatie, ontdekkingstochten en spirituele verheffing: wat we nu zien is de *homo consumator* op zoek naar afleiding, naar een opvulling van zijn vrije tijd. Het is zelfs geen onderscheidende of statusverhogende consumptie meer, maar een in essentie toeristische, nomadische consumptie. De kunst is in het tijdperk van de belevenisconsument gestort, het hoogste stadium van de massale democratisering van de culturele recreatie.

Het is keer op keer gezegd dat de massacultuur getuigt van een immens conformisme. De toeristen stromen langs dezelfde 'driesterrenplekken' om te zien 'wat je moet zien', de grote prestigetentoonstellingen, alles waar de pers over schrijft, wat succes heeft. Wat is het anders dan het *Men* van Heidegger, die vorm van massamimetiek die kenmerkend is voor David Riesmans 'outer-directed individual' (het van buitenaf bestuurde individu)? Dit staat buiten kijf. Toch is het niet meer dan één van de kanten van het probleem. Want parallel met het gehomogeniseerde *Men* ontvouwen zich ook vrijere, meer individualistische gedragsvormen dan vroeger. Om wat voor individualisme gaat het hier?

In de eerste plaats bestaat er weliswaar een massaconformisme, maar vooral een massale onverschilligheid, zelfs vijandigheid tegenover de hedendaagse kunst. Men ziet de kritiek en de veroordelingen van de hedendaagse kunst aan alle kanten opkomen, ook onder kunstliefhebbers. Tot de jaren zeventig waren er mensen die dachten dat de ontvangst van de avant-gardes even fortuinlijk zou verlopen als die van het impressionisme: eerst bespot, later bewonderd. Blijkbaar doet dit scenario zich niet voor en gaat de hedendaagse kunst niet dezelfde toekomst tegemoet. Morgen zullen er mensen zijn die ervan houden, maar ook tegenstanders. Verschil van mening en controverses over esthetische projecten zijn structureel geworden, een van de manifestaties van de individualisering van smaken die samengaat met het tijdperk van de omvattende mode.

In de tweede plaats treden er tegenstrijdige houdingen aan het licht. Enerzijds is er sinds de jaren tachtig een typisch individualistische en instrumentele houding tegenover de kunst opgekomen: die van de speculant, de handelaar. Tegelijkertijd bestaat er een grote markt die is gebouwd op netwerken rond min of meer persoonlijke banden. Mensen kopen een werk omdat ze de kunstenaar kennen, ontmoeten, met hem praten, bij hem op bezoek gaan in zijn atelier. De aankoop van een werk wordt niet gemotiveerd door conformisme of speculatie, maar door gevoel en relatie. De aankoop van het kunstwerk is in dit geval de uitdrukking van een persoonlijke band, een keuze, een affectieve manier om zich in een milieu te plaatsen, en gaat terug op een expressief en relationeel individualisme. Dat wil niet zeggen een liefde voor het werk zelf, want in deze niche van de markt koopt men gemakkelijk een tekening of schilderij om zijn interieur te versieren. De reden voor de aankoop ligt dus eerder in de decoratieve functie van het werk dan in zijn intrinsieke waarde. Ik begrijp best dat die houding kunstenaars niet erg bevalt, maar op het niveau dat ons hier bezighoudt, is het ondanks alles een persoonlijke esthetische houding, een individualisering van de houding tegenover kunst.

In de derde plaats: onze tijd produceert weliswaar stedelijke ruimtes zonder poëzie, zonder warmte of verrassing, daartegenover zien we een individualisering van de privéruimten en de decoratie van woningen. Iedereen probeert voor zichzelf een nieuwe wereld in te richten, gepersonaliseerd en aangepast aan zijn eigen smaak. Het tijdperk van het burgerlijke decorum en comfort, hypergecodeerd, overladen, kitsch, is voorbij en men is op zoek naar een persoonlijke esthetiek, minder onderworpen aan de normen van een opzichtige respectabiliteit. Dat ziet men al direct aan de vermenigvuldiging van de rommelmarkten, de groeiende handel in antiek en curiosa, de mensen die graag 'rondsnuffelen' en oude dingen vermengen met moderne. Men ziet het ook aan de toename van het aantal posters en van de verschillende soorten behangpapier, en ten slotte aan de wildgroei van tijdschriften gewijd aan het huishouden, de tuin, decoratie en de inrichting van woningen en tweede woningen. Dit alles vertolkt een massaal gevoeld verlangen naar een esthetisering van het dagelijkse leven, een zoeken naar een persoonlijker, minder gestandaardiseerde decoratie. Het tijdperk van de omvattende mode heeft een grotere individualisering mogelijk gemaakt van de verhouding tot de eigen woning, een democratisering van de tendens tot esthetisering van het persoonlijke leefmilieu.

In de vierde plaats is het massagebeuren in de musea weliswaar vaak meer toeristisch dan esthetisch geworden, toch gedraagt niet iedereen zich hetzelfde. Er bestaat ook een publiek dat werkelijk houdt van hedendaagse kunst, vaak als middel om zichzelf een spiegel voor te houden en over zichzelf na te denken. Als 'open werk' (Umberto Eco) roept het hedendaagse kunstwerk persoonlijke associaties op en een subjectieve weerklank. Het werk schrijft geen richting, betekenis of boodschap voor, het is meer iets geworden waar men zich vragen bij stelt en op reageert dan iets om te beschouwen. En er is een groot publiek dat juist daarvan houdt: een persoonlijke, emotionele, reflexieve band met het werk. En meer nog dan dat wil men erover praten met zijn vrienden en andere kunstliefhebbers en elkaar bij tentoonstellingen ontmoeten. Via de band met de hedendaagse kunst ontstaan uitwisselingen, een gemeenschapsleven gebaseerd op strikt individuele belevingen. Het tijdperk van de hypermode bestaat niet alleen uit image, show en oppervlakkigheid in een 'gegeneraliseerde interactieve afsluiting', maar stimuleert ook de opkomst van nieuwe sociale relaties, van zelfreflectie en van emotionele expressie.

Er is geen gebrek aan criticasters die, niet zonder nostalgie, de ondergang van de hedendaagse kunst aan de kaak stellen en vooruitwijzen naar het ellendige lot dat de *homo aestheticus* beschoren is onder de heerschappij van de cultuurindustrie, de stereotype beelden en de supermarktschoonheid. Hun kritiek lijkt me overdreven en eendimensionaal.

Het is waar dat men nauwelijks nog grandioze kunstwerken aantreft, maar dat wil niet zeggen dat het tijdperk van de hypermode een tijd is van algehele vulgariteit en esthetische armoede, synoniem met industriële en commerciële banaliteit. De 'faciele', gepasteuriseerde, zoetige werken zijn onafzienbaar, maar daarom kan men nog niet spreken van 'esthetische barbarij'.[13] Het wereldsysteem van de mode kan ook samengaan met mooie, ontroerende, soms sterke producties. Het brengt geen werken bestemd voor de eeuwigheid voort, maar wel een esthetisering van het leefmilieu en het persoonlijke uiterlijk (cosmetica, esthetische chirurgie, trends en *looks*). Het museum verliest zijn aura en wordt een supermarkt waar men ontspannen langs de kunst zapt, tegelijkertijd is er een democratisering van de liefde voor esthetische ervaringen, zoals blijkt uit de opwelling van zorg om het erfgoed en het landschap, de passie voor het reizen, het museumbezoek, de smaak voor luxe en decoratie en het formidabele succes van de muziek. De esthetische smaak verkommert niet, maar verspreidt zich in alle sociale lagen.

Niet alles is middelmatig en smakeloos, hapklaar en kitsch: er wordt nog altijd veel kwaliteitswerk gemaakt dat genot en werkelijke esthetische emoties kan oproepen. Als men – zoals ik – uitgaat van een subjectivistische en relativistische theorie van de esthetische beleving, is het enige dat telt het subjectieve gevoel, de emotie die men ervaart bij een kunstwerk. En men moet op dat vlak wel erkennen dat de meest commerciële liedjes en films veel meer los kunnen maken (en, collectief gesproken, in veel bredere kring) dan de onsterfelijke meesterwerken. Goedkope ervaringen? Ze geven niet minder reden tot lachen of huilen. Nepemoties? Maar wat is dan een authentieke emotie? Laten we ophouden met de demonisering van de mode en haar historische overwinning, die de esthetische emoties niet het graf in drijft maar juist maatschappelijk verbreidt.

De moderne kunst is lang de drager geweest van een permanente revolutie, terwijl de mode geassocieerd werd met conformisme, met een 'eeuwige wederkeer' van de vormen. Dat tijdperk is verstreken en de rollen zijn in zekere zin omgekeerd: tegenwoordig zijn de verleiding en de mode de impulsen tot de grootste culturele en esthetische omwentelingen. De 'hogere' stijl is repetitief geworden en ontdaan van zijn omverwerpend effect, terwijl het modesysteem een van de belangrijkste bronnen is geworden van de 'tweede individualistische revolutie'[14]: de emancipatie van het individu ten opzichte van de grote collectieve instellingen, de ontluistering van de eschatologische ideologieën, de vervaging van de klassecultures, en de opkomst van het leven waarin de eigen keuze en autonomie van het subject de belangrijkste waarden zijn. Enerzijds betekent de totale mode een massificatie van het gedrag en de smaak, anderzijds houdt ze individualisering en esthetisering daarvan in. De tijd van een kunst die tot missie had 'het leven te veranderen' is ten einde, zo ook de tijd van een mode die niet meer was dan een perifere en ondergeschikte luxe. Ziedaar de omwenteling en ironie van het hypermodernisme: terwijl de kunst steeds meer aan de oppervlakte blijft hangen, stelt de mode zich meer en meer op als centrale factor van de veranderingen in het maatschappelijke, esthetische en individuele universum. Zij is het die nu continu 'het leven verandert', maar zonder subversie. Er zijn vele reden om dit te betreuren, maar ook om er blij mee te zijn.

1. De organisatie van de modemaatschappij wordt in detail geanalyseerd in mijn boek *The Empire of Fashion: Dressing Modern Democracy*. Princeton University Press, Princeton NJ 1994.
2. Zie over emotionele of belevenisconsumptie: Jeremy Rifkin, *The Age of Access*. P.Tacher/G.P. Putnam's Sons, New York 2000; Gilles Lipovetsky, 'La société d'hyperconsommation'. In: *Le Débat*, no. 124, maart-april 2003. Zie ook G. Lipovetsky en Elyette Roux, *Le Luxe éternel. De l'âge du sacré au temps des marques*. Gallimard, Parijs 2003.
3. Baudelaire, Salon de 1846, *De l'héroïsme de la vie moderne*; ook *Le peintre de la vie moderne*, hoofdstuk IV.
4. René König, *Sociologie de la mode*. Payot, Parijs 1969, pag. 95-96.

5. Octavio Paz, *Point de convergence*. Gallimard, Parijs 1976, pag. 16.
6. Harold Rosenberg, *La Tradition du nouveau*. Les éditions de Minuit, Parijs 1962. In het Engels verschenen als: *The Tradition of the New*. Horizon Press, New York 1959.
7. Octavio Paz, op. cit., pag. 190.
8. De werkelijke 'prestaties' en 'successen' van de hedendaagse kunst liggen, zoals de media regelmatig berichten, in haar verkoopresultaten op veilingen. Wat mensen vandaag de dag verrast, 'schokt' of 'interesseert' is niet langer het baanbrekende karakter van de werken, maar de fabelachtige prijzen die ervoor worden geboden. Jeff Koons' *Michael Jackson and Bubbles* bracht bij Sotheby's 5,6 miljoen dollar op, een grote installatie van Damien Hirst ging weg voor 1,05 miljoen dollar en Maurizio Cattelans *Nona Ora* voor 3 miljoen. In het tijdperk van de omvattende mode zijn kunstenaars niet langer de verdoemden, maar de sterren der aarde, met werken die genoteerd staan op de veiling-hitparade.
9. Thierry de Duve, *Au nom de l'art*. Ed. de Minuit, Parijs 1989, pag. 107-144.
10. Jean Clair, *Considérations sur les beaux-arts*. Gallimard, Parijs 1983.
11. Philippe Genestier, 'Grands projets ou médiocres desseins'. In : *Le Débat*, no. 70, mei-augustus 1992.
12. Het concept 'hypermoderniteit' wordt uitgewerkt in G. Lipovetsky en Sébastien Charles, *Les Temps Hypermodernes*. Grasset, Parijs 2004. In het Engels verschenen als: *Hypermodern Times*. Polity Press, Cambridge 2005.
13. Max Horkheimer, Theodor Adorno, *La dialectique de la raison*. Gallimard, Parijs 1974, pag. 140. (Nederlands. vert. M. van Nieuwstadt, *Dialectiek van de verlichting*. SUN, Nijmegen 1983.) En recenter: Jean-François Mattéi, *La barbarie intérieure*. PUF, Parijs 1999.
14. Gilles Lipovetsky, *L'Ere du vide*. Gallimard, Parijs 1983.

19. Sam Taylor-Wood, *XV Seconds*, installatie van foto's op de façade van Selfridges, Londen, juni/oktober 2000

Eric de Kuyper

Als alles mode is, wat gebeurt er dan met de Mode?

I

De mode als paradox; de paradox mode
Waarom zou het verschijnsel mode essayisten, onderzoekers en theoretici zo (blijven) fascineren en intrigeren? De reden daarvoor mag veelzijdig en complex zijn, maar heeft, geloof ik, altijd te maken met een paradox. Of juister gezegd: omdat het verschijnsel mode een paradox belichaamt, en paradoxen zo lang ze niet herkend worden nu eenmaal de geest prikkelen en tot analyse aanzetten. Vreemd is wel dat in vele onderzoeken juist het paradoxale karakter over het hoofd wordt gezien, met als gevolg dat de zorgvuldig opgebouwde argumentatie en theoretische beschouwingen zonder meer ook in hun tegendeel kunnen worden omgezet en zodoende ontkracht. Immers, een paradox is in de logica een stelling die zowel waar als onwaar is... [1]

De modekleding, de kleding als modeverschijnsel, is bovendien een bijzonder rijk verschijnsel waaraan het onderscheid tussen het mannelijke en het vrouwelijke zich bijzonder goed laat onderzoeken, juist omdat de seksuele differentiatie er een kerngegeven van is. Des te intrigerender omdat het contrast tussen het mannelijke en het vrouwelijke beeld niet groter kan zijn dan in de mode. In het vrouwelijk register heersen de overdaad, de woekering, de nadrukkelijkheid, de constante wisseling waarmee de vrouw zich, al dan niet de mode volgend, geacht wordt te kleden. Een veelheid en een veelvormigheid, die fel afsteken tegen de blijkbare eenvormigheid, bestendigheid en 'monotonie' van de manier waarop de man zich kleedt. De tegenstelling tussen de geslachten is hier bijzonder frappant en doet een spanningsveld ontstaan tussen de twee registers waarmee mannelijke of vrouwelijke personen door hun kleding uiting geven aan hun geslachtelijkheid.

Paradoxaal is ook het feit dat mode gelijktijdig efemeer en bestendig is. Enerzijds is de mode een door en door triviaal verschijnsel, getekend door frivoliteit; anderzijds raakt ze diepe kernen van ons bestaan en ons zijn. Zo is ze per definitie een accentuering van het tijdelijke, het vergankelijke en het efemere en precies daardoor legt ze haar bekommernis bloot met de tijd, de geschiedenis en het verleden. Het is een filosofische kwestie die uitvoerig aan de orde komt bij Ulrich Lehmann (Lehmann, 2000), die mode, in navolging van Baudelaire en Benjamin, beschouwt als een kenmerk van de moderniteit.

Meer sociologisch van aard is een ander kenmerk, dat mij bijzonder boeit: de spanning tussen het individuele en het collectieve. Mode, een modetrend, zet aan, verleidt, dwingt in zekere mate zelfs tot aanpassing aan een algemeen geldende kledingnorm die van voorbijgaande aard is. Dit heeft Roland Barthes in zijn studie over de taal van de mode (Barthes, 1967) zo treffend weten aan te voelen en nog duidelijker geformuleerd in een eerder door hem gepubliceerd artikel, waarin het normatieve karakter van de modekleding sterk aanwezig wordt gesteld (Barthes, 1960). Die zachte dwang krijgt volgens Barthes bijvoorbeeld in het modeblad, of daar waar er over de komende mode gesproken wordt – het modediscours – een formulering die feitelijkheid poneert, ook al gaat het om een prognose: 'deze winter is de trend...'.

Hier komt een ander aspect van het normatieve tot uiting: het kunstmatige wordt voorgesteld als iets natuurlijks. Alsof mode een natuurwet is, die je als individu moet volgen, die je niet anders kunt dan ondergaan. Ervan afwijken is tegennatuurlijk... Maar in tegenstelling tot andere gebieden waar een cultuurfeit (in dit geval te verstaan als een kunstmatig feit) als natuurfeit wordt geponeerd, is de verhulling van de boodschap hier voor eenieder tot wie ze is gericht, doorzichtig.

Mode is geen natuurverschijnsel. De hele mode-industrie heeft zich klaargestoomd om de nieuwe kleren en kleuren op de markt te brengen en is reeds volop bezig die markt te overspoelen met de nieuwe

Ann Demeulemeester
1959, Kortrijk (Be)

De ontwerpen van de Belgische ontwerpster Ann Demeulemeester zijn bescheiden en simpel in vorm, en ingehouden en monotoon in kleurstelling. Lange jassen en jurken en wijde mannenpakken zijn in veel collecties van Demeulemeester terug te vinden evenals het gebruik van leer en de kleur zwart. Met name haar vroege ontwerpen doen hierdoor aan de Gothic-stijl denken. Demeulemeesters kleding is rijk aan onverwachte details, zoals antiek ogend kant en vakkundig geplooide draperieën. Hierdoor hebben de ontwerpen meer gelaagdheid dan ze op het eerste gezicht doen vermoeden. Dit oog voor detail moet echter niet verward worden met een voorkeur voor ornament, waar ze wars van is. Demeulemeester experimenteert regelmatig met avant-gardistische patronen en snijtechnieken en heeft een voorkeur voor asymmetrie, waarbij zich een enorme drang naar perfectie manifesteert.

Demeulemeesters stijl wordt wel als modern-romantisch omschreven. De ontwerpen van Demeulemeester hebben een eigentijds karakter, maar zijn door hun eenvoud en haar ongevoeligheid voor trends toch tijdloos. Haar vrouwbeeld is post-feministisch: paradoxaal en als zodanig passend bij de moderne vrouw. Enerzijds fragiel en poëtisch, anderzijds krachtig en mannelijk vanuit de overtuiging dat elke vrouw een mannelijke kant heeft. Dit zien we met name terug in haar vroege collecties; de op de rockstijl van de jaren zeventig geïnspireerde ontwerpen en de bijna militaristisch aandoende kledingstukken, compleet met kistjes. Recentelijk hebben haar ontwerpen een wat luchtiger en romantischer karakter gekregen en introduceert ze ook bruin- en wittinten in haar kledingstukken.

Demeulemeester wordt in 1959 geboren. In 1981 studeert ze af aan de mode-afdeling van de Koninklijke Academie der Schone Kunsten in Antwerpen. In het begin van haar carrière werkt Demeulemeester als freelance ontwerper, maar in 1985 richt ze haar eigen label op. Samen met de andere 'zes van Antwerpen': Dries van Noten, Dirk Van Saene, Marina Yee, Dirk Bikkembergs en Walter van Beirendonck, showt ze in 1987 in Londen. In datzelfde jaar richt ze samen met haar man, de modefotograaf Patrick Robyn, het bedrijf 'BVBA 32' op, van waaruit ze vanaf dat moment haar collecties ontwerpt. Haar eerste winkel opent in 1999 in Antwerpen. Ann Demeulemeester is een van de weinige onafhankelijke modeontwerpers die zonder grote financiers of bankiers en enkel in eigen beheer ontwerpt. Ze woont en werkt vandaag de dag nog steeds in Antwerpen.

Literatuur:
Derycke, L., en Veire, S. van de, (red.), *Belgian Fashion Design*. Ludion, Gent-Amsterdam 1999.

Afbeelding:
1. Ann Demeulemeester, collectie herfst/winter 2002/2003

kleding. Allesbehalve een verschijnsel van de natuur dus, maar een van de industrie en productie.

Het gaat in de mode om een zachte dwang die leidt of dient te leiden tot een al dan niet bewuste aanpassing. Een zich conformeren aan een maatschappelijke norm. Maar gelijktijdig zet de modenorm aan tot het tegendeel: de behoefte om er zich van te distantiëren, of op zijn minst differentiëring na te streven. Geen enkele vrouw wil de abstractie vrouwelijkheid belichamen, geen enkele man de abstractie mannelijkheid. Een vrouwelijk individu zijn, een mannelijk individu zijn: dat wil elke vrouw, elke man. Maar wel een individu dat geaccepteerd wordt door de groep.

Wie modebewust is, zal nooit letterlijk de mode(trend) volgen, maar er wel voor zorgen door middel van een klein detail aan te geven dat hij of zij als individu anders is dan de massa. De kleine afwijking geeft aan dat het individu zich afzet tegen de 'meelopers', die ieder op zich individu wil zijn en er niet op uit is een 'uniform' te dragen. Overigens voorziet elke modebeweging zelf zowel in de norm als in de mogelijke variatie er op. Dit gebeurt doorgaans door middel van een veelvoud aan accessoires die het basisimage kleuren. En deze hebben in het mannelijke register, althans toen het driedelig pak het allesoverheersende kledingstuk was en dus werd getekend door een grote graad aan voorspelbaarheid en eenvormigheid, misschien des te meer betekenis en verdienen des te meer aandacht omdat de variabelen er zo beperkt zijn (Barthes, 1962).

De filosoof Richard Wollheim schrijft in zijn memoires over zijn vader die de impresario was van Diaghilev, de leider van de Ballets Russes (Wollheim, 2004, 23):

'Ik leerde van hem verschillende dingen, die ik erg waardeer. Ik leerde hoe 's ochtends een hemd te kiezen, ik leerde hoe mijn sokken dienden opgehouden te worden met een kousenband, ik leerde hoe ik met de wijsvinger van de rechterhand een gleuf kon maken in de knoop van mijn stropdas, ik leerde hoe ik een zakdoek moest vouwen en hoe ik hem moest besprenkelen met Keuls water alvorens hem in mijn borstzakje te stoppen, maar bovenal leerde ik dat het enkel door deze zorgvuldige rituelen was dat je als man kon hopen je lichaam voor de wereld aanvaardbaar te maken.'[2]

De stropdas speelt in het mannelijke kledingritueel een centrale rol. Wollheim herinnert zich dat (2004, 55)

'eenmaal per week waren er een zevental stropdassen van mijn vader plus een aantal strikjes die naar de stomerij dienden gebracht.'[3]

De kleine Wollheim bestudeert ze en prent de naam van de hemdenmaker waar ze werden gekocht in zijn geheugen. Wollheim schrijft verder (2004, 30):

'Ik begon te geloven dat door mijn vaders stropdassen in verband te brengen met de etiketten die erin waren genaaid, ik in staat zou zijn essentiële dingen te achterhalen over de rijke vreemdelingen die op zondag kwamen lunchen – of op z'n minst van hun hemdenmakers – en dit door het observeren van de manier waarop de zijde werd gevouwen, of de vorm van de knoop of hoe die waren gelegd.'[4]

Ook in *A la Recherche du Temps Perdu* (1913-1927) van Proust vindt men dat soort betekenisvolle details: een stropdas van Charlus wordt aangehaald en beschreven, omdat hij met een minimaal 'rood vlekje' een onverwacht frivool accent geeft aan de overdreven sobere wijze van kleden van deze dandy. En de schrijver zelf, zo vertelt zijn huishoudster Céleste Alberet (1973, 286), wil uiteindelijk toch twee Engelse kennissen ontvangen – die hem verder uitermate vervelen – om hun kleding te kunnen bestuderen. 'Weet je, Céleste', zei hij over een van hen, 'zijn hemden en vestjes komen van Charvet, op de place Vendôme.'

Het lijkt wel alsof hoe efficiënter het evenwicht tussen norm en afwijking is uitgestippeld, des te beter de mode aanslaat. Want de mode probeert twee tegengestelden te verzoenen: uniciteit en uniformiteit.

De spanning die er bestaat tussen het Ik en de Andere(n), en hoe het Ik enkel bestaat bij de gratie van de Andere(n) staat centraal in het verschijnsel Mode. Of zoals Anne Hollander het formuleert (1994, 38):
> 'Mode verkrijgt haar enorme kracht doordat ze iedere persoon als een uniek wezen kan doen uitzien, ook al zijn de mensen die de mode volgen min of meer op dezelfde manier gekleed. De diepe behoefte om uniek te zijn en de diepe behoefte om deel uit te maken van een groep worden gelijktijdig in de mode vervuld.'[5]

Ik zou het niet zo als een eigenheid beschouwen, eerder als een streefdoel van de Mode, als een ideologie die er aan ten grondslag ligt en al dan niet in de praktijk te realiseren valt. Het is een kwestie die overigens al centraal stond in de beschouwingen van Georg Simmel over het verschijnsel mode (1992).

Olivia is als jonge adolescente van dertien per definitie modebewust. Haar vriendenkring bestaat uit medetieners en ze moet er haar plek veroveren als meisje, als tiener, als individu. Ze spaart nu al een hele tijd voor een schooluniform. Ze wil het soort schooluniform dat ze gezien heeft in Japanse mangafilms waar ze dol op is. Helaas is dit een fantasie-schooluniform en ze heeft dit tot op heden nergens gevonden. Ook niet in Londen – het schooluniformenparadijs –, waar ze alleen maar 'afschuwelijke' uniformen heeft gezien, dat wil zeggen, 'echte schooluniformen'. Ze is er zich wel van bewust dat, als ze verplicht zou zijn om op haar school een uniform te dragen, ze dit verlangen naar een exotisch schooluniform niet zou hebben. Nu ligt het anders. Teleurgesteld heeft ze tijdens haar Londense reisje in China Town dan maar een... Chinees jurkje gekocht. Het staat haar uiteraard beeldig, maar ik vraag me wel af of ze in haar Nedersaksische dorp niet al te zeer als een excentriekeling zal overkomen. Is haar poging om zich te onderscheiden niet te nadrukkelijk en zal ze zich daardoor niet buitengesloten voelen? Het evenwicht is moeilijk; het is een kunst die je in je kleding moet uitproberen en leren. Nu ja, in de tienerjaren is 'trial and error' je lot in alles wat zich om en rond het lichaam – en de geest! – afspeelt.

In dit spanningsveld tussen het individuele en het algemene, tussen ik en de anderen, herkennen we de eeuwige behoefte om het evenwicht te bewaren, die zo kenmerkend is voor elke relationele verhouding. Simmel spreekt van een 'biologisch' gegeven (1992, 106). Feit is dat het binnen diverse configuraties telkens opnieuw te voorschijn treedt. Binnen het paar, als een na te streven ideaaltoestand tussen eenzaamheid en tweezaamheid. Maar ook binnen het gezin en de grotere maatschappelijke groeperingen spelen singulariteit en collectiviteit, identiteit en alteriteit een markante rol. Wanneer er iets aan dit evenwicht hapert, dreigt meteen een of andere vorm van onlust of stigmatisering. Het is in feite een onmogelijke opdracht – derhalve: een levensopdracht? – om dit evenwicht in stand te houden. Een evenwicht dat getekend wordt door de zogenaamde *double bind*; niet kunnen met en tevens niet kunnen zonder. De psychologische of sociologische dimensies van relaties en verhoudingen zijn ook filosofisch van aard!

Het in Londen gekochte jurkje is niet toevallig een 'exotisch' kledingstuk. Op zoek naar een 'exotisch' (Japans) schooluniform, valt de keuze op een ander Oosters kledingstuk. De keuze is extreem en daardoor gevaarlijk, maar verraadt tevens een interessant denkparcours en strategie ten overstaan van kleding en de daarbij behorende modedwang. Het is niet enkel een poging om te ontsnappen aan de dwangmatige tegenstelling 'modieus/niet-modieus', van wat 'in' is en wat 'uit' is. Het gaat hier om wat we een *anti-modehouding* zouden kunnen noemen. Zich niet willen onderwerpen aan de dwang van de mode (massa); de individuele smaak vrijwaren, maar tegelijkertijd het belang van het uiterlijk, de kleding onderstrepen door een keuze die esthetisch van aard is. Of zoals Wollheim het zo treffend uitdrukt: 'je lichaam voor de wereld aanvaardbaar maken'.

Voorop staat een vage behoefte om vorm te geven aan 'vrouwelijkheid, maar dit in te vullen op een eigen manier, *naar eigen smaak*.

II

Het woord is gevallen: smaak. Smaak of beter de 'goede smaak' is één van de wezenlijkste criteria binnen het modegebied en van de persoonlijke kleding. Het heeft vanzelfsprekend te maken met esthetiek maar dan wel met een heel aparte uitdrukking ervan. Bovendien heeft het begrip iets dubbelzinnigs. Het kan begrepen worden als norm – zoals John Steegman zijn werk *The Rule of taste* (1936) betitelde – en dan valt het gebied van het modieuze er onder. Maar het kan ook worden beschouwd als een uitermate subjectief gegeven of als een vanzelfsprekendheid.

Hoe eigen is de smaak, en wat is smaak? Voor Bourdieu (1979) is hij een kwestie van klasse, maar voor Barthes is smaak op innige wijze met het individu verbonden. Smaak is voor het individu dat wat hem of haar van anderen doet verschillen. Preciezer nog is hij een uiting van zijn of haar lichamelijkheid (Barthes 1975, 122) en hij is dus niet alleen maar een kwestie van esthetiek, tenzij deze in de oorspronkelijke betekenis van het woord, in de zin van 'zinnelijkheid' wordt genomen, en die is uiteraard een lichamelijk gegeven. Smaak is voor Barthes – in tegenstelling dus met wat Bourdieu voorstelt – intiem verbonden met het eigen lichaam, en daarmee een existentiële factor van het individu. Smaak bekent dat 'mijn lichaam is niet hetzelfde als dat van u.'[6] Het is het enigma van het lichamelijke. Beschouwt men smaak los van elke bijgedachte van normativiteit, dan bestaat geen 'goede' of 'slechte' smaak. Smaak is dan een gegeven, een vanzelfsprekendheid, en zoals Asfa-Wossen Asserate in zijn boek *Manieren* stelt, een axiomatisch gegeven (2003, 19).

De keuze voor het Chinese jurkje kan dan al pertinent zijn voor een eigen smaakuiting ten overstaan van kleding en mode. Ze is, zoals gezegd, alleszins behoorlijk 'gevaarlijk' omdat het jurkje in de context waarin het zal functioneren (niet in Londen of in een andere kosmopolitische stad, maar in een landelijk dorp) ongetwijfeld als 'excentriek' zal worden beschouwd. Het is dan de vraag of in de gegeven context 'excentriciteit' wordt getolereerd of daarentegen gestigmatiseerd.

De dandy
Wanneer wordt individueel nonconformisme – het doorzetten van een eigen smaak tegen de algemene smaaknorm in – excentriciteit? Dit is de vraag die zich opdringt. Excentriciteit is de houding en de strategie van de dandy en het dandyisme, door Jean-Paul Aron gedefinieerd als: de bevestiging van het zeldzame en singuliere (1969, 31).

Voor Barthes behoort excentriciteit niet tot het gebied van het dandyisme, omdat het te makkelijk kan worden nagebootst en niet eens de kans krijgt om singularisch te zijn. Naar mijn mening geeft excentriciteit geen aanleiding tot nabootsing, omdat ze een negatieve waarde is. Ze wordt in het beste geval, zoals in de Angelsaksische sfeer, getolereerd. Feit is dat ze een extreme vorm is van zelfbevestiging, en nauw verbonden met het gedrag van de dandy.

De dandy is iemand die obsessief in beslag wordt genomen door zijn verschijning, zo luidt de gangbare opvatting. De achterliggende motieven echter zijn complexer en genuanceerder. Barbey d'Aurevilly schreef in het midden van de negentiende eeuw (1977, 30):

> 'Het dandyisme houdt geen rekening met de regels en nochtans volgt hij hen. Het dandyisme gaat eronder gebukt en neemt er wraak op door er zich aan te onderwerpen; als het dandyisme eraan ontsnapt doet het er beroep op. Het dandyisme domineert hen en wordt er keer op keer door gedomineerd: een dubbelspel in eeuwige wisseling.'[7]

Het is een treffende omschrijving van wat ik een 'bewust gehanteerde omgang met de paradox' zou willen noemen!

Centraal voor de dandy staat een bewustzijn van de lichamelijke verschijning. Maar die obsessie – esthetisch van aard – is gekoppeld aan een ethische houding. De dandy probeert twee uitersten te verzoenen, wat in het Engels mooi wordt weergegeven door de uitdrukking 'eating your cake and keeping it'. Mode is voor hem onbelangrijk. Volgens Aron 'haat de dandy de mode' (1969, 31). De mode moet worden bestreden, kleding daarentegen is hoogst belangrijk.

Die excessieve omgang of bekommernis om het uiterlijk als een rebellie of protest tegen de mode, wordt gekoppeld aan een protest tegen datgene waar de mode ook voor staat: het herkenbaar maken en het legitimeren van de maatschappelijke hiërarchie. De houding en het gedrag van de dandy leiden tot tegengestelde interpretaties van zijn al dan niet democratische status. Enerzijds, geplaatst tegen het conformisme van de burgerij, is die gewilde afwijking antiburgerlijk en door de benadrukking van het individualistische ook enigszins antisociaal. Vandaar dat zijn houding vaak 'aristocratisch' wordt genoemd, en in die zin als antidemocratisch wordt gekenschetst:

> 'Hij heeft een hekel aan de maatschappelijke vervlakking en verdedigt een hiërarchie waarin hij, op grond van zijn uitgelezenheid, die hij als teken van uitverkiezing beschouwt, de hoogste plaats inneemt.' (Kranz, 1964, 110)[8]

Anderzijds kan Hollander over de dandy Beau Brummell schrijven dat (1994, 91):

> 'hij bewees dat het superieure wezen geen man van adel hoefde te zijn.'[9]

Hierdoor maakt Brummell de kleding onafhankelijk van de maatschappelijke hiërarchie en valt uit zijn houding ook een ware democratische inspiratie af te leiden. Want kleding is in de periodes waarin het dandyisme optreedt nauw verbonden met klassen. Dit negeert de dandy door zichzelf als individu centraal te stellen.

Deze tegengestelde waardering – democratisch en antidemocratisch – legt een ideologische tegenstrijdigheid bloot. Democratie heeft namelijk twee connotaties: één die gaat in de richting van massificatie, en één die het individuele binnen het maatschappelijke vooropstelt.

Dit komt neer op een verdediging van de 'gelijkheidsgedachte' tegenover het principe van het 'recht van het individu'. Of juister gezegd: nu eens komt het accent te vallen op de idee 'broederschap', dan weer op de idee van 'gelijkheid'. Want die laatste deugd – gelijkheid – gaat er immers van uit dat in het democratische denken, *niettegenstaande de verschillen*, de waarde 'gelijkheid' voorop wordt gesteld.

Al naar gelang de massificatie of het individualiteitsprincipe voorop wordt gesteld, zal het gedrag van de dandy dus als antidemocratisch of democratisch worden beoordeeld. Zo kan bijvoorbeeld Roland Barthes schrijven dat de massificatie van de kleding de idee dandy door de prêt-à-porter onmogelijk heeft gemaakt (1993, 966). En is het aanvaarden van excentriciteit (verschil) een uiting van democratisch denken!

Inkapseling

De dandy en het dandyisme worden dikwijls als gelijksoortige verschijnselen beschouwd, terwijl ze in feite slechts een aspect gemeen hebben: het zich afzetten tegen de heersende norm van de burgerij. Maar in feite zijn ze tegenstrijdig.

Het dandyisme kent gedurende de negentiende en de vroege twintigste eeuw verschillende heroplevingen (Breward, 2000). Bij nagenoeg elke nieuwe golf treedt eenzelfde mechanisme op. Al heel snel wordt de kleding van een individu de kleding van een groep alvorens ze, al of niet, gaat behoren tot een nog grotere maatschappelijke groep mannen. Zo ging het bijvoorbeeld met de kleding van de dandy Beau Brummell, en vooral het driedelige donkere pak, die voor een groot deel de kleding van de romantici zal beïnvloeden. Het dandyisme is dus een groepsverschijnsel, terwijl de dandy zich juist hiertegen verzet.

Deze groepsfenomenen (meestal eigen aan een rebelse, antiburgerlijke jeugd) worden soms, op het gebied van de kleding, veralgemeniseerd tot alle mannelijke gebruikers die er een 'acceptabele' versie van overnemen. Zo kan men ook de jeans en het t-shirt in het begin van de jaren vijftig zien als een modernere vorm van dandyisme. Hoewel ontstaan als een teken van rebellie tegen het heersende conformisme, werden ze daarna al snel overgenomen als een 'informeel', maar algemeen aanvaard kledingstuk (De Kuyper, 1993).

De dandy is dus een trendsetter, maar tegen wil en dank, en het dandyisme een verschijnsel dat tegen het wezen van de dandy ingaat. Het dandyisme, zo zou je kunnen zeggen, wordt gekenmerkt door *would-be* dandies!

Interessant daarbij is de trapsgewijze inkapselingsstrategie die bij de veralgemenisering van het oorspronkelijk singuliere (bijvoorbeeld Beau Brummell) of althans het marginale (het dandyisme van de romantici) in werking treedt. De storende afwijking, die zich nu niet meer beperkt tot een individu, maar zich over een kleine groep heeft verspreid, dient bij gebruik in een verder stadium geneutraliseerd, want zij lijkt (te) gevaarlijk voor de meerderheid, voor de norm. Door verdere veralgemenisering treedt verwatering op. Zo is de jeans vooral een teken van 'comfort' en 'informele kleding' geworden, en is de rebellieconnotatie ervan verdwenen. Integendeel zelfs: het is een conformistisch kledingstuk geworden.

In de jaren zestig noemde men dat 'repressieve tolerantie', een variant op wat gewoonweg inkapseling is. Of het omzetten van de uitspraak 'If you can't beat them, join them' in de werkelijkheid.

Motieven

Wil een extreem kledinggedrag van een individu of een bepaalde groep door de massa, enigszins aangepast, worden overgenomen, dan moeten daarvoor diepere redenen zijn. Die kleding moet aan bepaalde behoeften beantwoorden. En die zijn bij de man altijd ingegeven door een verlangen naar kleding als antimode. (En dit verlangen wordt, zoals gezegd, op de meest extreme manier door de dandy vertolkt).

Maar hier komt nog iets anders bij kijken: het gaat niet alleen om kleding en niet alleen meer om het spanningsveld individueel/collectief. Door een antimodehouding aan te nemen en als waarde voorop te stellen, meent de man zich op de meest markante manier af te zetten tegen de vrouw, die verondersteld wordt geheel en al op de mode te zijn afgestemd. Het is de man namelijk te doen om zijn mannelijkheid te vrijwaren van alle mogelijke verdenking van wat Barthes de vervrouwelijking noemt en ikzelf op andere gebieden dan de verliefdheid heb menen te kunnen toepassen (Barthes, 1977; De Kuyper, 1993). Een nadrukkelijke omgang met de mode en kleding in het algemeen kan hem al snel het verwijt opleveren niet mannelijk genoeg te zijn. Kortom: het vermoeden van homoseksualiteit dreigt, iets waar de heteroseksuele man erg gevoelig voor is (De Kuyper, 1993b).

Zo is het personage van de dandy Charlus in Prousts *A la Recherche du Temps Perdu* er bijzonder attent op om met zijn kleding niet op te vallen. Hij overdrijft zelf die kleurloosheid en dat conformisme. Door middel van kleine accentjes, die enkel door mede-homoseksuelen juist kunnen worden getaxeerd, geeft hij aan dat zijn verzorgde heterosexueel hyperburgerlijke uiterlijk slechts schijn is, een masker (Diana Festa-McCormick geciteerd in: V. Steele, 1999, 211). Dat neemt niet weg dat zijn omgeving hem erkent als een deskundige op het gebied van mode en goede smaak. Hij wordt overigens 'la couturière' genoemd en zo impliciet toch als niet-heteroseksueel erkend. Een bewijs dat zijn entourage niet blind is voor zijn afwijkende seksuele neigingen? Beslist, maar de schijn is gevrijwaard. Slechts op momenten van intimiteit – wanneer hij bijvoorbeeld de verteller probeert te verleiden of wanneer hij aan het einde van zijn leven echt decadent wordt – geeft hij toe aan zijn natuurlijke neiging en laat hij de strenge kledingscodes varen.

In het werk van Proust drijft de mannelijke elegantie het personage altijd op een gevaarlijke manier tot een noodlottige vervrouwelijking, lees: homoseksualiteit.

Antimode is voor de man echter geen absoluut gebod. Zoals bij alles op dit terrein gaat het steeds om de details en de context. Maar het risico dat de doorsneeman loopt door al te nadrukkelijk de mode in acht te nemen – en dat risico heet voor hem: vervrouwelijking – loont in bepaalde gevallen of situaties de moeite. De uitdaging wordt aanvaard en dient overwonnen. Het gevolg van dit gewaagde spel is lonend; hij verkrijgt er een soort extra mannelijkheid door, die doorgaans wordt aangeduid met het adjectief viriel. (Dat is ook enigszins het geval met Prousts jonge Saint-Loup, doch dit spel is, zoals zal blijken, hoogst gevaarlijk.) Zo wordt ook het openlijk modebewustzijn van de zuidelijke man nadrukkelijk gecompenseerd door zijn machogedrag. Ook kan de mannelijke ster in de klassieke Hollyoodfilm wel degelijk elementen uit het vrouwelijke register overnemen, voorzover hij die weet te compenseren door een benadrukking van zijn mannelijkheid (De Kuyper, 1993)

Door de uiterlijke weigering om mee te doen aan de oppervlakkige interesse voor modekleding, door standvastigheid te tonen, door te weigeren met het uiterlijk te spelen en dit uit te buiten in het maatschappelijke spel, door te zoeken naar een neutrale, natuurlijke, praktische, formele en tevens nonformele vorm van kleding, lijkt de man al eeuwenlang de rol van de kleding te herleiden tot een basale noodzaak. Hij meent zich des te sterker af te zetten tegen de vrouwelijke kleding en modebehoeften, die daar de tegengestelde kenmerken van heeft.

Uiteraard zijn adjectieven als neutraal, praktisch, natuurlijk in het mannelijke register kenmerken van zijn hang naar antimode, in deze context dubbelzinnig. Immers ook al is de mannenkleding, vergeleken bij de vrouwenkleding al die jaren neutraal, monotoon, grijs of saai geweest, ze heeft – ook als modebeeld -bestaan. Hollander merkt hierover op (1994, 21):

Bernhard Willhelm
1972, Ulm (Du)

De van oorsprong Duitse ontwerper Bernhard Willhelm reflecteert niet graag op zijn eigen werk en laakt getheoretiseer over mode. Hij ontwerpt 'wat hij goed vindt voelen'. Zijn vrouwbeeld is niet per definitie sexy of mooi, hij hecht meer waarde aan een open geest. In zijn werk combineert Willhelm traditionele invloeden met een naïeve en humoristische kijk op mode. Dit resulteert in unieke creaties die door zijn subversieve houding ten aanzien van de modewereld in combinatie met zijn levendige fantasie niet te vergelijken zijn met het werk van andere ontwerpers.

Bernhard Willhelm wordt in 1972 in de stad Ulm in het Duitse Beieren geboren. Hij studeert aan de Koninklijke Academie voor Schone Kunsten in Antwerpen en werkt gedurende zijn studietijd voor onder meer Walter Van Beirendonck, Alexander McQueen en Vivienne Westwood. In 1998 studeert hij af en nog geen jaar later lanceert hij zijn eerste collectie in Parijs. In eerste instantie blijft hij woonachtig in Antwerpen van waaruit hij zijn label samen met Jutta Kraus, studiegenote en muze, leidt.

Zijn soms absurdistische ontwerpen zijn eclectisch van aard. Hij verwerkt in zijn werk veelvuldig elementen uit de hedendaagse maatschappij, met name de pop- en straatcultuur. Zo laat hij zich inspireren door de kledingstijl van Amerikaanse rappers en siert het portret van Michael Jackson in 2001 zijn herfst-/wintercollectie. Tegelijkertijd toont hij een sterke hang naar folklore. Vooral de folklore uit het Zwarte Woud, zijn geboortestreek, vormt een belangrijke inspiratiebron voor zijn Gretchen-stijl. Dit vinden we terug in zijn liefde voor ambachtelijke technieken zoals borduren, haken, plooien en plisseren, waarbij zijn moeder hem regelmatig van zelfgemaakte accessoires voorziet, maar ook in zijn verwijzingen naar de traditionele Beierse kledingstijl. Deze Zuid-Duitse elementen weet hij echter zo te deconstrueren dat ontraditionele creaties ontstaan, zoals te zien is in de collectie die hij in 1999 in Parijs presenteert, geïnspireerd op Beierse meisjeskleding. Ook zijn shows zijn alles behalve conventioneel: hij geeft de voorkeur aan een videofilm boven de geijkte catwalk.

Na enkele jaren onder zijn eigen label gewerkt te hebben, wordt Willhelm in 2002 aangesteld als creatief directeur van het Italiaanse huis Capucci, dat in 1962 in Parijs debuteerde en vermaard is om haar extravagante en experimentele ontwerpen en meesterschap van de snit. Willhelm duikt in de archieven van het huis en presenteert een jaar later een vrouwenlijn waarin hij de traditie van Capucci feilloos weet te combineren met zijn eigen stijl. In 2002 verhuist de ontwerper definitief naar Parijs, van waaruit hij de afgelopen seizoenen naast de collecties voor Capucci ook zijn eigen collecties lanceerde.

Afbeeldingen:
1. Bernhard Willhelm, collectie herfst/winter 2005
2. Bernhard Willhelm, collectie lente/zomer 2005
3. Bernhard Willhelm, collectie lente/zomer 2005

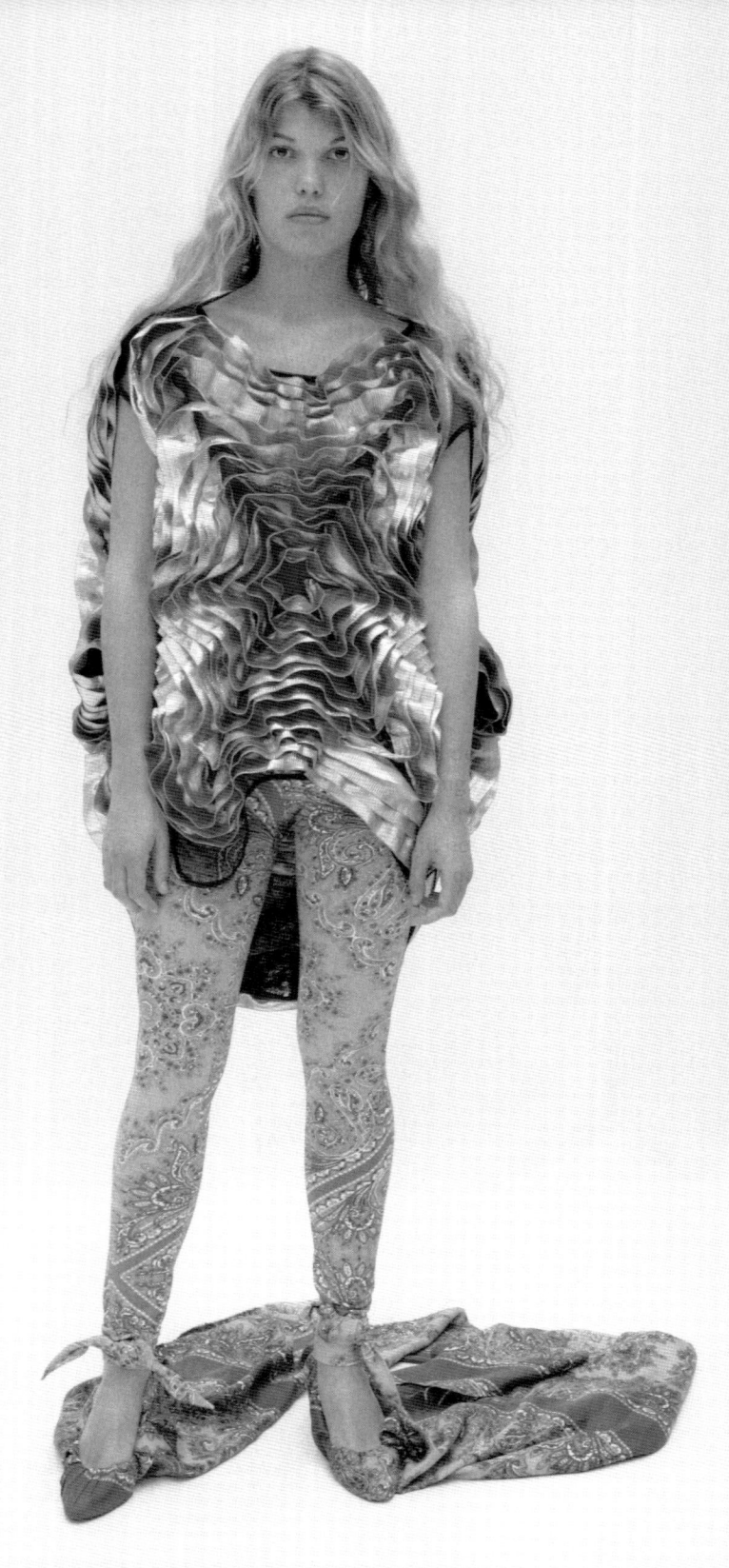

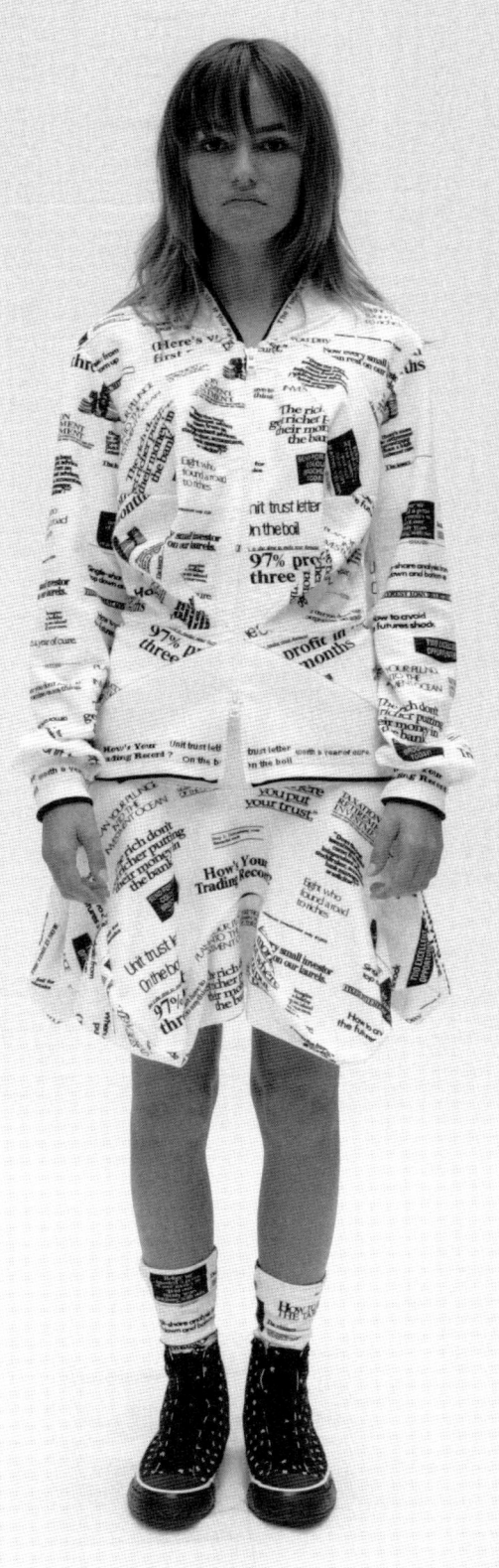

'laten we ons niets wijsmaken: het is een anti-mode mode.'[10]

Het dandyisme en de dandy lijken de sleutel om de mannelijke kleding in de negentiende en twintigste eeuw te begrijpen, en dan voornamelijk als een zucht naar antimode of a-mode. Aangepast aan de norm heet dat dan: gewoon maar kleding, verzorgd en desnoods elegant, maar verder niets...

Dat wordt in al die tijd in grote mate geconcretiseerd door het (driedelige) mannenpak. In haar fundamentele studie van het mannenpak omschrijft Hollander dit als een (1994, 62):

> 'abstract driedelig omhulsel met een homogene, loszittende vorm, aangevuld met hemd en stropdas.'[11]

Het bezit volgens haar een 'fundamentele esthetische superioriteit' (1994, 39). En – een niet onbelangrijk aspect – ze merkt op dat dit ontwerp 'fit for ready-made' is. Anders gezegd: de massaproductie van kleding helpt een handje bij het 'modieus' maken ervan, het stellen van de norm. Georg Simmel (1986, 42) merkt hierover al op:

> 'Een toevallig artikel wordt niet zo maar mode, maar artikelen worden geproduceerd om mode te worden.'[12]

Over Sex and Suits

Ik moet hier opnieuw stilstaan bij het werk van Anne Hollander en haar stelling die de gangbare opvattingen over de verhouding mannelijk-vrouwelijk in het modebeeld op zijn kop zet. Zij toont op briljante wijze aan dat het mannelijke kledingstuk (het pak) in feite een modernere opvatting is over mode en kleding dan wat zich tijdens deze twee eeuwen afspeelt aan de kant van de vrouw en haar kleding, in het bijzonder het modebeeld waar ze zich naar richt of verwacht wordt zich naar te richten. Wat we doorgaans als het conservatisme van het mannelijke pak beschouwen, is voor Hollander 'progressiever' (zij schrijft 'moderner') dan de vrouwelijke kleding (die ze wel conservatief noemt (1994, 6-7)).

De reden die ze aanvoert is dat het (driedelige) pak praktischer is voor de lichaamsbeweging en zowel formeel als informeel is of kan zijn. Het is volgens haar ook abstracter, waarmee Hollander bedoelt dat het beantwoordt aan wat men doorgaans design noemt. Ze hanteert hierbij kwalificaties als 'normaal', 'authentiek' en 'natuurlijk'.[13]

De semioticus in mij – of moet ik zeggen de 'barthesiaan'? – is op zijn hoede en achterdochtig wanneer hij dit soort argumentaties en terminologie ontmoet, want al gauw blijken zich onder die eerste laag van natuurlijkheid enzovoort ingewikkelde kunstmatige constructies te bevinden. En authenticiteit is vaak niet veel meer dan een kwestie van invalshoek en context...

De argumentatie van Hollander komt mij des te vreemder voor omdat zij – in dit werk, maar ook elders (Hollander, 1980) – altijd pertinent beklemtoont dat een vaak gebruikte kwalificatie als bijvoorbeeld 'praktisch' in het modediscours veelal een schijnargument is. Zo schrijft zij (1994, 64 en 126):

> 'Saaiheid in mode is veel moeilijker te dragen dan om het even welke fysieke ongemakken, die hoe dan ook altijd dubbelzinnig zijn.'[14]

Ze legt er – opnieuw naar mijn mening zeer terecht – de nadruk op dat de zogenaamde hinderlijke vrouwelijke kleding – waaronder bijvoorbeeld korsetten – vrouwen er nooit van hebben weerhouden fysieke inspanningen en zwaar werk te verrichten. Comfort is derhalve een van die rationaliseringen die in mode en kleding graag worden gebruikt; des te nuttiger ook omdat mode en kleding feitelijk, zoals Hollander opmerkt, van wezenlijk irrationele aard zijn: 'Fashion isn't founded on reason' (1994, 180 en 139).

Waarom de schrijfster dan toch in het hele boek de meerwaarde en het modelkarakter van het pak blijft handhaven op basis van criteria als comfort en natuurlijkheid, kan in tegenspraak lijken met wat ze zelf zo treffend verdedigt: het irrationele van dit alles. Dit is echter het gevolg van haar historische teleologische aanpak. En wellicht ook van haar meer kunsthistorische aanpak van het fenomeen mode.

Ook al is het mannenpak een marginaal zij het nog steeds belangrijk onderdeel van de mannenkleding, het gaat toch vooral om het antimodekledingbeeld van de man dat het heeft gewonnen van het modebeeld van de vrouw. Daarom kun je dat beeld modern noemen, in de zin dat het van deze tijd is. Maar niet er bepaalde waarden aan toeschrijven, omdat het van deze tijd is...

Het mannelijke kledingconcept heeft het gewonnen van het vrouwelijke. Is dit voldoende om het moderner te noemen? Alvorens hierop in te gaan, wil ik een vraag aan de orde stellen in verband met vrouwelijke dandyisme.

Het vrouwelijke dandyisme

Boven een in memoriam in de Süddeutsche Zeitung van 30 december 2004, gewijd aan Susan Sontag staat de titel: 'Sie wäre gerne ein Dandy gewesen...'

Het dandyisme wordt als een mannelijk fenomeen beschouwd en het vooronderstelt volgens J.P. Aron (1969, 30) een maatschappelijke zelfstandigheid die alleen in een Angelsaksische cultuur kon ontstaan.

De navolging vindt echter voornamelijk plaats tijdens de Franse Romantiek en leeft opnieuw op aan het einde van de negentiende eeuw rond estheten als James Whistler en Oscar Wilde en zet zich voort bij de dadaïsten en surrealisten (Lehmann, 2000). Wisselwerkingen dus tussen Engeland en het Continent.

Maar laat het dandyisme geen vrouwelijke invulling toe? Een model voor een vrouwelijke vorm van dandyisme vind je niet waar je die zou verwachten, namelijk in de lesbische kleding die, volgens de stereotype opvatting, een bewust antivrouwelijk model voorstaat, maar in een antistedelijke, Angelsaksische, bewuste landelijkheid. Ik denk hier niet zozeer aan de meer recente vormen ervan die vooral op costumering en theatraliteit uit zijn (Laura Ashley, bijvoorbeeld!), maar aan onnadrukkelijke kleding zoals die in het uiterlijk van Virginia Woolf te zien is...[15] Het is een kleding die veel gelijkenissen vertoont en verwant is met een urbane versie ervan: de stijlbewuste ontwerpen uit de art-nouveausfeer die perfect aansluiten bij en 'passen' in een elegante huiselijke omgeving, en er het verlengde van en de reflectie op zijn. De vrouw is er een organisch onderdeel van het interieur geworden[16]. Naast en te midden van voorwerpen en meubelstukken beweegt ze zich daar. 'Natuurlijk, soepel, oogstrelend maar praktisch, in die zin dat het zowel formeel als informeel kan worden gebruikt', zo luidt een omschrijving door Hollander van het mannenpak, dat ook op deze vrouwelijke kleding zou kunnen worden toegepast (1994, 8)[17].

Hier is sprake van kleding die de mode en het modieuze tracht te omzeilen of, radicaler, ontkent. Maar toch de esthetiek van het kledingstuk voor ogen houdt. Immers, het is geen uniform, geen werkkleding, geen beroepskleding. Het is een esthetisch en hedonistisch kledingstuk dat haaks staat op de kleding van bijvoorbeeld de suffragette, de voorvechtster van vrouwenrechten aan het begin van de twintigste eeuw, die wel antimodieus wil zijn én de esthetische dimensie van de kleding veracht.

Het is veelzeggend dat de held uit Prousts *A la Recherche du Temps Perdu* zijn geliefde Albertine, die ook zijn 'gevangene' is, juist in kleding van Fortuny wenst te zien. (Fortuny was de Italiaanse ontwerper die aan het begin van de vorige eeuw loshangende en doorzichtige weelderige kledingstukken ontwierp waarvan de stoffen door de renaissancekunst waren geïnspireerd). Ze is een kostbaar voorwerp te midden van de andere voorwerpen uit zijn omgeving. Het is dan ook geen toeval dat de held Marcel verliefd wordt op een Albertine die doorgaans juist niet volgens de mode is gekleed (zoals bijvoorbeeld de andere vrouwelijke helden uit de roman) maar uitdagend als sportief, modern meisje in de Normandische badplaats Combray (Cabourg) rondloopt. Als ze zich dan 'speciaal aankleedt', looft Charlus, vriend en dandy bij uitstek, haar om haar 'buitengewoon goede smaak inzake kleding' en haar 'natuurlijke' elegantie.

Dit soort kleding ontstaat verder in kringen en sferen waar het esthetische bewustzijn (de art-nouveau bijvoorbeeld bij Henry van de Velde of de arts-and-craftsbeweging met William Morris) of geestelijke waarden (de theosofie bijvoorbeeld van Rudolf Steiner of een mengeling van beide (alle bewegingen die iets met een natuurfilosofie te maken hebben) centraal staan.

In die zin is een personage als Albertine iets wat ze op het eerste gezicht helemaal niet lijkt te zijn: een (onbewust) geëmancipeerd meisje, waarbij de verteller zich afvraagt: hoe te leven met een geëmancipeerde vrouw, van wie de geslachtelijkheid dubbelzinnig doch niet uitgesproken lesbisch is... Ze zou inderdaad eerder een personage kunnen zijn van Colette.[18]

Je krijgt de indruk dat er heden ten dage in het vrouwelijke register zoiets als een dandyisme aan het ontstaan is, een manier van kleden die onopvallend, maar toch elegant is; nonchalant en toch verzorgd, een bewustzijn voor kleding aan de dag legt maar dat bewustzijn op een eigen manier vorm geeft. Een modieuze antimode...

III

De herontdekking van het driedelige pak

De spanning tussen het individuele en het algemene was één aspect van de mode-paradox; het zoeken van een evenwicht tussen het dwangmatige en het bevestigen van vrijheid is er een ander facet van.

Ontsnapt de mannelijke mode – die zo zeer antimode wil zijn – aan het dwangmatige?

Met andere woorden: ontsnapt de mannelijke kleding die zichzelf zo graag als antifashion beschouwt, aan de modedwang? Hoegenaamd niet... Integendeel zelfs, omdat er binnen dit veld zo weinig speling wordt getolereerd.

Omdat er voor mijn beroepsbezigheden geen bepaalde dresscode wordt voorzien en de alledaagse vrijetijdskleding die mijn collega's dragen mij niet staat – het lichaam kent onderhand zowel zijn beperkingen als zijn mogelijkheden! – en het mij daarbij opviel dat er opnieuw 'modieuze' mannenpakken te koop waren, keek ik uit naar een nieuw pak. Want zo gaat dat als je als man eens iets afwijkends wil dat niet voorzien is. Na de vogue van de vestjes in de jaren zestig-zeventig waren er jarenlang geen vestjes meer te krijgen. Mannenpakken van een bepaald soort zijn er natuurlijk altijd geweest, maar ik ben geen handelsreiziger noch politicus, voor wie het tot de beroepskleding behoort. Mijn bezigheden eisen iets wat minder conventioneel is. En omdat we tegenwoordig in het tijdperk van een 'anything goes'[19] lijken te leven, dacht ik dat ik wel iets naar mijn smaak zou vinden.

De markt en het aanbod, waarvan toch mag worden gedacht dat ze heden ten dage op een extreme manier gediversifieerd is, liet voor mannenpakken zo goed als geen afwijking toe. Het voorschrift leek te luiden: zwart of grijs. Ik dacht, ik wacht nog een seizoen of twee... Dat gaat wel over. Maar het ging maar niet over. Het is pas een seizoen of zo geleden dat – heel voorzichtig – een andere teint, waarbij ik de indruk heb dat die bruin is – in concurrentie treedt met het grijszwart. Ondertussen had ik een grijs pak, maar wel met een groenbruine schijn, gevonden en ik was daar heel blij mee.

Sedert decennia heerst (opnieuw) het donkergrijze of zwarte twee- of driedelige pak als norm. Na een periode waarin, naast de nonchalante spijkerbroeknorm, een combinatie van veelkleurige colberts met broek van een andere stof vooropstond, valt er een heropleving van het pak te constateren. Een modetrend die zich voltrekt volgens een, naar mijn mening, typisch mannelijk proces.

Eind jaren zeventig is daar eerst de rebellie van een groep: de punks. Hun kleding wordt niet zo maar letterlijk overgenomen, wél hun nadrukkelijke afkeur van kleur en het fetisjiseren van zwart.

Een tweede factor voor het vastleggen van de norm van het donkere pak valt moeilijker te duiden. Maar de film *Blues Brothers* uit 1980 geeft een mooi synthese- of referentiebeeld.

Blues Brothers heeft twee schlemielen als hoofdpersonages. Hun kleding is veelzeggend: ze dragen een hoed, een donkere bril, bakkebaarden en een donker tweedelig pak. Daaronder een wit hemd, waarop losjes een smalle stropdas wordt geknoopt zodat de bovenste knoop van de hemdskraag zichtbaar is. De bovenste knoop van het jasje is dichtgeknoopt; het onderste niet en laat nonchalant een stukje van het witte hemd en de stropdas zien.

Op dit stramien werd doorgeborduurd. Er kwam in de loop van de volgende decennia een vestje uit dezelfde stof bij en het pak werd van tweedelig opnieuw klassiek driedelig. De hemden werden van wit nu ook grijs en zwart. Streepjesstof wisselde af met egale stof. De broekspijpen werden breder of smaller, en ook de jasjes en revers varieerden van snit. Maar wat bleef was de donkere tint, de strengheid en de soberheid.

'Revolutionair' was dat de stropdas achterwege bleef en het knoopje van het hemd open kon blijven, zonder dat hiermee een nadrukkelijke sportieve bijbetekenis werd nagestreefd!

De herintroductie van het (al dan niet driedelige) mannenpak tijdens de jaren tachtig is een typisch verschijnsel van een modebeweging. Al die jaren ervoor was het pak niet verdwenen, maar het was heel nadrukkelijk een teken van saaie deftigheid en eigenlijk beroepsgebonden kleding. Jarenlang ging het twee- of driedelige pak door voor het uniform van de zakenman, de hogere ambtenaar, de politicus en de bankbediende, als het ware in de marge van de mode. Als het al niet 'klassiek' werd genoemd, dan werd het als saai-burgerlijk afgeschreven.

En dan vindt er een modeverschuiving plaats: het driedelige zwartgrijze pak wordt 'plotseling' een modeattribuut van de man. Ofschoon het pak vandaag de dag niet als het mannelijke kledingstuk bij uitstek wordt beschouwd, is het wel een verplicht kledingstuk van de mannelijke garderobe geworden. Het equivalent van wat vroeger 'het zondagse pak' werd genoemd? Niet helemaal, zoals zal blijken. Eerder als het 'simpele zwarte jurkje' in het vrouwelijke register – een klassiek geworden ontwerp van Chanel (Hollander, 1978 en Teunissen, 2002)

Het donkere driedelige mannenpak wil a-modieus zijn, en multifunctioneel. Je kunt het driedelige pak, zoals 'la petite robe noire', zowel op hippe party's als op een begrafenis dragen. Het voldoet zowel aan de maatschappelijke 'norm' als aan het tegendeel, de afwijzing of relativering van het normatieve.

De herintroductie van dit kledingstuk blijft getekend door zijn uitzonderingskarakter. Het (modieuze) driedelige pak verschilt van het driedelige pak dat nog steeds, zij het in mindere mate, door de ambtenaar, de zakenman enzovoort wordt gedragen, doordat het als een *citaat* fungeert. Het

Coco Chanel

1883, Saumur (Fr) – 1971, Parijs (Fr)

Gabrielle 'Coco' Chanel wordt in 1883 in Saumur geboren. Haar armoedige afkomst belemmert Chanel niet om door te dringen tot de Franse aristocratie. In 1910 opent ze haar eerste winkel in Parijs en daarna een in Deauville. Geheel in strijd met de heersende mode ontwerpt Chanel draagbare, sportieve kledingstukken van het 'goedkope' jersey, dat doorgaans werd gebruikt voor mannenondergoed. Haar financiën laten het gebruik van kostbare stoffen niet toe en jersey is duurzaam en bovenal soepel, wat past bij haar ontwerpen. De oorlog vraagt om een praktische vrouw en de kleding van Chanel sluit hier door de grote mate van bewegingsvrijheid goed bij aan. Chanel put vaker inspiratie uit mannenkledij, door tweed te gebruiken en eigentijdse uniformen als voorbeeld te nemen. Haar ontwerpen brengen een revolutie in de mode teweeg, temeer omdat ze door het gebruik van jersey betaalbaar zijn waardoor het begrip mode democratiseert. Daarbij brengt ze het comfort van de mannenmode de vrouwenkleding binnen.

Uitgangspunt voor Chanels stijl is haar eigen lichaam, dun en jongensachtig, en haar actieve, onafhankelijke levensinstelling. In het naaiwerk komt haar enorme drang naar perfectie tot uiting. Chanel heeft een uitgesproken, op zichzelf gebaseerde, visie op de moderne vrouw die voor velen een ideaal wordt. In 1926 presenteert ze een multifunctioneel zwart jurkje. Eenvoudig en stijlvol en hierdoor even tijdloos als het zwarte mannenpak. Voor het eerst heeft de vrouw een praktisch kledingstuk tot haar beschikking dat voor allerlei gelegenheden bruikbaar is. Het zou een klassieker worden, een kledingstuk dat in de twintigste eeuw door ontwerpers keer op keer in een nieuw jasje is gestoken.

Met de oorlog op komst sluit Chanel in 1939 de salon. Na de oorlog bepalen mannelijke ontwerpers de modewereld en keert het traditionele vrouwbeeld, tot afgrijzen van Chanel, terug. Diors uiterst vrouwelijke, in haar ogen a-moderne, *new look* dwingt haar tot een come-back in de jaren vijftig. Ze revitaliseert de Chanel 'look'. Het klassieke mantelpakje, van tweed met een rok tot over de knie en gouden knopen, wordt zeer geliefd. Met name in Amerika, waar zowel het publiek als de pers haar op handen dragen. In 1971 overlijdt Chanel en in 1983 komt *Karl Lagerfeld* (1938) aan het roer te staan. Hij verfrist het imago van het modehuis zonder afstand te doen van haar historie en met name in de Verenigde Staten wordt Chanel weer enorm populair.

Literatuur:
La Haye, A. de, en Shelley, T., *Chanel: The Couturiere at Work*. Woodstock, New York 1994.
Haedrich, M., *Coco Chanel: Her Life, Her Secrets*. Little Brown and Company, Boston 1972.
Leymarie, J., *Chanel*. Rizzoli, New York 1987.
Madsen, A., *Chanel: a woman of her own*. Henry Holt and Company, New York 1990.
Richards, M., *Chanel: Key Collections*. Hamlyn, Londen 2000.
Wallach, J., *Chanel: Her Style and Her Life*. N. Talese, New York 1998.

Afbeeldingen:
1. Coco Chanel in een jersey mantelpakje, 1935
2. Audrey Hepburn in Chanels zwarte jurkje in de film *Breakfast at Tiffany's*, 1960
3. Chanel, collectie waarin het erfgoed van Chanel op zo veel mogelijk hedendaagse manieren wordt gebruikt, collectie lente/zomer 2006

wordt met de nodige ironie omringd, want het citeert overdreven deftigheid en wil zo de burgerlijkheid ervan ondermijnen.

Een vraag: waarom kon de punkkleding zich niet doorzetten, op de kleur zwart na, en de Blues Brothers-variant wel? Het antwoord op deze vraag heeft juist te maken met de factor ironie of citaat. Hoe ludiek en oorspronkelijk de punkkleding ook was qua invulling en vormgeving, die kleding werd met een uitermate grote ernst gedragen. Bij de Blues Brothers en de varianten ervan gaat het net om het omgekeerde: de vorm getuigt van ernst en deftigheid – soms lijkt het wel Jehova's Getuigen-kleding! – maar deze kleding wordt gedragen met nadrukkelijke afstand en speelsheid. Daarin verschilt het huidige donkere pak totaal van alle andere donkere pakken waardoor de mannenmode zich de laatste twee eeuwen als conventionele kleding heeft gekenmerkt.

Het spelen met burgerlijk antiburgerlijk, de ironische citeerlust die met het donkere pak gepaard gaat, hangt dus af van de context waarin het wordt gedragen. Tijdens een begrafenis zal het getemperd worden, bij een party zal het door een klein accent worden benadrukt in zijn functie van citaat. In alle andere omstandigheden, waar het informele eigenlijk wordt verwacht, zal het formele van het pak eruitspringen als een teken van overdaad, exces. Er wordt in dit geval niet van overdressing gesproken; immers het pak relativeert zichzelf door ironie. Of, zo men wil, het is acceptabele, want grappige overdressing.

De functie die dit pak aanneemt, of juister gezegd de multifunctionaliteit gekoppeld aan de ironische connotatie ervan, is een merkwaardig fenomeen. Doorgaans is de mannelijke kleding – die van het dagelijkse leven en niet die van de catwalk- eerlijk letterlijk, hoe modieus ze ook is, en verdraagt ze geen speelsheid, relativering, laat staan ironie. Immers traditioneel behoort de mannelijke kleding tot het wezenlijke en niet tot het schijnbare. Het is wat het is; zoals de man zelf is wat hij is, zoals hij geen beroep hoeft te doen op de kunstmatigheden van de kleding om zichzelf als man te bewijzen. 'No nonsense', beweert de mannenkleding sedert meer dan twee eeuwen.

En het is die no-nonsense, als we de stelling van Hollander mogen geloven, die voor de vrouw eerst zo uitdagend leek, maar geleidelijk ook voor haar tot de norm is gaan behoren. De kwalificatie 'overdressed' is nu niet meer enkel op mannen van toepassing; ook vrouwen kunnen overdressed worden genoemd!

Het speelse behoort niet tot het mannelijke register. De Marlboro man-look zou bijvoorbeeld net zo goed in zijn dubbelzinnigheid kunnen worden ingezet, maar dat zou te gevaarlijk zijn. Die look refereert al te zeer aan verkleding – als westernheld – zodat het referentiebeeld in de praktijk dient te worden getemperd. Hier zou een speels element – speels met kleding, directe speelsheid met mannelijke lichamelijkheid – het beeld van de heteroseksuele man te veel op het spel zetten. Speelsheid op het gebied van lichaam, kleding en uiterlijk zijn en blijven vrouwelijke attributen, die wel gretig door homoseksuele mannen worden overgenomen, maar door de heteroseksuele man worden gemeden.

Bij het driedelige pak is dat echter niet het geval. Juist door de connotatie van ironie of citaat valt het driedelige pak helemaal in het vrouwelijke modesysteem, waarvan het 'ironische, speelse citaat', de nadrukkelijke frivoliteit van een anachronisme, altijd een van de drijfveren is geweest.

De man is nooit speels gekleed, maar sportief, deftig of makkelijk; de man 'doet gewoon'. De man heeft een maatschappelijke verantwoordelijkheid, oefent een beroep uit. Maar in een tijd waarin deze waarden voor de man op de helling komen te staan, en anderzijds ook voor vrouwen toegankelijk worden, verandert de houding tegenover het klassiek mannelijke kledingsmodel. De man kan nu spelen met kleding en de vrouw kan beweren dat kleding voor haar een 'no-nonsense' gegeven is!

Dat dit mogelijk is (geworden), kan,

zoals zo vaak, enkel worden begrepen als het in de ruimere context van maatschappelijke verandering en seksuele differentiatie wordt gezien, waarin de spelregels gewijzigd zijn.

IV

Werk en vrije tijd

Het zou verkeerd zijn als ik hier de indruk wek dat het driedelige pak een fundamentele rol speelt in de hedendaagse mannenkleding. Hoewel veelbetekenend – we zagen het hierboven – blijft die rol marginaal. Het kledingbeeld van de hedendaagse man bestaat uit twee grote categorieën: vrijetijdskleding en sportkleding. Het formele/informele pak is er slechts één afwijkende, maar daarom des te veelzeggendere subcategorie van.

Wat vroeger de vrijetijdskleding was, is nu de dagelijkse kleding geworden. Er is sprake van een verschuiving. Nu zijn verschuivingen van vrijetijds- naar werkkleding een gangbaar fenomeen in het mannelijke kledingsysteem. De zogenaamde *lounge suit*, de comfortabele combinatie van colbert, broek, hemd of trui werd de gangbare kleding gedurende een paar decennia. Zoals overigens ook de combinatie spijkerbroek-met-T-shirt gangbaar is geworden. (Hollander, 1994, 108-109)

Dit verschijnsel is nauw verbonden met veranderingen binnen de huidige cultuur, vooral met het door elkaar lopen van werk en vrije tijd. Onze hele cultuur is gebaseerd op de vervaging van die grenzen. Het bezig zijn aan de computer kan zowel werk als ontspanning betekenen. Of juister gezegd, wanneer ik aan de computer werk, dan zitten daar allerlei speeltjes aan, en technische snufjes die het werk vergemakkelijken – misschien – maar het vooral een ludiek aspect geven. Werken is toch *fun*?[20] Ook dienstverlenende instellingen doen er alles aan om de 'dienst' te verbergen achter een reeks attributen en ensceneringen die de plek op een *fun-fair* doen lijken. Een bankfiliaal, een postkantoor, een ziekenhuis of een station kunnen tegenwoordig niet zo maar bank, postkantoor, ziekenhuis of station zijn. Op alle gebieden vindt dit fenomeen plaats en de instelling school heeft daar uiteraard het hardst mee te kampen en heeft gretig gebruik gemaakt van het alibi 'pc' om het saaie en veeleisende van het onderwijs te verdoezelen.

In het algemeen doet men er alles aan om werk te doen lijken op ontspanning maar anderzijds ook om ontspanning op de een of andere manier productief te maken. En die ontspanning is ook in het merendeel van de gevallen een productieve, want met elke vorm van recreatie gaat een vorm van consumptie gepaard, die allesbehalve vrijblijvend is. Het is recreatieconsumptie, waarbij de consumptie als zodanig een markant onderdeel is. Niet ten onrechte wordt gesproken van recreatie of toerisme als industrie en de cultuurindustrie beperkt zich niet langer tot de gangbare media- en massaproducten.

Vrijetijdsbesteding als vorm van productie is een hoogst belangrijke sector van de economie geworden. En consumptie is een vorm van arbeid; denk bijvoorbeeld aan het shoppen, dat men niet toevallig heeft omgedoopt tot funshoppen en zo heeft losgemaakt uit de immer vager wordende gebieden van 'noodzaak' en 'behoefte'. Uiteraard is de consumptie centraal voor de economie. Het consumentengedrag is van doorslaggevende betekenis en wordt door onze economen angstvallig in de gaten gehouden[21].

Anderzijds is het begrip arbeid en de inhoud die er mee gepaard gaat, gedevalueerd. Alle begrippen die graag in verband worden gebracht met arbeid, zoals mobiliteit, flexibiliteit en permanente opleiding, duiden er op dat werk geen kwestie meer is van een beroep of een loopbaan, kortom een vaste waarde in een systeem. Ze zijn relatieve en vervangbare waarde-elementen geworden. Daar komt bij dat in dit nieuwe waardesysteem dat aan het ontstaan is (onze ideologie) werk niet meer staat tegenover vrije tijd. Werkloosheid is de tegenspeler van werk geworden en werk is een ideaal geworden en geen realiteit, al behoort het (juist daarom?) tot de obsessies van politici en andere beleidsmakers.

Werk heeft enkel waarde ten overstaan van werkloosheid. Werkloosheid daarentegen is wel degelijk een waarde, zij het een negatieve: niet-werk. Immers de productie kan het doen met steeds minder arbeid(skracht); bij de consumptie dient de consumptie(kracht) juist steeds verhoogd. Een dilemma dat onze cultuur tekent.

De vrijetijdskleding, die we beter recreatiekleding kunnen noemen, is in die veranderde context werkkleding geworden, en deze verschilt niet meer van wat we in de vrije tijd verwacht worden aan te trekken. Vele elementen uit de werkkleding behoren nu tot het alledaagse gebruik.

De echte vrijetijdskleding bestaat vooral uit sportkleding. Sportbeoefening is vandaag niet groter; wel is het 'idee' sportbeoefening alomtegenwoordig geworden. De sportkleding, die natuurlijk altijd al bestond maar nooit zo massaal was verspreid, is er nu als het ware als categorie bij gekomen.

Het is een autonoom gebied geworden, een sector, maar ook hier vervagen de grenzen, zij het in mindere mate dan in de vorige categorie. Sportkleding wordt ook graag buiten het sportveld gedragen. Het geeft een duidelijk signaal van een lifestyle: vrijheid van beweging en losse omgang met de omgeving. Vooral de komst van de zomerse dagen heeft invloed op het etaleren van wat moet doorgaan voor een vestimentair hedonisme dat niet beperkt blijft tot vakantie- of recreatieoorden, maar alom aanwezig is in een meer en meer zuidelijk wordend stadsbeeld. Elke stad probeert zichzelf met de komst van de mooie dagen in min of meerdere mate om te toveren tot een hedonistisch ontspanningsoord, met de terrascultuur als symbool.

De infantilisering

Wat nu dus voornamelijk aanwezig is, is vrijetijds- en sportkleding die nadrukkelijk a-modieus wil zijn. Het dient een look van basicness te hebben [22]. Alleen voor jongeren wordt hetzelfde type kleding – de kleding van de straat – van enige modieuze details of herkenningstekens voorzien, die dan in een a- of antimodieuze vorm door het gros van de volwassenen worden overgenomen. Want 'jeugdigheid' en 'puberachtigheid' zijn voor de volwassen kleding referenties geworden; geen toeval dus dat hier de modesignalen nog aanwezig zijn. De vroegere functies van de mode – het weergeven van een bepaalde activiteit of van een maatschappelijke stand – zijn vervallen. In plaats daarvan richt de mode zich nu op een generatie: de jeugd en haar zogenaamde non-conformisme, dat uiteraard zeer conformistisch is.

Het merkwaardige is, en Hollander heeft hier naar mijn weten voor het eerst en zeer terecht de vinger op gelegd, niet alleen dat er een vervaging tussen de geslachten en de leeftijden is opgetreden. Iedereen, zowel man als vrouw, jong als oud, draagt min of meer dezelfde jacks en broeken op truien, zodat iedereen er gekleed bij loopt... als kinderen en daarmee de geslachtsloosheid van onze kleding onderstreept (de unisex uit de jaren zestig en zeventig is *no sex* geworden) (1994,167):

> 'Een groep volwassenen bij een museumbezoek of in het park ziet er uit als scholieren bij een uitstap. Iedereen draagt dezelfde kleurrijke zipper jackets, truien, broeken en bloezen die deze kinderen dragen, die dezelfde zijn als de traditionele werkkleding, maar nu in vrolijke kleuren.'[23]

Vroeger konden we op het continent zonder moeite meteen een groep Amerikanen herkennen aan hun kleding (en ons daaraan verlustigen). Nu zijn ook onze kledinggewoonten, zoals een groot deel van onze voedselgewoonten, veramerikaniseerd.

Wat voorop staat in kleding en wat ervan wordt verwacht is: dwangmatige vrijheid en ongedwongenheid. Wat, volgens Hollander, vooral betekent (1994, 167):

> 'De vrijheid om verlost te zijn van de ketens van de volwassen seksualiteit. (...) de ganse familie, van oma tot de driejarige is (zal) op exact dezelfde wijze gekleed (zijn).'[24]

Dit uniforme beeld dient vanzelfsprekend af en toe doorgeprikt en opgevrolijkt te worden. Maar zelfs in de tegengestelde richting, in de theatrale uitspattingen, constateert Hollander niet meer de volwassen modekenmerken, maar de kinderlijke behoefte tot vermomming. In mindere mate is dat ook bij de man te constateren: het driedelige zwarte pak waar ik het eerder over heb gehad, met zijn citaatgehalte, dient eveneens in dit register te worden geplaatst.

De vrouwenmode heeft zich altijd al afgespeeld in de sfeer van vermomming, maskerade zo men wil. Wat gewijzigd is, is de veelzijdigheid ervan, de meervormigheid en vooral het willekeurige aspect ervan.

Anything goes...
De klassieke mode, zou je kunnen zeggen, was er een volwassen vorm van. De huidige wijze van kleden zou je kunnen duiden als een regressie in de fase van de kindertijd. Niet toevallig een letterlijke trend onder de Japanse jeugd!

Parodie is hier een centraal begrip; iets dat ook aanwezig is in het driedelige citatenpak. Hoe uitvoerig ook de vroegere mode leentjebuur speelde bij andere tijden, andere modetrends, parodie was er nooit een wezenlijk element in. Het ging om recycling, het ging om stijl, niet om effect. Het discours dat daarbij werd gebruikt, klonk ongeveer zo: 'Ja, we laten ons – dit seizoen – inspireren door de stijl uit de jaren dertig, veertig, enzovoort... maar aangepast aan deze tijd. Herzien, hertekend en herdacht.' Dit laatste was doorslaggevend. Nu zou het eerder luiden: 'We vermommen ons als voor een gemaskerd bal in...' Het groteske van de daad staat hier voorop, en niet meer wat de kern uitmaakte van het modebeeld: de stijlvolle variatie, het spel met stijlen...

Bij zowel het a-sexuele als de (veelzijdige!) uniformiteit van onze doorsneekleding – en dus consumptie en productie – wil ik nog even blijven stilstaan.

De hedendaagse kleding – zowel voor mannen als voor vrouwen – wordt gekenmerkt door vrijheid: alles kan. Het kledingaanbod is multiform, het gebruik ervan pluriform. Als er al van dresscode sprake is, dan wordt er mee gespeeld.

Ook waar het uniform vereist blijft, blijkt er behoefte te zijn aan speelsheid (een *look*). Dat kan uit de hand lopen: zoals het petje van politie en rechercheurs, dat uiteindelijk toch de autoriteit die gepaard gaat met deze functie, bleek aan te tasten.

Er valt een massificatie te constateren van zowel het algemene (de behoefte aan een no-nonsense uniform voor vrije tijd en sport) als van het singulariteitsprincipe: alles kan door iedereen om het even waar gedragen worden. Oók het uniform.[25]

V

Alles is mode!
We hebben dus niet enkel meer te maken met een kledingindustrie, maar ook met een mode-industrie, die paradoxaal genoeg is afgestemd... op antimode.

> *Als kind verbaasde me en intrigeerde me... hoe bepaalde modezaken er uitzagen. Hun etalages waren bestoft en hadden sedert eeuwen geen poging gedaan om zich aan de modernere tijden aan te passen. De zaak droeg een doorgaans veelbelovende naam: het Vrouwenparadijs of zo. En inderdaad, er werd kleding voor vrouwen verkocht. Meestal was de verlichting karig; enkele peertjes volstonden en als er al een tl-lamp hing, dan diende die zuinig te branden. In het halfdonker ontwaarde je stijve poppen uit lang vervlogen tijden. Ze pronkten met kleren die niet de minste poging ondernamen om er passend, laat staan aantrekkelijk uit te zien. Voor wie in die droevige uitstalling moeilijk tot een keuze kon komen, prijkten kartonnen bordjes, waarop stereotiepe en duidelijk inwisselbare kwaliteiten van het kledingstuk werden aangeprezen. Eén ervan was bijzonder intrigerend: 'laatste mode' of in het Frans 'dernier cri'. Waarom uitgerekend deze paars- en bruinbebloemde jurk het etiket 'mode' had verdiend verbaasde me des te meer omdat haar zusje, eveneens een bruin en paarsbebloemde jurk, eenvoudigweg 'bijzonder passend' ('très seyant') had meegekregen. Zouden er klanten zijn die deze boodschappen lazen, verleid werden door de aanbevelingen, ja, in die zaak gingen kopen wat ze dachten de 'laatste mode' te zijn?*

> > *Begin jaren vijftig...*
> > *Als tienjarig jongetje had ik enigszins een idee van wat vrouwenmode betekende. Ik zag haar in meer of mindere mate om mij heen. Maar mannenmode was iets onopvallender, moeilijker te duiden...*

*'Op de Zeedijk (Oostendse boulevard) was het zowel 's avonds als overdag heel druk. Ze liepen in lange rijen naast elkaar, Jeannot arm in arm met Julienne, en Fons en Annie en Liliane… Hij telde hoeveel jongemannen hij tegenkwam met dezelfde trui aan. Het ene jaar droegen ze knalrode truien. Hoe kleurig! Maar het jaar daarop droeg iedereen een gele trui. Wat was er met de rode truien gebeurd? En een jaar later waren zowel de gele als de rode truien plotseling lichtblauw geworden. Het was "de Mode" zo verklaarde tante Jeannot dit fenomeen deskundig.'
(Uit: Eric de Kuyper,* De Hoed van Tante Jeannot*)*

In Parijs woonden we in de jaren zeventig in een klein straatje, te midden van de confectiehandel. En de ouders en familie van een vriendin werkten in de modebranche. Ik heb nooit de indruk gehad van frivoliteit, maar eerder van bloed, zweet en tranen… En maar sjouwen met die rekken, en die stoffen van labels voorzien, en uitpakken, verpakken, inpakken… En bovenal een geur van droefgeestigheid.

Ik heb niet de indruk dat er nog wordt geadverteerd met het begrip 'mode'. Als ik een Quelle-*catalogus doorblader, dan merk ik dat men ervan uitgaat dat alles wat er wordt aangeboden per definitie modieus is en geen bevestiging behoeft. Mode is eigenlijk gelijk komen te staan met 'kleding'; als er iets aparts te verwachten valt aan die kleding, wanneer die kleding 'nieuw' probeert te zijn, dan wordt daar 'trendy' aan toegevoegd: trendy mode..*
Wel is de catalogus onderverdeeld in drie grote afdelingen met de namen young, modern en classic.
Het is duidelijk dat je na 'young' moet lezen: voor dames van middelbare leeftijd en voor oudere dames!

Als alles mode is

Het oude systeem van de mode is door de context van de massaproductie uitgehold. Haute couture houdt een schijnwereld in stand, probeert zo iets als een referentiekader te creëren. Maar wie gelooft dat het meer is dan een grootse show, eerder tot de sfeer van het entertainment behorend dan tot de werkelijkheid?

Wat maakte de mode tot zo'n uniek en daarom ook zo'n boeiend verschijnsel? Juist het aspect van eeuwige vergankelijkheid. De mode was het enige, of dan toch het meest zuivere gebied waar die filosofische paradox zichtbaar werd.

Maar wat zien we nu? Het principe dat ten grondslag lag aan de mode(kleding) en waar ze haar kracht en haar betekenis uit putte, strekt zich nu uit tot de ganse markt, strekt zich uit tot het hele gebied van de productie. De auto-industrie is daar al lang een voorbeeld van, gevolgd door de elektronica: gebieden waar van technische vooruitgang sprake kon zijn, en dus traditioneel een dankbare aanleiding om 'nieuwe' producten op de markt te brengen. Nu woekeren de minste consumptieartikelen met het modebeeld, als vergankelijk model van actualiteit. Geen teiltje, geen tandenborstel, geen boorapparaat, geen tuinschutting en noem maar op, schijnt aan het mode-idee te kunnen ontsnappen. Om de zoveel maanden veranderen de kleur, de textuur, de vorm… Een zinken emmer was gedurende een eeuw of meer universeel van vorm. Overal was een emmer 'een emmer'. Nu verandert de emmer om de zoveel maanden van kleur, vorm,… en zijn er tientallen soorten emmers op de markt, die alle dezelfde functie blijven hebben, namelijk het makkelijk kunnen vervoeren van water.

Ook het idee van design werd geheel uitgehold. Design is nu niet meer dan een min of meer gewaagde, opvallende of grappige vorm. Wat totaal in tegenspraak is met het basisidee: de meest efficiënte vorm voor een bepaalde functie. Maar de vraag, hoeveel 'meest efficiënte' stoelen voor de functie 'zitten' je kunt verzinnen, lijkt nu de regel.

Nicolas Ghesquière
1971, Loudun (Fr)

De jonge Nicolas Ghesquière wordt gezien als een van de invloedrijkste ontwerpers van dit decennium. Vanaf 1997 ontwerpt hij pret-à-porter voor het verheven huis Balenciaga, waaraan hij een volstrekt nieuwe glans heeft gegeven. Het huis werd in de jaren twintig van de vorige eeuw in Spanje opgericht door Cristobál Balenciaga, een *designer's designer* die uitsluitend haute couture ontwierp voor een selecte en vaak aristocratische klantenkring. Door het uitbreken van de Spaanse burgeroorlog week Balenciaga in 1937 uit naar Parijs. In 1968 sloot hij het label af, maar door een ingewikkeld stelsel van licenties bleef het huis bestaan. In 1986 kwam het in bezit van de Groupe Jacques Bogart, die in 1997 Nicolas Ghesquière – die reeds bij het bedrijf in dienst was – aanstelde als hoofdontwerper.

Ghesquière groeit op in Loudun, een klein stadje in Midden-Frankrijk, als zoon van een Belgische vader die een golfbaan bestiert en een Franse moeder die kleermaakster was. Op veertienjarige leeftijd loopt hij stage bij Agnès B. Daarna werkt hij onder andere als ontwerpassistent voor Jean Paul Gaultier en vervolgens voor Thierry Mugler. Vanaf 1995 werkte hij bij Balenciaga op de afdeling voor Aziatische licenties, waar hij onder meer rouwkleding voor Japan ontwerpt.

Ghesquière wordt algemeen beschouwd als een jeugdig genie. Zijn collecties zijn '*strong and strange, but always intriguing and utterly individual*' – zoals modejournaliste Suzy Menkes schreef – en gelden zonder uitzondering als spraakmakend. Ghesquières ontwerpen hebben vaak een futuristische, haast science fiction-achtige ondertoon, en hij combineert de geometrische vormen die aansluiten bij Balenciaga's erfenis met onverwachte, vrije elementen zoals sportkleding, bijvoorbeeld in zijn invloedrijke 'Scuba'-collectie uit 2003, of veren. Het hedendaagse Balenciaga behoort tot de favorieten van de internationale modepers. Enkele van Ghesquières creaties – zoals de broek met smalle pijpen en de 'Lariat'-tas zijn inmiddels onderdeel van het klassieke moderepertoire geworden. Sommige van zijn ontwerpen – zoals de 'cargo broek' – werden zowel in het origineel als in de winkelstraatkopie een grote hype. 'Stijliconen' zoals de filmsterren Chloë Sevigny en Asia Argento, *Vogue*-hoofdredactrice Carine Roitfeld en fotomodel Kate Moss vertonen zich regelmatig in Balenciaga, hetgeen bijdraagt aan de cultstatus van de kleding.

Er is kortom niet snel een ontwerper te noemen die evenveel invloed uitoefent op de hedendaagse mode-industrie als Nicolas Ghesquière. Al zijn kritische succes kan hem echter niet vrijwaren van de harde winsteisen van het grote conglomeraat waarvan het merk inmiddels deel uitmaakt, Pinault-Printemps Redoute, dat hem nog maar weinig tijd gunt om winstgevend te worden. Ghesquière, die zo gedwongen wordt om niet alleen 'cutting edge' maar ook commercieel succesvol te zijn, heeft daarom in zijn najaarscollectie van 2005 aangetoond interessante, maar ook draagbare kleding te kunnen maken.

Literatuur:
'Balenciaga by Nicolas Ghesquiere. A First Retrospective. Summer 1998 – Winter 2004'. In: *Purple fashion*, nr. 2, herfst/winter 2004/05: 236-259.
Blanks, Tim, 'Nicolas Ghesquière, Balenciaga. Paris, France'. In: *Sample, 100 Fashion Designers – 010 Curators, Cuttings from Contemporary Fashion*, pag. 112 – 115. Phaidon, Londen/New York 2005.

Afbeelding:
Balenciaga, reclamecampagne 2005

De levensduur van al die producten is enorm kort, want een trend, net zoals een mode, vooronderstelt immers dat die voorlopig is, van een duur die afgestemd is op de (een) actualiteit. Een goed hip warenhuis verandert zijn totale aanbod om de zoveel maanden. Duurzaamheid is geen waarde meer. Gebruiksvoorwerpen die per definitie gemaakt werden om een leven lang mee te gaan, bestaan niet meer. De consument weet dat het voorwerp – omdat het een modeproduct is – vergankelijk en van tijdelijke aard is. Het bewijs hiervan is de constante vloed aan nieuwe modellen, die de bestaande modellen als verouderd bestempelen.

Een gelijksoortig mechanisme, waarin de trends richting- en doorslaggevend zijn, heeft zich overigens uitgebreid van de consumptie naar de cultuurindustrie en de algemene cultuur. Het marktmechanisme en marktdenken zijn gebieden binnengedrongen waar tot voor kort het idee 'markt' vreemd was. Iedereen is klant of consument: of je nu concert- of theaterbezoeker, student of gelovige bent.... De filosofie van de markt is allesoverheersend en wordt in goede banen geleid door managementprincipes.

Het mag duidelijk zijn dat in zo'n cultuur het begrip mode, dat het monopolie bezat en als het ware het symbool was van de eeuwige vergankelijkheid, nu door talloze nevensectoren overwoekerd en uitgehold wordt. De sector waar op een unieke manier de vergankelijkheid werd gevierd, is nu gedegradeerd tot een van de vele die dit principe honoreert. Geen wonder dus dat de mode zich, om te overleven in de context (en cultuur) van modieusheid, heeft getransformeerd in anti-mode. Met als gevolg dat het aanbod zich op ongelooflijke wijze heeft gediversifieerd en gemassificeerd, juist om aan die behoefte van *anything goes* te beantwoorden; een overdreven verscheidenheid die onverschilligheid achter zich aansleept. De luxebranche, die exclusiviteit op grote schaal produceert, wordt overigens ook niet toevallig luxe-industrie genoemd...

En... de sexuele differentiatie?
Wat zijn de gevolgen voor een van de belangrijkste functies van de kleding: de geslachtelijke differentiatie?

Hollander verdedigt in haar boek de stelling dat de vrouwenkleding er gedurende de hele periode van de moderniteit op uit was het basismodel van de mannelijke kleding over te nemen. En dat gebeurt door letterlijk verschillende onderdelen van de mannenkleding te annexeren, waarvan het belangrijkste uiteraard de pantalon is. Het resultaat van dit proces lijkt nu in deze postmoderne tijd nagenoeg bereikt. Niet alleen de mannenkleding werd overgenomen, maar ook de grondhouding die te maken heeft met comfort en vrijheid, gekenmerkt door de houding van antimode.

Er is nog een aspect dat een voorname rol speelt in de voorbije periode en dat is de rivaliteit tussen de geslachten. Het ging er niet alleen om dat de vrouw naar het mannelijke model keek, maar dat de man ook gebiologeerd was – al kon hij dat niet toegeven – door de vrouwelijke moderijkdom, die zo fel afstak bij zijn eigen grijsheid. Ook het vertoon van vrouwelijke lichamelijkheid wekte bij de man nijd.

Het is geen toeval dat het veld waarop deze strijd werd beslecht de Hollywoodfilm in de periode 1930-1960 was. Uiteraard omdat de film in die periode het belangrijkste en invloedrijkste medium was voor de alledaagse beeldvorming van mannen en vrouwen, maar ook omdat de films uit die periode op een strakke manier waren afgestemd op glamour, een vorm van erotiek die seksualiteit enkel kon suggereren en nooit mocht uitbeelden. Zelfcensuur bepaalde de regels van het toelaatbare en binnen die regels diende erotische spanning opgeroepen te worden. Omdat het glamourpotentieel van de mannelijke sterren zo weinig speling liet – lichamelijkheid en lichamelijke zinnelijkheid waren een gebied dat voor de vrouw was gereserveerd – en de mannenkleding zich voornamelijk toelegde op het afwijzen en op afstand houden van alle erotiek, werden allerlei strategieën uitgedacht om toch maar specifieke mannelijke sex-appeal te doen ontstaan. In die films zien we de mannelijke sterren voortdurend elementen uit het vrouwelijke register overnemen en inpassen in het mannelijke. Gelijktijdig zien we aan de vrouwelijke kant, en dat is dan wat Hollander benadrukt, de annexatie van mannelijke kledingelementen. Ik heb die intergeslachtelijke rivaliteit weergegeven met de uitdrukking 'anything you can do, I can do better...' (De Kuyper, 1992).

Wat Hollander bestempelt als 'a new male freedom' (1994, 175) is in wezen reeds uitgeprobeerd op het smalle, maar uitermate invloedrijke domein van de Hollywood-cinema. Een wezenlijk verschil is dat het er ging om een erotisch beladen spel tussen de geslachten en hun uiterlijk, met altijd als extra waarde (het 'I can do better') van respectievelijk mannelijk of vrouwelijk potentieel. Als nu wordt gesteld dat (1994, 175)

> 'beide geslachten spelen leentje-buur omdat voor het eerst sedert eeuwen mannen kledinggewoonten van vrouwen leren overnemen, in plaats van omgekeerd.'[26]

of nog (1994, 176):

> 'Het mag duidelijk zijn dat gedurende de tweede helft van de twintigste eeuw, vrouwen uiteindelijk het gehele kledingbeeld van de man overnamen, aan hun wezen aangepast, en terug aan de man hebben gegeven, geladen met enorme mogelijkheden.'[27]

blijft een belangrijke vraag onbeantwoord. En die heeft te maken met de motor achter (mode)kleding, met name de vraag wat er is gebeurd met de sexuele en geslachtsgebonden drijfveer?

Dat doet denken aan emancipatie... Mooi zo, zou je denken. Maar de opmerking van Hollander, dat de grote massa meer en meer gekleed gaat als kinderen, en er zoiets als een 'androgynous infant spirit' heerst (1994, 177), laat vermoeden dat het onder het mom van emancipatie in feite om regressie gaat.

Het proces dat twee eeuwen duurt en door Hollander als 'glorieus' wordt beschreven, leidt uiteindelijk tot een impasse. Dat de behoefte aan differentiëring vanzelfsprekend niet verdwijnt, maar op andere terreinen dan die van de kleding de kop opsteekt, wordt merkbaar. Het lichaam zelf speelt, meer dan op de verhulling ervan door middel van kleding, in op de behoefte aan sexuele differentiatie. Fitness en bodybuilding voor mannen (en vrouwen) en esthetische chirurgie voor vrouwen (en mannen) zijn tekens dat het lichamelijke niet verdwijnt in de geslachtsloze kinderwereld waarin mannen en vrouwen zich vandaag voornamelijk bewegen. De behoefte aan sexuele differentiatie heeft zich op wanhopige (?) manier verplaatst van het omhulsel naar het lichaam zelf, van het symbolische naar het letterlijke. Met dit proces gaat ook een dimensie van cultuur verloren...

Een nieuwe vreemde paradox dient zich aan. Enerzijds constateren we dat de mode – het principe dat aan de grondslag ervan lag – algemeen verbreid is en heeft gezegevierd, anderzijds dat ze zich heeft verdampt doordat ze zich heeft uitgestrekt tot oneindig vele gebieden die in feite niets met mode te maken hebben, waardoor het unieke van de mode is aangetast.

1. Ik gebruik paradox hier in een betekenis van een spanningsveld tussen twee tegengestelde waarden die men tracht te verzoenen, of waarvan men één tracht te loochenen, ten voordele van de andere...
2. 'From him (my father) I learnt many things, which I value highly. I learnt how to choose a shirt in the morning, I learnt how to hold up my socks with a garter, I learnt how to use the forefinger of the right hand to make a dimple in the knot of my tie, I learnt how to fold a handkerchief, and to dab it with eau de cologne before putting it into my breast pocket, and above all, I learnt that it was only through the meticulous attention to such rituals that a man could hope to make his body tolerable to the world.'
3. 'Once a week there were seven ties of my father, plus one or two black bow ties, to be taken to the dry-cleaners to be steamed and pressed.'
4. 'In time I came to believe that, through associating my father's ties with the labels sewn inside them, I would, when expensive foreigners came down to lunch on a Sunday, be able through observing how the silk was ribbed, or how the dots were formed, or the precise shape of the knot, to know one of the most important things about them, or the shirtmaker they went to.'
5. 'Fashion owes its extraordinary power to the way it can make each person look truly unique, even while all the people following the mode are dressing very much alike.

Miuccia Prada
1950, Milaan (It)

Het merk Prada bestaat sinds 1913 en is gevestigd in Milaan. Oorspronkelijk was men er gespecialiseerd in luxueuze lederwaren. Toen de kleindochter van de oprichter, Miuccia Prada, in 1978 de leiding overnam, brak er een nieuw tijdperk aan. Prada evolueerde tot een van de meest invloedrijke en prestigieuze modelabels op aarde, zij het niet meteen.

Miuccia was afgestudeerd in de politicologie en ze was lid van de Communistische Partij. Als actieve feministe gold haar interesse meer de rechten dan de mode van de vrouw. In haar latere collecties is vrouwelijkheid dan ook niet gekoppeld aan behaagzucht.

Haar eerste grote succes boekte ze in 1985 met een serie zwarte nylon handtassen en lichtgewicht rugzakken; beide accessoires werden internationaal door fashionistas gretig ontvangen. De eerste ready-to-wearcollectie onder eigen naam in 1989/1990 kreeg daarentegen weinig bijval. Te streng, te tuttig, te lelijk, aldus het algemene oordeel. Daar was het Prada immers ook om begonnen. In een tijd waarin een postmoderne mix van etnische, historische, erotische en humoristische hints door het modebeeld daverde, liet Prada zich inspireren door industriële dessins in muffe kleuren uit de jaren vijftig en zestig.

De avantgarde zag er wel iets in. 'Prada' betekende bevrijding van traditionele vrouwelijke rolpatronen en in zekere zin ook een bevrijding van achterhaalde elegantie als ook hysterische modetrends. Midden jaren negentig werd de doorbraak van Prada's controversiële chic een feit. In 1992 lanceerde zij de iets minder dure lijn *Miu Miu*. Dit is haar eigen bijnaam, en de collecties tonen een sfeer van natuurlijke kleuren en materialen die Prada zelf graag draagt. In 1993 ontving zij de Council of Fashion Designers of America International Award. Het jaar daarop waren haar shows voor het eerst in New York te zien, en opende de eerste Prada-winkel in Londen. De expansie tot een internationale onderneming dankt Prada ook aan de invloed van haar echtgenoot en zakelijk partner, Patrizio Bertelli.

Prada-kleding, schoenen en tassen zien er vaak bedrieglijk simpel en traditioneel uit, maar er worden alleen de beste materialen gebruikt, en de modellen zijn weergaloos uitgebalanceerd, met interessante details.

De Nederlandse architect Rem Koolhaas heeft spectaculaire winkels voor Prada ontworpen in New York, Los Angeles, San Francisco en Tokio. Ze zijn zo gebouwd dat er ook tentoonstellingen van beeldende kunst (georganiseerd door de Fondazione Prada) kunnen worden gehouden. Bovendien zijn ook theatervoorstellingen of experimentele films mogelijk in deze paleizen waar winkelen een culturele meerwaarde moet krijgen.

Literatuur:
Anna Tilroe, 'Een voortdurend experiment'. In: *Het blinkende stof. Op zoek naar een nieuw visioen.* Querido, Amsterdam 2002.
Rem Koolhaas, Miuccia Prada, Patrizio Bertelli, *Projects for Prada.* Fondazione Prada, Milaan 2001.

Afbeeldingen:
1. Prada, reclamecampagne 2005
2. Miu Miu, reclamecampagne 2005
3. Prada, collectie lente/zomer 2005

5. The deep need to be singular and the deep need to be part of a group are simultaneously fulfilled by fashion.'
6. 'Mon corps n'est pas le même que le vôtre.'
7. 'Le Dandysme se joue de la règle et pourtant la respecte encore. Il en souffre et s'en venge tout en la subissant; il s'en réclame, quand il y échappe ; il la domine et en est dominé tour à tour : double et muable caractère !'
8. 'Die gesellschaftliche Nivellierung ist ihm zuwider, und er besteht auf einer Rangordnung, in der er selbst auf Grund seiner Distinktion, die er für das Zeichen der "Erwählt-heit" hält, die höchste Stufe einnimmt.'
9. 'He proved that the essential superior being was no longer a hereditary nobleman.'
10. 'Let's not be fooled: it's still an anti-fashion fashion.'
11. 'abstract tripartite envelope with a unifying, loosely fitting shape, along with the shirt and tie'
12. 'Es entsteht nicht irgendwo ein Artikel der dann Mode wird, sondern es werden Artikel zu dem Zweck aufge-bracht, Mode zu werden.'
13. 'Natuurlijk als een dierenvacht', is een vergelijking die Hollander graag gebruikt! Zie pag. 5, 89, 91, 108.
14. 'Tedium in fashion is much more unbearable than any sort of physical discomfort, which is always an ambiguous matter anyway.'
15. Is het toeval dat de schrijfster een kort stukje over het dan-dyisme schreef? Zie de bibliografie.
16. In het Frans bestaat de uitdrukking 'femme d'intérieur', dat nog iets anders betekent dan ons woord huisvrouw en eerder zou samenvallen met 'vrouw des huizes', al heeft dit dan weer een andere, strengere connotatie.
17. Althans beperkt tot de eigen woning. De art-nouveau zoals de arts-and-craftsbeweging gaan zelden een verhouding aan met de buitenwereld.
18. Julia Kristeva heeft mooi het – eerder onverwachte – ver-band tussen Proust en Colette uitgewerkt in haar aan de schrijfster gewijde boek. Zie ook de roman van J. Rose, *Albertine*, die het verhaal herschrijft vanuit het standpunt van het meisje.
19. Het ontbreken van 'kleur' of beter gezegd de antimode-kleur zwart, wordt des te opvallender wanneer men de variant ervan, het witte pak, als tegenhanger neemt. Wel-iswaar minder ingeburgerd dan het donkere pak, is het toch een vast onderdeel geworden van de zomerse manne-lijke modekleding. Maar hier functioneert het (witte) pak als formele kleding binnen de context van uitgesproken vrijetijdskleding en/of sportkleding, waar ik het nog moet over hebben.
20. In deze tekst verschijnen nu meer en meer Angelsaksische uitdrukkingen om de hedendaagsheid te typeren. Toeval?
21. Zo beschouwd, zou de consument eigenlijk 'vergoed' moe-ten worden voor al die kostbare tijd en energie die gaat zitten in het aanschaffen van totaal overbodige goederen gekoppeld aan en verweven met een net van onontkoom-bare 'services'! Consumptie is de tegenhanger van produc-tie.
22. Zoals men weet draagt een grote modeketen de naam Basic.
23. 'A crowd of adults at a museum or a park now looks just like a school trip. Everyone is in the same colourful zipper jackets, sweaters, trousers and shirts worn by kids – which are the same as the traditional work-clothes, only made in jolly colours.'
24. 'freedom from the burdens of adult sexuality. (...) the whole family at leisure from grandma down to the three-year-old is (will be) dressed exactly the same.'
25. Bijzonder treffend in dat opzicht zijn de opmerkingen die Hollander maakt over de angsten van de hedendaagse Amerikaan voor juist het singuliere, en de drang om zich beveiligd te weten in het uniforme. (1994, 178 e.v).
26. 'both sexes play changing games today, because for the first time in centuries men are learning clothing habits from women, instead of the other way around.'
27. 'it's clear that during the second half of the twentieth century, women finally took over the total male scheme of dress, modified to suit themselves, and have handed it back to men charged with immense new possibilities.'

Literatuur

Céleste Albaret, *Monsieur Proust*. Robert Laffont, Parijs 1973.
Jean-Pierre Aron, 'Lexique pour la Mode'. In: *Change*, nr 4, 1969.
Asfa-Wossen Asserate, *Manieren*. Eichborn, Frankfurt am Main 2003.
Jules Barbey d'Aurevilly, *Du Dandysme*. Editions d'Aujourd'hui, Parijs 1977.
Roland Barthes, 'Pour une sociologie du vêtement'. In: *Annales*, 1960. Thans in: *Œuvres complètes*, Deel I. Seuil, Parijs 1993.
Roland Barthes, 'Le dandysme et la mode'. In: *United States Line Paris Review,* 1962. Thans in: *Œuvres complètes,* Deel I. Seuil, Parijs 1993.
Roland Barthes, *Système de la Mode*. Seuil, Parijs 1967.
Roland Barthes, *Roland Barthes par Roland Barthes*. Seuil, Parijs 1975. Nederlandse vertaling door Michiel van Nieuwstadt en Henk Hoeks Nijmegen. Sun, Nijmegen 1991.
Roland Barthes, *Fragments d'un discours amoureux*. Seuil, Parijs 1977.
Pierre Bourdieu, *La Distinction*. Minuit, Parijs 1979.
Christopher Breward, 'The Dandy laid bare'. In: S. Bruzzi & P. Church Gibson, *Fashion Cultures*. Routledge, Londen 2000.
Anne Hollander, *Seeing Through Clothes*. Avon, New York 1980 (1975).
Anne Hollander, *Sex and Suits*. Claridge Press, Londen 1994.
Eric de Kuyper, *De hoed van tante Jeannot*. Sun, Nijmegen 1989.
Eric de Kuyper, *De verbeelding van het mannelijk lichaam*. Sun, Nijmegen 1993.
Eric de Kuyper, 'The Freudian Construction of Sexuality. The gay foundations of heterosexuality and straight homopho-bia'. In: John P. de Cecco en John P. Elia (ed.), *If you seduce a straight person, can you make them gay?*. The Haworth Press, New York 1993.
Gisbert Kranz, 'Der Dandy und sein Untergang'. In: Schaefer Oda, *Der Dandy*. Piper Verlag, München 1964.
Julia Kristeva, *Le Génie Féminin*. Deel III: Colette. Fayard, Parijs 2002.
Ulrich Lehmann, *Tigersprung*. MIT Press, Cambridge (Mass) 2000.
Marcel Proust, *A la Recherche du Temps perdu*. Gallimard-Flam-marion, Parijs 1913-1927.
Jacqueline Rose, *Albertine*. Chatto and Windus, Londen 2001.
Georg Simmel, 'Zur Psychologie der Mode'. In: *Aufsätze und Abhandlungen, 1894-1900*. Suhrkamp, Frankfurt a/M 1992 (1895).
Georg Simmel, 'Die Mode'. In: *Philosophische Kultur*. Wagen-bach, Berlijn 1983 (1923).
John Steegman, *The Rule of Taste*. Macmillan, Londen 1936.
Valerie Steele, *Paris Fashion. A cultural History*. Oxford Univer-sity Press, New York 1988.
José Teunissen, 'Betekenisloos zwart'. In A. Koers e.a., *Kleur Arnhem*. KaAp, Arnhem 2002.
Richard Wollheim, *Germs*. Waywiser Press, Trowbridge 2004.
Virginia Woolf, 'Beau Brummell'. In: *The Common Reader*, Deel 2. Random House, New York 2003 (1932).

Mode als een tekensysteem

Patrizia Calefato

Mode als tekensysteem

1. T-shirt Fake London, lente-zomercollectie 2002

Sinds de verschijning van *Système de la Mode* van Roland Barthes (Barthes, 1967) is de semiotiek bezig de aard van wat wel het 'modeteken' wordt genoemd te analyseren. Voor Barthes ging het om het teken van de beschreven mode, dat wil zeggen de mode die in gespecialiseerde bladen is omgezet in taal. Afgezien van dit door Barthes bevoorrechte teken kunnen we spreken van een 'reële' mode (zoals hij haar zelf noemde), bedoeld als een niet alleen 'geschreven' of beschreven systeem, maar als een systeem van communicatie en sociale betekenisgeving, dat zich syncretisch voedt met andere communicatiemiddelen – film, tv, internet, muziek, fotografie, videogames, enzovoort – en zich organiseert als massamode (Calefato, 1996).

In die zin valt het semiotische perspectief samen met de modestudies, of wat ik met een nauwkeurigere term definieer als *fashion theory*, een multidisciplinair terrein, dat de mode beschouwt als dat systeem van betekenisproductie waarbinnen culturele en esthetische performances van het geklede lichaam worden geproduceerd (zie Calefato, 2004). In dit hoofdstuk zal ik eerst enkele methodologische, historische en theoretische kwesties in verband met de fashion theory bespreken, en vervolgens enige aspecten van het sociaal-semiotische systeem van de mode onder de loep nemen, waaronder het verband tussen gekleed lichaam en identiteit – inclusief gender-identiteit. Ten slotte zal ik stilstaan bij enkele onderwerpen zoals de luxe, de eigennaam en het schrift.

Fashion theory, tussen semiotiek en culturele studies

De term fashion theory duidt een interdisciplinair gebied aan dat de mode beschouwt als een betekenissysteem waarbinnen de culturele en esthetische afbeeldingen van het geklede lichaam worden geproduceerd. Wat de terminologie betreft: we kiezen voor de Engelse term om aan te geven dat vanuit een kritisch standpunt gezien de traditionele geschiedenis en sociologie van de kleding achterhaald zijn, en de theorie impliciet wordt opgevat als deconstructie van universalistische canons. Connotatief roept fashion theory associaties op met termen als *film theory*, *gender theory*, *queer theory* en dergelijke, waarin de theorie een genealogisch weten op basis van een bepaald standpunt is. De theorie beschouwt haar object, in dit geval de mode van onze tijd, als een systeem waarbinnen rollen, sociale hiërarchieën, modellen van de verbeelding en lichaamsgestalten worden geproduceerd. In dat opzicht is de modetheorie tevens *cultuurtheorie*, een term die gedeeltelijk de moderne *cultuurfilosofie* herneemt, maar de termen daarvan uitwerkt in het licht van de traditie van culturele studies, genderstudies, poststructuralisme en postkolonialisme.

Fashion theory heeft hier de voorkeur boven die andere Engelse term *fashion studies*, omdat modestudies meer specifiek de verschillende disciplines omvatten die horen bij de beroepen in de modewereld (van styling tot marketing). Het gebruik van de term fashion theory duidt daarentegen op een grensoverschrijdende theoretische benadering die, vóór enig beroepsmatig *weten te doen*, mogelijkheidsvoorwaarden en theoretische filters construeert door binnen de mens- en maatschappijwetenschappen (met inbegrip van letterkunde, filosofie en artistieke disciplines) het systeem mode te selecteren, opgevat als een speciale dimensie van de materiële cultuur, van de geschiedenis van het lichaam, en van de theorie van de gevoeligheid. *Fashion Theory* is ook de titel van een internationaal tijdschrift onder redactie van Valerie Steele, dat sinds 1997 driemaandelijks verschijnt bij Berg Publishers (Oxford) en ditzelfde programmatische uitgangspunt hanteert.

De modetheorie kent voorgangers en grondslagen die te vinden zijn in enkele fundamentele sociologische analyses uit het begin van de twintigste eeuw, waarvan met name die van Georg Simmel opvalt door diepgang en vooruitziende blik; in de filosofische uitwerking ervan door Walter

Benjamin en vooral in zijn aantekeningen over het Parijs van de negentiende eeuw; en in het linguïstische structuralisme dat kleding en mode opvat als een semiologisch systeem dat deels op dezelfde wijze werkt als het taalsysteem.

In Georg Simmels essay over de mode uit 1895 wordt deze gedefinieerd als een systeem van sociale cohesie dat de dialectische overeenstemming mogelijk maakt tussen de opsluiting van het individu in een groep en zijn relatieve geestelijke onafhankelijkheid. De mode wordt volgens Simmel gedicteerd door de motieven van nabootsing en distinctie die een maatschappelijk milieu *verticaal* aan de gemeenschap doorgeeft. Deze motieven gaan samen met het element van een 'stimulerende en prikkelende' charme waarvan de mode het voertuig is door middel van wat Simmel definieert als het 'contrast tussen haar wijde, allesomvattende verspreiding en haar snelle, fundamentele vergankelijkheid' en als het 'recht op ontrouw ten opzichte van haar' (Simmel, 1895).

Simmels analyse legt impliciet de basis voor een definitie van de mode als een systeem waarvan alleen in de moderniteit sprake kan zijn, en dan in het bijzonder in de ontplooide moderniteit van de massamaatschappij, waarin de warenproductie tegelijk productie is van serieel reproduceerbare tekens en sociale betekenissen. Het verspreidingsmechanisme is in deze *klassieke* fase van de mode het zogenaamde *trickle down*-mechanisme, van de druppel die van boven naar beneden valt (van de hogere welgestelde sociale klassen naar de massa's) en dat zich vervolgens horizontaal uitbreidt tot het mechanisme van de navolging, om echter onmiddellijk te worden vervangen, in een nieuwe cyclus, door dat van de distinctie.

In dezelfde periode als Simmel rekent Thorstein Veblen in zijn *The Theory of the Leisure Class* (1899) de uitgaven voor kleding tot de opzichtige consumptie van de gegoede burgerij, terwijl Sombart (1913) onderzoekt hoe de uitgaven (voornamelijk door vrouwen) aan luxeartikelen, waarvan kleding en *cocotteries* een aanzienlijk deel uitmaken, van groot belang zijn geweest voor de ontwikkeling van het kapitalisme vanaf de fase van de oorspronkelijke accumulatie.

Voor Benjamin is de mode als vorm van opsmuk inherent aan de seriële reproduceerbaarheid van de waar; hij noemt haar in zijn *Passagen-Werk* (Benjamin, 1982) beeldend het 'sex appeal van het anorganische'. De mode vertegenwoordigt de triomf van de warenvorm, waarin het lichaam wordt gereduceerd tot lijk, tot fetisj. In de mode worden de relaties tussen het levende en het anorganische exemplarisch op hun kop gezet en verdubbeld net als bij Marx: het (vrouwelijke) lichaam toont de charme van een ontzielde, vervreemde natuur, en blijft over als omhulsel, opsmuk, lijkachtige drager van de kleding. Het toneel waarop Benjamin dit spookachtige visioen construeert is dat van de moderne stad, prototypisch voorgesteld door het negentiende-eeuwse Parijs van de *passages* en de *flâneurs*, van de uitstalling van de waar tijdens de grote wereldtentoonstellingen, van de oneirische architectuur, de stad waarin de Baudelairiaanse gestalte van de mondaine kunstenaar opvalt, evenals die van de mens uit de menigte à la Poe.

Een vergelijking tussen mode en taal treffen we aan, zij het en passant, in twee korte verwijzingen in De Saussures *Cours de linguistique générale*: in de eerste wordt opgemerkt dat de mode, in tegenstelling tot de taal, geen volkomen arbitrair systeem is, aangezien in het vaststellen van de kleding die de mode voorschrijft niet al te veel kan worden afgeweken van de condities die het menselijk lichaam dicteert. De tweede verwijzing betreft het mechanisme van de imitatie, dat zowel het fenomeen van de mode als de fonetische veranderingen van de taal betreft, een imitatie waarvan de oorsprong, aldus de *Cours*, in beide gevallen een raadsel blijft.

De linguïstische semiologie van de eerste helft van de twintigste eeuw is geboeid door de mode en de verschijnselen van de kleding, juist omdat men daarin mechanismen aan het werk ziet van interne tegenover-elkaar-stelling van kenmerken, van variaties die voorgeschreven maar tegelijk ongemotiveerd zijn, een stelselmatigheid kortom, die sterk doet denken aan het functioneren van de taal, begrepen op basis van het begrip teken. In de jaren dertig past Nikolaj Troebetskoj, grondlegger van de structurele fonologie en destijds lid van de Praagse Kring van linguïsten, Saussures tegenstelling van *langue* en *parole* toe op de relatie tussen costuum en kleding, door de eerste op te vatten als een maatschappelijk verschijnsel (waartoe dus ook de mode behoort) analoog aan de *langue*, en de tweede als een individuele handeling, vergelijkbaar met de *parole*. Troebetskoj spreekt van een relatie van homologie tussen het taalsysteem en het kledingsysteem, tussen fonologie en bestudering van de kleding. Daarmee bevestigt hij het meer algemene verband dat het Europese structuralisme van de jaren dertig tot de jaren vijftig van de twintigste eeuw heeft gelegd tussen taalkunde en antropologie. In diezelfde richting heeft Petr Bogatyrev, die evenals Troebetskoj (en Jakobson) een van de meest vooraanstaande leden van de Praagse Kring was, een analyse van de klederdracht van Moravisch Slowakije gemaakt, volgens een functionalistisch schema waarin de klederdracht wordt onderverdeeld in een hiërarchie van functies, zoals de praktische, esthetische, magische en de rituele functie (Bogatyrev, 1937).

In 1931 schrijft de Amerikaanse, van oorsprong Litouwse linguïst en antropoloog Edward Sapir het lemma *Fashion* voor de *Encyclopaedia of the Social Sciences*, waarin hij de verschillen omschrijft tussen mode en smaak en tussen mode en kleding, zodanig dat het laatste een relatief stabiele vorm van sociaal gedrag is, terwijl het eerste aan een onafgebroken verandering onderhevig is. Je kunt je afvragen of het misschien geen toeval is dat Sapir en Troebetskoj allebei, zij het elk in een andere culturele context, speciale aandacht hebben gehad voor zowel de mode als voor het begrip foneem, dat wil zeggen die basiseenheid van de taal die er een distinctief en constant kenmerk van is, en waarop de herkenbaarheid door opposities van een taalsysteem is gebaseerd. Imitatie en distinctie, dat waren immers juist de motieven die Simmel in de mode ontwaarde.

Kleding, mode, identiteit
In het *Système de la Mode* van Roland Barthes (Barthes, 1967) wordt exemplarisch de overgang uitgewerkt naar een theorie van de mode als maatschappelijk vertoog. Barthes maakt een radicale keuze, hij houdt zich in deze tekst niet bezig met de *werkelijke* mode, maar met de mode zoals die wordt *beschreven* in de bladen: de kleding is volledig omgezet in taal en ook de illustratie bestaat slechts voorzover ze kon worden omgezet in woorden. In die zin maakt de semiologie niet alleen, zoals Barthes provocerend stelde tegenover de traditie van Saussure, deel uit van de linguïstiek in plaats van andersom. Integendeel: deze taal, die 'de wetenschap van alle beeldwerelden' (de linguïstiek dus) 'via een tweede geboorte' tot een systeem poogt uit te werken, is niet 'de taal van de linguïsten': de linguïstiek van Barthes doorbreekt de canon. De les van Barthes, die dus verder gaat dan de semiologie zelf, is dat de mode slechts bestaat in en door de apparaten, de technologieën en de communicatiesystemen die de betekenis ervan construeren. In het *Système* van Barthes vormt de vakjournalistiek de plaats waar mode tot vertoog wordt gemaakt, waarin zowel het object mode als degene voor wie ze bestemd is (de lezeres) worden geconstrueerd. De context van de postmoderniteit bepaalt duidelijk hoe een reeks maatschappelijke vertogen, van film tot muziek, de nieuwe media, en de reclame, de plaatsen zijn waar de mode leeft als *syncretisch*, intertekstueel systeem, als een netwerk van verwijzingen tussen de tekens van het geklede lichaam en als voortdurende constructie en deconstructie

Guccio Gucci
1881, Florence (It) – 1953, Milaan

Gucci is een oud Florentijns familiebedrijf waar in de negentiende eeuw strooien hoeden worden gemaakt. De stamvader van het huidige modebedrijf is Guccio Gucci die zadelmaker wordt en in 1904 een kleine winkel voor aanverwante artikelen opent, nadat hij een tijd in Londen als maître d'hôtel in het Savoy heeft gewerkt. Volgens de legende heeft hij daar de bagage van de rijke gasten bekeken en zodoende inspiratie opgedaan voor zijn eigen productie later. Dat zou goed kunnen. Gucci's assortiment wordt uitgebreid met prijzige hand- en reistassen en schoenen, doorgaans voorzien van symbolen die verband houden met de ruitersport (destijds op zichzelf al een privilege van de gegoede klasse), zoals stijgbeugel en bit.

Gucci's plunjezak in 1925 wordt een groot succes. Uit 1932 dateren de befaamde Gucci-loafers, instapschoenen met een trens op de wreef die eimiddels bij de klassiekers onder de statussymbolen van een traditiebewuste elite zijn gaan horen.

Guccio's zoon Aldo ontwerpt het Gucci-logo met de dubbele G-initialen (het merk is verder overigens herkenbaar aan de drie strepen groen-rood-groen). Hij en zijn broer Rodolfo verruimen het aanbod met ready-to-wear collecties en sportkleding. In 1939 openen de gebroeders de eerste filialen in Rome en Milaan. Toch blijft Gucci vooral bekend om zijn exclusieve lederwaren. In de loop der decennia wisselen opzienbarende successen af met hevige familieruzies. Aan het einde van de jaren tachtig is Gucci zo goed als failliet.

De redding verschijnt in de gedaante van de Amerikaanse ontwerper Tom Ford. Als creative director met veel gevoel voor trend, glamour en commercieel succes, slaagt hij er in het zieltogende bedrijf binnen een decennium om te toveren tot een florerend modebedrijf dat op internationaal terrein weer méételt bij de modeverslagen. Ford herinterpreteert traditionele elementen waardoor Gucci een verrassende verjonging ondergaat, maar tevens herkenbaar blijft als elitair merk van hoogwaardige producten. Het vernieuwde image dankt Gucci ook aan de avant-gardefotograaf Mario Testino die door Ford in 1995 is aangetrokken om een reeks advertentiecampagnes te verzorgen.

De bedrijfsgeschiedenis van Gucci wordt vaak vergeleken met die van Prada. Of zo'n parallellie na Fords vertrek in 2000 op langere termijn zal blijven bestaan, zal moeten blijken.

In de loop van decennia zijn er door Gucci ook een aantal geuren gelanceerd: *Gucci No. 1, Eau de Gucci, Gucci No. 3, L'Arte de Gucci, Accenti, Envy* en *Rush*.

Literatuur:
Sara Gay Forden, *The House of Gucci. A Sensational Story of Murder, Madness, Glamour and Greed*. William Morrow & Co., New York 2000.
Nicola White, *Reconstructing Italian Fashion. America and the Development of the Italian Fashion Industry*. New York University Press, New York 2000.

Afbeeldingen:
1. Gucci, reclamecampagne 2005
2. Tom Ford voor Gucci, collectie 2001

van de subjecten die onderhandelen over de betekenis ervan, haar interpreteren of krijgen aangereikt.

In deze zin past hier perfect de analyse van de subcultuur van Dick Hebdige (Hebdige, 1979). Hebdige vertrekt vanuit de meest klassieke uitgangspunten van de culturele studies in Engeland om te komen tot een definitie van de stijl als vorm waardoor een groep in de massamaatschappij esthetisch en ethisch deel uitmaakt van groepsculturen in ontwikkeling, in wording (de invloed van Gramsci is hier fundamenteel), samengesteld uit stukjes die de manier van kleden, de muziek, de literatuur, de film en dagelijkse gewoonten omvatten. Een *popwereld* die zich uit in de *street styles* van rockers tot punk, die Hebdige stelt tegenover de mode opgevat als een van de 'belangrijkste vormen van vertoog'. Met name de punk stond volgens hem voor een strategie van denaturalisatie van de stijl, een praktijk vergelijkbaar met het surrealisme dat zijn werking kreeg door paradoxale interpretaties van de objecten te laten zien, zoals de veiligheidsspeld die in de huid wordt gestoken, of de onnatuurlijke haarkleur, waarmee tegelijkertijd en op misdadige wijze het onnatuurlijke karakter van elk vertoog wordt onderstreept.

De modetheorie wordt juist volwassen door de kanteling van het begrip mode als institutioneel sociaal systeem van de *upperclass*, een kanteling die vanuit verschillende vakgebieden op gang wordt gebracht. *Trickle-down* wordt omgekeerd tot *bubble-up*, zoals exemplarisch wordt aangetoond door de geschiedenis van twee kledingstukken die symbool staan voor de twintigste eeuw, de spijkerbroek en de minirok. De mode als massamode (Calefato, 1996) wordt begrepen als de plaats waar 'een complexiteit van spanningen, betekenissen en waarden – niet alleen met betrekking tot de kleding' tot uiting komt (Calefato, 1996, pag. 7). Het middelpunt van die complexiteit is het lichaam en de wijze waarop het lichaam in de wereld is, waarin het zichzelf verbeeldt, vermomt, verkleedt en op de proef stelt, en botst op stereotypen en mythologieën.

Het geklede lichaam is het fysiek-culturele territorium waarop de zichtbare en ervaarbare *performance* van onze uiterlijke identiteit zich voltrekt. In dit gecomponeerde culturele tekstweefsel vinden individuele en sociale kenmerken een manier om zich te uiten. Deze kenmerken hebben te maken met sekse, smaak, etniciteit, seksualiteit, het gevoel tot een sociale groep te horen, of juist overschrijding daarvan. De modestudies over mannelijkheid (Breward, 2000) of over het verschil tussen de seksen dat historisch en cultureel in en door de kleding (Lurie, 1981) wordt geconstrueerd, hebben aangetoond hoezeer de geschiedenis van het kledingstuk synoniem is aan 'de geschiedenis van het lichaam, van de manier waarop we het hebben geconstrueerd, verbeeld, verdeeld over mannen en vrouwen op basis van zijn productieve en reproductieve functies, zijn discipline, de hiërarchieën die erop zijn geschreven, de vertogen die de passies en zintuigen ervan hebben geconstrueerd' (Calefato, 2000). De mode, of beter gezegd de modes – in het meervoud – vormen de apparaten die de tekens van het geklede lichaam in tijd en ruimte organiseren, alsof ze de taal ervan smeden, en tegelijkertijd vertegenwoordigen ze de mogelijkheden om de referentiecodes te vermengen, door mengvormen van de tekens te construeren, vergelijkbaar met de linguïstische en culturele mengvormen waarbinnen juist de idee identiteit wordt geconstrueerd.

De sekse-identiteit door middel van de mode speelt dus met de vaste en stereotiepe vormen van de representatie van het mannelijke en het vrouwelijke aan de ene kant, en aan de andere kant de uitdagingen van het heersende vertoog dat een voertuig is van de tekens van het lichaam. De ervaringen van *cross-dressing* en van soms gekunstelde denaturalisatie, zoals in het geval van *drag*-maskerade, een vooraf vastgestelde overeenkomst tussen sekse en gender, tonen aan dat de 'stijl van de schijn' (Kaiser, 1992) zowel een esthetische als een politieke strategie kan zijn. In dezelfde zin functioneren de complexe relaties tussen de stijlen van de uiterlijke verschijningen en de vormen van weerstand en lust waarin ondergeschikte identiteiten zich uiten: zoals bell hooks schrijft bestaat er een nauwe relatie tussen de stijl die in kleding tot uitdrukking wordt gebracht en de subversie, dat wil zeggen de manier waarop de overheersten en de uitgebuitenen bepaalde modes gebruiken om uiting te geven aan hun weerstand en/of conformisme (hooks, 1990, pag. 217).

'Van het trottoir (of de straat) naar de *catwalk*': de plekken van de dagelijkse cultuur zijn tegenwoordig de plekken die de modes bepalen nog voor het stilistisch onderzoek het artefact zelf tot teken – luxewaar bewerkt. Dat is een les die de multinationals van de *casual* kleding hebben geleerd, en op basis waarvan ze demagogische mystificaties hebben bedreven, bijvoorbeeld toen ze, in elk geval vanaf het eind van de jaren tachtig, waarden en mythologieën hebben geconstrueerd die op parasitaire wijze putten uit de stijlen en smaken van Afro-jongeren in de westerse wereldsteden.

Mode en luxe
Het huidige verspreidingsmodel van de mode volgt dus een 'horizontaal' traject in de maatschappij, dat soms begint bij bepaalde delen van de bevolking, zoals anti-conformistische groepen of culturele avant-gardes, en voornamelijk steunt op verwantschap tussen generaties en ervaringen uit het dagelijkse leven. In die zin heeft het model van het semiotische netwerk volledig de plaats ingenomen van het trickle-down-model, ook gezien het feit dat de sociale mobiliteit, de vermenging van verschillende tekensystemen, de mogelijkheid van ontmoetingen tussen culturen en de wijdverbreide vertaalbaarheid tussen tekens die de hele planeet over 'reizen', allemaal elementen zijn die het ritme en de mechanismen van de tegenwoordige verspreiding van de modes bepalen.

In dit netwerk vormen enkele belangrijke factoren een soort fundament dat de onvoorspelbare, chaotische en soms aanstekelijke dynamiek van de mode ondersteunt en modelleert. Vier van die factoren zijn heden ten dage van groot belang. De eerste is de narrativiteit: elke mode brengt immers een verhaal met zich mee dat het gebruik ervan uitlegt en het ritme ervan bepaalt. Een verhaal hoeft niet altijd te beginnen met 'er was eens': vaak is een beeld al genoeg, een gebaar, een 'aanraking' en het verhaal verschijnt. Het kan inspiratie putten uit de wereld van het weten dat is neergeslagen in de culturele tekstualiteit, het kan op zijn beurt opduiken als een nieuwe vorm van tekstualiteit die weer nieuwe verhalen voortbrengt.

Het tweede element betreft de ruimtelijkheid: modeverhalen krijgen namelijk vorm in een ruimte en construeren op hun beurt weer nieuwe ruimtes. De straat, de catwalk, de hele wereld worden ruimtes, domeinen waarin voorwerpen tot leven komen en lichamen op elkaar inwerken.

Het derde element betreft de complexe sfeer van de mythe, waarvan het basiskenmerk, zoals Barthes opmerkt, de 'naturalisatie' is van dat wat cultureel is geproduceerd (Barthes, 1957). De modes maken betekenisconstructies en figuren van de beeldwereld die in de maatschappij worden gereproduceerd, emblematisch natuurlijk en eeuwig, zij het vergankelijk.

Het lichaam kleden volgens een gebruik, een smaak of een mode is een bezigheid die nog een vierde wezenlijk element kent: de zintuiglijkheid. In hun complexiteit en wederkerigheid worden de menselijke zintuigen namelijk ingezet bij de reproductie en de communicatie van de modes. Er zijn stereotypen van het waarnemen, maar er zijn ook vormen van overdreven zintuiglijkheid die gebruik kunnen maken van het fetisjisme dat constitutief is voor de mode, de levende macht van voorwerpen en kledingstukken, om de betekenis ervan om te keren en te vermenselijken.

Vanuit verschillende opzichten zijn de wetten van de mode bijna per definitie te beschouwen als 'luxe'-wetten, omdat ze gebaseerd zijn op de paradox dat iets verplicht wordt gemaakt wat ongemotiveerd is, onnodig, iets wat zich voordoet als exces, verspilling, of onzinnige consumptie. Je zou daarom zeggen dat het niet alleen mogelijk is om over de mode te denken als luxe, doelend op al die voorwerpen in de garderobe die daar tegenwoordig toe worden gerekend, maar dat je bovenal – en met heel wat interessantere theoretische implicaties – de luxe zelf kunt beschouwen in termen van mode. De vraag die de onderzoeker van de tekens zich op dat punt stelt is dan of je van luxe kunt spreken als een teken of een tekensysteem, en zo ja, in welk opzicht. In feite vertegenwoordigt luxe, net als mode, een begrip dat het teken terugbrengt tot zijn 'reticulaire' in plaats van zijn referentiële aard. Vooral vandaag lijkt het immers inadequaat en niet erg bij de tijd om je druk te maken over wat luxe of mode is door te zoeken naar hiërarchieën in systemen van voorwerpen, waarden en passies waarvan wordt aangenomen dat ze op een sociale status duiden of – zoals bijvoorbeeld Veblen beweert – op een toestand van onproductiviteit, of zelfs – zoals Baudrillard beweert – dat ze de code in herinnering roepen, zij het louter als fantasma.

Luxe en mode verwijzen beide naar het begrip uniciteit. Dit begrip heeft als het betrekking heeft op de wereld der dingen te maken met de tijd, met de handmatigheid van dit fabricageproces, met het wachten als maat van zichzelf, met het handwerk dat ook de grote namen vandaag ontdekken. Vanaf najaar 2002 is het bijvoorbeeld mogelijk om op enkele geselecteerde verkooppunten van Gucci herenschoenen en damestassen 'op maat' te bestellen, met de hand gemaakt door ervaren ambachtslieden. 'Authenticiteit' en 'personalisering' zijn in dit geval niet zomaar motoren die de consumptie aanzwengelen, maar bieden de mogelijkheid om een speciale distinctie te beleven waarbij het merk zelf er niet meer toe lijkt te doen. Op deze unieke, felbegeerde artikelen wordt dan ook een nieuwe,

2.

3.

4.

2. Gucci, Handgemaakte herenschoen, 2005
3. Grace Kelly met de naar haar genoemde Kelly-bag, 1956
4. Kelly-bag uit een recente productielijn
5. Handtekening van Yohji Yamamoto

'discrete' versie van het Gucci-logo aangebracht aan de binnenkant van het artikel, onopvallend, naast de initialen van de eigenaar zodat hij of zij degene wordt die het verworven object letterlijk signeert en het markeert met zijn of haar onvergelijkelijke anderszijn.

Uniek is de beleefde ervaring, uniek is het verhaal dat een object in zich draagt, door levend te worden en het verlangen op te wekken om te worden bezeten, juist omwille van het leven dat erin verborgen ligt. De speciale aura waardoor in de sfeer van de luxe dat wat *vintage* wordt genoemd, tegenwoordig wordt omgeven, schuilt juist in die speciale aandacht voor het verhaal dat de 'doorleefde' dingen oproepen. Vintage is het gebruikte, dat wat al heeft bestaan, het slaat een brug in de tijd naar de ander. Hoe meer de dingen anderen hebben toebehoord, en dan vooral aan 'speciale' mensen in het recente verleden, hoe meer deze dingen in staat blijken om identiteit en individualiteit te verlenen aan de nieuwe bezitter, die behalve het fysieke object ook die afstand verwerft die de kalmte en het genoegen articuleert, en de luxe schept om zich te kunnen veroorloven de ander in te lijven.

Er bestaat een vintage die we 'alternatief' zouden kunnen noemen, dat wil zeggen een vorm van 'knutselen' waarmee mensen die op zoek zijn naar sobere leefstijlen en leefwijzen die zo ver mogelijk van de norm af staan een wereld van dingen weten op te bouwen: het 'gebruikte', omgedoopt en opnieuw opgenomen tussen nieuwe planken, in de syntaxis van de mode of de huisinrichting. Daarnaast bestaat er een luxe-vintage in de letterlijke zin, die een vergelijkbare 'poëtica' volgt als de eerste, maar die – een niet te verwaarlozen detail – langs veilinghuizen, verzamelingen en haute couture gaat, en voorwerpen laadt met die aura die op hen afstraalt vanuit de mythologische wereld waarin hun oorsprong en hun geschiedenis liggen. Uniek is bijvoorbeeld een *kelly*-tas zoals de handtassen die prinses Gracia droeg, een *birkin*-tas, geïnspireerd op Jane Birkin, een meubelstuk op een veiling van voorwerpen afkomstig van een beroemd landgoed dat liefst ooit heeft toebehoord aan een artiest of een filmster, een sieraad van Jackie Kennedy, een historische jurk die enkele tientallen jaren geleden is ontworpen door een beroemd ontwerper, zoals de jurken die filmdiva's tegenwoordig tijdens een Oscar-uitreiking dragen. Zo is vintage een manier geworden om, ook in de sfeer van het dagelijkse leven, te definiëren waarin een woord als 'antiek', inclusief zijn onttroonde versie 'modern', niet kan voorzien in een periode waarin de tijd er behoefte aan heeft dichter bij de lichamen en de verhalen te worden gebracht.

Naam en merk

In de film van Wim Wenders *Aufzeichnungen zu Kleidern und Städten*, waarin de regisseur een 'poëtisch' interview houdt met Yohji Yamamoto (zie Calefato, 1999), komt een scène voor waarin de Japanse ontwerper herhaaldelijk zijn handtekening oefent op het uithangbord voor zijn nieuwe boetiek in Tokio. De metonymie tussen het lichaam van de ontwerper en zijn werk reguleert deze continue 'oefening', totdat ze uiteindelijk lukt. Zo comprimeert de handtekening alle grafologische componenten van het schrift, die zich bewegen tussen het zoeken naar een overeenstemming van de geschreven naam en de hand, met aan de ene kant het zoeken naar identiteit, en aan de andere kant de transformatie van het kledingstuk tot zuiver teken dat tot leven wordt geroepen door het *label*.

5.

Eigennamen hebben te maken met het lichaam, om precies te zijn 'schrijven' ze het lichaam, ze bedden het in in het sociale leven binnen een modellerende praktijk – het kleden – dat geheel kan worden gedefinieerd als een vorm van taal, en binnen de mode opgevat als die communicatie-institutie waardoor het kleden tegenwoordig wordt bepaald. In die zin wordt de naam die het voorwerp is van deze reflectie, gezien binnen een scala aan termen waarvan ik nu een voorlopige 'woordenlijst' aanreik. Het label is de naam als handtekening van de auteur, de naam die is verbonden met de ambachtelijke en zelfs kunstzinnige kant van de stilistische creatie; het label sluit het handwerk in, de passionele en tegelijk identificerende lading die de handtekening als schrijfoefening in zich draagt. Denken we bijvoorbeeld aan het verschil dat er bestaat tussen een schilder die een schilderij signeert en een burger die een officieel document ondertekent. In het eerste geval gaat het om de betekenis van het kunstwerk, de complexe relatie waardoor de auteur is verbonden met het 'product' waarvan hij afstand doet en dat hij aan anderen geeft, aan de wereld en aan de tijd. In het tweede geval gaat het om de performatieve macht van de taal: een cheque tekenen houdt in dat de cheque geldig is in de ruil, een proces-verbaal tekenen betekent dat hetgeen erin geschreven staat wordt bekrachtigd, je paspoort tekenen bevestigt je sociale en burgerlijke identiteit.

De dagelijkse taal bedenkt neologismen als *griffato* in het Italiaans, een leenwoord uit het Frans, dat nog meer is toegespitst dan *firmato* (ondertekend), waarin de exclusiviteit, de distinctie, de economische waarde en de status doorschemeren van het kledingstuk, denk aan een uitdrukking als *abito griffato* (designjurk), die zich hechten aan degene die het draagt, zie de nog veel treffender formuleringen *vestire griffato* (designkleding dragen) en *persona griffata* (iemand die designkleding draagt).

Het *merk* is de naam die een bedrijf zichzelf geeft, het teken waarmee het bedrijf zijn producten 'merkt', 'stempelt' in de letterlijke betekenis, precies zoals met vee gebeurt. Vaak is dit een eigennaam in de strikte zin van het woord (Armani, Missoni, Benetton…), soms is het een symbolische naam, een bijnaam, een artiestennaam (Kookaï, Krizia, Nike…), en soms is het een symbool dat bij het merk hoort en zo een logo wordt (de swoosh van Nike, de krokodil van Lacoste, de hond van Trussardi, het eendje van Mandarina Duck…). De eigennaam is dus vaak op zichzelf als tekst voldoende. Het merk is soms het genealogische, vaderlijke cijfer, zoals de tekens op het lichaam die de hoofdrolspeelster in Greenaways film *The Pillow Book* elk jaar op haar verjaardag van haar vader ten geschenke 'kreeg' (zie De Ruggieri, 1999); maar vaak geeft de eigennaam het lichaam en de identiteit de kans om zichzelf na te bootsen in en door de kleding, net als een *nickname* doet op internet.

Het geklede lichaam draagt dus vaak eigennamen. In verschillende spirituele belevingen, in religies, tradities en culturen die heel ver van elkaar kunnen zijn verwijderd in ruimte en tijd, betekent een naam 'dragen' vaak dat je de heilige naam van de godheid op je lichaam schrijft. De letter of het symbool van de god, getatoeëerd, op de huid geschilderd of in de kleding ingeweven, transfigureert het lichaam van de gelovige metonymisch door het dichter bij God te brengen of zelfs tot deel van hem te maken. Deze praktijk lijkt zelfs de grote monotheïstische godsdiensten dichter bij een immanentie te brengen waarvan de taal, of beter het schrift zich tot middelaar maakt.

Tegenwoordig is de eigennaam die op het lichaam staat geschreven de seculiere, triviale naam waarmee het kledingstuk wordt 'gedoopt' door degene die niet alleen de middelen en de macht heeft om het te produceren, maar vooral ook om het te communiceren en het te laten circuleren in het rijk der tekens: de naam is immers voornamelijk merk, symbool, logo of signatuur waar het lichaam mee pronkt. Ook

6. Lacoste, reclamecampagne 2005
7. Nike, reclamecampagne 2004
8. Tod's, reclamecampagne 2005

in dit geval installeert zich een metonymische relatie, zij het anders van aard dan die waarover we zojuist spraken: in dit geval is het het kledingstuk dat naam wordt, en de naam, als merk, wordt dan misschien niet echt God, maar in elk geval wel mythe, oorsprong en motor van een schijnbaar 'natuurlijke' betekenis, die in werkelijkheid cultureel is geproduceerd door middel van complexe strategieën van manipulatie en geloofwaardig maken. Zo krijgen voorwerpen eigennamen los van hun functie in het dagelijks leven: 'ik zeg niet meer mijn schoenen, maar mijn Nikes, of mijn Tod's, niet mijn tas, maar mijn Mandarina, niet mijn jack, maar mijn Moncler...' (Pezzini, 2000, pag. 96). Daar is niks mis mee, voegt Isabella Pezzini toe aan deze constatering: 'We hechten ons nou eenmaal aan voorwerpen als Linus aan zijn dekentje' (Ibid.). En de grootste uiting van genegenheid jegens een voorwerp is dat we het bij wijze van doop een naam geven, als een levend wezen. Een naam blaast de dingen immers leven in, een naam wekt dode, anorganische dingen tot leven en is in dat opzicht een van de belangrijkste voertuigen van de fetisjistische perversie, of ze nu uiting van het overgangsritueel van het polymorfe kind is of de obsessieve tic van de consument. Wat er gebeurt als je een kledingstuk 'doopt' brengt deze perversie rechtstreeks in de buurt van de transfiguraties die we ons lichaam schenken telkens als we ons aankleden, in de banale, dagelijkse handeling die, zij het vaak slechts onmerkbaar en onbedoeld, aan de ene kant doet denken aan het carnavaleske ritueel van verkleden en vermommen, en aan de andere kant aan de *dress code* van uniformen.

Niettemin werden de laatste jaren van de twintigste eeuw gekenmerkt door de hypertrofie, of door de hypercodificering zoals Pezzini het vrij naar Eco noemt, van de eigennaam, vooral op het gebied van kleding. Zoals Naomi Klein hartstochtelijk en wijdlopig beargumenteert in haar befaamde *No logo* (Klein, 2001), is een specifiek kenmerk van de sociale reproductie

Dolce & Gabbana

Domenico Dolce, 1958, Sicilië (It)
Stefano Gabbana, 1962, Milaan (It)

In de Verenigde Staten worden ze vaak gewoonweg aangeduid als de 'Italiaanse designers' en dan weet men wie ermee bedoeld worden. De stijl van Dolce en Gabbana is doordrongen van een karakteristieke camp-achtige 'Italiaansheid', geïnspireerd door neorealistische films uit de jaren veertig tot zestig, inclusief de warmbloedige heldinnen als Anna Magnani, Sophia Loren of Gina Lollobrigida, maar ook Sicilië, de maffia, het katholicisme en wulpse weduwen met een rozenkrans als ketting in het diepe decolleté.

In de collecties van het fameuze duo is de nostalgie verwerkt tot sexy creaties waar luxe, ironie en optimisme tot een neobarok geheel versmelten. Weinig verhullende jurkjes, corsetten, frivole onderjurken als bovenkleding, luipaard- en krokodillenprints, krijt- en naaldstreeppakken, parels, goud(verf) en fonkelende juwelen. Maar ook veel zwart – niet alleen de kousen. Deze sfeer werd door de jaren heen consequent volgehouden, tot en met hun eigen inrichting van Villa Volpe, een negentiende-eeuws palazzo in Milaan.

Domenico Dolce groeide op in een dorp vlakbij Palermo als de zoon van een kledingfabrikant. Als kind moest hij al meewerken in het bedrijf van zijn ouders. Later ging hij studeren aan de kunstacademie. Daarna vertrok hij naar Milaan waar hij in 1980 de grafisch ontwerper Stefano Gabbana ontmoette. Allebei waren ze gek op mode – en in een ommezien ook gek op elkaar. Ze richtten een modeadviesbureau op voor verschillende kledingbedrijven, ondertussen noest aan de weg timmerend om hun grote droom te realiseren: een eigen collectie. Die droom ging anno 1985 in vervulling toen ze uitgenodigd werden om tijdens de prêt-à-portershows in Milaan hun primeur te tonen, getiteld 'Real woman'.

Het succes liet niet lang op zich wachten. Pers en publiek reageerden enthousiast en de veelzijdige creaties van Dolce & Gabbana werden ook bij talrijke mediasterren populair, zoals onder meer Tom Cruise, Brad Pitt, Nicole Kidman, Gwyneth Paltrow, Kylie Minogue en uiteraard Madonna. Vooral de laatste vertegenwoordigde een vrouwelijk ideaalbeeld voor hen: mooi, sexy, zelfbewust en Italiaans. De liefde was wederzijds. Voor Madonna's wereldtour *The Girlie Show* in 1993 hebben Dolce & Gabbana alle kostuums ontworpen.

Het aanbod van Dolce & Gabbana werd vanaf de jaren negentig uitgebreid met de minder dure lijn *D & G*, een jeanscollectie & en verder met ondergoed, badpakken, brillen en andere accessoires, en verschillende geuren: *Dolce & Gabbana*, *Light Blue* en *Sicily*.

In 2005 ontwierp het duo de spelerspakken van de Italiaanse voetbalclub AC Milaan.

Inmiddels is hun relatie op privé-terrein beëindigd. Het label wordt echter voortgezet

van een verkoop van hun bedrijf aan een van de mega-ondernemingen hebben ze nooit willen horen, want ze willen tot aan het laatste detail zelf bepalen wat er verkocht gaat worden. Nu, aan het begin van het nieuwe millennium, lijkt de tijd rijp voor een vernieuwende draai van het duo.

Literatuur:
Franca Sozzani, *Dolce & Gabbana*. Thames & Hudson, Londen 1999.
Ilonka Leenheer, 'Special: Twintig jaar Dolce & Gabbana. 'Wees eens sexy, dames!'' in: Nederlandse *Elle*, september 2005.
Dolce & Gabbana, Isabella Rossellini, *10 Years of Dolce & Gabbana*. Abbeville Press, New York 1996.

Afbeeldingen:
1. Dolce & Gabbana, reclamecampagne 2005
2. Dolce & Gabbana, reclamecampagne 2005

in onze tijd immers geweest de constructie van een levensstijl of -filosofie rondom het merk, het enige 'product' dat een bedrijf, met de multinationals aan kop, tegenwoordig nog op de markt wil brengen, terwijl ze de productie van de daadwerkelijke spullen overlaat aan 'naamloze' bedrijfjes in verschillende uithoeken van de wereld. Een van de interessantste stellingen van Klein is dat de globalisering van de productie nu eindelijk degene die produceert scheidt van datgene wat hij produceert: als een paar schoenen van een multinational bijvoorbeeld goedkoop wordt geproduceerd in Indonesië, zullen diezelfde schoenen nooit in de garderobe belanden van degene die ze daadwerkelijk gemaakt heeft. De arbeid(st)ers hebben die schoenen met hun eigen handen gemaakt, maar ze zullen hun van begin tot eind ontnomen worden, aangezien het enige wat telt is wie het *brand* produceert, het merk, kortom, wie die hypothetische schoenen hun naam geeft en de aura waarmee ze door de wereld van de marketing en de reclame worden omgeven. De stelling van Klein is volgens mij een interessante, eenentwintigste-eeuwse herformulering van de analyse van vervreemding in de kapitalistische productiewijze, die veel te denken geeft, niet alleen over de macht van de naam, die geheel en al een teken-waar is zoals Rossi-Landi het zou hebben genoemd, maar ook over hoe de relaties tussen 'oost' en 'west', tussen 'eerste' en 'derde wereld' vandaag de dag opnieuw gedefinieerd worden in de communicatie van voorwerpen en beelden die verband houden met het complexe systeem van de mode.

Mode en schrift: de signatuur en de tag
In een bundel artikelen door verschillende auteurs die ik in 1992 heb verzorgd en gepubliceerd, *Moda & mondanità*, werd bijzondere aandacht geschonken aan de eigennaam in de mode – merk, logo of signatuur – in zowel het essay van mijn eigen hand, 'Het lichaam en de mode in de sociale beeldwereld', als in twee andere essays: 'Mode en tekstualiteit', van de Frans-Israëlische geleerde Claude Gandelman, en 'Mode en taal: als de mode zich bedient van woorden...' van de Franse semiologe en linguïste Nadine Gelas, docente aan de Université de la Mode in Lyon. Met name die laatste twee essays plaatsten het fenomeen van de modesignatuur in het complexere semiotische netwerk dat ontstaat wanneer het kledingstuk wordt bedrukt met taal, of het nu gaat om een 'heilig tekstueel kledingstuk', zoals de gebedsriem of *tefillin* van de joodse priester waarop de naam van God staat geschreven (Gandelman, 1992), of om het T-shirt (ibid.; Gelas, 1992).

Gandelman beweert dat de hedendaagse 'tekstuele mode', dat wil zeggen de mode waarin geschreven tekst een wezenlijk onderdeel wordt van het kledingstuk, 'deel uitmaakt van een traditie waarin het lichaam wordt gehuld in tekstualiteit' (Gandelman, 1992, pag. 72). Die traditie vindt haar oorsprong in beschavingen, culturen en religies waarvan een van de rituelen juist bestaat in het *zich hullen in teksten*. Die letterlijke, concrete belichaming van de tekst doet zich voor, zoals Gandelman aantoont, als *zichtbaarheid* van de tekst zelf, een zichtbaarheid die, in de traditie van de joodse mystiek waarnaar het essay voortdurend verwijst, bestaat uit de *leesbaarheid* van de naam van God. Die leesbaarheid is niet altijd expliciet, zoals blijkt uit de hele kabbalistische stroming waarin de naam van God is verborgen en alleen kan worden gezien, in de woorden van de heilige Paulus, *'per speculum in aenigmate'* (pag. 74-75). Leesbaarheid/zichtbaarheid houdt hoe dan ook altijd het lezen van de ander in.

Het T-shirt is in onze tijd een metafoor geweest voor de ontmoeting tussen lichaam en taal, tussen het kledingsysteem en het communicatieproces. Het T-shirt is een 'beschreven' kledingstuk waarbij het lichaam wordt bedrukt, symbool van de intrinsieke houding tot communicatie die het kledingstuk bezit, zelfs los van de bedoelingen van degene die het draagt. Het T-shirt heeft namelijk niet alleen de communicatie tot stand gebracht als gebruik en algemene betekenis van het kledingstuk, maar heeft ook het bewustzijn van die betekenis verspreid, de verlengde perceptie van het feit dat het geklede lichaam bereid is tot communicatie, opgevat als het delen van betekenissen, waarden, stijlen en gedragingen.

Gelas volbracht in haar essay de hermeneutische taak tot semiologische interpretatie van die geschreven teksten waarmee kledingstukken zijn gebombardeerd, vooral in de laatste decennia van de modegeschiedenis. Beschreven elementen zoals de naam van het merk hebben in die periode een overgang doorgemaakt van verheimelijking of verberging aan de binnenkant van het kledingstuk tot aan het openlijk tonen volgens een vernieuwend procédé dat de schrijfster zowel 'topologisch' (overgang van de binnenkant naar de buitenkant) noemt als 'discriminerend' (niet alle verbale verwijzingen worden nu getoond) (Gelas, 1992, pag. 95). Gelas ontdekt drie logica's in de toepassing van het woord op het kledingstuk: een logica van de onderscheiding – fundamenteel verbonden met de merknamen; een logica van het herscheppen – transgressief, spottend, ironisch, die typisch is voor het T-shirt; en een logica van de verleiding – verbonden met de poëtische functie (in de betekenis van Jakobson) van het 'doen zien' van het schrift op het geklede lichaam (pag. 97-106). Met name de logica van de onderscheiding, dat wil zeggen die op basis waarvan de naam de waarde van het kledingstuk toont, pronkt niet simpelweg alleen met een *status*; integendeel, aldus Gelas, het is geen semantische onderscheiding maar een semiotische. De eerste, zoals ze Benveniste citeert, 'vraagt om te worden begrepen', terwijl de tweede 'eist om te worden erkend' (pag. 100). Het beroep op het woord in plaats van op andere soorten tekens blijkt in dit geval veelzeggend, volgens de schrijfster, om ten minste twee redenen: (1) omdat de taal, onderverdeeld volgens de twee dimensies van *langue* en *parole* in de betekenis van Saussure, zowel de individuele als de sociale

9. Hemd Guess?, collectie 2005
10. Katherine Hamnet in één van haar t-shirts met politieke slogan, 1984

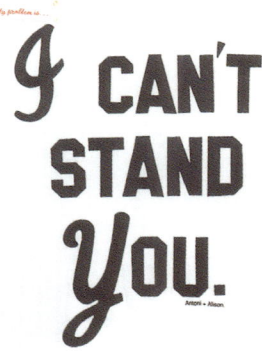

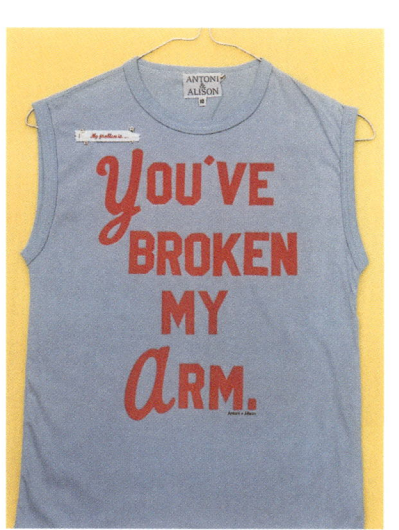

11. T-shirts Antoni & Alison, lente-zomercollectie 2002

betekenis van het begrip onderscheiding actualiseert; en (2) omdat de naam getuigt van en zich opwerpt als garantie van de algemene categorie identiteit (Ibid.).

In mijn eigen essay maakte de eigennaam volledig deel uit van de 'mondaine' status van de hedendaagse mode als een absoluut unieke plaats van de taal, die niet alleen de macht heeft om een identiteit te ontwerpen, zoals veel twintigste-eeuwse filosofisch-linguïstische theorieën aantonen, maar ook om 'de ander aan te spreken', zoals duidelijk wordt in de dialogische en 'interpellerende' dimensie van de taal waarover fascinerende theorieën zijn ontwikkeld door twee onderling totaal verschillende auteurs als Barthes en Lévinas. In mijn essay probeerde ik juist op basis van Barthes' prikkelende beschouwing over Proust en de namen een mogelijk scenario te ontwerpen in de sfeer van het modesysteem om de 'drie machten' van de naam waarover Barthes het heeft, in werking te stellen: de macht van het essentialiseren, van het citeren en van het verkennen (Calefato, 1992, pag. 28-32). Ik stond echter ook stil bij de relatie tussen de waarheidswaarde van de naam, aangestipt in de filosofisch-linguïstische theorieën over de referentie, en het fenomeen, zo bijzonder kenmerkend voor onze tijd, van de 'namaak' in de wereld van de merken (Ibid., pag. 32-37).

In alle drie hier geschetste beschouwingen werd de macht van de naam als merk of signatuur geanalyseerd door middel van verscheidene elkaar overlappende methodologieën: de semio-linguïstische, de filosofische, en de methodologie die ik nu als de socio-semiotische zou aanduiden. Zij is gespitst op het bijzondere karakter dat een teken aanneemt als het zijn functie binnen één enkel tekensysteem overschrijdt, in dit geval zijn verbale functie, en een complexe, relationele waarde op basis waarvan geloofsovertuigingen, gedragingen, gewoonten en ideologieën worden geconstrueerd.

In het systeem van de mode is de rol van de eigennaam bijzonder rijk aan implicaties, zowel op het niveau van de pragmatiek en ik zou zelfs durven zeggen politiek, als van de theorie. Deze beschouwing wortelt in de meest complete studie die ooit is uitgevoerd over de relatie tussen het kledingstuk en de taal, namelijk *Système de la Mode* van Roland Barthes. Zoals gezegd wordt de Mode in die tekst opgevat als geschreven mode, dat wil zeggen de mode voor zover die in taal wordt omgezet ten dienste van gespecialiseerde bladen. De auteur houdt deze mode strikt gescheiden van zowel het modebeeld van alleen de fotografie, als van de 'reële mode' die wordt gedragen. Niettemin werpt de behandeling van Barthes, zoals gezegd, een doeltreffend licht op de meer algemene relatie tussen kledingstuk en taal, zozeer dat *Système de la Mode* kan worden beschouwd als een waar 'standaardwerk' over dit onderwerp. Die voorbeeldigheid laat zich ook gelden bij twee opvallende elementen die door de naam worden geïntroduceerd: (1) de constructie van een mythologische referentiewereld op basis van het woord: om precies te zijn, het merk vervult een exacte rol in de opbouw van waarden en betekenissen waarin vandaag de waarde van het verbale teken als waar wordt vertaald; (2) de functie van het schrift binnen datzelfde 'reële' kledingstuk, dat vaak expliciet de relatie toont tussen het kledingstuk en de wereld en tussen het kledingstuk en de mode, zoals het geval is bij 'beschreven' T-shirts of wanneer meer in het algemeen de signatuur opvallend op kledingstukken wordt afgebeeld.

Tegenwoordig zijn modeartikelen, kledingstukken en accessoires volledig omgezet in taal, zozeer dat we kunnen stellen, afgezien van de eisen van de empirische analyse, dat elke veronderstelde kloof tussen beschreven mode en reële mode inmiddels wel is overbrugd. Zo essentieel zijn intussen de merken, de slogans, de 'levende onderschriften' waaruit het kledingstuk bestaat, evenals de intersemiotische praktijken van voortdurende verwijzing over en weer tussen de mode en de andere betekenissystemen: film, reclame, metrokunst, rockmuziek, nieuwe groepstalen (zie Calefato, 2004). De zogenaamd 'reële' mode is dus altijd vervlochten met taal, met tekstualiteit en intertekstualiteit.

Tot een jaar of dertig geleden had het nog niet zo'n symbolische waarde als nu wanneer iemand design- of merkkleding droeg: tot die tijd betrof het meestal een sociaal voorrecht waartoe alleen de meest vermogenden toegang hadden, de liefhebbers van beroemde couturiers en modeontwerpers, kortom, degenen die zich de luxe en het genoegen van een goed gemaakt kledingstuk van hoge kwaliteit konden permitteren, of in elk geval iemand, ook uit de gegoede burgerij, die zich voor een speciale gelegenheid een dergelijke 'uitspatting' veroorloofde. De eigennaam van de ontwerper of het bedrijf was verborgen op het label, dat strikt aan de binnenkant was bevestigd; of het teken stond bijvoorbeeld, in het geval van beroemde signaturen van de internationale haute couture, op de sluiting van de tas, in een gestileerde letter in een hoekje van het kledingstuk of de foulard. Een bijna uniek geval waren de meest voorbeeldige tennisshirts die een discreet krokodilletje op de borst vertoonden, een detail dat het kledingstuk onmiddellijk 'degradeerde' tot sport- of vrijetijdskleding: denk bijvoorbeeld ook aan alle soorten spijkerbroeken waarbij het merk van oudsher ergens in de buurt van de onderrug wordt geplaatst.

In de jaren tachtig werd echter massaal de thaumaturgische, geruststellende macht van de eigennaam, van de maker of het merk, verordend: het ontstaan van de 'jongeren'-lijnen van de grote modehuizen, de mediaroem van de Italiaanse ontwerpers, het gebruik van het schrift op kledingstukken dat het midden hield tussen parodie en decoratie (denk nogmaals aan de T-shirts), de opkomst van de multinationals van de *casual* en sportieve kleding, zijn de meest in het oog springende kenmerken van deze nieuwe rol die het merk is gaan spelen in het gebruik en de sociale gewoonten van de mode. Het fenomeen komt tot uiting in gerichte keuzes van de internationale marketing. Wat in de huidige wereld van de communicatie van steeds groter belang is geworden, is immers niet zozeer het voorwerp op zich en het nut daarvan, en ook de geldwaarde is slechts indirect van belang: wat telt is vooral de communicatieve waarde, de functie als teken, de filosofie, de levensstijl die een bepaald voorwerp vertegenwoordigt. En wat is een beter embleem dan een naam, een merk, een logo, om dit alles samen te vatten? Wat in de taal heeft meer macht dan de eigennaam of een teken dat daarmee overeenkomt (een paraaf of een symbool), om het aanwijzende vermogen bij uitstek te bekrachtigen, het oproepen van een hele wereld in één enkel teken? Wat tot voor kort 'slechts' een signatuur was, bestemd voor weinigen, verandert in een logo dat toegankelijk is voor velen, een wachtwoord waarmee je een wereld van gedroomde waarden kunt bereiken, waarmee je kunt toetreden tot een 'stam' van één stijl: een teken dat soms zelfs met geweld moet worden veroverd, door diefstal, moord, zoals is gebeurd en nog altijd gebeurt in de periferieën en de sloppenwijken van elke wereldstad. Een teken waardoor jongeren zich heel vaak voelen aangetrokken: het merkje dat ze op hun rugzak of hun agenda tekenen, waarmee ze de anderen in een sociale context plaatsen door de 'stam' waartoe zij behoren te concretiseren, en dat ze zelfs op hun huid tatoeëren.

De verbreiding van het gebruik van de eigennaam als merk en signatuur in de sfeer van de mode heeft er vooral de laatste jaren voor gezorgd dat alles al 'gezegd' is, benoemd, 'gedoopt': het lijkt wel of er in het systeem geen plaats meer is voor degenen die 'niemand' zijn. De euforie van de benoeming is paradoxaal genoeg binnengedrongen in een systeem, zoals dat van de mode, dat daarentegen ook de plaats is van de leegste algemeenheid en 'inwisselbaarheid' van de lichamen. Hoe meer de eigennaam het kledingstuk of het accessoire merkt, hoe meer het lichaam dat ze draagt anoniem wordt en hoe meer de tekens van het lichaam veranderen in algemene, onder-

12. Versace, reclamecampagne met Madonna, 2005

ling inwisselbare tekens. Maar – en daarin schuilt de 'immorele' paradox van de mode – dat kan alleen gebeuren op basis van een merknaam.

Hier ontstaat dus een mogelijke semantische omkering, dezelfde die gedurende de afgelopen decennia heeft geleid tot het ontstaan van de ironische, spottende manipulatie van de naam op het kledingstuk, maar ook tot het fenomeen van de namaak in de symbolische (en ook de reële) economie van de mode. Het merk, of het nu wordt beschouwd als een geregistreerd instituut, een bron van rijkdom, een statussymbool of een mythe, wordt namelijk vaak voor schut gezet door oplichterspraktijken waarmee men in Italië maar al te vertrouwd is, op geïmproviseerde marktjes waar min of meer vrijelijk wordt gehandeld in expliciete mystificaties van de grote modehuizen.

Er bestaat vast en zeker een nauwe relatie tussen de merknaam en de waarde: hoe meer 'design' een kledingstuk is, hoe meer de waarde en de prijs ervan toenemen. Maar juist in die economische component schuilt heel de parodistische en 'neerhalende' lading van de mode: de waarde vindt zijn oorsprong immers in een detail van de taal. Het ding wordt gelijkgesteld met het woord en het woord met het ding, de uitwisseling vindt niet meer plaats op basis van equivalentie, de waarde staat niet meer in relatie tot het goed op zich: een naam waarin zich tevens alle 'grafologische' kenmerken samenballen van de manier waarop de eigennaam geschreven wordt, gooit de waardecyclus omver en drijft de spot met het evenwicht.

Ook vanuit economisch opzicht lijkt het merk het de laatste tijd trouwens niet meer zo best te doen. De eigennaam waarmee de waar wordt getooid, ook op gebieden die niet alleen kleding omvatten, lijkt zich immers op financieel-economisch niveau in een crisis te bevinden, te oordelen naar de recente gegevens over verkoopcijfers en aandelenprijzen van bedrijven die zich in de jaren negentig voortdurend op de top van de golf bevonden, zowel wat betreft winst als symboliek. Een eerste overwinning voor de protestbewegingen die het eenrichtingsverkeer van de multinationals en de globalisatie bestrijden, volgens sommige analisten. De vrucht van een toegenomen besef onder consumenten van de menselijke waarden die er echt toe doen, vooral onder de nieuwe generaties adolescenten, die solidair zijn en zich bewust zijn van de productiemechanismen van veel bedrijven die arbeidskracht in alle delen van de wereld uitbuiten tegen zeer lage kosten, terwijl ze in het merk daarentegen hun 'goede' gezicht opbouwen. Dat telt ongetwijfeld allemaal mee, en zal ook op de langere termijn moeten worden meegewogen.

De algehele onderdompeling in de 'mogelijke werelden' van het merk, het *brand*, betreft echter niet alleen een oppervlakteverschijnsel, dat gewoon 'op de manier van de Luddieten' kan worden omvergeworpen door de labels en signaturen van onze dagelijkse kleding af te schaffen: niemand garandeert ons immers dat een minder 'design' artikel niet evenzeer het resultaat is van lange werktijden en absurde lonen in landen die soms ook heel dicht bij de onze liggen, waarbij er ook nog eens gewerkt wordt zonder controles van internationale waarnemers of van consumentenverenigingen.

Het kritisch bewustzijn van de macht van het teken doorloopt tegenwoordig verscheidene strategieën: er zijn al jaren verenigingen, groepen *jammers*, tijdschriften en websites actief die zorgen voor de zogenoemde 'culturele storing' (zie Klein, 2001), dat wil zeggen het parodiëren en aanklagen van de mystificaties die zijn verbonden met het merk of de reclame, door middel van praktijken die variëren van graffiti op straat tot grafische interventie op reclameborden, en 'hacking'. Jaren geleden werden bijvoorbeeld de modellen van een beroemd modehuis op de reclameborden getransformeerd tot skeletten en doodshoofden. Er wordt ook veelvuldig gebruik gemaakt van de omkering van de reclameboodschap door dezelfde slogan te gebruiken, maar

Giorgio Armani
1934, Piacenza (It)

De in 1934 in Piacenza (Italië) geboren ontwerper Giorgio Armani volgt in eerste instantie een opleiding geneeskunde aan de Universiteit van Milaan, maar verlaat de universiteit om in de modebranche te gaan werken. Vanaf 1957 is Armani werkzaam als inkoper en etaleur voor het Milanese warenhuis La Rinascente. Na zeven jaar verruilt hij het warenhuis voor het atelier van Nino Cerruti en in 1970 begint hij te werken als freelance ontwerper en consultant. Samen met zijn zakenpartner Sergio Galeotti richt Armani vijf jaar later Giorgio Armani S.p.A. op en brengt hij onder het Armani-label een ready-to-wearlijn voor mannen en voor vrouwen op de markt.
In tegenstelling tot de glamoureuze en historisch geïnspireerde stijl van Versace zijn de ontwerpen van Armani eigentijds, minimalistisch en beschaafd. Armani stelt functionaliteit en comfort voorop en ontdoet zich van ornament. Hij creëert luxe en draagbare ready-to-wearcollecties. Zijn ontwerpen kenmerken zich door een grote mate van perfectionisme, een gematigd kleurgebruik en de veelvuldige toepassing van wol, leer en zijde. Voor stoffen en dessins reist hij af naar niet-westerse landen zoals China, India en Polynesië.

Ten aanzien van zowel de vrouwen- als de mannenlijn hanteert hij een androgyne benadering. Door een soepel vallende, sensuele mannencollectie uit 'vrouwelijke' stoffen te ontwerpen verzacht hij het traditionele manbeeld. Hiertegenover verhardt de vrouw juist onder zijn handen door het principe van het herenpak op vrouwenkleding toe te passen. Dit zien we vooral terug in de zakelijke *power suit* die hij rond 1980 voor vrouwen introduceert.

Armani's bekendheid groeit explosief als hij Richard Gere kleedt in de Hollywood-klassieker *American Gigolo* (1980). Vanaf dat moment werkt hij regelmatig samen met filmmakers en ontwerpt hij ook kostuums voor theater, opera en dansvoorstellingen. Zijn elegante en draagbare ontwerpen raken binnen korte tijd in Hollywood zeer geliefd.

In de jaren die volgen is Armani's stijl minder uitgesproken. Hij beperkt zich niet meer tot de ready-to-wear, maar verdeelt zijn aandacht over verschillende kledingbranches, zoals jeans, sportkleding en haute couture, waardoor een zeer divers oeuvre ontstaat. Door steeds nieuwe facetten, zoals parfum, accessoires en jeans aan zijn imperium toe te voegen, breidt het bedrijf zich vandaag de dag nog steeds uit.

Literatuur:
Celant, G., en Koda, H., (ed.), *Giorgio Armani.* Guggenheim Museum, New York 2000.
Martin, R., en Koda, H., *Giorgio Armani: Images of Man.* Rizzoli, New York 1990.

Afbeeldingen:
1. Giorgio Armani Donna, reclamecampagne 1984
2. Giorgio Armani, powersuit voor vrouwen, collectie 1993
3. Giorgio Armani, reclamecampagne 2003

13.

14.

dan in een andere betekenis. Zo wordt het merk zelf het voornaamste doelwit van die semiologische guerrilla, die gebruik maakt van dezelfde technieken als de marketing en de reclame, maar dan uitvergroot, waarbij de gecommuniceerde waarden worden omgekeerd.

De nieuwe protestbewegingen, die op verschillende fronten strijden voor een eerlijke herverdeling van rijkdommen en voor een internationale solidariteit waarbij rekening wordt gehouden met de vele behoeften van de huidige wereld, de jonge en wat minder jonge mensen die in juli 2001 in Genua tegen de G8 protesteerden en die, nog afgezien van de massale demonstraties, de afwisselende wereld van de kritische, rebelse netwerken bevolken, geven blijk van hun stellingname en hun politieke overtuiging door middel van expliciete tekens, tekens die belangrijke katalysatoren hebben in de kleding en het lichaam. In Genua verschenen bijvoorbeeld 'beschreven' shirts in een stijl die was geïnspireerd door metrograffiti, of met teksten als 'Ik ben Wolf en ik los problemen op', een citaat uit de cultfilm *Pulp Fiction* van Tarantino. Wat in deze context veelvuldig voorkomt is ook de grap waarbij reclameboodschappen van binnenuit worden omgekeerd, precies volgens de strategie van de *jammers*, zoals bijvoorbeeld het shirt met een spottende tekst naast het logo van McDonald's, of het shirt met het woord *riots* (rellen) vergezeld van de *swoosh* van Nike, al zou het in dit geval trouwens ook heel goed om een echt T-shirt van dit bedrijf kunnen gaan, omdat het veel gebruikmaakt van emblemen en wachtwoorden uit de hiphop- en straatcultuur.

Het komt echter niet zelden voor dat de culturele storing weer door het logo zelf wordt geabsorbeerd: eveneens in de zomer van 2001 verscheen er in de Parijse metro een reclamebord van Galeries Lafayette, het beroemdste warenhuis van de Franse hoofdstad, waarop naast de glamourfoto van Laetitia Casta een reclameslogan stond die met een graffitistift leek te zijn geschreven. Het valt niet mee om een uitweg te vinden uit het labyrint van de symbolische macht van het merk: elke poging daartoe verloopt noodgedwongen via een bewuste bevrijding uit de boeien die de symbolen telkens weer opleggen, maar die door tekens kunnen worden uitgedaagd.

In het voorjaar van 2001 nam Marc Jacobs, ontwerper voor Louis Vuitton, zijn toevlucht tot de New Yorkse undergroundartiest Stephen Sprouse om de klassieke tas die van oudsher het monogram 'LV' droeg met onverwachte tekens te bedekken. Het resultaat was een volmaakte combinatie van signatuur en *tag* die bekend werd als de 'graffiti bag', een tas die in haar vele versies, van de Alma tot aan de pochette en de hoedendoos, in grote letters de eigennaam van het *maison* bevat, alsof die met een spuitbus op de muur was geschreven. Op de *graffiti bag* van Steven Sprouse wordt de signatuur Louis Vuitton 'behandeld' volgens de techniek van de herhaling van de naam en van de associatie van de naam met die van de stad, Parijs, of met de naam van de tassenlijn, bijvoorbeeld 'speedy', en ook van de ontleding in een tegengestelde reeks. In een interessant experiment wordt bij enkele versies de *tag* over het traditionele merk dat de achtergrond vormt heen geplaatst. Het schijnt dat deze bewerking was geïnspireerd door een oude LV-tas die Serge Gainsbourg, een excentrieke, avant-gardistische *chansonnier*, gedeeltelijk had bedekt met zwarte verf.

De ontmoeting tussen mode en metrokunst bevestigt in dit geval letterlijk de slogan 'van het trottoir naar de catwalk', en de graffiticultuur dringt de ateliers binnen ter inspiratie van de luxe kledingindustrie. Een vergelijkbare weg is bewandeld door John Galliano voor Dior in zijn collectie voor het najaar van 2001, waarbij hij niet zozeer het motief van de signatuur als *tag* overnam van de graffiti, als wel het visionaire karakter van de composities en de kleuren. Dat de van oorsprong 'ongehoorzame', illegale graffitibeweging nu wordt aangetroffen in exclusieve boetieks is beslist een teken van de intelligentie van een ontwerper als Gal-

15.

16.

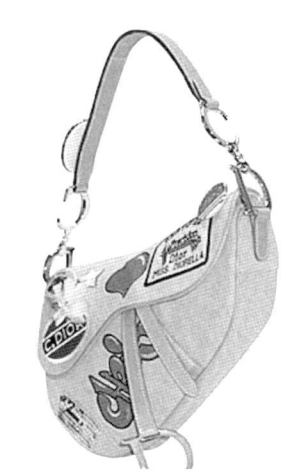

13. Canon, reclamecampagne 2004
14. Honda, reclamecampagne 2005
15. Stephen Sprouse voor Louis Vuitton, Graffiti-tassen, collectie 2001
16. John Galliano voor Dior, Zadeltas met tags, herfst-wintercollectie 2001

liano, onder anderen, (net als ook Dolce & Gabbana, en Jacobs zelf), maar getuigt tegelijkertijd van een verwarring van de betekenissen. De onttroonde signatuur in de *tag* of het ontwerp dat straattaal is geworden, zijn enkele van de vele grappen die te danken zijn aan dat soort 'semiotische entropie' waarop een groot deel van de eigentijdse sociale beeldwereld is gebaseerd.

Het spoor van de graffiti in de straatmode heeft een lange geschiedenis, minstens zo lang als die van op Haring geïnspireerde T-shirts, van rugzakken als muurschilderingen, en van het hele bonte, veelvormige scala aan kledingstukken die zijn beschilderd als metrowagons. Een geschiedenis die in haar oorspronkelijke motieven raakt aan de huiselijke, puberale bewerking met een stift van spijkerbroek, kistjes of knapzak, op zoek naar een uniek, idiosyncratisch teken dat de standaard kan ontdoen van het seriële en het kledingstuk of accessoire zoveel mogelijk 'eigenheid' kan geven. Rijk aan implicaties is in elk geval het beeld van het lichaam dat is gehuld in tekens die, net zoals die van graffiti en spuitbuskunst, het midden houden tussen tekening en letter, tussen figuur en schrift. Er lijkt zich een 'muur-lichaam' af te tekenen, een lichaam als nabootsing van de gevels van gebouwen die zijn verlaten en vervolgens opnieuw in gebruik genomen, zoals de gebouwen in de Oranienburger Strasse in Berlijn. Of een trein-lichaam, dat onderaards wordt gelanceerd op een stadsreis van de hedendaagse *flaneurs*. Of zelfs een 'schrift-lichaam', waarvoor de eigennaam een levensproject is, zij het gecamoufleerd als *nickname*. Zo gaat het kledingstuk deel uitmaken van groepstalen die dagelijks worden uitgevonden, die evenzeer putten uit grafische technieken en ongebruikelijke schilderpatronen als uit mediafiguren zoals cartoons en *manga*. Meer nog dan de traditionele verbintenis tussen kunst en mode gaat het hier om de koppeling tussen kleding en taal als sociale praktijken.

17. Hiroshi Tanabe, illustratie in *Vogue*, 2004
18. Hiroshi Tanabe, campagne voor Edwin Jeans, 2004

Conclusies

Mode is tegenwoordig, zoals Gayatri Spivak Chakravorty beweert, de vorm waarin de verhalen van de transnationale kapitalistische overheersing worden gegoten (Spivak Chakravorty, 1999). Maar mode is ambivalent: ze draagt verhalen met zich mee, ze creëert ruimtes, ze produceert mythes, ze geeft een stem aan betekenissen en is het toneel van conflicten, precies zoals de hele huidige wereld die een gemengd scenario is waarin de tekens van de kleding een *dialoog aangaan* en *vertaald worden*. Zo is de straat de fysieke en metaforische plek waar stijlen, smaken en gewoonten ontstaan die de modes vervoegen binnen een soort verspreide, populaire groepstaligheid. Communicatiemiddelen, met voorop de film als het grote depot en motor van de sociale beeldwereld, werken in uiterst nauwe synergie met de mode (Calefato, 1999). De nieuwe communicatietechnieken veranderen de definities zelf van de lichamelijkheid op sociaal gebied (Fortunati, Katz, Riccini, 2002). Nieuwe vormen van theoretisch bewustzijn komen zo tot rijpheid met betrekking tot wat het betekent om de aankleding van het lichaam waar te nemen als een vermomming waardoor het mogelijk is om sociale of seksuele stereotypen los te laten, om de regels van het spel met bewuste ambiguïteit te overtreden, om performances uit te voeren die plezier geven.

Literatuur
R. Barthes, *Mythologies*. Seuil, Parijs 1957.
R. Barthes, *Système del la Mode*. Seuil, Parijs 1967.
R. Barthes, 1998, *Scritti. Società, testo, comunicazione*. (red. G. Marrone). Einaudi, Turijn 1998.
W. Benjamin, *Das Passagen-Werk*. (red. R. Tiedemann). Suhrkamp, Frankfurt am Main 1982.
P. Bogatyrëv, 'Funkcie kroja na moravskom Slovensku'. In: *Publications of the Ethnographic Section of Matica Slovenska*, vol. I, 1937, Turciansky sv. Martin.
C. Breward (red.), 'Masculinities'. In: *Fashion Theory*, vol. 4, nr. 4, Berg Publishers, Oxford 2000.
S. Bruzzi, *Clothing and Identity in the Movies*. Routledge, Londen-New York 1997.
J. Butler, *Gender Trouble*. Routledge, New York-Londen 1990.
P. Calefato, P. Zaccaria (red.), *Moda & mondanità*, Bari, Palomar 1992.
P. Calefato, *Mass moda*. Costa & Nolan, Genua 1996.
P. Calefato (red.), *Moda e cinema*. Costa & Nolan, Genua 1999.
P. Calefato, 'Rivestire di segni'. In: *Cartografie dell'immaginario*. Sossella, Rome 2000, pag. 117-139.
P. Calefato, *Segni di moda*. Palomar, Bari 2002.
P. Calefato, *Lusso*. Meltemi, Rome 2003.
P. Calefato, 2004, *The Clothed Body*. Berg, Oxford 2004.
G. Ceriani & R. Grandi (red.), *Moda: regole e rappresentazioni*. Franco Angeli, Milaan 1995.
I. Chambers, *Urban Rhythms*. Macmillan, Londen 1985.
F. Davis, *Fashion, Culture and Identity*. The University of Chicago Press, Chicago 1992.
F. de Ruggieri, 'Corpo e scrittura in "I racconti del cuscino" di Peter Greenaway'. In: *Calefato 1999*, pag. 102-121.
G. Dorfles, *Mode e modi*. Mazzotta, Milaan 1979.
G. Dorfles, 'Sono solo riti tribali non chiamateli lusso'. In: *Corriere della Sera*, 23 december 2003, pag. 37.
Fashion Theory. The Journal of Dress, Body and Culture, Berg Publishers, Oxford.
L. Fortunati, J. Katz & R. Riccini (red.), *Corpo futuro. Il corpo umano tra tecnologie, comunicazione e moda*. Franco Angeli, Milaan 2002.
C. Gandelman, 'Moda e testualità'. In: *Calefato 1992*, pag. 71-94.
M. Garber, *Vested Interests*, Routledge, Londen-New York 1992.
N. Gelas, 'Moda e linguaggio: quando la moda si serve delle parole...'. In: *Calefato 1992*, pag. 95-107.
D. Haraway, *Simians, Cyborgs, and Women*. Routledge, Londen-New York 1991.
D. Hebdige, *Subculture. The Meaning of Style*. Routledge, Londen-New York 1979.
A. Hollander, *Seeing Through Clothes*. Viking, New York 1975; University of California Press, Berkeley-Los Angeles 1993.
b. hooks, *Yearning. Race, Gender, and Cultural Politics*. South End Press, Boston 1990.
S. Kaiser, 'La politica e l'estetica dello stile delle apparenze. Prospettive moderniste, postmoderniste e femministe'. In: P. Calefato (red.), *Moda & Mondanità*. Palomar, Bali 1992, pag. 165-194.
N. Klein, *No Logo*. Flamingo, Londen 2001.
A. Lurie, *The Language of Clothes*. Vintage Books, New York 1981.
E. Paulicelli, *Fashion under Fascism. Beyond the Black Shirt*. Berg, Oxford 2004.
I. Pezzini, 'Chi non si firma è perdut'. In: *Carnet*, nr 5, mei 2000, pag. 92-98.
T. Polhemus, *Street Style*, Thames-Hudson, Londen 1994.
T. Polhemus, *Style Surfing*. Thames-Hudson, Londen 1996.
G. Simmel, 'Zur Psychologie der Mode'. In: *Die Zeit. Wiener Wochenschrift für Politik, Volkswirtschaft, Wissenschaft und Kunst 5*, Nr. 54, 1895.
W. Sombart, *Luxus und Kapitalismus*. Duncker & Humblot, München 1913.
G. Spivak Chakravorty, *A Critique of Postcolonial Reason*. Harvard University Press, Cambridge-Londen 1999.
V. Steele, *Fetish. Fashion, Sex and Power*. Oxford University Press, Oxford 1997.
B. Valli, B. Barzini & P. Calefato (red.), *Discipline della moda. L'etica dell'apparenza*. Liguori, Napels 2003.
T. Veblen, *The Theory of the Leisure Class*. Modern Library, New York 1899.
U. Volli, *Contro la moda*. Feltrinelli, Milaan 1998.
U. Volli, *Block-modes*. Lupetti, Milaan 1998.
M. Weber, *Die protestantische Ethik und der Geist des Kapitalismus*. Archiv für Sozialwissenschaft und Sozialpolitik, Tübingen 1904-1905.

Anneke Smelik

Mode en de media: van haute couture naar beeldcultuur

1. Foto *Blvd.*, april 2003

'*Design is Dasein*'
Henk Oosterling

Mode kan niet zonder de media. Fotografie, en later film en televisie, medialiseren de mode. Modemagazines, glossies, damesbladen: ze bestaan niet zonder de mode, maar de mode bestaat ook niet zonder deze tijdschriften. De mode is voor zijn succes als zowel een kunstvorm en commerciële onderneming afhankelijk van de media. De media hebben een belangrijke rol gespeeld in het complexe culturele fenomeen dat de mode is geworden. Mode maakt nu een intrinsiek onderdeel uit van de hedendaagse beeldcultuur. En vice versa. Dit hoofdstuk geeft inzicht in de beeldcultuur en de manieren waarop de mode 'gedragen' wordt door de media. De eerste helft van het hoofdstuk geeft een theoretische achtergrond bij de hedendaagse beeldcultuur. De tweede helft van het hoofdstuk geeft een introductie in de vele invalshoeken waarmee je mode vanuit mediatheorie kunt analyseren.

Beeldcultuur

Van een schriftcultuur zijn wij sinds de uitvinding van fotografie, film, televisie, video, cd-rom en internet in rap tempo een beeldcultuur geworden: '(...) we leven in een cultuur van beelden, een maatschappij van het schouwspel, een wereld van schijn en simulacra' (Mitchell, 1994: 5). Die beeldcultuur is complex en multimediaal. Het beeld staat niet op zichzelf, maar verschijnt meestal integraal met tekst en geluid. Bij een modefoto staat een onderschrift of een begeleidende tekst. Een modeshow draait niet zonder muziek en een choreografie van bewegende lichamen. Behalve dat het beeld multimediaal is, circuleren beelden ook in een mondiale mediamaatschappij waarin allerlei genres en media over elkaar heen buitelen.

    Juist omdat die beeldcultuur aan de ene kant zo dominant is en aan de andere kant zo complex, hebben we theoretische gereedschappen nodig om beelden, en ook mode, te kunnen begrijpen. Om de complexiteit van de beeldcultuur recht te doen, is het nodig om vragen te stellen vanuit een interdisciplinair kader: vragen over betekenisgeving en ideologie, identiteit en kijkplezier, technologie en economie. Door theoretische verdieping ontstaat mediageletterdheid. Zo leren we een houding aan van gelijktijdige distantie en passie in onze omgang met de middelen waar wij dagelijks gebruik van maken, een houding die Laura Mulvey zo mooi omschreven heeft als 'passionate detachment', afstand met passie (Mulvey, 1989: 26). Voordat ik in de tweede helft van dit hoofdstuk een aantal instrumenten voor analyse aanreik, wil ik in het eerste deel de beeldcultuur, en ook de mode, binnen het kader van het postmodernisme plaatsen.

I
Theoretisch kader

Postmoderniteit

Hoewel het begrip postmodernisme vaak te pas en te onpas wordt gebruikt, zijn er duidelijke kenmerken te geven. Daarbij maak ik een onderscheid tussen a) de postmoderniteit, b) de postmoderne filosofie en c) het postmodernisme als stroming in kunst en cultuur (Van den Braembussche, 2000).

    Ten eerste de *postmoderniteit*. De postmoderniteit duidt op het huidige tijdsgewricht waarin wij leven: de informatiemaatschappij die vanaf de jaren zestig is opgekomen. Het gaat dus om een historische periode waarin wij ons allen bevinden. Die informatiemaatschappij is 'postkoloniaal': na de Tweede Wereldoorlog zijn in rap tempo de koloniën in de derde wereld onafhankelijk geworden. Die maatschappij is ook 'postindustrieel': het gaat niet meer om zware industrie, maar om een uitwisseling van diensten. Vanaf de jaren tachtig worden die diensten in toenemende mate gekenmerkt door informatisering, in gang gezet door de komst van de computer. Wetenschap en technologie zijn onontbeerlijk en geven onze maatschappij vorm.

Ging het bij de industriële maatschappij nog voornamelijk om *bezit* (wie heeft de productiemiddelen in handen?), bij de informatiemaatschappij gaat het vooral om *toegang* ('xs4all': 'access for all'). Toegang tot informatie, dat wil zeggen, tot kennis. De postmoderniteit is een 'genetwerkte' maatschappij, waarin alles en iedereen via massamedia zoals televisie en internet met elkaar verbonden is. Een ander kenmerk is de globalisering. Dit zie je vooral bij media (CNN en MTV kun je overal ter wereld bekijken) en bij kapitaal (geld kun je overal ter wereld pinnen). En bij mode. Benetton heeft hier zijn multiraciale campagnes op afgestemd, maar ook effecten van de globalisering onder de aandacht gebracht.

Wanneer we deze kenmerken toepassen op mode, dan levert dat het volgende plaatje op. Vroeger was mode afhankelijk van de stoffen zoals zijde, katoen, en kashmir – en ook de inspiratie – die het westen uit zijn koloniën haalde. In de jaren zeventig zie je door de hippies een hernieuwde interesse in niet-westerse kleding. Met de deconstructivistische mode van de Japanners zoals Yamamoto in de jaren tachtig breken de eerste niet-westerse ontwerpers de gesloten, elitaire modewereld open. Inmiddels zijn andere ontwerpers hen opgevolgd, zoals Hussein Chalayan, Xuly Bët en Alexander Herchovitch. Met de Fashion Weeks in India en Afrika is de mode geglobaliseerd.

Dat geldt nog sterker voor de industrie. Was de mode-industrie aanvankelijk nog hier gevestigd, bijvoorbeeld in Enschede, dan is die nu grotendeels verplaatst naar lagelonenlanden in Azië of het voormalige Oostblok. Kijk je naar het label in je trui of broek, dan tref je waarschijnlijk 'Made in Taiwan' of iets dergelijks aan. De globalisering levert goedkope kleding op en enorme winsten in het westen, maar ook protesten tegen uitbuiting, bijvoorbeeld tegen de Nikes die door kindertjes in Pakistan werden gemaakt. Dat was de start van de No Logo- en de anders-globaliseringbewegingen.

Postmoderne filosofie
Ten tweede de *postmoderne filosofie*. Hierin staan twee begrippen centraal: het 'einde van de Grote Verhalen' en 'de dood van het traditionele individu'. Het lijkt er dus op dat de westerse cultuur zich in een crisis bevindt. Volgens de postmoderne filosoof François Lyotard kan de westerse cultuur geen 'Groot Verhaal' meer vertellen, waarmee hij doelt op het einde van de ideologie. Dit houdt in dat ideologieën ('ismen' zoals het marxisme of het feminisme; maar ook religie zoals het christendom) de moderne mens geen betekenisvol kader meer kunnen

2.

2. Benetton, reclamecampagne voor United Colors, lente-zomer 2002
3. Micha Klein, *Joy, Artificial Beauty*, 1997/1998, collectie Stedelijk Museum Amsterdam
4. Andy Warhol, *Light Blue Marilyn* 1962

geven. Ideologie verkeert in een legitimeringscrisis, omdat niemand langer gelooft in de waarheid verkondigen noch in een geproclameerde heilstaat in de toekomst proclameren Uiteraard betekent dit niet dat iedereen nu van zijn geloof is gevallen; integendeel, we zien zelfs een terugkeer naar ideologie en religie. Maar, stelt Lyotard, niemand kan dat geloof of die ideologie als dé waarheid aan anderen opdringen. In onze tijd doen alleen fundamentalisten dat nog.

Het einde van de Grote Verhalen is niet alleen maar negatief; voor de meeste mensen is het een bevrijding om van een eenzijdige en opgelegde waarheid verlost te zijn. Bovendien heeft het in de postmoderne cultuur geleid tot een bloei van 'Kleine Verhalen'. Nu er niet meer één waarheid overheerst, kunnen vele mensen hun verhaal vertellen, ook diegenen die daar vroeger veel minder de kans toe kregen, zoals vrouwen, arbeiders, zwarten, jongeren. Zoiets is goed te herkennen in de kunst: er is niet langer één dominante stroming, maar een veelheid aan richtingen. Dezelfde pluriformiteit zien we terug in de mode. Niet één modekoning, of zelfs maar één stad, dicteert een 'Groot Verhaal', maar er is een veelheid van perspectieven van vele ontwerpers, in vele steden en windstreken.

Het einde van het Grote Verhaal geldt ook de mens zelf. De traditionele opvatting over het individu is dat hij (het ging bijna altijd over een hij) een autonome en coherente eenheid vormt, begiftigd met de rede. Het is vooral de psychoanalyse die het mes in deze opvatting heeft gezet. Volgens Freud wordt de mens helemaal niet door zijn ratio geregeerd, maar door zijn onbewuste. En Marx stelde dat onze klasse bepaalt wie we zijn. We denken een individu te zijn, maar worden in feite gedefinieerd door onze klasse, etniciteit, leeftijd, seksuele voorkeur, religie, nationaliteit en noem maar op – de rij is oneindig. Niks geen autonome en coherente eenheid. Daarom wordt in het postmodernisme niet langer van een *individu* gesproken, maar van een *subject*. En dat subject is gespleten, gefragmenteerd, versplinterd. Of zoals een graffiti in Parijs het in de jaren tachtig verwoordde: 'God is dood. Marx is dood. En zelf voel ik me ook niet al te lekker'.

Een positievere manier om dit te formuleren is naar analogie van de netwerkmaatschappij: het subject, het zelf, staat altijd in relatie tot een ander. We staan niet op onszelf, maar zijn allemaal opgenomen in een weefsel van complexe en mobiele relaties. Onze identiteit bevindt zich als het ware op een knoop van communicatiecircuits. Het postmoderne subject wordt dan ook gekenmerkt door een dynamiek en diversiteit die vreemd waren aan het traditionele individu.

3.

4.

Deze verandering in de positie van de mens heeft een zelfde effect gehad als het einde van de Grote Verhalen. Zo kunnen veel meer mensen aanspraken maken op subjectiviteit, getuige de waardering voor kunst en cultuur van vrouwen, jongeren, van zwarte en gekleurde mensen.

Verder is er sprake van een grote vrijheid in de vormgeving van de menselijke identiteit. Kijk maar naar de popcultuur waar iemand als Madonna zich met de regelmaat van de klok een ander imago aanmeet. Je kunt tegenwoordig met je identiteit spelen, bijvoorbeeld met sekse door *gender bending*. Of door kruisbestuiving uit andere etnische culturen, zoals Surinaamse of moslim Nederlanders die elementen uit de Amerikaanse zwarte hiphop subcultuur overnemen. Mode is een belangrijk onderdeel van het spel met identiteit. Vroeger bepaalden je sekse en klasse wat je moest dragen. Daarvoor waren strenge regels die je niet gemakkelijk kon overtreden. Nu gelden die regels alleen nog voor de koningin. Ieder ander staat elke ochtend voor de klerenkast om te bepalen welke kleren bij haar of zijn stemming passen: barok, gothic, sexy, of toch maar zakelijk vandaag?

Postmodernisme

Ten derde het *postmodernisme* in kunst en cultuur. Een belangrijk kenmerk is het vervagende onderscheid tussen hoge en lage cultuur. Het traditionele cultuurbegrip is in de loop van de twintigste eeuw losgezongen van de gelijkschakeling met elitaire kunst. Wetenschappers hanteren tegenwoordig een breed begrip van cultuur als een manier van leven, gebaseerd op Raymond Williams' beroemde uitspraak 'culture as a whole way of life' (Williams, 1958). Het gaat hier om een opvatting van cultuur als een praktijk, die in relatie staat tot de sociale en historische context.

Het strakke onderscheid tussen hoge en lage cultuur is niet meer houdbaar. Het is immers voor een groot deel gebaseerd op de controverse tussen woord en beeld in de westerse cultuur, die het woord ziet als expressie van de verhevenheid van de geest, en het beeld als uitdrukking van emotie en de lagere lusten van het lichaam. Met de komst van de beeldcultuur wordt het beeld niet langer uitsluitend negatief bekeken, maar juist gewaardeerd in al z'n positieve krachten en de ervaringen die het oproept.

Bovendien zijn 'hoge' cultuur en 'lage' cultuur niet eenduidig te koppelen aan bepaalde disciplines (lees: literatuur versus televisie). Elke kunstvorm heeft zijn 'lage' cultuur, denk maar aan portretten van het zigeunerjongetje-met-de-traan of de romannetjes uit de Bouquetreeks. 'Hoog' komt van z'n voetstuk af: de *haute couture* laat zich inspireren door de straatcultuur. 'Laag' wordt opgewaardeerd en krijgt aandacht in kunstkaternen van kranten of komt in het museum te hangen. Reclamefoto's van Benetton, computerkunst van Micha Klein, en modefoto's van Inez van Lamsweerde zijn allemaal in Nederland in musea tentoongesteld.

In de discussie over 'hoog' en 'laag' zijn ook de democratisering en de commercialisering van belang. Door de toegenomen welvaart en door de verspreiding via de media zijn kunst en mode voor vrijwel iedereen bereikbaar. De gigantische bezoekersaantallen van grote tentoonstellingen wijzen hierop, evenals de 'festivallisering' van de grote steden. Cultuur is 'in' en wordt graag en in grote hoeveelheden geconsumeerd. Commercie is niet langer voorbehouden aan lage cultuur, maar is allang doorgedrongen tot de hoge cultuur, zoals blijkt uit de wekelijkse top-tienlijstjes voor literatuur, de stapels cd's met muziek van Bach en Mozart bij het Kruidvat, de sponsoring van het Stedelijk Museum door Audi of de ontwerpen van Karl Lagerfeld bij H&M.

Een ander postmodern kenmerk is intertekstualiteit. Dit behelst het idee dat een tekst altijd naar andere teksten verwijst. Elke tekst is een weefsel van citaten, geleende woorden en referenties. Uiteraard gaat het hier niet om een enge opvatting van tekst; ook beelden verwijzen onophoudelijk naar elkaar. Reclames verwijzen naar videoclips, die referen aan televisieseries, die op hun beurt films citeren, die zelf gebaseerd zijn op een roman. En die roman verwijst weer naar een toneeltekst van Shakespeare en ga zo maar door. Het is een oneindig spel. De videoclip *Material Girl* van Madonna verwijst bijvoorbeeld naar het lied *Diamonds are a girl's best friend* van Marilyn Monroe in de film *Gentlemen prefer blondes*. In de reclame voor Estee Lauder parfum loopt het model op precies dezelfde wijze door een digitaal bloemenveld als Madonna in haar videoclip *Love Profusion*. Nicole Kidman doet in de reclame voor Chanel 5 nog eens dunnetjes haar rol in *Moulin Rouge* over. Sommige regisseurs, zoals Baz Luhrman of Quentin Tarantino, maken van het eindeloze citeren hun handelsmerk. Een groot deel van het kijkplezier in de hedendaagse beeldcultuur is gebaseerd op deze herkenning: hoe meer verwijzingen je kunt plaatsen, hoe slimmer je jezelf ervaart als kijker.

Sommige theoretici zoals Fredric Jameson noemen de postmoderne vorm van intertekstualiteit een *pastiche*. Met pastiche wordt een tekstueel of visueel citaat bedoeld, waarbij het alleen maar gaat om de herhaling, om het citeren zelf. De verwijzing heeft verder geen diepere betekenis, omdat alle historische verbanden zijn losgelaten. Dit zie je ook goed terug in de mode. Als je een creatie van John Galliano bekijkt, kun je onmetelijk veel citaten herkennen: andere culturen (etnische prints, clowns (circusachtige make-up), andere tijden (silhouet uit de achttiende eeuw) en straatcultuur ('bag lady' met winkelwagentje en plastic tassen). Alles wordt op een grote stapel gegooid, waarbij elementen uit hun historische tijd en geografische context worden gerukt. *Bricolage*, wat letterlijk knutselwerk betekent, is een term die in dit verband ook vaak gebruikt wordt. We zijn een 'knip & plak'-cultuur geworden, waarin iedereen lekker kan knutselen en zijn kleding en zelfs zijn identiteit bij elkaar grabbelt. De postmoderne cultuur kenmerkt zich door pastiche en bricolage. Het wordt er niet gemakkelijker op om hier betekenis aan te geven, maar het maakt de mode wel speels en flexibel, zonder een dwingend overkoepelend 'Groot Verhaal'.

Een laatste kenmerk van het postmodernisme dat ik hier wil bespreken is de overgang van representatie naar simulatie. We hebben al gezien dat de postmoderne pastiche, het citeren, lenen en verwijzen, geen diepere betekenis heeft. Dit komt omdat de postmoderne cultuur niet meer representeert, maar simuleert. Dit heeft te maken

5.

6.

5. Estee Lauder, reclamecampagne *Beyond paradise* (fragment), 2004
6. Madonna, videoclip *Love profusion* (fragment), 2004

Het blad *American Photo* heeft in 2003 een lijst samengesteld van de 25 beste fotografen ter wereld. Die lijst bevatte één Nederlandse naam: Inez van Lamsweerde. Zij is zowel kunstenares als modefotografe: de scheidslijnen tussen kunst, mode en commercie heeft zij van meet af aan genegeerd. Met succes. Haar werk prijkt tegelijkertijd in diverse glossies zoals *The Face*, *Vogue* en *Arena Homme Plus* (editorials en reclamecampagnes) als ook in internationale musea en galeries. Op beide terreinen is haar handschrift goed herkenbaar.

In een interview zei Inez van Lamsweerde eens dat ze door schoonheid geobsedeerd is. Het zijn altijd mensen die ze fotografeert – of beter gezegd: herschept. Haar digitaal bewerkte wezens zijn vervreemdend. Te glad, te kloonachtig, te onpersoonlijk om helemaal menselijk te zijn.

Uitgangspunt zijn vaak vrouwelijke ideaalbeelden uit de massamedia en de lichaamscultuur in verband met gentechnologie, chirurgie, bodybuilding: de maakbaarheid van lichaam, identiteit en sekse. In de serie *Final Fantasy* (1993) poseren driejarige meisjes behaagziek in satijnen ondergoed, maar dan met een ingemonteerde mond van een volwassen man. De mierzoet geërotiseerde kleuter blijkt een *child demon*. De serie *The Forest* (1995) toont zachtaardig-passieve mannen met vrouwenhanden, en de vrouwen in *Thank You Thighmaster* (1993) zijn eigenlijk op etalagepoppen lijkende mutanten, zonder lichaamsbeharing, en met een neutraal oppervlak waar tepels en geslachtsdelen horen te zitten. De camera liegt niet? Je hoopt van wel.

Veel modellen in Van Lamsweerdes modefoto's zijn hypergestileerde, op de spits gedreven stereotypen, volmaakt knap, zonder oneffenheden en zonder individuele trekken. Ze bewegen zich in een hyperrealistische setting waardoor het geheel soms aan Guy Bourdin doet denken (zie bijvoorbeeld de serie *Invisible Words* (in *Blvd 2*, 1994). Maar haar oeuvre is veelzijdiger dan dat van de oude meester; het is daarom ook veel minder aan een bepaald tijdvak gerelateerd.

Inez van Lamsweerde is in 1990 afgestudeerd aan de Rietveld Akademie Amsterdam. In hetzelfde jaar kreeg zij haar eerste foto-opdracht; de resultaten zijn verschenen in *Modus*.

In 1992 werd haar de Nederlandse Fotoprijs toegekend en ook de Europese Kodakprijs Goud in de categorieën Mode en Mensen/Portretten). Sinds begin jaren negentig werkt zij praktisch altijd samen met haar echtgenoot Vinoodh Matadin.

Tegenwoordig wonen en werken Van Lamsweerde en Matadin voornamelijk in New York. In

minder gekunstelde foto's te bespeuren. In 2002 maakten zij negen zwart/wit naaktfoto's van de medewerkers van de toneelgroep Mug met de Gouden Tand. In 2003 kwam een naaktkalender voor Vogue tot stand. Allemaal zonder digitale effecten.

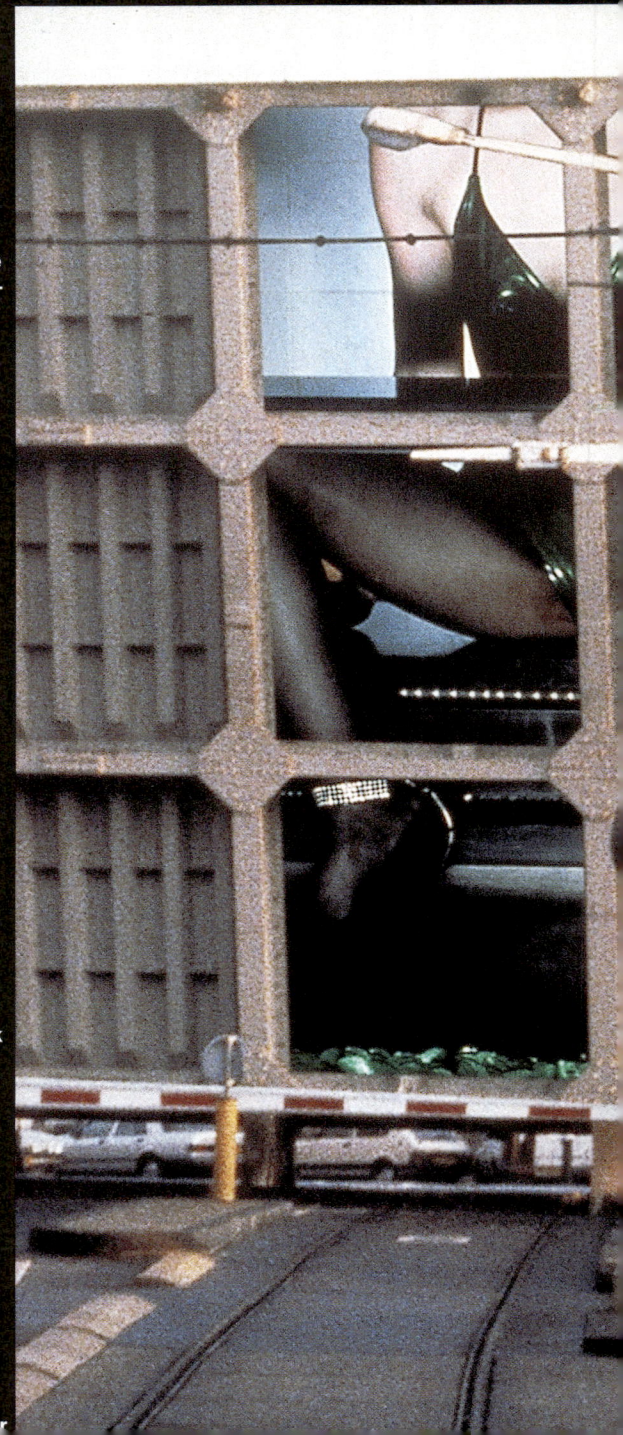

Literatuur:
Pauline Terreehorst, *Modus. Over mensen, mode en het leven*. De Balie Amsterdam, 1990.
Xandra Schutte, 'Perverse onschuld'. In: *De Groene Amsterdammer*. 10 september 1997.
Rauw op het lijf. Nederlands Foto Instituut, Rotterdam 1998.
Inez van Lamsweerde 'Photographs'. Deichtorhallen Hamburg, Schirmer/Mosel, München 1999.

Gert Jonkers, 'Inez en Vinoodh'. In: *Volkskrant Magazine*, 22 februari 2003.
Bruce Hainley, 'Inez van Lamsweerde'. In: *ArtForum*, Oktober 2004.

Afbeelding:
Inez van Lamsweerde, *Devorah en Mienke*, Amsterdam 1993

met de rol van mediatechnologie.

In de oude opvatting van kunst, bijvoorbeeld bij Plato of Kant, verwijst een kunstwerk naar iets diepers of hogers achter de werkelijkheid. Elk kunstwerk is uniek en daarmee onvervangbaar. Walter Benjamin stelde in de jaren dertig al dat door de komst van reproductieve technologieën de rol van kunst verandert. Met de uitvinding van fotografie en film (en later televisie en internet) kan elk beeld tot in het oneindige gereproduceerd worden. Terwijl een kopie van *De Nachtwacht* van Rembrandt nog altijd een kopie blijft van een beroemd oorspronkelijk schilderwerk, kent een kopie van de foto van Kiki als viool van Man Ray geen origineel. In het tijdperk van de mechanische reproduceerbaarheid verdwijnt het onderscheid tussen origineel en kopie. Daarmee vergaat volgens Benjamin het 'aura' van de kunst, namelijk datgene wat een kunstwerk uniek en origineel maakt. Voor de mode betekende de reproductieve technologie aanvankelijk een enorme stimulans, omdat de beelden van de ontwerpen via de media (tijdschriften, televisie) verspreid konden worden. Maar ook in de mode haalt de kopie inmiddels het originele ontwerp in. Een dag na de modeshows in Parijs of Milaan staan de foto's al op Internet en H&M heeft al zes weken later kopieën in zijn winkels liggen.

In de pop-art van de jaren zestig speelt Andy Warhol hiermee door zeefdrukken te produceren van blikjes Campbell of van een icoon als Marilyn Monroe. Een ander voorbeeld van de teloorgang van het aura is de teleurstellende ervaring die we misschien allemaal wel kennen wanneer we de *Mona Lisa* van Da Vinci of het *Meisje met de parel* van Vermeer in het museum bekijken. We hebben al zo veel afdrukken gezien in boeken, films, op mokken, handdoeken, met snor en baard, als pop: daar kan het origineel nauwelijks meer tegenop. Of juist wel, als het je lukt om in de stilte van het museum het aura van het schilderij te ervaren.

Jean Baudrillard gaat in de jaren zeventig een stap verder dan Benjamin en stelt dat niet alleen de kunst, maar ook de werkelijkheid verandert onder het geweld van de media. Hij stelt dat de alomtegenwoordigheid van de media de werkelijkheid tot een *simulacrum* maken; een schijnvertoning. In het simulacrum is het verschil tussen 'zijn' en 'schijn' opgeheven. Denk maar aan iemand die een ziekte simuleert: die persoon gaat warempel ziektesymptomen vertonen, zodat niet meer duidelijk is wat echt is en wat onecht. Zo is het ook met de postmoderne beeldcultuur: die is zo door en door gemedialiseerd dat de media onze ervaring gaan bepalen. Media reflecteren de werkelijkheid niet, maar construeren die. Of anders gesteld: media representeren niet, maar simuleren.

We kennen dit fenomeen allemaal uit eigen ervaring. Als we op vakantie in Griekenland zijn, dan roepen we uit dat de zee zo blauw is als op de ansichtkaart. Een beeld, hier de ansichtkaart, bepaalt onze ervaring. Zijn we op safari in Kenia, dan hebben we het idee in een televisieprogramma van National Geographic beland te zijn. En zeggen we tegen onze geliefde 'ik hou van je', dan bekruipt ons het gevoel dat we in een soap spelen. Umberto Eco zegt dan ook dat we daardoor een permanente ironische houding aannemen. We kunnen niet meer onschuldig 'ík hou van je' zeggen, omdat we het al honderdduizend keer op tv hebben gezien en gehoord. Wat we volgens Eco dan wel kunnen doen, is het met ironie zeggen: 'Zoals Ridge in The Bold and the Beautiful zou zeggen: ik hou van je'. Terwijl de reality show op televisie zo veel mogelijk probeert het leven te simuleren, is het leven één grote reality show geworden, waarin zijn en schijn niet meer uit elkaar te houden zijn. Een nostalgische reactie op de cultuur van simulacra is de hang naar authenticiteit, die we in de kunst en in de mode kunnen waarnemen. Men wil weer iets 'echts' in een postmoderne cultuur waarin de scheidslijn tussen echt en onecht flinterdun is geworden. De vraag is echter of een dergelijke authenticiteit nog mogelijk is.

Nu ik een schets heb gegeven van het postmodernisme als kader waarin de mode functioneert, is het tijd om nader te kijken naar instrumenten om beelden te analyseren. Deze analysemethoden komen allemaal uit het poststructuralisme: de theorievorming die ten grondslag ligt aan het postmodernisme.

II
Analyse

Het semiotische teken

Het poststructuralisme wordt in de jaren zestig gevoed door de semiotiek, de psychoanalyse en het marxisme. Het poststructuralisme is ook wel aangeduid met de 'linguistic turn', omdat de taal het model vormt voor deze theorievorming. Vooral door de semiotiek van De Saussure ontstaat aandacht voor de structuralistische analyse van de 'grammatica' van elk systeem, of dit nu een mythe, advertentie, film, mode of een literair werk betreft, zoals in het werk van de antropoloog Lévi-Strauss, de vroege Barthes, of de filmsemioticus Metz (Sim, 1998). De centrale opvatting dat taal paradigmatisch is voor betekenis, wordt door vrijwel alle postmoderne filosofen gevolgd. Volgens de psychoanalyticus Lacan is zelfs het onbewuste als een taal gestructureerd. Hoewel al snel de instabiliteit van taal en betekenisgeving op de voorgrond wordt geplaatst, zoals in het deconstructivisme van Derrida, of in de postmoderne teloorgang van de 'Grote Verhalen' van Lyotard, blijft ook in het poststructuralisme nog steeds de tekst centraal staan. Alles wordt eigenlijk als tekst opgevat, ook een beeld, muziek, of mode. Richt de semiotiek zich aanvankelijk op literatuur, al snel gaan wetenschappers zich richten op het gebied van de populaire cultuur, zoals architectuur, mode, muziek, sport, damesbladen of een videoclip – om wat willekeurige voorbeelden te noemen.

De semiotiek is de leer van 'tekens' (van het Griekse *semeion* dat teken betekent). Een 'teken' is de kleinste betekenisdragende eenheid. Taal is het bekendste tekensysteem, maar ook verkeersborden of mode, zoals Roland Barthes heeft laten zien, zijn tekensystemen. Een teken bestaat uit een betekenaar (Fr.: *signifiant*, Eng.: *signifier*), ofwel de materiële drager van betekenis, en de betekende (Fr.: *signifié*; Eng.: *signified*), ofwel de inhoud waar naar verwezen wordt. De letters en klank van het woord j u r k vormen de betekenaren, die verwijzen naar de inhoud van een concrete jurk. Samen maken betekenaar en betekende, vorm en inhoud, de betekenis. De relatie tussen betekenaar en betekende is bijna altijd willekeurig; er is immers geen reden dat een jurk zo heet in het Nederlands, maar *dress* in het Engels en *japon* in het Frans.

Een teken verwijst altijd naar iets anders in de werkelijkheid. De eerste betekenis van een teken is de denotatie; het is de betekenis die je in het woordenboek kunt opzoeken. Maar iets heeft zelden maar één enkele betekenis; de meeste tekens hebben vele bijbetekenissen. Die worden connotatie genoemd. In dat geval vormt het denotatieve teken, de betekenaar en de betekende, in zijn geheel een nieuwe betekenaar voor een nieuw, connotatief teken.

In schema:

BETEKENAAR	BETEKENDE	CONNOTATIE
BETEKENAAR	BETEKENDE	DENOTATIE

Een bekend voorbeeld is de rode roos. Het denotatieve niveau van het teken is gewoon een bloem met bladeren en stekels. Om een teken te worden van liefde, moet de denotatieve betekenis van de bloem op zijn beurt betekenaar worden. Het teken vormt de basis vormt voor een connotatieve, tweede betekenis: liefde. Waarom? Omdat dit in onze cultuur zo is 'afgesproken'. De roos, vooral de rode roos, is symbool geworden voor liefde. Amnesty International verbindt in zijn beeldtaal aan dit bekende symbool een derde betekenis toe, door de stekels met prikkeldraad te omringen en halverwege de stengel de tekst te plaatsen: 'geweld houdt op waar liefde begint'. Zo wordt de bloem een teken van liefde en geweldloosheid, terwijl de stekels staan voor geweld. (Het schema lees je van onderen naar boven.)

BETEKENAAR: RODE ROOS ALS LIEFDE	BETEKENDE: STEKELS MET PRIKKELDRAAD	TWEEDE CONNOTATIE: LIEFDE IS KEERZIJDE VAN GEWELD
BETEKENAAR: RODE ROOS	BETEKENDE: LIEFDE	EERSTE CONNOTATIE: MIJN LIEFDE VOOR JOU
BETEKENAAR: ROOS	BETEKENDE: BLOEM MET STEKELS EN BLADEREN	DENOTATIE: BLOEM VAN DE SOORT X (LATIJNSE NAAM)

Het multimediale beeld is een hoogst ingewikkeld teken, dat vele dragers van betekenis kent. Een stilstaand beeld, zoals een mode- of reclamefoto, heeft de volgende betekenaren:
- perspectief (camerapositie: hoek, afstand);
- beelduitsnede (het kader);
- fotografische aspecten zoals belichting, grove korrel, kleur of zwart-wit;
- compositie of mise-en-scène van wat er wordt afgebeeld: decor, kleding, make-up, houding en handeling van het model, enz;
- tekst: onder- of bijschrift.

Een bewegend beeld, zoals een film, televisiereclame, videoclip of modeshow kent behalve al deze aspecten nog meer betekenaren:
- beweging van de modellen of acteurs: choreografie;
- camerabeweging (pan, tilt, rijder);
- montage (hoe worden beelden aan elkaar geplakt);
- geluid (dialoog, toegevoegde geluiden als krakende deur);
- muziek.

Voor een analyse is het nodig om al deze elementen kort na te lopen, omdat ze de betekenis sturen. Pas dan kun je de denotatie en connotaties bepalen. Een close-up heeft een ander effect dan een opname van veraf. Camerabeweging stuurt de blik van de kijker. Snelle montage roept spanning op. Muziek creëert sfeer, evenals belichting. Zo'n formele analyse maakt al snel duidelijk dat het beeld nooit simpelweg een kopie of weerspiegeling van de werkelijkheid is, ook al legt de camera de realiteit vast. Maar aan die registratie komen zo veel technologische en esthetische keuzes te pas, dat de werkelijkheid ook altijd gevormd en geconstrueerd wordt. De analyse heeft tot doel om die constructie helder te krijgen.

Digitale beelden
Deze formele analyse kan nog verder verdiept worden met de semiotiek van C.S. Peirce, een Amerikaan die in dezelfde periode van het begin van de twintigste eeuw zijn theorie ontwikkelde als de Zwitser De Saussure, zonder dat zij het overigens van elkaar wisten. De semiotiek van Peirce wordt vaker gebruikt voor een analyse van beelden, omdat hij minder op tekst is gericht. Peirce stelt dat er drie soorten relaties zijn tussen de betekenaar en de betekende: een iconische, indexicale en symbolische relatie. Een *iconische* relatie houdt in dat er een overeenkomst of gelijkenis is tussen betekenaar en betekende. Een voorbeeld van een iconische relatie is het portret: het beeld (de betekenaar) toont immers gelijkenis met degene die is afgebeeld (de betekende). Een *indexicale* relatie veronderstelt een feitelijk verband tussen betekenaar en betekende. Een klassiek voorbeeld is rook als betekenaar van vuur, of de voetafdruk in het zand als betekenaar van de aanwezigheid van een mens op een 'onbewoond' eiland. De *symbolische* relatie komt overeen met wat De Saussure de arbitraire, willekeurige, relatie tussen betekenaar en betekende noemt: de rode roos is een conventie, gebaseerd op een afspraak. Toch zou je hierover nog kunnen twisten, omdat de roos een iconische relatie heeft met het vrouwelijk geslachtsorgaan. Die gelijkenis

heeft waarschijnlijk tot de roos als symbool voor liefde geleid.

Het mechanisch te reproduceren beeld, zoals fotografie of film, kent al deze drie relaties. Een beeld is altijd iconisch, omdat datgene wat afgebeeld is gelijkenis toont met de betekenaren: elke foto is als het ware een portret van een mens of object. Iets dat gefotografeerd of gefilmd is, is ook altijd indexicaal. Er is een feitelijke relatie omdat de camera de werkelijkheid vastlegt: met de camera bewijs je dat je ergens geweest bent. Tot slot kent ook het beeld, evenals taal, symbolische betekenissen, die tot stand komen door een samenspel van de vele audiovisuele betekenaren die hierboven genoemd zijn.

Met de komst van digitale technologie staat de indexicale relatie onder spanning: we kunnen immers niet meer met zekerheid weten of een beeld analoog is, en dus een feitelijke relatie tot de werkelijkheid kent, of digitaal is omdat het in de computer is gemaakt. Digitale beelden scheppen verwarring omdat ze de iconische relatie wel in stand houden terwijl ze de indexicale relatie doorbreken, want ze lijken net echt op een foto en vertonen gelijkenis tussen betekenaar en betekende. Dit gebeurt in de fotoserie *Save Yourself* van Diesel. We zien piepjonge modellen die op mensen lijken (iconische relatie), maar die er toch onecht uitzien. Hun huid is te glad, de houdingen te star, de ogen te glazig. We vermoeden al snel dat er sprake is van digitale manipulatie, die de indexicale relatie verstoort: dit zijn geen feitelijke opnamen van echte mensen. De spanning tussen de iconische en indexicale relatie duidt hier op een spanning tussen echt en onecht. Dit creëert een symbolische betekenis. In combinatie met de tekst plaatsen de foto's een ironische kanttekening bij de dwang in onze cultuur om eeuwig jong te blijven.

Soms is de digitale manipulatie direct duidelijk, zoals in deze afbeelding van Kate Moss als cyborg: een *cy*bernetische *org*anisme. Omdat het hier een onmogelijk beeld betreft van half mens / half machine, raakt de kijker niet in verwarring over de indexicale status van de foto. We maken direct de sprong naar de symbolische betekenis, die ook hier een commentaar vormt op het letterlijk kunstmatige schoonheidsideaal. Het is overigens typerend voor digitale fotografie om beelden te creëren van mensen die op *cyborgs* lijken, want in de hedendaagse beeldcultuur verkennen veel kunst- en modefoto's de verglijdende grenzen tussen mens, machine en modepop.

7.

8.

7. Diesel, *Sleep* uit de reclamecampagne *Save Yourself*, herfst/winter 2001
8. Adje's Fotosoep, *Kate Moss Cyborg*, 2005

Kijken en bekeken worden I: de voyeuristische blik

Betekenissen in mode draaien vaak om erotiek en seksualiteit. Voor een analyse daarvan kunnen we bij de psychoanalyse terecht. De psychoanalyse onderzoekt hoe wij ons verlangen vormgeven. Het meest klassieke model daarvoor is het Oedipus-complex, dat reguleert hoe het kind de liefde op de ouder van het andere geslacht richt en gevoelens van rivaliteit op de ouder van hetzelfde geslacht projecteert. Dit is voor het meisje ingewikkelder, omdat ook zij in eerste instantie liefde voor de moeder ervaart en dit later moet omzetten in liefde voor de vader. Het Oedipus-complex is vooral toepasbaar in verhalen, zowel in literatuur als film, maar speelt eigenlijk geen belangrijke rol in de modewereld. Daarom ga ik er hier verder niet op in.

Volgens Freud begint erotiek met kijken. Hij noemt dit de *scopofilie* (letterlijk: de liefde om te kijken). Uit die verlangende blik volgt vaak de aanraking en uiteindelijk de seksuele handelingen. Hoewel het wat viezig klinkt, is de scopofilie een heel gewoon onderdeel van de seksuele drift. Filmtheoretici waren er snel bij om te stellen dat het medium film in feite gebaseerd is op de scopofilie: in het donker van de bioscoop zijn wij een voyeur die ongelimiteerd naar het witte doek kunnen kijken. Film kijken heeft dus altijd iets erotisch, in tegenstelling tot televisie kijken dat niet diezelfde voyeuristische omstandigheden kent omdat in de huiskamer lichten aan staan, het scherm bovendien veel kleiner is, en er allerlei vormen van afleiding zijn.

Het is de verdienste geweest van Laura Mulvey (1975) om te stellen dat de actieve en passieve kant van scopofilie, de kijkdrift, verdeeld is over de seksen. John Berger had in zijn beroemde boek *Ways of Seeing* al gesteld dat 'mannen handelen en vrouwen verschijnen', oftewel: mannen kijken en vrouwen worden bekeken. In film werkt dit volgens Mulvey als volgt. Het mannelijke personage bekijkt een vrouw, waarbij de camera filmt wat de man ziet (een zogeheten 'point of view shot'). De toeschouwer in de zaal kijkt via de ogen van het mannelijke personage naar de vrouw. Daarbij wordt het vrouwelijk lichaam door montage en decoupage 'opgesneden' in fragmenten: een stuk been, een borst, de bil of het gezicht. Het vrouwelijk lichaam wordt dus gefragmenteerd in beeld gebracht.

Er is dus sprake van een drievoudige blik: het mannelijke personage, de camera en de toeschouwer. Mulvey stelt nu dat de filmkijker door deze structuur altijd een mannelijke positie inneemt. In Mulvey's analyse is het belangrijk dat de filmische middelen, zoals de cameravoering, de

9.
10.

9. Iceberg, reclamecampagne 2004
10. Davidoff, reclamecampagne voor *Cool water Men*

beelduitsnede, montage en vaak ook de muziek, het vrouwelijk lichaam objectiveren en zo tot een passief schouwspel maken om te bekijken: 'to-be-looked-at-ness'. Het mannelijke personage krijgt daarentegen de filmische middelen beschikbaar en kan actief kijken en handelen.

Mulvey trekt haar analyse nog verder door met behulp van de psychoanalyse. De voyeuristische blik op het vrouwelijk lichaam roept verlangen op en daarmee ook onrust. Bovendien is het vrouwelijk lichaam verontrustend omdat het anders is. Freud zou zeggen 'gecastreerd', maar wij kunnen iets neutraler stellen dat in een door mannen gedomineerde samenleving vrouwen het teken zijn voor het sekseverschil. In de meeste culturen is het (nog?) zo dat de vrouw-als-ander, namelijk als anders dan de man, betekenis geeft aan het sekseverschil. Die andersheid roept op een onbewust niveau angst op bij mannen. In de cultuur, in dit geval in de films, moet die angst bezworen worden. Dat gebeurt volgens Mulvey op twee manieren. Ten eerste door sadisme: het vrouwelijk lichaam wordt beheerst en ingevoegd in de sociale orde. Sadisme hoort vooral bij een verhaal en het krijgt dan ook vorm in de narratieve structuur. Vaak volgt op de erotische blik geweld of verkrachting. Ook is het geen toeval dat in de klassieke Hollywood-film de *femme fatale* vaker wel dan niet het loodje legt. Pas in de jaren negentig mag zij op het einde doorleven, zoals Catherine Trammell in *Basic Instinct*.

De tweede manier om de angst te bezweren die het vrouwelijke lichaam oproept is door fetisjisme. In dat geval wordt de vrouwelijke ster tot een perfecte schoonheid gemaakt, die de aandacht van haar verschil, haar anderszijn, moet afleiden. Bij fetisjering verwijlt de camera eindeloos bij het schouwspel van de vrouwelijke schoonheid. Op zulke momenten staat het verhaal van de film even stil.

Hoewel Mulvey's analyse dateert uit de jaren zeventig, zal het duidelijk zijn dat haar inzichten voor de mode van groot belang zijn. Het spektakel van modeshows is bijna helemaal opgebouwd rond het kijken naar gefetisjeerde vrouwenlichamen. Veel modereportages maken op één of andere manier gebruik van het geseksualiseerde spel rond kijken en bekeken worden. Door kritiek van de vrouwenbeweging is de passiviteit van vrouwen in de afgelopen decennia overigens wel doorbroken. Vaak wordt nu bewust gezocht naar een actievere rol voor het vrouwelijke model. Belangrijker nog is dat door de invloed van mode en videoclips in de jaren negentig het mannelijke lichaam object wordt van de voyeuristische blik. Nu wordt ook het mannelijke lichaam gefragmenteerd, geobjectiveerd en geërotiseerd. Dit gebeurt niet alleen in modereportages en reclamefoto's, maar ook op de catwalk. Het is interessant voor modestudenten om te analyseren hoe het mannelijk lichaam nu in beeld wordt gebracht: hoe passief of actief is het mannelijke model, hoe ondersteunen de filmische middelen de blik?

In het spel rond kijken en bekeken worden speelt ook etniciteit een rol. Stuart Hall (1997) en Jan Nederveen Pieterse (1992) geven een uitgebreide historische analyse van de manier waarop gekleurde en zwarte mensen in de westerse cultuur in beeld worden gebracht. Hier is vaak sprake van treurige stereotypering, zoals de exotisering van de zwarte vrouw, of het beeld van de zwarte man als seksueel bedreigend. Gekleurde en zwarte modellen zijn nog steeds op één hand te tellen in de modewereld. Ook hier is het zinnig voor modestudenten om te analyseren hoe etniciteit in beeld wordt gebracht, vanwege deze lange geschiedenis van stereotypering. Wordt de etniciteit benadrukt, bijvoorbeeld door het model te exotiseren? Of wordt het etnische verschil juist ontkend? Dit gebeurt bijvoorbeeld in modefoto's van Naomi Campbell met sluik en steil goudblond haar of met blauwe contactlenzen in. Hier herkennen we de normering van het blanke schoonheidsideaal.

11.

12.

13.

11. HIJ (nu: WE Men), reclamecampagne 1989
12. Naomi Campbell met blauwe lenzen, in: *ELLE*, januari 1994
13. Naomi Campbell met blond haar
14. Marcel van der Vlugt, *Lo Specchio*, Amica Italia, januari 1998

14.

Kijken en bekeken worden II: de narcistische blik

Tot zover heb ik het gehad over het kijken naar de ander, maar de psychoanalyse heeft ook wat te zeggen over het kijken naar jezelf. Als je geboren wordt, dan heb je nog maar nauwelijks een besef van jezelf. Je moet dat zelf, in psychoanalytische termen je ego, nog helemaal opbouwen. Een eerste moment om dat ego te vormen, is in wat Jacques Lacan de spiegelfase heeft genoemd. Een tweede belangrijk moment is het eerder genoemde Oedipus-complex waarin ook de taal een grote rol speelt. De spiegelfase gaat echter vooraf aan de taal en speelt zich in het Imaginaire af: het rijk van beelden. Als je tussen de zes en achttien maanden bent, een baby nog, dan word je meestal op de arm van je moeder voor de spiegel gehouden. Het kind leert om zichzelf in de spiegel te herkennen en van de moeder te onderscheiden. Het identificeert zich met het spiegelbeeld. Deze identificatie is belangrijk voor het opbouwen van de eigen identiteit.

Voor Lacan is het cruciaal dat die identificatie op het spiegelbeeld is gebaseerd. Volgens hem is dat spiegelbeeld altijd een idealisering, omdat het kind een ideaal beeld van zichzelf projecteert. In de spiegel meent het kind namelijk zichzelf als een eenheid te zien, terwijl het het eigen lichaam nog ervaart als een verbrokkelde massa zonder enige beheersing over de ledematen. De herkenning van het zelf in het spiegelbeeld is dan ook een 'mis'herkenning. Het kind identificeert zich eigenlijk met het beeld van zichzelf als een ander, namelijk als een beter zelf dat hij of zij ooit in de toekomst hoopt te worden. Let maar eens op hoe je thuis in de spiegel kijkt: eigenlijk kijk je altijd naar jezelf met de ogen van de ander. Dit is volgens Lacan een zekere tragiek van de mens: we bouwen onze identiteit op een ideaalbeeld waar we nooit aan kunnen voldoen. In zijn ogen schieten we dan ook altijd op een existentieel niveau te kort.

We kunnen de spiegel heel letterlijk nemen (het valt op hoe vaak spiegels een visueel element zijn in films, videoclips, reclames en modefoto's), maar we kunnen dit proces ook meer metaforisch opvatten. Het kind ziet bijvoorbeeld een ideaal beeld van zichzelf gereflecteerd in de ogen van zijn ouders die hem of haar adoreren en op een voetstuk plaatsen: voor je ouders ben je altijd het mooiste kind ter wereld. En terecht. Als we volwassen zijn, zien we dat ideaalbeeld gereflecteerd in de ogen van onze geliefde. Dat ideaalbeeld hebben we nodig om ons ego te kunnen vormen. Het is een gezonde narcistische blik die noodzakelijk is voor onze identiteit. Dat ego is namelijk nooit 'af', maar moet steeds opnieuw gevoed en gevormd worden. De internalisering van ideaalbeelden helpt daarbij.

De analyse van de spiegelfase is veelvuldig toegepast in de beeldcultuur. In de film fungeert de held of heldin als het ideaalbeeld waarmee we ons identificeren, in de modewereld zijn dat de modellen. Je zou de hele beeldcultuur eigenlijk wel als zodanig kunnen bestempelen: popsterren, fotomodellen, acteurs bieden ons allemaal kansen voor identificatie met ideaalbeelden. De fancultuur is voor een groot deel op die narcistische identificatie gebaseerd. Natuurlijk zit er ook een keerzijde aan. In een cultuur waarin jeugd, fitness en schoonheid steeds belangrijker worden, wordt het ideaalbeeld steeds onbereikbaarder. Veel mensen kunnen zich niet meer in dat voorgeschreven ideaalbeeld herkennen en zijn uitermate ontevreden met hun uiterlijk. Dat leidt dan tot frustratie en drastische maatregelen zoals plastische chirurgie, of tot ziektes als anorexia en boulimia. In dat geval is de narcistische blik in de spiegel mislukt.

Kijken en bekeken worden III: de panoptische blik

Tot nu toe hebben we vooral een blik van verlangen geanalyseerd: de voyeuristische blik op de ander (het verlangen om de ander te 'hebben') en de narcistische blik op je zelf (het verlangen om de ander te 'zijn'). Het is ook mogelijk om een meer sociologische analyse te maken van het blikkenspel in een maatschappij. Daarvoor kunnen we terecht bij de historicus Michel Foucault. Hij heeft vooral een diepgaande analyse gemaakt van hoe macht werkt. Daarbij ziet hij macht niet als iets dat de één heeft en de ander ontbeert. Hij stelt dat in de moderne cultuur macht circuleert in een voortdurend spel van onderhandelingen, strijd en confrontatie, verzet en tegenstrijdigheden. De taal reflecteert veranderingen rond macht. Was je vroeger een slachtoffer, nu ben je ervaringsdeskundige. Daarmee geef je jezelf een bepaalde macht, namelijk de macht van de ervaring, ook al is die ervaring onaangenaam.

Een manier om macht in de moderne cultuur vorm te geven is door middel van bewaking en toezicht: 'surveillance'. Foucault noemt dat de 'panoptische' blik. Dat ontleent hij aan de architectuur van gevangenissen in de achttiende eeuw, die een centrale toren hadden in een rond gebouw met cellen. Vanuit die toren kon een centrale instantie elke gevangene in elke cel observeren, zonder dat die gevangene terug kon kijken. De gevangenen konden ook elkaar niet zien. De panoptische blik houdt dus in dat een grote groep mensen onder constante bewaking en toezicht wordt geplaatst. Zij worden volgens Foucault daarmee gedisciplineerd tot het juiste gedrag.

In de huidige tijd is die rol van bewaking en toezicht overgenomen door camera's. Iedereen weet dat op straat, in stations en supermarkten, in het openbaar vervoer en musea, bewakingscamera's hangen 'die vaken over uw en onze eigendommen'. De wetenschap dat we altijd en overal door anonieme technologie bekeken worden, geeft ons wellicht een gevoel van veiligheid (of schijnveiligheid). Belangrijker is dat deze panoptische blik ons disciplineert tot ordelijke burgers. Van voortdurende observatie gaat namelijk een grote mate van disciplinering uit.

Net als bij de spiegelfase van Lacan kunnen we de panoptische blik ook meer metaforisch duiden. Niet alleen bewakingscamera's, maar ook de alomtegenwoordigheid van media als televisie en internet creëren een panopticum. Zo laten opsporingsprogramma's ons beelden uit bewakingsvideo's zien om de 'boeven' te vangen, terwijl reality programma's tonen hoe onze medeburgers de fout ingaan in het verkeer. Satellieten in de ruimte houden ons onafgebroken in de gaten. Met de standaarduitrusting van GPS (Global Positioning System) weten mobiele telefoons steeds waar wij ons bevinden. Toen ik in Italië op vakantie was, stuurde mijn mobieltje berichten in de trant van 'u bent nu in Pisa, waar u de scheve toren kunt bezoeken' of 'u bevindt zich nu op de Piazza Signoria in Florence; wist u dat de David van Michelangelo...' enz. Even voelde ik me weer het kleine meisje dat zich altijd en overal door God gezien weet. Nu is die goddelijke alomtegenwoordigheid vervangen door een anonieme, panoptische blik. Op dezelfde manier wordt ons surfgedrag vastgelegd op internet, en ons koopgedrag in de supermarkt.

We kunnen deze drie manieren van kijken bij elkaar brengen. Met de voyeuristische blik disciplineren wij de ander. We kennen allemaal wel die heimelijke blik waarmee we iemand anders in één oogopslag goed- of afkeuren. Met de narcistische blik disciplineren wij onszelf, door de wens aan een ideaalbeeld te voldoen. Door het internaliseren van de panoptische blik wordt ons sociale gedrag, maar ook ons lichaam, gedisciplineerd. Mode speelt in dit ingewikkelde blikkenspel een belangrijke rol. Je hoeft maar op een willekeurig schoolplein rond te dwalen of op straat om je heen te kijken om te begrijpen hoe mode bepaalt of iemand er wel of niet bij hoort, wat de ideaalbeelden zijn en hoe groepen elkaar in de gaten houden en disciplineren tot de 'juiste' kleding. Door kleding kan ik mezelf seksueel aantrekkelijk maken voor de voyeuristische blik van de ander. Of ik kan de ander aan mijn voyeuristische blik onderwerpen, als ik hun lichaam en kleding aantrekkelijk vind. Door kleding kan ik mijn eigen identiteit opbouwen en een bepaald ideaalbeeld uitstralen. Maar mode is meer dan alleen kleding. Mode dicteert ook een uitdrukkelijk schoonheidsideaal. Dat heersende schoonheidsideaal bepaalt hoe we ons lichaam disciplineren, bijvoorbeeld door het te onderwerpen aan diëten, fitness, schoonheidspraktijken zoals harsen, epileren, blonderen, en eventueel zelfs aan plastische chirurgie. Kortom, mode raakt uiteindelijk ook het lichaam. In de digitale fotoserie *Electrum corpus* van Christophe Luxerau zien we hoe mode letterlijk op de huid gegrift staat: het logo is onze huid geworden.

Literatuur
Over postmodernisme:
Jean Baudrillard, *Simulations*. New York: Semiotext(e), 1983.
A.A. van den Braembussche, *Denken over kunst. Een inleiding in de kunstfilosofie*. Bussum: Coutinho, 2000 (derde, herziene druk).
Thomas Docherty (red.), *Postmodernism. A Reader*. New York: Columbia University Press, 1993.
Frederic Jameson, *Postmodernism, or the cultural logic of late capitalism*. London: Verso, 1991.
Lyotard, *The Postmodern Condition*. Manchester: Manchester University Press, 1984.
Stuart Sim (red.), *The Icon Critical Dictionary of Postmodern Thought*, Cambridge: Icon Books, 1998.
Anneke Smelik, 'Carrousel der seksen; *gender benders* in videoclips'. In: R. Braidotti (red.) *Een beeld van een vrouw. De visualisering van het vrouwelijke in een postmoderne cultuur*. Kampen: Kok Agora, 1993: pag. 19-49. Nederlandse en Engelse versie te downloaden van www.annekesmelik. nl (> publications > articles).
Tim Woods, *Beginning Postmodernism*. Manchester: Manchester University Press, 1999.

Over cultuur en cultuurwetenschap:
Jan Baetens en Ginette Verstraete (red.) *Cultural studies. Een inleiding*. Nijmegen: Vantilt, 2002.
Dani Cavallaro, *Critical & cultural theory*. London: Athlone Press, 2001.
Simon During (red.), *The cultural studies reader*. London: Routledge, 1993.
Lawrence Grossberg, Cary Nelson, Paula Treichler (red.), *Cultural studies*. Routledge: New York, 1992.
Anneke Smelik, 'Met de ogen wijd dicht. De visuele wending in de cultuurwetenschap'. In: Sophie Levie en Edwin van Meerkerk (red.), *Cultuurwetenschappen in Nederland en België. Een staalkaart voor de toekomst*. Nijmegen: Vantilt, 2005: 71-81.
John Storey (ed.), *What is cultural studies? A reader*. London: Arnold, 1996.
Raymond Williams, *Culture and Society: 1780-1950*, Harmondsworth: Penguin, 1958.

Over beeldcultuur:
Walter Benjamin, *Het kunstwerk in het tijdperk van zijn technische reproduceerbaarheid*. Nijmegen: Sun, 1985 (oorspr. 1935). English: 'The Work of Art in the Age of Mechanical Reproduction', reprinted in: Benjamin, *Illuminations*, New York: Schocken Books, 1968 (1935): pag. 217-251.
John Berger, *Ways of seeing*. Harmondsworth: Penguin, 1972.
Michel Foucault, 'Panopticism'. In : *Discipline & punish. The birth of the prison*. New York: Vintage books, 1979 (1975).

Stuart Hall, *Representation*. London, Sage, 1997.
Nicholas Mirzoeff, *The visual culture reader*. London: Routledge, 1999.
William Mitchell, *Picture theory. Essays on verbal and visual representation*. Chicago: University of Chicago Press, 1994.
William Mitchell, *The reconfigured eye. Visual truth in the post-photographic era*. Cambridge: MIT Press, 2001 (1992).
Jan Marie Peters, *Het beeld. Bouwstenen voor een algemene iconologie*. Antwerpen: Hadewijch, 1996.
Anneke Smelik met R. Buikema en M. Meijer, *Effectief Beeldvormen. Theorie, praktijk en analyse van beeldvormingsprocessen*. Assen: van Gorcum, 1999 (uitverkocht: de tekst is te downloaden van www.annekesmelik.nl (> publications > books).
Anneke Smelik, 'Zwemmen in het asfalt. Het behagen in de visuele cultuur'. In: *Tijdschrift voor communicatiewetenschap*, jrg 32 (3) 2004: pag. 292-304. De tekst is te downloaden van www.annekesmelik.nl (> publications > books > oratie).
Marita Sturken & Lisa Cartwright, *Practices of looking. An introduction to visual culture*. Oxford: Oxford University Press, 2001.

Over beeldcultuur en gender:
Diane Carson, Linda Dittmar and Janice R. Welsch (eds), *Multiple voices in feminist film criticism*. London en Minneapolis: University of Minnesota Press, 1994.
Fiona Carson & Claire Pajaczkowska, *Feminist visual culture*. London: Routledge, 2001
Anthony Easthope, *What a man's gotta do. The masculine myth in popular culture*. London: Paladin, 1986.
Laura Mulvey, 'Visual pleasure and narrative cinema'. In L. Mulvey, *Visual and other pleasures*. London: Macmillan, 1989 (1975): pag. 14-26.
Steve Neale, 'Masculinity as spectacle'. In: *Screen*, 24 (6), 1983: pag. 2-16.
Mark Simpson, *Male impersonators. Men performing masculinity*. London: Cassell, 1993.
Anneke Smelik, *And the mirror cracked. Feminist cinema and film theory*. London: Palgrave: 1998.
Anneke Smelik, 'Feminist film theory'. In: Pam Cook & Mieke Bernink (eds), *The Cinema Book. 2nd Edition*. London: British Film Institute Publishing, 1999: pag. 353-365. De tekst is te downloaden van www.annekesmelik.nl (> publications > articles).

Over beeldcultuur en etniciteit:
Richard Dyer, *White*. London: Routledge, 1997.
Jane Gaines, 'White privilege and looking relations: race and gender in feminist film theory'. In: *Screen*, 29 (4), 1988: pag. 12-27.
bell hooks, *Black looks. Race and representation*. Boston: South End Press, 1992.
Jan Nederveen Pieterse, *White On Black. Images of Blacks and Africa in Western Popular Culture*. New Haven: Yale University Press, 1992.
Karen Ross, *Black and White Media. Black Images in Popular Film and Television*. Cambridge: Polity Press, 1996.
Ella Shohat & Robert Stam, *Unthinking Eurocentrism. Multiculturalism and the Media*. London: Routledge, 1994.
P. Williams & L. Chrisman (eds), *Colonial Discourse and Post-Colonial Theory*. New York: Columbia University Press, 1994.
Lola Young, *Fear of the Dark. 'Race', Gender and Sexuality in the Cinema*. London: Routledge, 1996.

Over nieuwe media:
Jay Bolter & Robert Grusin, *Remediation. Understanding new media*. Cambridge: MIT Press, 1999.
Manuel Castells, *The rise of the network society*. Oxford: Blackwell, 1996.
Lisa Cartwright, 'Film and the digital in visual studies. Film studies in the era of convergence'. In: *Journal of visual*

culture, vol. 1 (1) 2002: pag. 7-23.
Lev Manovich, *The language of new media*. Cambridge: MIT Press, 2001.
Jos de Mul, *Cyberspace Odyssee*. Kampen: Klement, 2002.
David Rodowick, *Reading the figural, or, philosophy after the new media*. Durham: Duke University Press, 2001.
Jan Simons, *Interface en cyberspace. Inleiding in de nieuwe media*. Amsterdam: Amsterdam University Press, 2002.

Over identiteit:
Sigmund Freud, *Three Essays on the Theory of Sexuality*. New York: Basic Books, 1962 (1905).
Sigmund Freud, 'Female sexuality'. In: *Sexuality and the Psychology of Love*. New York: Macmillan, 1963 (1931).
Jacques Lacan, 'The mirror stage as formative of the function of the I as revealed in psychoanalytic experience'. In: *Écrits. A Selection*. New York: Norton, 1977 (1949): pag. 1-7.

Over mode :
Roland Barthes, *Le système de la mode*. Paris: Seuil, 1967.
Stella Bruzzi & Pamela Church Gibson, *Fashion Cultures. Theories, explanations, and analysis*. London: Routledge, 2000.
Naomi Klein, Naomi, *No Logo*. London: Flamingo, 2001.

15. Christophe Luxereau, *Pieds*, 2002

Dirk Lauwaert

I De kleding en de innerlijkheid

II Kleding is een ding

III Kleding en verbeelding

IV Het democratisch snobisme

I
De kleding en de innerlijkheid

Kleding is niet alleen een ding van textiel dat bovenop de huid wordt gelegd, niet alleen een cruciale test bij de eerste ontmoeting, niet alleen het scherpe wapen in de strijd om de aandacht; kleding is ook en misschien vooral met het eigen innerlijk verbonden. Geen innerlijkheid zonder kleding. Kleding schept de mogelijkheid om je binnen in jezelf terug te trekken en van daaruit 'ik' te zijn. Zonder kleding geen grammaticale persoonsvormen. 'Ik' formuleert en bewijst men in zijn kleding. Net zo goed worden 'jij' en 'hij' lastig te formuleren zonder kleding. Een groep naakte mensen – vernederd in een gevangenis, extatisch in een orgie – wordt anoniem en sprakeloos. Zelfs in onze dromen en dagdromen, in herinneringen, in vriendschap en liefde ontbreekt de kleding nooit. Het naakt zijn is een uitzonderingstoestand.

Kleding is in die zin ook echt de taal van het menselijk lichaam. Taal is articulatie; kleding articuleert effectief het lichaam. Kleding fragmenteert het, roept tegenstellingen op tussen gekleed en onbedekt, tussen links en rechts, tussen binnen en buiten. Zonder kleding geen verdelingen, maar een massa. Zonder kleding geen accenten en hiërarchie, maar een egaal bloot. Het naakt is de studie van het lichaam als 'massa': het is geen toeval dat de geschilderde naakten vooral liggend zijn uitgebeeld.

Gekleed staan we rechtop. Dat we zo, in tegenstelling tot de andere diersoorten, ons geslacht niet onder ons, maar voor ons uit dragen, maakt van de kleding een zeer seksuele aangelegenheid. Wij afficheren ons seksuele verschil en moeten van daaruit onze plaats bepalen. Het geklede ik is steeds geseksualiseerd. Kleding exalteert en kalmeert vaak in één en dezelfde beweging die seksuele inzet. In het liggende naakt verdwijnt de rechtopstaande mens en plooit het lichaam toe. Rechtopstaand ligt de schaamte voor de hand. Schaamte is sprakeloosheid. Schaamte is zelfs gekleed, toch ontkleed worden. Schaamte hoeft niet door kleding veroorzaakt te worden. Schaamte zet kleding buitenspel. Een fout in je kleding wekt schaamte: een vlek maakt je bloot. Je staat zonder verdediging tegenover de zelfobjectivering van een vernietigend schaamrood. Heel het innerlijk vloeit naar buiten en is als een open stad waarin de vijandelijke blik schaamteloos heerst en woedt. Kleding raakt – zo blijkt – de diepste regionen van onze existentie. Iedere essentie loopt op de triviale klippen van het uiterlijk te pletter. De kleding is de triomf op de schaamte. Laat ze ons in de steek dan is er geen ontkomen aan de vernedering, aan de afasie. De angst dat de kleding ons verraadt en sprakeloos achterlaat is permanent. Toch is kleding niet alleen bron van angst, maar vooral van tevredenheid en geluk. Ons aankledend voor een nieuwe werkdag doen we dat toch steeds met het opgeruimd vertrouwen dat we het juist in deze kleding zullen volbrengen, zowel het schrijven van een essay aan het eigen bureau, als het afleggen van het traject naar winkel en afspraken buitenshuis. 'Hierin moet het lukken', zeggen de mensen als ze de voordeur achter zich dichttrekken.

De kleding is een wisselaar, luchtig en onstabiel, een gevoelig membraan dat doorgeeft en – vooral – de meest diverse richtingen uitstuurt. Domein van de schijn, waar nochtans geen enkel 'zijn' zonder kan: van de erotische tot de religieuze logica, van de hoogste kunst tot de triviaalste gedachte, van fantasie tot realisme, van democratie tot totalitaire discipline, van zelfbewustzijn tot controle van anderen, van huid naar ziel, van herinneringen aan de moeder tot dagdromen over de geliefde – steeds speelt de kleding op de achtergrond een wezenlijke rol. Niet alleen om die domeinen ieder op zich te articuleren, maar vooral om op een subtiele manier de verschuivingen en het contact tussen die domeinen in stand te houden en ons tegelijk toch nooit de indruk te geven dat het een met het ander verwisselbaar is.

1. Tim Walker, foto voor de Italiaanse *Vogue*, 1999

Het denken over kleding heeft weinig aan causale verbanden: het éne verklaart hier niet het andere. De moralistische reflex – ooit religieus gekleurd, vandaag in sociologie verscholen – wil niets liever dan kleding herleiden. Dat blijkt vooral een ontkenningsstrategie: kleding tot een vrouwelijke affaire maken (en dus de even grote mannelijke implicatie verdoezelen), de mode herleiden tot snobisme (alsof je daaraan kunt ontkomen), de mode herleiden tot consumptie (en dus haar existentieel gewicht loochenen), de mode populariseren door haar te trivialiseren (terwijl ze in de antropologische diepte alomtegenwoordig is).

En tegelijk is er het haast feestelijke besef dat al die loocheningen zelf een onmisbaar onderdeel zijn van het hele spel.

Als de kleding een wisselaar is, komt dat ook omdat ze onophoudelijk tegenstellingen oproept, tussen vormen, texturen, kleuren, stijlen. Op de articulaties die de kleding betreffen, enten zich sociale, plastische, erotische, stilistische tegenstellingen. Generaties, geslachten, klassen, religies, talen, beroepen, hiërarchieën plaatsen zich tegenover elkaar op het schaakbord van de kleding, gebruik makend van de tegenstellingen in textiel.

De kleding openbaart op die manier het collectieve (en private) weefsel niet als een continuïteit, maar als een discontinuïteit. Ieder verlangt ernaar iets anders te dragen dan alle anderen. Ieder verlangt ernaar vandaag anders te zijn dan gisteren. Kleding is zo geen verbindende, maar een ontbindende strategie (geen wonder dat 'gemeenschappen' kleding wantrouwen).

Kleding genereert overigens geen wrijvingen, maar regelt de juiste afstand. Ik loop als kind naast mijn grootmoeder in de winkelstraat en de scheiding tussen haar en mij – in termen van leeftijd, geslacht en ambitie – ligt overduidelijk in onze verschillende kleding. En we komen zo goed overeen omdat dat zo duidelijk is: ik een jongen, zij een vrouw, ik een kind, zij een volwassene. Dat alles bekroont onze intense verhouding van grootmoeder en kleinzoon. Ik heb wel een zware prijs betaald: ik kleed me anders dan zij; terwijl we toch zoveel voor elkaar voelen. De eenheid is er, maar op een ander vlak en – zo leer je – dankzij het verschil. De kleding dekt de huid toe die ik ook bij de ander voel. Maar de kleding is doordrongen van de nostalgie naar die onmiddellijkheid en is het beste compromis ermee.

De illusies over de mens die is bevrijd van kleding (het paradijs) en van mode (de ideale staat) stromen als een constante door de moderne tijd. Langzaam maar zeker heeft de kleding haar symbolisch en emblematisch potentieel verloren. Een functionele hypothese lijkt in de plaats van de oude dogmatiek ten aanzien van kleding, gekomen. Als kleding alleen maar functioneel is, en niet existentieel, dan is het denkbaar zonder eigen kleding te leven. Letterlijk in het naturisme, figuurlijk in het uniform. Beide zijn technieken om de dynamiek van het membraan, maar ook de articulaties van het lichaam, het verschil tussen de geslachten, de onophoudelijke en snelle uitzending via de kleding van alle mogelijke indrukken en impulsen naar de meest uiteenlopende gebieden, een halt toe te roepen. Ongekleed (naakt of in uniform) hoopt men aan het spel van tegenstellingen te ontsnappen, of dit te verzachten. Beide utopieën duiden vooral op de armoede van iedere utopie, van iedere uitsluitend gedachte mensenwereld. De kleding is een formidabele corruptiemachine van het utopische: iedere zuivere leer wordt vroeg af laat door de onzuivere kleding op haar leefbaarheid getoetst. De kleding laat bij uitstek zien dat de wereld der mensen een vlietend verschijnsel is. De orde die we er in ontwaren is bij voortduring de stimulans van de wanorde. De fundamentele rol van de kleding bestaat eruit om de onzuiverheid van het leven voortdurend in herinnering te brengen als de basis van onze vitaliteit. De kleding is de praxis van een vitalistische filosofie.

Wie observeert ziet hoe textiel als een harnas onze lichamen omsluit: kleding is een scherm. Grote lappen stof liggen om ons heen als een omwalling rondom een stad. We bedekken het grootste deel van onze huid onder lagen textiel. Kleding geeft meteen de regel aan van de grens, van het niet aanraken. Naakte lichamen verleiden ertoe ze aan te raken – de blik is reeds een aanraking. Geklede lichamen daarentegen geven de wet aan van de afstand. Ze regelen de toenadering, het eerste contact, de schikking tegenover elkaar. Kleding genereert de ruimtelijke gebruiksregels van een lichaam. Het naakte lichaam is een uitnodiging tot fusie, het geklede lichaam is een bevestiging van de niet-fusie. De kleding stelt zo een dramaturgie in werking: men dramatiseert vanuit het gekleed zijn een eigen ruimte en die van de ander. Kleding is een regieaanwijzing, de opstelling van een militaire campagne, regelaar van een sportieve competitie.

De kleding heeft tegelijkertijd een introvert en een extravert moment. Dat laatste krijgt nu, door de heersende ideologie van de communicatie, voorrang op het eerste. Kleding als taal, kleding als sociale code, als retorische manipulatie. Het valt perfect samen met de ouderwetse moralistische veroordelingen van de schijn, die in de sociologie een perfecte erfgenaam heeft gevonden. Toch kleedt men zich in de eerste plaats om vorm en kracht te geven aan zichzelf. Wie ziek is geweest en voor het eerst uit het bed kan, heeft het verlangen zich weer aan te kleden. Een verkwikkende sensatie! Wie een moedeloze nacht achter de rug heeft herstelt als hij zich desondanks aankleedt, maar blijft in de moedeloosheid steken als hij de vormgeving van zichzelf niet aangaat. De kleding geeft moed.

Kleding is een rijk geheugen. De garderobe van je kinderjaren blijft bij iedereen sterk aanwezig. Nieuwe kleren markeren de fases van je groei. Meestal speelt de moeder daarbij de belangrijkste, helpende hand. Zij brengt de kleren aan en erkent zo je verandering: 'wat groei je snel' wordt in veel toonaarden – aanmoedigend en teleurgesteld – in huisgezinnen gezongen. De moeder articuleert samen met haar kind een traject van transformaties. Zij onderzoekt in dat aankleden bovendien zichzelf, haar eigen geschiedenis. Haar kind kleden is eigenlijk zichzelf kleden. Het aangeklede kind is ook haar geheugen. De moeder raakt in de kleding van haar kind haar eigen innerlijkheid. Ze leert het kind zichzelf te zijn, in kleding. Ze leert het kind er voor zichzelf en niet langer voor haar te zijn. Het kleden van een kind is het in ééenzelfde beweging naar zich toehalen en van zich weg laten gaan. In haar kleding geeft de moeder het kind aan de wereld.

Iets van dat min of meer gelukkige proces blijft spelen. Moedeloosheid of enthousiasme, weerbarstigheid of uitgelatenheid bij het dagelijkse aankleden kleuren iemands leven. Aankleden is het aanbrengen van een cesuur: ervoor en erna. Je markeert het begin van een nieuw hoofdstuk, sluit het voorgaande af. Breuk in de tijd, maar ook in de ruimte: de kostuumwissel geeft je toegang tot andere ruimtes. De kleding plaatst je in rollen van de zieke, de gezonde, de werkende, de verleidende. Het gehele narratieve traject van het dagelijks leven wordt zo door de kleding gestuurd. De kleding is de vertrouweling die je zegt dat je dit of dat zult kunnen. Hoe vaker we de grens van een programmawissel oversteken, hoe spannender we bewust zijn van de diversiteit van onze rollen en verplichtingen. Zich verschillende keren per dag kunnen verkleden is dan ook echt een luxe: iedere rol verwacht weer iets anders van je. En als we naar een film kijken zien we de helden onherroepelijk, zij het nauwelijks bewust, door de verschillende prisma's van hun wisselende garderobe. De kleding exalteert ons innerlijk door de telkens vernieuwde variant van onszelf.

II
Kleding is een ding

Beschadigd, te klein geworden, uit de mode worden kostuum en jurk wat ze altijd al waren, namelijk dingen. Dingen uit textiel (maar ook uit huid, metaal, kunstvezel). Ze moeten zoals alle dingen in elkaar gezet worden. Het is een constructie rond het lichaam. Net zo handig als het zacht glooiende handvat van een kruiwagen en zijn handige uitstulpende stop aan het einde zodat de steel je niet uit de handen glipt.

Als eenmaal de basisstructuur (maken we een broek of een handschoen?) en het creatieve ontwerp ervoor gekend zijn, dan bestaat het werk voor een groot deel uit de subtiele en aandoenlijke arbeid van aanpassing. Het passen van de kleding aan dat ene, unieke lichaam. Het mooiste pakje wordt waardeloos als je er niet in past. 'Het is mooi, maar het past niet' is een overbekend minidrama in de kledingzaken. (Er bestaat ook nog een ander drama, dat van het misverstand: 'ik vind het mooi, maar het is niets voor mij'. Partners tasten zo geregeld elkaars mysterieuze en evoluerende smaak af. Het 'niets voor mij' heeft met houdingen en verhoudingen te maken. Ik herken me niet in dat soort mannelijkheid, ook al vind ik het mooi... bij anderen).

Er moet dus op twee zeer verschillende registers 'gepast' worden. Er is het fysieke register ('ik ben te zwaar geworden'), maar er is ook het register der houdingen ('ik bén zo niet'). Beide keren werkt de passcène als een onthulling over de werkelijkheid van je lijf (het afscheid van het jeugdige lichaam), over de werkelijkheid van je persoonlijkheid (in het dagelijks leven kun je niet spelen wat je niet bent – tenzij je een speler bent).

De kleermaker is tegelijk de constructeur van het object, maar ook de vertroweling van je houdingen (Hepburn zegt geen analist nodig te hebben, wanneer ze de couturier, Givenchy, heeft). Vandaar de psychische dimensie van de kleermaker (zoals overigens ook van de kapper, de juwelier, de schoenmaker). Geconfronteerd met de onzekerheden van lijf (en wie wordt er niet voortdurend door ontgoocheld?) en houding (wie weet precies wat hij is en wil?) is het zijn taak lichaam en houding in harmonie te brengen. Doorgaans als vleierij gehoond, is het een onverwoestbare, want onvervangbare rol. Een constructie van textiel vervaardigen die lijf en levenshouding, fysiek en levensproject samenbrengt! Wat een grandioze prestatie.

Hoe grandioos dat is, blijkt als men de omkering ervan bekijkt in de praktijkruimte van de arts. Die haalt je uit je kleren, herleidt je wil, je waardigheid tot de grenzen van zijn competentie: namelijk dat fysieke lijf. Hij rukt het morele en fysieke uit elkaar en geeft bij onderzoek en diagnose de minuscule grens aan waarbinnen je moreel nog speelt. De arts ontbindt, wat de kleermaker had verknoopt.

De traditie van het genretafereel heeft vaak een scène bij de kleermaker en één bij de arts als onderwerp. De moraliserende levenscycli (Abraham Bosse, William Hogarth) gebruiken het uitgelaten bezoek aan de kleermaker en het terneergeslagen bezoek van de arts om losbandige luxe en verdiende loon als een rekensom op te tellen. Zonder die moraal zie je misschien iets anders: de moed om de fragiliteit van het lichaam te overwinnen.

Bij de kleermaker moet je je uitkleden opdat hij je kan aankleden, ieder pashokje lijkt op het kleedhokje bij de arts. Net zo ligt er achter iedere showroom een atelier. Tussen de etalage van het werkstuk en de productie ervan gaapt een kloof die alleen door een metamorfose gedicht kan worden. Nu bevinden de ateliers zich in verre landen. Maar de tegenstelling tussen de feeërie van de westerse kledingconsumptie en de meedogenloze kledingproductie ver weg van onze winkelstraten, is niet alleen een economische. Immers, tussen het kiezen en passen in de kledingzaak en het maken in het atelier ligt een ontologische breuk. Het laatste is weliswaar de voorwaarde voor het

Sophia Kokosalaki
1972, Athene (Gr)

De Griekse ontwerper Sophia Kokosalaki heeft internationale bekendheid verworven met de duizenden kostuums die ze voor de Griekse deelnemers aan de Olympische Spelen in 2004 in Athene ontwierp. Tijdens haar optreden gedurende de openingsceremonie droeg de IJslandse zangeres Björk een spectaculaire creatie van Kokosalaki die uit een enorme hoeveelheid stof in verschillende lagen bestond en halverwege haar optreden ontvouwde in een reusachtige wereldkaart. Het ontwerp bezorgde Kokosalaki in één klap wereldfaam.

Kokosalaki wordt in 1972 in Athene geboren en studeert Grieks aan de universiteit aldaar. Vervolgens vertrekt ze in 1997 naar Londen waar ze haar opleiding aan het Central St. Martins College of Art and Design vervolgt.

De ontwerpen van Kokosalaki zijn romantisch en luchtig van aard en zitten vol verwijzingen naar haar geboorteland. Met name de Griekse mythologie vormt een inspiratiebron voor haar vakkundig gedrapeerde creaties. Hierin worden klassieke gewaden getransformeerd tot eigentijdse, zeer vrouwelijke kledingstukken die zowel draagbaar als elegant zijn. In haar ontwerpen maakt ze veelvuldig gebruik van jersey, leer en pasteltinten. Kokosalaki heeft daarnaast een grote voorkeur voor het werken met traditionele technieken, zoals patchwork, ruches en applicaties. Door het vele handwerk dat met het 'verrijken' van de ontwerpen gepaard gaat, is het productieproces van haar kledingstukken zeer arbeidsintensief. Toch blijven ze in ontwerp en uitvoering eenvoudig.

In 1999 lanceert de Griekse haar eigen label, een jaar later gevolgd door de presentatie van haar collectie op de London Fashion Week waar ze als nieuwkomer, door bijvoorbeeld de Britse *Vogue*, als groot talent wordt ontvangen. In deze periode is Kokosalaki tevens werkzaam voor het Italiaanse lederhuis Ruffo Research en als adviseur voor Fendi. Daarnaast ontwerpt ze voor de TopShop. Recentelijk heeft Kokosalaki Londen ingeruild voor Parijs, waar ze in het voorjaar van 2005 debuteerde met een op de onderwaterwereld geïnspireerde collectie. Parelmoer, zeewier en zandachtige texturen sieren Kokosalaki's blauw en zachtroze creaties waarin de belangrijkste rol is weggelegd voor haar inmiddels wereldberoemde signatuur: de draperie.

Afbeeldingen:
1. Zangeres Björk in een ontwerp van Sophia Kokosalaki tijdens de opening van de Olympische Spelen in Athene, 2004
2. Sophia Kokosalaki, collectie herfst/winter 2005/2006
3. Sophia Kokosalaki, collectie herfst/winter 2005/2006

2. Yohji Yamamoto, lente-zomercollectie 1997

eerste, maar tussen passen en maken, tussen jurk en grondstof, tussen kostuum en patroon is er het verschil van werelden. Tussen de lust van het passen en de intelligentie van 'snit en naad', tussen de metamorfose van een meisje tot 'bird of paradise' (Audrey Hepburn in *Funny Face*) en de metamorfose van een baal stof tot bruidsjurk vindt er een kanteling plaats. De kanteling tussen de logica van de productie en die van het gebruik. Tussen de logica van het maken en die van het verschijnen. Ze liggen niet in elkaars verlengde.

De miraculeuze gedaanteverwisseling is nu nog ontoegankelijker en onbegrijpelijker geworden, omdat het maken van kleren geen huishoudelijke taak meer is. Fastfood, pil en prêt-à-porter zijn reorganisaties van fundamentele functies; voeding, voortplanting en kleden definieerden de roeping van de vrouw. Al die taken zijn controleerbaar en delegeerbaar geworden. Samen met dat delegeren verliest men onherroepelijk het intuïtieve besef van wat een en ander in het dagelijks leven en in een levenstraject betekent. Wie geen besef meer heeft van het ambacht van het kleermaken – omdat noch de moeder het kan, noch de vrouw en omdat er in de stad geen kleermakers meer werken – gaat onvermijdelijk anders (ik zou stellen: lichtzinniger) om met het kleden. Yohji Yamamoto zegt in de aan hem gewijde film van Wim Wenders dat hij kleren zou willen maken die een heel leven in zich dragen zoals in de portretten van August Sander. Daarmee geeft hij een ideaal aan, zonder te beseffen dat hij dat vanuit zijn positie als merkontwerper juist niet meer kan.

    Wat we vooral kwijt zijn is de metamorfose: van stof, garen en knopen naar 'een kostuum', maar ook de weg van het aan iedereen voorgestelde ontwerp naar het op je lijf gesneden pak, is uitgewist. De magie van het maken is niet meer te zien. Een magie die door geen enkele andere vervangen kan worden en ongetwijfeld één van de fundamentele ervaringen van de oude wereld was. Hier stond de 'homo faber'. Hij is de black box die de metamorfose mogelijk maakt. Hij is de goochelaar, de demiurg, de schepper. Scheppen is niet alleen bedenken, maar vooral de materie zelf kneden en ze naar de hand van het gedachte zetten. Een truc die je zelfs al sta je op de vingers van de naaister te kijken niet bevat. Als kind ontging me steeds opnieuw het moment waarop de stukken stof aan het patroonpapier vastgepind dat lieve jurkje werden aan het lijfje van mijn zusje. En die koketterie van haar, en die trots – om kind en kunde – van mijn jonge moeder.

De mens is een eenheid van textiel en lichaam. De kleding is geen perifere toevoeging, maar een essentiële herdefinitie. De kleding verbergt het lichaam niet, maar herijkt het. De anatomie wordt vervangen door vrije drapering, of strakke naadconstructie; incidentrijke huid wordt vervangen door de homogene textuur van textiel; het weefsel wordt weefwerk.

    Kleding zet ons zo in een andere scène, in dé scène waar we een eigen rol kunnen spelen en de soort overstijgen. Kleding laat ons verschijnen, omdat ze ons een densiteit, een gelaagdheid, een diepte geeft waardoor we niet alleen zichtbaar zijn als ieder ander ding in het universum, maar betekenis krijgen, zoals wij die alleen kunnen uitdelen.

III
Kleding en verbeelding

Het beeld van de kleding is zo prominent aanwezig – zo feestelijk en zo opdringerig – dat we iets heel essentieel over het hoofd zien, namelijk dat de kleding zelf ons tot beeld maakt. Voor mijzelf, voor de andere, maar vooral voor de onbekende derde. Het is voor hem dat men zich kleedt, voor de virtuele, maar onontkoombare blik. Wij zijn immers zichtbaar, dat wil zeggen permanent gekoppeld aan een mogelijke kijker. De som van alle mogelijke blikken put die virtuele blik niet uit. (Niet de alziende God, maar de alzichtbare mens). Wij kunnen niet anders dan ons tot die virtuele blik te verhouden, dat wil zeggen ons in functie daarvan te articuleren, te markeren, ons in die blik te manoeuvreren om een positie er tegenover af te dwingen.

De kleding is het antwoord op deze primitieve staat van zichtbaarheid. Wij kunnen niet anders dan ons in deze staat tot beeld stileren. We maken daarbij gebruik van de enkele schaakvlakken die we ter beschikking hebben: het feit dat we een boven- en een onderlichaam uit onze anatomie kunnen afleiden, dat we een rug- en frontzijde hebben, dat we een linker- en rechterkant hebben. Deze laatste verschilt van de twee eerste: onder- en bovenkant, rug- en frontzijde zijn radicaal verschillend, links en rechts daarentegen spiegelen elkaar. In de kleding hebben linkse en rechtse accentueringen daarom ook een minder dwingende betekenis: er staat minder op het spel, er kan dus mee gespeeld worden. Er is een minder sterke waarde-investering (dus is het meer esthetiseerbaar). Heel anders het onder en boven, het voor en achter: het anatomisch verschil ertussen is extreem, de schaamte ligt zo op de loer. Wij lopen rechtop en dragen onze sekse als een embleem voor ons uit. Ons gelaat, onze blik, torenen steeds boven ons geslacht in een zeer fragiele pretentie.

De kleding is er niet om ons lichaam te verbergen, maar om onze anatomie te organiseren en ze leesbaar te maken. Leesbaar volgens een bepaalde systematiek, een logica van investeringen in vormen en libido.

Verschillende culturen hebben verschillende vormen van kleding ontwikkeld. Ze hanteren een andere grammatica en de libido wordt er anders in aangebracht. Die verscheidenheid verdwijnt – ondanks alle multiculturaliteit – uit het gezichtsveld van de westerse consument. Zijn kledinglogica is ieders vanzelfsprekende regel geworden. Die vanzelfsprekendheid is een verarming. We zien de (willekeurige) keuzes van onze kleding niet meer. Zonder het besef van die keuze verdwijnt onze betrokkenheid, wordt de kleding banaal. We beseffen de inzet ervan niet langer. Wat het betekent om in liefde en oorlog gekleed te zijn geraakt niet meer gethematiseerd.

De schilder van de negentiende eeuw ergerde zich aan de saaie mannelijke kleding van zijn tijdgenoten waarin geen geloofwaardige heldendaden verricht konden worden. Ambitieuze eigentijdse beelden konden zo niet gemaakt worden. Die frustratie kan verduidelijkt worden. De mannelijke kleding is saai omdat ze het mannelijke lichaam niet meer leesbaar maakt door er een vorm, een bewuste esthetische keuze aan te verbinden. Immers de man ruilt esthetiek in voor functionaliteit, leesbaarheid voor het praktische, een eigen stem voor vestimentaire anonimiteit, vormgeving voor stroomlijning. De consequenties zijn: neutralisering van het mannelijke, de illusie het vestimentaire spel te kunnen verlaten (en het aan vrouwen over te laten), de triomf van een definitieve want praktische oplossing voor de (mannelijke) kleding.

De functionaliteit van de kleding waart als een perversiteit door onze vestimentaire cultuur. Het geeft ons de mogelijkheid om onze praktische en dus waarden-neutrale oplossing als een universeel voorstel te poneren. Het stelt ons in staat te doen alsof we aan het beeld dat de kleding ons oplegt kunnen ontsnappen en alsof we ons zo aan de verbeelding en aan de verbeeldende blik kunnen onttrekken. Het is niet verwonderlijk dat zoveel mensen zo brutaal lelijk (nee, onesthetisch) gekleed zijn. De obsceniteit van dit gemis aan vorm is een bron van opperste verbazing en verbijstering. Hoe kan onder het triomfantelijke regime van de mode, zo'n vestimentair cynisme overheersen?

Precies deze degeneratie van de kleding heeft de potentie om zich boven de culturen te plaatsen en een abstracte mensheid te omhelzen. Is dat niet het oerproject van de sportkleding? Maar ook het driedelig mannenpak is zo'n universeel project. Niet verwonderlijk dat het zich in het kielzog van de Franse en de industriële revolutie uitkristalliseerde. Dit zich snel verspreidende onvermogen om zich te kleden wordt verdoezeld achter het fascinerende spektakel van de mode, waaraan mensen met de ogen, maar nauwelijks nog met hun lichaam deelnemen. Het feeërieke spektakel van de mode is nodig om de werkelijke uniformisering van de kleding te compenseren.

Mode is niet denkbaar tenzij als beeld. Mode speelt zich af in beelden, niet op straat. De mode-industrie is intiem verknoopt met de logica van de afbeelding. Afbeeldingen prikkelen onze verbeelding, te weinig de geklede mens zelf. We zien steeds minder duidelijk het geklede lichaam als een beeld, steeds meer de tweedimensionale vertaling ervan. Zonder de resonantie in de logica van de afbeelding, geen mode.

Dat betekent in de eerste plaats dat het lichaam in het keurslijf van de afbeelding moet passen. De pose is de kern van die aanpassing. De pose is zelfbeheersing die macht genereert. Ooit het privilege van de macht (die zich niet uit in uitbarstingen van kracht, maar integendeel in het geringst mogelijke energieverbruik), is de pose snel gedemocratiseerd en werd ze gekoppeld aan verleiding, niet langer aan de macht. Kleding heeft een intieme band met deze pose, zowel die van de macht als die der verleiding. Kleding maakt de pose mogelijk. Naakt poseren kan, maar niet als een persoon. Om een persoon neer te kunnen zetten heb je het vallen van stof, de snit van een silhouet nodig. Pas dan wordt de pose een houding, een verhouding.

Het is opvallend dat het modebeeld zoals we dat vandaag kennen vooral fotografisch is. Het fotografisch beeld versterkt de logica van de pose. De gefotografeerde mode (en er bestaat geen andere) fixeert de pose en combineert ze toch met vitale, realistische componenten. Die mengeling bepaalt het spanningsveld dat de modefotografie zo virtuoos bespeelt.

Toch zorgt het fotografische modebeeld voor een soort verharding. De gefotografeerde mode beperkt de reikwijdte van aandacht en gevoeligheid. We zien toch vooral formules, geen unieke oplossingen die ons tot eigen oplossingen moet voeren. Er heeft, mede door toedoen van fotografie, een verschraling plaats van waar het in de mode over gaat. Fotografie ontneemt substantie aan de kleding.

Die pose is een synthese. In staatsie- en glamourportretten ziet men de pose als een rustig en geconcentreerd evenwicht van in bedwang gehouden krachten. In het portret kantelt de figuur uit het dagelijks leven in een biografische essentie: niet zijn existentie, maar de persoon als idee. Vandaar uiteraard de idealisering.

Ook bij het passen in de kledingszaak evalueert men zijn geklede figuur in een aantal poses voor een spiegel. Het is de stilstaande fase van het dragen van kleding. Deze stilstand bezit de grootste kracht tot fascinatie. Het spiegelbeeld fixeert en de verkoper moet je uit dat beeld halen met een 'loop even'. Meteen verliest men dat bevredigende evenwichtspunt dat men in de pose gevonden had, waarin men zich een fractie hoopte te kunnen verschuilen. Kleding suggereert in het spiegelbeeld dat men een visueel antwoord heeft op de vragen wat en wie men is (dit lichaam, dit leven; en ook in die volgorde van belangrijkheid). De mode

Alexander van Slobbe
1959, Schiedam (Ne)

In de hogere prijsklasse – denk aan Prada – zijn confectie en couture wat betreft kwaliteit, verfijning en versiering tegenwoordig nauwelijks meer van elkaar te onderscheiden. Maar in de jaren tachtig van de twintigste eeuw bestaat er tussen beide productiemethoden een wereld van verschil. In die tijd begint Alexander van Slobbe zijn carrière in de confectie-industrie. Hij maakt schetsen die naar Hong Kong worden gestuurd en ziet ze terugkomen als platte producten. Het is uit liefde voor het vak dat hij in 1989 samen met Nanet van der Klein het handgemaakte label 'Orson + Bodil' begint. De kleding is modernistisch, van hoge kwaliteit en bestemd voor een selecte groep vrouwen. Er zijn geen referentiepunten: 'Dutch design' betreft tot dan toe hoofdzakelijk de vormgeving van tafels, lampen en stoelen, en volgens de toen heersende opinie komt 'echte mode' uit het buitenland. Maar Orson + Bodil krijgt erkenning – en een vaste groep toegewijde klanten. Er is echter geen bank of investeerder die erin gelooft. Als het kleinschalige en handgemaakte niet langer vol te houden blijkt, begint Van Slobbe in 1993 met steun van een investeerder het mannenlabel 'SO', waar hij zich uiteindelijk geheel op gaat richten. SO, dat zich kenmerkt door een combinatie van sport en klassiek – denk aan een trainingsbroek met krijtstreep – wordt direct herkend als een designerlabel en wordt een groot, internationaal succes. Via sublicenties komt het terecht in Japan – de belangrijkste markt op wereldniveau – en uiteindelijk wordt het zelfs een volledig Japans merk. Wel veertien keer per jaar reist Van Slobbe op en neer van Nederland naar Azië om de grote machinerie aan de gang te houden. Tot hij zich gaat afvragen waar hij eigenlijk mee bezig is. In 2004 wordt SO aan een Japanse firma verkocht en gaat Van Slobbe zich weer geheel op Nederland richten. Bovendien blaast hij 'Orson + Bodil' nieuw leven in. De nieuwe winkel op het Amsterdamse Westergasfabrieksterrein gaat van start met een *archief*collectie, waarmee de tijdloosheid van zijn ontwerpen wordt bewezen.

Van Slobbe ontvangt in 2003 de oeuvreprijs van het Prins Bernhard Cultuurfonds. Hij ontwerpt kleding en schoenen voor Puma. Sinds 2003 leidt Van Slobbe de opleiding modevormgeving van de Academie voor beeldende kunst en vormgeving Arnhem (tegenwoordig onderdeel van ArtEZ hogeschool voor de kunsten) waar hij in 1979 zelf zijn opleiding begon. Samen met zakenpartner Guus Beumer richt hij Co-lab op, met als doel jonge ontwerpers vanuit de inbedding van zijn atelier in staat te stellen businessstrategieën te ontwikkelen. Een goede infrastructuur voor de mode is volgens hen namelijk iets dat in Nederland nog steeds ontbreekt.

Literatuur:
Petra ter Doest: 'Ontwerpers hebben geen hobby's. Je werk is je hobby'. In: *Elsevier. Thema Vrouwenmode*. Augustus 2004, pag. 48-52.

Afbeeldingen:
1. Orson + Bodil, collectie herfst/winter 2005/2006
2. Orson + Bodil, collectie lente/zomer 2006

zegt via de sleutel van de pose: dit hier is, nu en ook straks, op zich en gesloten.

Toch zijn er na enkele pose-figuren toch de stappen die men moet zetten. Men kijkt hoe het valt bij het wandelen, loopt voor- en achteruit, naar links en rechts om de kleding niet alleen meer als omhulsel van het lichaam maar nu ook als omhulsel van de beweging van het lichaam te zien. Die beweging vervluchtigt de fixatie, waar het fantasme zich op ent. Wat in de plaats komt is de belofte. Iedere beweging is de aanloop tot een mogelijke nieuwe pose; is mogelijk een weg naar een nieuw, nog onbekend beeld. Beweging doet ons de adem inhouden, omdat we in die koorddans nooit zeker kunnen zijn dat het beeld er zal zijn. Maar neem de kunst van Marlene Dietrich. Die is zo overrompelend omdat ze in haar spel het spiegelbeeld letterlijk en figuurlijk heeft ingebouwd. Onophoudelijk genereert ze beelden en remt daardoor haar beweging af, vernietigt iedere spontaniteit, maar opereert als een stripteaseuse die perfect van het ene fantasme naar het volgende schuift. 'Ik ben er uitsluitend om jullie beelden toe te sturen.'

Het fotografisch beeld fixeert en bevestigt zo de pose. Maar die pose is niet meer die van de macht, maar van de verleiding, niet meer die van een essentie, maar van een project. Verleiding beweegt, macht versteent.

De modefotografie fixeert, maar levert me van het mode-ideaal geen essentiële versie, integendeel. Steeds minder is men in staat om het eigen leven in termen van essenties te denken, steeds meer denkt men het als iets zeer voorlopigs. De pose als synthese is niet meer uitvoerbaar. De grote portretkunst van renaissance en barok laat zien dat mensen in staat waren zich als een coherente en onveranderlijke kern te denken. Portretten worden vanaf de tweede helft van de negentiende eeuw steeds minder vanuit een kern, steeds meer vanuit een breekbare dynamiek gedacht. Het is in het modebeeld niet anders. Wie beweegt is niet gesloten rond zichzelf, maar open en broos fragiel voor wat van buiten komt. Wie loopt is ook letterlijk in fragieler evenwicht dan wie staat, zit of ligt.

De geschiedenis van het modebeeld zit gevangen tussen beweging en pose, tussen vitaliteit en idee, tussen leven en essentie, tussen realisme en stilering, tussen functionaliteit en fantasme. Aan de ene kant het verlangen om op locatie, in natuurlijke houdingen, een gekleed model iets anders te laten doen dan zelfbewust te poseren: op straat lopen, aan sport doen, zich ontspannen. Aan de andere kant het verlangen om in een abstracte wereld van visuele ideeën, daar waar onze fantasmen gelokaliseerd zijn, een figuur neer te zetten die onszelf evenzeer betovert als de anderen, die de virtuele blik schaakmat zet, doordat de bekekene zijn zichtbaarheid niet meer als passief ondergaat, maar als actief beheersen weet om te keren.

IV
Het democratisch snobisme

Als je uit de kleedkamer komt, stap je over een drempel, verschijn je in de wereld. Ieder aankleden installeert zo'n overgang. De inzet is aandacht en erkenning, het risico onopgemerkt te blijven of belachelijk gevonden te worden. Aandacht en erkenning zijn een 'investituur': er worden je waarden en vaardigheden toegekend (of juist niet). Over de drempel word je gewijd. Jezelf optooien is je voorbereiden voor een 'sacre', een kroning. Die wijding geeft ook aan hoe je ter verantwoording wordt geroepen. (Ter vergelijking: naakt ben je het object van de verantwoordelijkheid of misdadigheid van anderen). De kroning door de kleding is een installatie (zoals men zegt van een regime): de kleding wijst je de plek aan van waaruit je spreekt, wijst je het 'ik' aan dat je kunt gebruiken in het sociale verkeer. Kleding doet je zacht of hard, brutaal of voorzichtig, gereserveerd of onbehouwen spreken. De kleding geeft je het woord op een bepaalde manier, voorziet je van een specifieke taal. Pas in de kleding krijgt de taal – woordgebruik, intonaties, manier van denken – haar plaats en haar recht. Conflicten rond de hoofddoek of rond rok en bh zijn niet triviaal maar ingrijpend: ze geven de manier aan waarop je aangesproken wilt worden en hoe je daarop wilt antwoorden. De kleding maakt kortom mogelijk dat je verschijnt in de wereld van de mensen; het roept daar geen (valse) schijn op, integendeel, het openbaart en benadrukt een specifieke wil om te zijn.

Het is dus geen toeval dat ons eergevoel zich van oudsher in de kleding uitkristalliseert. We willen dat de waarde die we onszelf toekennen, door de anderen erkend wordt en we vrezen steeds in onze eer gekrenkt te worden. De smaad manifesteert zich vaak als een aantasting van kleding. Het is daarbij opvallend dat we uiteindelijk meer beducht zijn voor het belachelijke dan voor het lelijke. Lelijkheid heeft een eigen kracht, het belachelijke ontneemt je die. Het slaat je plaats en competenties uit handen, snoert je de mond, ontneemt je de taal. Kleding is dus de risicovolle frontlinie waarin de eigenwaarde gestalte krijgt, of vernietigd wordt.

Als de vrouw zich, al vragend: 'zie ik er goed uit, zo?', van de spiegel wegdraait, stelt ze iets en vraagt ze een reactie daarop. Kleding is een reactief fenomeen, een zet die een tegenzet vraagt. Zo bezien is kleding een scheppingsdaad: dit ben ik, hier sta ik, nu jij. Kleding zet iets tegenover iets anders: geen symbiose, geen continuïteit, maar een scheiding, een afbakening. En impliciet geef je natuurlijk ook al die kleren, maar dus ook houdingen en verhoudingen aan die je hebt afgewezen. Dat alomtegenwoordige afwijzen als fundament van het modefenomeen blijft doorgaans onbesproken. De modetijdschriften zijn geen opsomming van wat je niet moet dragen, geen sarcastische lijsten van slechte smaak, en dit ondanks het feit dat shoppen toch vooral een slopend afkeuren blijft, langs vitrines, merken en rekken die 'niets voor mij' zijn. Zich kleden is dus heel sterk een weigeren zich te kleden zoals die ander. Snobisme – dat negatieve oordeel – is essentieel in de kleding. Snobisme maakt van het verschil een veroordeling: appreciatie wordt depreciatie.

De film *Les vacances de M. Hulot* bevat talloze snobistische incidenten. De obsessie met het zich onderscheiden is in deze kleine vakantiegemeenschap extreem. De wapens zijn zogenaamd uiterlijkheden, futiele, kleine details, maar wel dodelijk efficiënt. In dit circus van kledingcodes wordt grootse acrobatiek beoefend om generaties en geslachten in verhoudingen te zetten, om pretenties een duidelijke plek te geven en zo het wezen van vakantie en van het Franse leven te realiseren. Geen vakantiepret zonder de bitterzoete wrijvingen van het snobisme.

De winst is een grote weelde aan vestimentaire contrasten en variaties in kle-

2. Judith Shea, *Eden*, bronzen beeld, 1986/1987

dingcodes. De komedie van Tati is één van de best geklede die je je kunt voorstellen. De overvloed aan vormen die het snobisme genereert is verrukkelijk. Iedereen in de film en in de zaal ervaart hoe ver je kunt gaan in het aanbrengen van kleine nuances die toch de scherpste contrasten oproepen.

Hulot zelf onttrekt zich aan die regel. Hij is de lege plaats, de joker in de karakterloze regenjas die onverstoorbaar doof en blind blijft voor het snobistisch vuurgevecht om hem heen. Als hij zijn jas uitdoet valt zijn kleding steevast uit de toon. Hij is een fantasme van vestimentaire onschuld, die zich aan de wet van het snobisme onttrekt.

Als sociale dynamiek is kleding een spannend balanceren tussen verschil en gelijkenis, dezelfde taal spreken en toch heel verschillende dingen zeggen, uniek zijn en tot een gemeenschap behoren. We spelen wel hetzelfde spel, maar ieder onze eigen partij.

Zo is de kleding een paradoxale taal van het verschil en juist niet het gewraakte systeem van het conformisme. Verschil, maar dus niet: breuk. Sinds anderhalve eeuw biedt kunst een traject aan van bevrijdende breuken met al het voorgaande. Kleding is minder ambitieus en tegelijk subtieler. Het verschil is de gespreksstof, de breuk is het schandaal. De oorlogszuchtige term 'avant-garde' geeft aan hoe in de kunst de roes van de vernieling de voorkeur geniet, niet die van de conversatie. Het verschil voedt de taal, de verhoudingen, de breuk daarentegen legt het zwijgen op. Het verschil 'werkt', het verschil voedt de sociale status en de libido, de breuk bevriest ze.

Kleding biedt ons de mogelijkheid om genuanceerd over de twee grote euvels van het sociale – het conformisme en het snobisme – te denken. Beide maken deel uit van eenzelfde beweging, maar corrigeren elkaar. Het conformisme stelt de gemeenschappelijke taal veilig, het snobisme stimuleert de conversatie, omdat er gespreksstof is, namelijk het verschil.

Ondertussen geeft de gedemocratiseerde mode de indruk dat we ons aan de 'catch-22' van conformisme en snobisme kunnen onttrekken. Deze prestatie van de mode is te danken aan de bevrijding van de kleding – haar economische toegankelijkheid, haar massale verspreiding, haar snelle wisseling, haar functionaliteit, haar fantasie in vorm, het explosieve aanbod van nieuwe materialen en de rijkdom van hun textuur, maar ook de intellectuele verdieping en de museale ambitie lijken de kleding in een radicaal andere bedding te hebben gevoerd. Die bevrijding heeft echter een prijs. Er staat veel minder op het spel. De bevrijde kleding is vrijblijvend.

De seksualiteit is voor de kleding het oermodel van het verschil. Mannelijk en vrouwelijk is de tweetaktmotor voor taal en verlangen, voor sociale verhoudingen en visuele contrasten. Ons rechtopstaande lichaam biedt ons bovendien uitzonderlijke mogelijkheden om het verschil uiteen te zetten. Wij dragen immers onze geslachtelijke kenmerken voor ons uit, niet verborgen zoals bij de zoogdieren, maar als een vlag met een embleem. Voor- en achterzijde van ons lichaam, boven- en onderkant, maar ook linker- en rechterzijde vormen een driedimensionaal schaakbord waar mannelijk en vrouwelijk zet en tegenzet op plaatsen. Het is onweerstaanbaar om kleding volgens deze visie, een logica van tegenstellingen, te beschrijven. Op deze wijze kan men het 'systeem van de mode' ontcijferen.

Een dergelijke formalistische benadering belemmert helaas het zicht op wat kleding juist zo intrigerend maakt, namelijk een logica van onstabiele nuances. Die onstabiliteit is geen tekortkoming van de nuanceringen, maar een voorwaarde. Stabiele nuances verharden zich en verliezen daardoor juist hun genuanceerdheid.

Eén van de opvallendste kenmerken hiervan is het 'maar ook': erg vrouwelijk, maar ook een beetje mannelijk, afstandelijk en toch ook aantrekkelijk, modern en toch ook romantisch enz. De combinaties zijn eindeloos. Kleding, zo blijkt dan, polariseert, maar depolariseert tegelijkertijd. Het is een systeem dat zichzelf voortdurend relativeert. Dat is de voorwaarde om als systeem te kunnen functioneren.

De conventies van de kleding zijn dus juist niet beperkend, maar bron van een open en bevrijdend spel. Een spel dat op beeldspraak lijkt waarbij vooral de stijlfiguren cruciaal zijn die met een deel het geheel aanduiden, of twee tegengestelde waarden aan elkaar sluiten. In die zin is de kleding een zichtbaar geworden droom, waarin tegelijkertijd het een en zijn tegendeel moeiteloos naast elkaar gesteld kunnen worden. Gekleed zijn we niet alleen cultuurwezens, maar worden we ook heel nadrukkelijk 'droomwezens'. Cultuur is van de orde van de wet, het systeem, de conventie. De droom is daar een continue herbewerking van, een hilarische en poëtische orgie van een *ontor*dening die tegelijk de orde viert.

In de plooien, naden en lagen van de kleding wordt de densiteit navoelbaar van de vele investeringen in een ensemble. De extra ingewikkeldheid van kragen en mouwen, van onder- en bovenkleding is een hechtingspunt voor culturele en biografische concentraties.

Wie over de drempel van de kleedkamer stapt heeft de ambitie om zijn verschijnen te gebruiken voor het avontuur van het leven. De drempel opent een project. Maar 's avonds bij het uitkleden hecht zich aan dezelfde kleding de herinnering aan het feest. Iedereen weet dat het 'voor de eerste keer' eenmalig is en dat 'de volgende keren' tergend, want ontluisterend vaak zullen zijn. Aan de kleding hecht zich dus zowel toekomst als herinnering. Kleding heeft onherroepelijk ook de smaak van het verleden; het eigen verleden, maar ook dat van een collectieve geschiedenis. De vestimentaire allure is altijd ook een subtiele klaagzang. De glamour van de haute couture laat dat heel expliciet zien: zelfverzekerdheid gekleurd door onzekerheid, allure gekleurd door melancholie. Werkelijke elegantie is de intelligentie van die melancholie, maar dan in de greep van een triomfantelijke wil om te leven. Opnieuw lijkt me perfect verstaanbaar.

Mode als opvoeringskunst

José Teunissen

Van dandy tot modeshow
Mode als opvoeringskunst

1.

1. Bernhard Willhelm, show herfst-wintercollectie 2005
2. Twiggy in een doorzichtige halterjurk, 1966
3. Kate Moss figureert in de eerste 'grunge'-fotoshoot van *Vogue*, in: *Vogue*, juni 1993
4. Tuinieren en mode, www.style.com, zomer 2004

Waarom kan mode niet zonder modeshow? Elke nieuwe collectie wordt gelanceerd met een modeshow waar soepel bewegende modellen zich aan een publiek presenteren op muziek. Ook modereportages in bladen leggen modellen vast in een dynamische houding. Kleding komt nu eenmaal beter tot zijn recht op een lichaam dan op een hanger. Nog belangrijker is dat we zonder show of fotoreportages niet zouden kunnen afleiden hoe kleding moet worden gedragen en ook dat aspect is een essentieel onderdeel van het modeverhaal. We realiseren ons dat niet bewust, maar met het verstrijken van de jaren verandert met elke modetrend ook een manier van lopen en staan. De houdingen in de hoogtijdagen van Twiggy – de typische x-benen[1] – verschillen hemelsbreed van het getergde hangen en liggen in de heroïnechic-cultuur van de jaren negentig.

Mode is dus meer dan alleen het juiste silhouet of de juiste kleur. Het is een visuele kunst, een creatie met het eigen fysieke ik als medium en daarom een opvoeringskunst.[2] Het juiste samenspel van sfeer, houdingen, gebaren en subtiele bewegingen bepalen of iets elegant of cool gevonden wordt.

Het ideale bewegen
Style.com bracht voor de zomer van 2004 de wereld van het tuinieren in beeld als de ideale mode-entourage. Het is niet de bedoeling dat we zelf aan het tuinieren slaan, maar het zonnige, de bloemen en de entourage van klompen en gieters moeten ons inspireren tot de juiste sfeer. Het betekent stilistisch dat lindegroen en bloempatronen belangrijk worden, maar het geeft tegelijkertijd aan hoe we ons lichaam moeten bewegen, onze zonnebril moeten dragen en onze handtas dienen vast te houden.

Een tweede thema huldigt de wereld van het surrealisme en in het verlengde daarvan de ontwerpster Elsa Schiaparelli. Dit thema roept associaties op met glamour en de sensuele vrouwelijkheid zoals we die in de jaren dertig zagen, de hoogtijdagen van het surrealisme, in combinatie met een vleugje ironie. We zien het terug in fluwelen fruitmanden die als hoed figureren en clowneske details met daarbij supervrouwelijke elegantie in houding en gebaar.

Ook deze totale look van details en houdingen maakt uiteindelijk dat we in de mode zijn en smaak hebben. Het maakt de mode tot 'een kunst van het zijn' zoals Roland Barthes het verwoordt in *Système de la mode*.[3] Na het bestuderen van modefoto's in modebladen van de jaren zestig komt hij tot de conclusie dat mode altijd activiteit en een dynamisch leven suggereert zonder dat ze impliceert dat de bijbehorende

2.

3.

4.

activiteit van de foto daadwerkelijk moet worden uitgevoerd. De sfeer van de entourage verschaft vanzelf een 'mode-aura' dat met een aantal precieze details verkregen kan worden. Op de openingspagina style.com zomer 2004 worden we geattendeerd op de essentie van zo'n modedetail. De spaghettibandjes van jurkjes en hemdjes horen 'twist and turn' op de schouder gedraaid te worden. Dat alleen al roept het juiste mode-imago op, veel meer inspanning hoeft er niet gedaan te worden om in de mode te zijn.

Zonder modeshow en de modetijdschriften zou dit subtiele samenspel van details en de manier waarop het lichaam mode moet presenteren onzichtbaar blijven. Mode heeft een lichaam met présence nodig: een lichaam dat weet hoe het zich moet bewegen zonder artificieel over te komen. Het juiste lichaam is een onmisbaar onderdeel van de moderne modeboodschap; de bewegingen lijken natuurlijk en vanzelfsprekend binnen de modetrend die heerst, maar met het verglijden van de jaren blijken de x-benen van Twiggy of het larmoyante hangen van Kate Moss in *The Face* even artificieel als de te lange bakkebaard of de wijde broekspijp uit de jaren zeventig.

Mode brengt met elke nieuwe look tegelijkertijd een geabstraheerde performance in beeld die over het ideale bewegen gaat. Hoe is dit zo gekomen en waarom is de modeshow het cruciale modemoment waar alle facetten van mode samenkomen?

De dandy als wegbereider van de modeshow
Vanaf 1860 lieten couturehuizen hun nieuwe creaties al op mannequins aan klanten zien, maar na 1910 wordt de modeshow een publieke presentatie met een performance van mannequins voor een publiek. De aandacht voor flaneren en een lichaam in beweging dat de juiste pose en houdingen aanneemt komt echter al eerder voor in de mannenmode. Met de opkomst van de dandy begin 1800 en het flaneren in de anonieme moderne stad komt, in rudimentaire vorm, het besef op van mode als een 'publieke, terloopse performance'. Dit publieke optreden is radicaal anders dan de theatrale en rituele 'modepresentaties' van het Franse hof in de achttiende eeuw. Ze geeft uitdrukking aan nieuwe negentiende-eeuwse idealen als individualiteit en persoonlijke smaak.

In de achttiende eeuw gelden voor mannen en vrouwen min of meer dezelfde moderegels. Mannen mogen zich nog volop uitdossen met kant, veren en decoraties en kleurige kleren dragen. En terwijl vrouwen korsetten, onderrokken en paniers dragen om een ideaal silhouet te krijgen, grijpen mannen in deze periode naar kuitvullin-

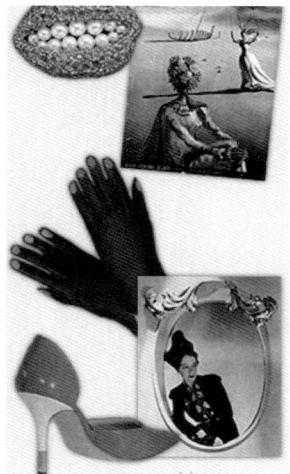

5.

6.

5. Surrealisme en mode, www.style.com, zomer 2004
6. Man op straat in de jaren zeventig
7. *Le rendez-vous pour Marly*, gravure naar Moreau le Jeune, ca. 1776
8. George Cruikshank, *Monstrosities of 1822*, gravure

gen en fraaie versierselen rondom het kruis om de mannelijkheid te onderstrepen. De nieuwe idealen van de Verlichting en de Franse Revolutie brengen echter grote veranderingen in de sociale orde en het openbare leven. De adel verliest zijn macht en in het kielzog van de industrialisatie en democratisering komt de burgerij op. Niet langer bepaalt afkomst het succes in het leven, maar smaak en distinctie. En dat democratische gegeven ligt binnen ieders handbereik. Mits je het goede voorbeeld volgt, kun je door modebewust zijn en belangstelling voor kunst, smaak en dus status uitdrukken.[4]

Degene die op modegebied vanaf nu het voortouw neemt, is de dandy. Hij is niet van speciale komaf, maar volgt met bijzondere zorg de mode en valt op door zijn innerlijke beschaving en verfijning. Om de afstand met de generatie voor hem – de spil- en pronkzieke adel – te onderstrepen kiest de dandy voor een meer sobere en meer eenvormige outfit: het mannenpak.[5] Daarmee benadrukt hij niet alleen zijn andere rol, ook het mannenlichaam wordt vanaf dat moment esthetisch anders beleefd. Terwijl de vrouw haar lichaam blijft etaleren en blijft pronken in overdadige kleuren en vormen verhult de man vanaf nu zijn lichaam in een hooggesloten donker pak. De vrouw blijft een kijkobject en wordt nu het centrum van de aandacht van de mode, terwijl de man in het modespektakel een stapje naar de zijlijn doet. Hij staat in de enscene- ringen, zoals de modeprenten die tonen, voortaan aan de rand van het spektakel en neemt visueel en qua volume nog maar eenderde in van de vrouw.

De introductie van een lichaam in actie

Met dat nieuwe tijdloze pak lijkt de man zo op het eerste gezicht uit het modesysteem te stappen en de modegrillen voortaan aan de vrouw over te laten[6]. Maar vanuit een hedendaagse optiek – de vrouwenmode versobert in de twintigste eeuw ook en gaat veel meer op de mannengarderobe lijken – ondergaat de man begin 1800 juist een radicale modernisering. Hij past zich aan aan het nieuwe, moderne anonieme stadsleven, terwijl de vrouw in het oude pronkregister van de adel blijft hangen. In *Sex and Suits*[7] beschrijft Anne Hollander overtuigend hoe het mannenpak zijn tijd vooruit was. Het heeft de abstractie van de nog uit te vinden auto's of vliegtuigen en is te beschouwen als een voorloper van modern design. Het pak, in coupe gebaseerd op Griekse lichaamsidealen, weet het mannenlichaam te transformeren tot een abstracte tijdloze vorm, waarin alleen nog de details ertoe doen. Het toont een lichaam dat is teruggebracht tot ideale proporties en bewegin-

7.

8.

gen. Waar het in deze nieuwe mode om gaat is om kleine details en daarbij ideale houdingen en bewegingen te tonen op een terloopse en dagelijkse manier. Dat alles in een hele nieuwe entourage: via het flaneren op straat.

De vrouwenmode is in deze periode nog helemaal niet op de moderniteit van dat dagelijkse en vluchtige gericht. De vrouw houdt in de hele negentiende eeuw nog een gedecoreerd lichaam dat door de vele korsetten en onderrokken vrijwel onbeweeglijk en immobiel is. Terwijl de dandy op prenten door de stad flaneert, wordt de vrouw in de modebladen veelal afgebeeld tegen de achtergrond van een bal of een salonmiddag: ze zit stil en laat zich bewonderen als een schilderij.[8] Zo wordt de afstand tussen man en vrouw niet alleen in kleding, maar ook op het vlak van de performance levensgroot. De man flaneert losjes en vluchtig door de straten van de anonieme stad. Hij presenteert een 'natuurlijk' lichaam in actie dat in het voorbijgaan zijn vluchtig en esthetisch moment heeft. De vrouw daarentegen blijft zich presenteren in entourages die lijken op datgene wat in de hofcultuur gebruikelijk was en die veel theatraler zijn.

De cultuur van het flaneren.

De aristocraat in de zeventiende en achttiende eeuw pronkte en praalde op elk moment van de dag bij ontvangsten in het paleis en ceremoniële tochten in de koets. Zelfs het opstaan en aankleden was een ritueel gegeven waarbij een deel van de hofhouding als publiek aanwezig was.[9] De ceremonies maakten de koning en de adel tot het vanzelfsprekende en allesomvattende middelpunt van aandacht. Voor de koningshuizen geldt dat nu nog steeds. Op die gegarandeerde aandacht kan de dandy niet meer terugvallen. Hij is een *selfmade man* en daarmee veroordeeld tot het doodgewone, alledaagse leven. Het bijzondere aan hem is dat hij in het anonieme openbare leven weet op te vallen en de aandacht naar zich toe weet te trekken. Hij creëert zijn sterstatus als het ware zelf. Tussen al die andere mannen die in een zwart pak over straat lopen weet hij door een originele hoge boord of door zijn speciale loopje subtiel de aandacht van de hem omringende massa te trekken. Hij haalt zijn aandacht niet uit een voorgeschreven ritueel of ceremonie, maar weet het te vangen in een moment van het dagelijkse leven.

Daarmee geeft de dandy uiting aan een nieuw en modern stadsgevoel. De stadscultuur – met Parijs als voorloper – raakt in de negentiende eeuw in algemene zin steeds meer gefixeerd op de vluchtige details van het alledaagse, openbare leven. Kranten berichten over de dagelijkse nieuwtjes die

9.

10.

op straat gebeuren en de net aangelegde boulevards zorgen voor nieuw tijdverdrijf. Er ontstaat een ontworpen openbare ruimte voor de massa waar men de architectuur maar ook elkaar kan bekijken. Dat alles maakt het anonieme stadsleven voor de massa tot een spektakel, tot een realiteit die een 'aura' heeft en die men collectief kan ervaren. Het modespel op straat wordt daar een essentieel onderdeel van.[10]

Het lichaam als spiegel van de ziel
Kleding en lichaam raken in de negentiende eeuw onlosmakelijk met elkaar verbonden. In de achttiende eeuw doen elementen als persoonlijkheid, karakter of uitstraling niet ter zake.[11] Het lichaam is niet meer dan de drager van stukken die informeren over status en positie. Bij de Franse adel is de functie van het lichaam niets meer dan een inexpressieve pop die men naar hartelust kan decoreren met immense pruiken, maskers, schmink en mouches (opgeplakte moedervlekken) die de karakteristieken van het eigen uiterlijk vrijwel verbergen. De maskerade kan in deze periode zulke extreme vormen aannemen omdat men nog geen relatie legt tussen innerlijk en uiterlijk. Het gaat er niet om wie men is, maar hoe men zich geeft. Onder de glimmende vernislaag van de goede manieren zoekt men niet naar identiteit en persoonlijkheid.[12]

In de loop van de achttiende eeuw verandert deze opvatting onder invloed van Jean-Jacques Rousseau die een vurig pleidooi houdt voor de 'authentieke mens'. Rousseau wil terugkeren naar de eenvoudige beschavingsvormen waarin de mens nog oorspronkelijk, oprecht en transparant is. Geïnspireerd door die gedachte gaat de Zwitserse theoloog Johann Lavater op zoek naar de oorspronkelijke tekens van het uiterlijk die, zo zegt hij, universeel geldig zijn en veel eerder bestonden dan het woord en allerlei andere conventies. In 1785 verschijnt zijn standaardwerk *Physognomische Fragmente zur Beförderung der Menschenkenntnis und Menschenliebe*, een boek dat illustratief wordt voor de manier waarop men het uiterlijk gaat bekijken. Duizenden proefpersonen worden opgemeten en vergeleken en daaruit worden karaktereigenschappen afgeleid als: 'een lange dunne nek behoort toe aan flegmatische en vrouwelijke types, een korte dikke nek aan titanen en edelmoedige types'. Geheel in deze lijn volgen er etiquetteboeken over poses en gebaren met kant-en-klare tips over hoe iets uit te drukken: een vinger onder de kin staat voor ernst, een geheven hoofd voor wellevendheid. Boeken die door de portretschilders, de eerste portretfotografen en de modebladen veelvuldig nagevolgd worden. Voor elke emotie of karaktertrek worden

9. *A terrible moment, a gentleman in peg-top trousers attempting to shake hands with a woman wearing a crinoline skirt*, prent, 1856
10. *Convalescence*, gravure naar Eugène Lami, ca. 1845
11. Prenten van kapsels voor vrouwen, ca. 1778

11.

welomschreven en vaststaande houdingen gegeven.

Kleding en lichaam worden zo in de negentiende eeuw meer en meer een teken van een individu en persoonlijkheid die zich verraadt in smaak. Van een kleerhanger waaraan een heel scala van statussymbolen kan worden gehangen, wordt het gehele voorkomen van de man – het uiterlijk, de kleding en de poses – tot een spiegel van de ziel.

De dandy introduceert daarmee een nieuw type voorkomen. Bij het achttiende-eeuwse hofleven draaide de performance nog om het etaleren van status, nu draait het om 'de performance van de persoonlijkheid'. Het heldendom van de dandy schuilt in het feit dat hij heel erg zichzelf is. Dat wil zeggen: hij vindt met elke mode telkens opnieuw zijn 'identiteit' uit.[13] Netheid, soberheid, respectabelheid: het komt allemaal naar voren in het zorgvuldig geconstrueerde uiterlijk van de dandy en de plichtsgetrouwe burger. Mode wordt zo tot 'een performance van het zijn', zoals Barbey d'Aurevilly beschrijft in zijn studie *Het dandyisme en George Brummell*:

'De karikatuur (van de dandy (jt)) geeft een buitensporig overdreven beeld van de werkelijkheid en de werkelijkheid van het dandyisme is menselijk, sociaal en geestelijk… Het is geen kledingstuk dat uit zichzelf loopt! Integendeel, de speciale manier waarop kleding wordt gedragen maakt het dandyisme uit.'[14]

Natuurlijk bewegen

Het flaneren geeft tegelijkertijd ook uitdrukking aan een nieuw erotisch karakter van de masculiene mode. In de barok verhulde de kleding met haar overdaad en hulpstukken het lichaam in een maskerade. Het perfect gesneden mannenpak vereist echter een elegant postuur en een beweeglijkheid die schijnbaar zonder inspanning geleverd wordt. Ook het lichaam en haar bewegingen worden nu gelezen. Stijf of soepel lopen, al deze details onthullen iets over de persoonlijkheid van de drager.

In *Traite de la Vie Elegante* omschrijft Honoré de Balzac deze nieuwe vorm van zelfpresentatie als:

'En effet, le dandysme est une affectation de la mode. En se faisant dandy, un homme devient un meuble de boudoir, un mannequin extremement ingenieux, que peut se poser sur un cheval ou sur un canapé, qui mord ou tette habilement le bout d'une canne, mais un etre pensant… jamais! L'homme qui ne voit que la mode dans la mode est un sot. La vie élegante n'exclut ni la pense ni la science: elle les consacre. Elle ne doit pas apprendre seulement a jouir du temps, mais a l'employer dans un ordre d'ídeés extrèmement élevé.'[15]

De Balzac beseft dat de presentatie van het zelf en de identiteit van de dandy een modeconstructie is. Hij beschrijft de dandy als een mannequin die zich heel ingenieus weet te bewegen. Mode verschaft hem persoonlijkheid en identiteit gebaseerd op het physionomisch gedachtegoed van Lavater. Het uiterlijk en zijn gebaren weerspiegelen zijn ziel. En als we de hierboven beschreven verbeeldingswereld van style.com in 2004 vergelijken met die van de negentiende-eeuwse dandy Beau Brummell is die in feite al helemaal vergelijkbaar:

'Op een gegeven moment legden de dandy's zelfs, ongelofelijk maar waar, een voorkeur aan de dag voor het dragen van versleten kleding. Dat gebeurde juist tijdens Brummells heerschappij. Hun brutaliteiten waren uitgeput en ze wisten niet meer hoe ze verder moesten, tot ze de dandy-achtige (ik ken geen ander woord om het tot uitdrukking te brengen) inval kregen om hun kleren, alvorens ze aan te doen, over de gehele oppervlakte van het stof kapot te laten wrijven totdat er niets meer over was dan een soort wolk. Ze wilden als goden in hun wolken lopen. Het was een zeer delicate en tijdrovende bezigheid want ze gebruikten een stuk geslepen glas om het gewenste effect te bereiken. Dat is nog eens een waarlijk staaltje van dandyisme, waar de kleren helemaal niet tellen, zelfs nauwelijks meer bestaan.'[16]

Hoe gekunsteld natuurlijk overkomt

In het dagelijkse leven van de moderne dandy zijn er voor het eerst privé-momenten waarbij juist geen publiek aanwezig mag/kan zijn. Deze momenten benut de dandy om zijn uiterlijk en voorkomen te perfectioneren. Beau Brummell besteedt bijvoorbeeld uren aan het scheren, zodat hij er zeker van is dat elk haartje verwijderd is. Een ingenieuze en perfecte knoop in een das vraagt tijd en hij raadpleegt maar liefst drie specialisten voor het ontwikkelen van de perfecte handschoen. De een ontwerpt de duim, de ander de vingers en een derde de handpalm.[17]

Al deze inspanningen worden welbewust achter gesloten deuren verricht. Ze blijven voor het publiek onzichtbaar en daardoor lijken ze niet te bestaan. Het perfecte uiterlijk lijkt 'natuurlijk' zonder enige constructie en inspanning tot stand te komen. Dat maakt dat de mode-identiteit van de dandy geloofwaardig, realistisch en als vanzelfsprekend overkomt. Zijn uiterlijk wordt zo de 'natuurlijke' spiegel van zijn ziel. Ook daarmee onderscheidt hij zich van de achttiende-eeuwse hofcultuur waarin de schijn en maskerade centraal stonden in de mode.

De vrouw volgt de man in moderniteit

In 1863 publiceert Charles Baudelaire het artikel *Le Peintre de la Vie Moderne* in Le Figaro. Hij is na De Balzac de tweede dandy die probeert om de moderniteit zoals hij die in het stadsleven tegenkomt te definiëren. Hij bekijkt niet alleen de mannenmode, maar ook de vrouwenmode en ziet met name die laatste als dé uitdrukking van moderniteit. De schilderkunst zou in zijn ogen een voorbeeld moeten nemen aan de mode die elk seizoen en elk jaar het begrip schoonheid opnieuw uitvindt en definieert en herdefinieert. Hij verbaast zich erover hoe handig de mode elementen uit de geschiedenis naar boven haalt en die weet te actualiseren. In mode gaan historische en tijdloze elementen vanzelf samen met de vluchtige en de efemere schoonheid zoals die zich in een moment openbaart. Baudelaire ziet in de mode een radicale moderniteit waaraan de kunst een voorbeeld zou moeten nemen. Hij bewondert daarbij het werk van de illustrator Constantin Guys die in het straatbeeld het moment tracht te vangen en vaak courtisanes en modieuze vrouwen op straat vastlegt op een moment dat ze net hun crinoline opheffen en er een voet zichtbaar wordt. Precies in dat moment, beschrijft Baudelaire, creëert het samenspel tussen lichaam, kleding en gezichtsuitdrukking de moderne vrouw:

> 'Welke dichter zou het wagen om in de beschrijving van het plezier dat hij ondervindt bij het zien van een mooie vrouw, die vrouw te scheiden van haar kledij. Welke man heeft niet op straat, in het theater, in het bos geheel belangeloos genoten van een geraffineerd gecomponeerd toilet en daar niet een beeld van meegenomen dat een geheel vormt met de schoonheid van haar die het droeg, zodoende van deze twee, vrouw en japon een ondeelbare eenheid makend?'[18]

Zo komt de vrouw via Baudelaire plotseling het discours van de moderne modewereld binnen, die tot dan toe door de dandy werd bepaald. Hij noemt de stadsvrouw een godin, een ster. Net zoals bij de dandy is haar succes en zelfs haar bestaan afhankelijk van haar uiterlijk: in dit geval de jurk die ze draagt. Haar persoonlijkheid is niet te scheiden van haar kleding. Uiterlijk en innerlijk vallen samen. Baudelaire laat zien dat hij zich bewust is van het feit dat de creatieve kracht en moderniteit van de mode ligt in haar oppervlakte, kunstmatigheid en de theatraliteit van de constructie die, omdat ze wordt gevangen in een dagelijks moment, tegelijk natuurlijk en vanzelfsprekend lijkt:

> 'Ze bestaat nog eerder voor het plezier van de toeschouwer dan voor haar eigen plezier. Ze dost zich uit met een

12.

13.

uitdagende en barbaarse elegantie, of ze streeft met meer of minder succes de eenvoud na die in een betere wereld gebruikelijk is. Ze komt naderbij, glijdt, danst, rolt met een ballast aan geborduurde petticoats die zowel de rol van sokkel als van balanceerstok vervullen. Ze kijkt vanonder haar hoed vandaan zoals een portret uit zijn lijst.'[19]

Maar Baudelaire signaleert ook een verschil tussen de dandy en de modevrouw. Ze zijn beide afhankelijk van de aandacht die ze krijgen. Maar de vrouw is het centrum van de aandacht, terwijl de dandy een terloopsere positie kiest.

Opvallend is dat de dynamiek en de beweeglijkheid van dat vrouwenlichaam, in tegenstelling tot het al beweeglijke lichaam van de man, maar in een paar details zit die in het voorbijgaan kunnen worden opgemerkt. Het is niet meer dan een deinende rokzoom en iets van een voet. De rest van haar lichaam zit onder onderrokken, een crinoline en een korset verborgen en beweegt niet. Maar voor het eerst is men ook in de vrouwenmode op zoek naar iets dat lijkt op een esthetiek van een lichaam in beweging. De mode van de vrouw moet nog een heel proces doorlopen om dezelfde abstractie te krijgen als de mannenmode.

Charles Frederick Worth

De uit Engeland afkomstige couturier Charles Frederick Worth die in 1858 in Parijs het eerste couturehuis begint, brengt deze nieuwe invalshoek op het vrouwenlichaam een stapje verder. Tot het moment dat Worth een modehuis start, geven vrouwen hun kleermakers opdracht en hebben ze zelf duidelijke ideeën over hoe hun nieuwe jurk eruit moet zien. Nu is er, geheel passend in de geest van Baudelaires tijd een creatieve geest die niet alleen via het schilderij maar ook via de mode van concrete vrouwen droomvrouwen weet te maken. Worth maakt voorbeeldjurken die hij toont op professionele mannequins. Vrouwen leveren zich vanaf dat moment dus over aan deze artiest om een droombeeld van zichzelf te laten maken. En deze couturier

12. Constantin Guys, *Bienvenue*, aquarel en inkt op papier, ca. 1865
13. Modehuis Worth, Avondjapon met sleep, collectie Mrs. Walter H. Page, USA
14. Georges Seurat, *La grande jatte*, olieverf op doek, 1884-1886, collectie Art Institute of Chicago
15. *Le Salon de la Mode*, 1887

brengt de vrouw een stapje dichter bij een lichaam in actie. In zijn biografie legt Worth uit hoe hij zijn vrouw Marie Vernet vergezelt in het Bois de Boulogne en zo ontdekt dat als hij de crinoline naar achter drapeert in een queue er meer dynamiek en beweging in de jurk komt.[20]

De schilder Georges Seurat maakt in 1884 – de queue kent dan al zijn derde modevariatie – het effect van deze beweeglijkheid zichtbaar in het schilderij *La Grande Jatte*. Hij visualiseert de nieuwe esthetiek van een lichaam dat in beweging wil worden waargenomen. Het bevriest een moment maar aan alles is duidelijk dat het moment is voorzien. We zien het kostuum bewust en profil in een zorgvuldig geconstrueerd beeld, zoals de toevallige passant het in de stad ook ziet. Hier wordt duidelijk dat identiteit in de moderne wereld gerepresenteerd gaat worden door de manier waarop men in het openbare leven verschijnt.[21] Dit kostuum is ontworpen om en profil gezien te worden. En dit en profile beeld is het beeld dat de voorbijganger ziet die langsloopt.

De zoektocht naar een vluchtige esthetiek

In deze periode zien we de mode-illustraties dezelfde omslag maken. Modieuze vrouwen zitten niet langer te borduren in een salon, maar zijn nu onderdeel van de Parijse scene. Ze wandelen in tuinen, op straat of zitten op een terras.[22]

Het nieuwe modebesef vraagt niet alleen om andere, meer dynamische modeplaatjes, het zet ook de modetijdschriften aan om anders over mode te gaan schrijven. Een cruciale rol hierin speelt *La Dernière mode*, een modetijdschrift dat Stéphane Mallarmé in 1874 een jaar lang uitgeeft en vrijwel helemaal zelf volschrijft.[23] Mallarmé probeert welbewust een taal te ontwikkelen om dit nieuwe modemoment te beschrijven. In navolging van Baudelaire zoekt hij schoonheid in het moderne leven, maar anders dan Baudelaire spreekt hij bij mode en schoonheid over waarheid. Hij ziet mode als de drager van spontane schoonheid en abstractie van de natuur. Op het moment dat we het zwarte pak en de schnitt van het mannenpak als 'waar' of 'echt' ervaren, krijgen ze

16. Stéphane Mallarmé, *La Dernière Mode*, 1874
17. Mannequins in een strompelrok en een broekjas van Paul Poiret, in: *L'Illustration*, 18 februari 1911

hun speciale aura en worden ze mode.

Het is een andere manier om te zeggen dat we het kunstmatige van de mode en poses op het modemoment zelf als 'natuurlijk' en ongekunsteld ervaren en dus als waarheid. Ook bij Mallarmé speelt realisme en dagelijkse vluchtigheid een belangrijke rol. Waar leren we die mode? Volgens Mallarmé 'on the spot':

> 'Hoe we onze hand moeten houden. Dat moeten we van iemand leren, dat wil zeggen van iedereen die we in openbare gelegenheden zien.'[24]

Naar een modeshow

Tussen 1908 en 1910 krijgt de cultuur van het flaneren 'on the spot' een vervolg in de modeshow.[25] De ontwerper Paul Poiret neemt zijn mannequins al vanaf 1905 mee naar de paardenrennen van Longchamps, waar ze het publiek chocqueren met hoge splitten in hun jurk waardoor benen met gekleurde kousen te zien zijn:

> 'Denk je toch eens in, we konden hun lichaam gewaarworden. Hier in Parijs zijn de taxichauffeurs en de slagersjongens al gewend dames over straat te zien lopen met de lange rok stevig in de hand waardoor de lijn en ronding van de benen van heup tot enkel onthulde worden. De petticoat is prehistorie. De benen zijn modieus geworden (Franse Vogue 1908).'[26]

Deze losse presentaties zet Poiret later om in echte modeparades die bij hem in de salon plaatsvinden of in de achtertuin. Poiret is niet de enige ontwerper die modeshows ontwikkelt, maar hij is wel de eerste die ze vastlegt op film en met zijn mannequins op promotiereis gaat naar Amerika. Het bijzondere van deze ontwerper is dat hij duidelijke ideeën heeft waarom hij voor deze nieuwe presentatievorm kiest. Bij zijn vrouwenmode is niet alleen een publieke modeshow belangrijk, maar ook een nieuw type modeprent en een nieuw soort fotografie. De klassieke modeprent voldoet in zijn ogen niet meer en daarom nodigt hij kunstenaars als Paul Iribe en Georges Lepape uit om moderne schetstekeningen te maken

205. José Teunissen / Van dandy tot modeshow

Paul Poiret
1879, Parijs (Fr) - 1944 Parijs (Fr)

De Franse modeontwerper Paul Poiret creëert naast een nieuw schoonheidsideaal ook een nieuwe look. In zijn ontwerpen doet hij rigoureus afstand van het korset en introduceert een eenvoudige, slanke robe met hoge taille. Door de traditionele onderrokken te vermijden en gebruik te maken van soepele, gedrapeerde stoffen maakt Poiret het lichaam dat voorheen verhuld was weer zichtbaar. Als gevolg hiervan wordt het vrouwenlichaam voor het eerst beweeglijk. Poiret introduceert ook de broekrok en de jumpsuit en brengt als eerste een eigen parfum uit.

Poiret wordt in 1879 in Parijs geboren en op jonge leeftijd aangenomen als assistent van de couturier Jacques Doucet. In 1901 gaat hij voor het toonaangevende huis Worth werken. Een jaar later ontmoet Poiret zijn dan zestienjarige jeugdvriendin Denise Boulet die later zijn vrouw wordt. In 1903 opent hij een eigen modesalon en binnen een paar jaar verwerft Poiret grote bekendheid met zijn ontwerpen, die stuk voor stuk voor Denise gemaakt zijn. Door de beweeglijke Denise als zijn muze te nemen en zijn kleding op dit ranke, jongensachtige type te ontwerpen, breekt hij met het gangbare beeld van de volle, rijpe vrouw.

Kenmerkend voor zijn ontwerpen is zijn heldere kleurgebruik en de wijze waarop hij inspiratie put uit exotische culturen door onder meer de kimono, de kaftan en de pofbroek als uitgangspunt te nemen en gebruik te maken van exotische stoffen en materialen als zijde en velours, parels en bijzondere veren.

Maar ook op het gebied van de presentatie van zijn ontwerpen is hij baanbrekend geweest. Zo vraagt Poiret de kunstenaars Paul Iribe en George Lepape om zijn mode-illustraties te verzorgen en fotografeert Edward Steichen zijn kledingstukken. In 1910 gaat Poiret nog een stap verder door als eerste publieke modeshows te houden en modefilms te maken. Tot aan de Eerste Wereldoorlog is zijn positie onaantastbaar maar tijdens de oorlog moet Poiret zijn salon sluiten en vertrekt hij naar het front. Wanneer Poiret naar Frankrijk terugkeert, is Parijs in de ban van nieuwe ontwerpers, zoals *Chanel*, en taant zijn glorie. Met de organisatie van extravagante feesten en partijen tracht hij zijn oude klanten weer aan zich te binden, maar door zijn enorme uitgavenpatroon wordt hij uiteindelijk failliet verklaard. Wanneer Denise hem verlaat, blijft hij verbitterd achter. De laatste jaren van zijn leven leidt Poiret een teruggetrokken bestaan op het platteland. In 1944 overlijdt de ontwerper.

Literatuur:
Deslandres, Y., *Poiret: Paul Poiret, 1879-1944*. Rizzoli, New York 1987.
Mackrell, A., *Paul Poiret*. Holmes and Meier, New York 1990.
Thorton, N., *Poiret*. Rizzoli, New York 1979.

Afbeeldingen:
1. Mannequin in een broekjurk van Paul Poiret, op de achtergrond het modehuis, *L'Illustration*, 18 februari 1911
2. Foto van een model in de showroom van Paul Poiret, 1910/1911

18.

18. Georges Lepape, *Celles de demain* uit *Les choses de Paul Poiret*, 1911
19. Edward Steichen, Foto genomen in een paskamer in Paul Poirets modehuis, in: *Art et Décoration*, april 1911

die meer de lijn en het silhouet onderstrepen. Daarnaast schakelt hij de fotograaf Edward Steichen in die met name de textuur, de transparantie, de beweeglijkheid en de doorzichtigheid van de kleding naar voren weet te brengen. Dat komt omdat het ideale lichaam dat hij wil laten zien een ander medium vereist, een medium dat 'actie' en het 'moment' en de 'beweeglijkheid' van het lichaam weet vast te leggen, zoals hij verwoordt in zijn autobiografie:

'Ik houd van een eenvoudige jurk, geknipt uit een lichte soepele stof die van de schouders tot de voeten in lange, rechte plooien omlaag valt, als trage vloeistof die de contouren van het figuur maar net raakt en schaduw werpt over de bewegende vorm. De fourreau – jurk in prinsessenlijn – van soepel satijn onthult de plastische vorm van de moderne vrouw in haar golvende slankheid en gratie.'[27]

Poirets inspiratiebron is de Griekse Oudheid die hij vooral bewondert omdat het lichaam door de dunne gedrapeerde stofjes zo mooi zichtbaar blijft. Om dat natuurlijke lichaam dat hij met behulp van draperieën wil tonen zo goed mogelijk tot zijn recht te laten komen, laat hij het korset weg hetgeen een revolutie teweegbrengt in de benadering van mode en lichaam. Terwijl het negentiende-eeuwse kledingstuk het lichaam compleet bedekt en verhult, is de kleding van Poiret bedoeld als een ondersteuning en accentuering van dat lichaam zelf: het bijzondere is dat door zijn ontwerpen voor het eerst een beweeglijk samenspel tussen vrouwenlichaam en kleding ontstaat, zoals bij de man en het mannenpak al eerder het geval was. Om dat beweeglijke effect te optimaliseren laat Poiret de overdadige decoraties weg. De vele kantjes en linten leiden de aandacht te veel van het lichaam af. De vrouwenkleding wordt daarmee soberder en vereist een andere presentatie.

Poirets inspanningen maken duidelijk dat men vanaf dit moment in de vrouwenmode op zoek is naar een esthetiek van een lichaam in actie, een vluchtig beeld dat tij-

19.

dens de beweging van het lichaam ontstaat. Het betekent dat klassieke poses als het leunen op een parasol in het bos niet meer voldoen. De modieuze vrouw moet vanaf 1910 een elegant lichaam in actie kunnen tonen, een lichaam dat echt wandelt, flaneert en slentert over de boulevards. Daarbij worden de modeshows, de modejournaals een nieuw inspirerend voorbeeld.

Mode als uitdrukking van flexibele identiteit

De opkomst van de modeshow rond 1910 valt dus samen met het feit dat de esthetiek van de vrouwenmode op dit moment radicaal verandert. De nieuwe esthetiek van een lichaam in beweging krijgt in de modeshow zijn geperfectioneerde en uitgekristalliseerde vorm. De modeshow zou je kunnen zien als een kunstmatige vorm van flaneren. Het 'natuurlijke' lichaam in actie wordt nu op een podium gezet en op deze manier kan men het samenspel tussen houding, pose en kleding naadloos aflezen. Via modejournaals en fotografie in de tijdschriften – foto's kunnen nu voor het eerst worden afgedrukt in tijdschriften – kan mode opeens via 'realistische kanalen' verspreid worden. Ze groeien in de twintigste eeuw uit tot de communicatiekanalen van de mode.

Waarom was die modeshow in de negentiende eeuw voor de dandy en mannenmode al niet ontstaan? Waarschijnlijk omdat de man in de negentiende eeuw meer en meer op de zijlijn van de mode ging staan en de centrale aandacht aan de vrouw overliet. De vrouw – dat kon een courtisane zijn, maar ook een respectabele vrouw[28] – groeide in deze eeuw zowel in de kunst als in de mode uit tot een ware godin, een ster die door dichters, schilders en mannen overal waar ze publiekelijk verscheen bewonderd en geprezen werd. Daarmee kwam er een onderscheid tussen man en vrouw in de mode in de manier waarop ze aandacht op hun lichaam vestigden, die in de achttiende eeuw nog helemaal niet bestond.

Op het moment dat de vrouwenmode vervolgens versimpelt en ze voortaan door het leven moet als een actieve, beweeglijke vrouw, ligt het voor de hand dat er een speciaal platform gecreëerd wordt en dat wordt het podium van de modeshow. De catwalk zet de vrouw namelijk in het centrum van de aandacht voor een publiek dat haar ongegeneerd en direct kan bewonderen. Ze kan er laten zien dat ze het moderne gedrag geadapteerd heeft en het flaneren geabstraheerd heeft tot een pure vorm van een lichaam in beweging dat een ideale identiteit uitdrukt.

De nieuwe bewegingsgrammatica die de mode lanceert krijgt in de jaren twintig tevens een uitwerking, perfectionering en dimensie in de Hollywood-film met sterren als Greta Garbo en Marlene Dietrich. Een ander communicatiemedium dat werkt zou je kunnen zeggen. Zelfs Madonna functioneert in de jaren negentig op dezelfde manier nog als mode-ideaal. Maar het bijzondere van deze popster is dat zij een spel gaat spelen met identiteiten en rolmodellen die we dan inmiddels uit de mode- en film-

210. Mode als opvoeringskunst

20. Still uit de film die Paul Poiret van een modeshow in zijn eigen tuin maakte, in: *L'Illustration*, 9 juli 1910

José Teunissen / Van dandy tot modeshow

geschiedenis kennen. Zo worden we ons in de postmoderne context van de jaren negentig voor het eerst bewust van het feit dat al deze identiteiten constructies zijn, van buiten af opgelegd en niet natuurlijk.[29]

Zo wordt de modeshow een wezenlijk onderdeel van onze cultuur, omdat ze de plek is waarop de ideale identiteit gestalte krijgt. Modeshows, maar ook de sterrencultus van Hollywood en het fenomeen popster, zijn allemaal voorbeelden van het feit dat we in onze hedendaagse visuele cultuur de persoonlijke identiteit zijn gaan esthetiseren.

Op deze manier heeft de moderne mode volgens de filosoof Gilles Lipovetsky een nieuw individu voortgebracht en dat is de modemens. Het is iemand die flexibel is en zijn leven steeds aan nieuwe situaties en omstandigheden weet aan te passen. Iemand die niet meer zijn hele leven gebonden is aan de plek en de familie waar hij is opgegroeid, maar verhuist of in andere milieus verkeert of vrienden maakt via internet. Daarbij weet hij zijn persoonlijkheid steeds opnieuw aan te passen.

De modemens is, kortom, in alles een incarnatie van moderniteit: een mobiel individu met een fluctuerende persoonlijkheid en smaak. De mode is daarbij het ideale lesboek. In de mode kan de mens spelenderwijs leren, flexibel, mobiel en psychologisch soepel te zijn. Dat is essentieel in de moderne communicatiemaatschappij waarin we leven.[30]

1. José Teunissen, *Mode in Beweging. Van modeprent tot modejournaal.* NFM, Amsterdam 1992, pag. 7.
2. Elizabeth Wilson, *Adorned in Dream*. Virago Press, Londen 1985, pag. 9.
3. Roland Barthes, *Système de la Mode*. Seuil, Parijs 1967.
4. Pierre Bourdieu, *La Distinction*. Minuit, Parijs 1979, pag. 258-260.
5. Anne Hollander, *Sex and Suits. The evolution of modern dress*. Random House, New York 1994.
6. J.C. Flugel, *The Psychology of Clothes*. Hogarth Press, Londen 1930.
7. Anne Hollander, *Sex and Suits*. Ibidem
8. Valerie Steele, *Paris Fashion*. Oxford University Press, Oxford 1985.
9. Elizabeth Hanken, *Gekust door de koning. Over het leven van koninklijke maitresses*. Meulenhoff, Amsterdam 2002.
10. Vanessa Schwartz, *Spectacular Realities. Early Mass culture in fin-de-siecle Paris*. University of California Press, Londen 1998.
11. Richard Sennett, *The Fall of Public Man*. Knopf, New York, 1977.
12. Philippe Perrot, *Le travail des Apparences*. Seuil, Parijs 1984. Nederlandse vertaling: *Werken aan de Schijn*. Sun, Nijmegen 1987.
13. Jules Barbey d'Aurevilly, *Het dandyisme en George Brummell*. [vert: Mechteld Claessens] Voetnoot, Amsterdam 2002, pag. 79.
14. Ibidem, pag. 79
15. Honoré de Balzac, *Oeuvres Complètes*. Vol 2, 1830-1835. Louis Conard, Parijs 1938, pag. 177 (Traité de la vie élégante).
16. Jules Barbey d'Aurevilly, ibidem, pag. 79.
17. Jules Barbey d'Aurevilly, ibidem, pag. 79.
18. Charles Baudelaire, *De schilder van het moderne leven*. [vert: Maarten van Buren] Voetnoot, Amsterdam 1992, pag. 59.
19. Charles Baudelaire, ibidem, pag. 72.
20. Georgina O'Hara, *The encyclopedia of Fashion*. Thames & Hudson, Londen 1986, pag. 265.
21. Valerie Steele, *Paris Fashion*. Oxford University Press, Oxford 1985.
22. Leila Kinney, 'Fashion and Figuration in modern life painting'. In: *Architecture and Fashion*. Princeton, New York 1994, pag. 270-314.
23. Stephane Mallarmé, *La Derniere Mode*. Editions Ramsay, Parijs 1978.
24. Stephane Mallarmé, ibidem.
25. José Teunissen, *Mode in Beweging*. NFM, Amsterdam 1992.
26. Palmer White, *Poiret*. Studio Vista, Londen 1973, pag. 3.
27. Palmer White, ibidem.
28. Charles Baudelaire, ibidem, pag. 58.
29. Rhonda Garelick, *Rising Star: Dandyism, Gender and Performance in the fin de Siecle*. Princeton University Press, New York 1998.
30. Gilles Lipovetsky, *The Empire of fashion: Dressing modern democracy*. Princeton University Press, New Jersey 1994, pag. 149.

21. Madonna, *Like a Virgin*, tournee 1984
22. Marlène Dietrich, *Marokko* 1930
23. Xuly Bët, show lente-zomercollectie 2005

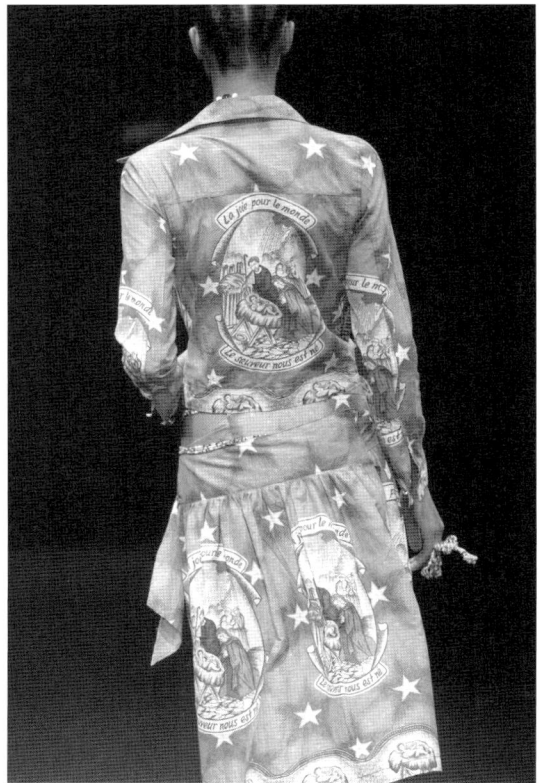

Viktor & Rolf
Viktor Horsting, 1969 (Ne)
Rolf Snoeren, 1969 (Ne)

Mode is allereerst een sprookje en gaat dan pas over kleren. Het succesverhaal van Viktor & Rolf is gebaseerd op dat principe. In een tijdperk waarin kleding vooral casual en niet al te formeel moet zijn, brengen zij mode die een enorme magie en verbeeldingskracht laat zien door een idee of een concept de visuele leidraad te laten zijn. Neem bijvoorbeeld de zomercollectie van 2005. In deze show komen de modellen in steeds grotere lintencreaties op. Alles is in stemmig zwart en chique, ware het niet dat de donkere motorhelmen van de modellen agressieve, *alien*-achtige verschijningen maken. Na het rondje over de catwalk gaan ze tegen de achterwand op ladders staan. Is dat niet een tableau vivant van een foto van Irving Penn? Als het plaatje helemaal is gevuld, klinkt er een harde knal en draait het tableau. Hetzelfde beeld verschijnt opnieuw, maar nu in lieflijke kleuren en zonder helmen. Nu zien we het allemaal nog eens, maar dan kleurig in vrolijk verpakte linten. En dan klinkt als apotheose een enorme knal: daar is het langverwachte parfum Flowerbomb. Een zoete geur in linten verpakt, maar met een atoombom als fles. Zo spelen Viktor & Rolf een geniaal spel met visuele motieven die zich uiteindelijk samenballen in het parfum. Als spektakel is het overdonderend en door het spanningsveld van agressief en zoet en de eindeloze visuele variatie van linten is het evenzeer een interessant experiment. Het kunnen oproepen van een modern, conceptueel en visueel sprookje is wat Viktor & Rolf op dit moment tot een van de invloedrijkste ontwerpers van de wereld maakt.

Viktor Horsting (Geldrop, 1969) en Rolf Snoeren (Dongen, 1969) vertrokken na een studie mode aan de Arnhemse Hogeschool voor de Kunsten naar Parijs. Ze wonnen in 1993 een belangrijke modeprijs in Hyères die hen meteen op de internationale kaart zette. In de jaren erna opereerde het duo vooral in het kunstcircuit waar ze met installaties vooral de modewereld bekritiseerden. Toen ze in 1998 hun experimentele creaties gingen showen tijdens de Parijse Couture-week werden ze al snel ontdekt door een Japanse financier. Dankzij dit bedrijf konden ze in 2000 een eigen prêt-à-porter collectie beginnen en al snel volgde een herenlijn. In 2004 ontwikkelde het duo in samenwerking met L'Oreal zijn eerste parfum. Momenteel behoren ze tot de tien belangrijkste ontwerpers van de wereld.

Literatuur:
Viktor & Rolf. Samenstelling: Viktor & Rolf, Artimo, Amsterdam 1999.
'Viktor & Rolf par Viktor & Rolf '. In: *A,B,C,D,E Magazine*, oktober 2003.

Afbeeldingen:
1. Viktor & Rolf, presentatie *Flowerbomb*, lente/zomer 2005, Parijs
2. Viktor & Rolf, presentatie *Flowerbomb*, lente/zomer 2005, Parijs
3. Viktor & Rolf, collectie waarvan de stukken ondersteboven worden gedragen en waarbij bijvoorbeeld de broek de plaats van de trui inneemt en vice versa, collectie lente/zomer 2006

John Galliano
1960, Gibraltar (GB)

John Galliano is een van de meest besproken en invloedrijke ontwerpers van onze tijd. Zijn ontwerpen zijn fantasierijk en eclectisch: ze refereren aan uiteenlopende tijdperken, culturen, plaatsen en personen. Van de Schotse Hooglanden tot de Afrikaanse Masaï en de Russische steppes. De ontwerper verwerkt deze inspiratiebronnen vrijelijk, zonder dat ze een onderlinge relatie hebben, en creëert zo een actuele look. De shows van Galliano hebben een sterk theatraal karakter en de locaties waar ze worden gehouden zijn spectaculair. Een bal in de Opéra Garnier en een Marokkaanse souk in het Gare d'Austerlitz, gecompleteerd met modellen die zich geheel in hun rol inleven.

John Galliano is zeer ambitieus, heeft een groot gevoel voor esthetiek en staat bekend om zijn romantische inslag en erotische ondertoon. Zijn collecties worden altijd rond een thema ontworpen, dat vervolgens in al de lijnen die Galliano op de markt brengt wordt doorgevoerd. De ontwerper is befaamd om zijn *bias-cut*, de diagonale snit die hij van de couturier Madeleine Vionnet afkeek, zijn zeer vrouwelijke stijl en zijn aandacht voor verfijning en vakmanschap.

Galliano (1960 Gibraltar) verhuist in 1966 naar Engeland waar hij met de collectie *Les Incroyables* in 1984 aan het Central St. Martin's College of Art and Design afstudeert. De presentatie van deze collectie, gesitueerd in Parijs ten tijde van de Franse Revolutie, getuigt al van zijn liefde voor groots opgezette, theatrale modeshows. Hoewel de uitbundige ontwerpen van Galliano tegengesteld zijn aan de, in die periode opkomende, ingehouden ontwerpen van de Japanners, wordt de collectie een groot succes. Het levert hem een expositieruimte in de Londense winkel Browns op.

Met de *Blanche Dubois*-collectie wint Galliano in 1988 zijn eerste Designer of the Year Award. Ondanks zijn successen heeft de ontwerper in deze periode beperkte financiële middelen. Hij besluit zijn geluk in Parijs te beproeven. Hier wordt hij opgemerkt door een van de meest invloedrijke personen uit de modewereld, Anna Wintour, de hoofdredacteur van de Amerikaanse *Vogue*. Met haar steun presenteert hij in 1993 de *Princess Lucretia*-collectie, geïnspireerd op de Russische prinses. Bernard Arnault, hoofd van het mode-imperium LVMH, is zo onder de indruk van zijn kunnen dat hij Galliano in 1995 als hoofdontwerper bij Givenchy aanstelt. Binnen een jaar promoveert hij naar het machtige huis Dior en neemt Alexander McQueen zijn rol bij Givenchy over. Tijdens het 50-jarige jubileum van het huis in 1997 presenteert Galliano in Parijs zijn eerste haute couture-collectie voor Dior.

Momenteel ontwerpt hij voor Dior en zijn eigen label ruim tien couture- en ready-to-wear- collecties per jaar. Zijn uitgangspunten zijn in al die jaren nooit veranderd: *'Mijn werkwijze is altijd hetzelfde gebleven; wat telt zijn moderniteit, vrouwelijkheid en romantiek.'*

Literatuur:
Knight, N., *John Galliano: The Dior Years*. Assouline Publishers, New York 2002.
McDowell, C., *Galliano*. Rizzoli, New York 1998.

Afbeeldingen:
1. John Galliano, collectie *Incroyables*, afstudeercollectie voor het Central St. Martin's College of Art and Design, 1984
2. John Galliano voor Christian Dior, collectie lente/zomer 2002
3. John Galliano, collectie geïnspireerd op theater en cabaret van de jaren '20, op de catwalk twee aan twee door allerlei menstypen getoond, collectie lente/zomer 2006
4. John Galliano, collectie Givenchy lente/zomer 1996

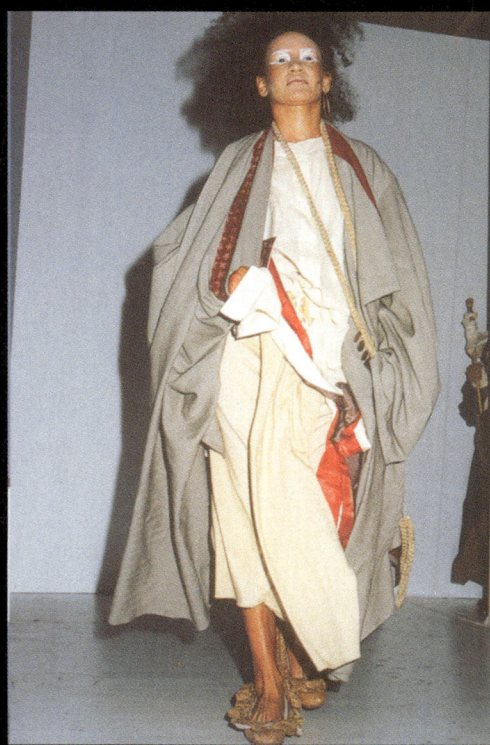

Ginger Gregg Duggan

The Greatest Show on Earth
Eigentijdse modeshows in relatie tot de performancekunst

1. John Galliano, Show herfst-wintercollectie 1997

Al vaker in de geschiedenis hebben kunst en mode een symbiotische relatie onderhouden waarbij de disciplines elkaar gelijktijdig inspireerden, stimuleerden en beconcurreerden. Al in 1910 werd die link bekrachtigd door samenwerkingsverbanden tussen kunstenaars en couturiers, en dat ging zo ver dat de grens tussen de beide werelden van kunst en mode in creatieve zin vervaagde (Duggan 2000: 1). Deze relaties op individueel niveau resulteerden telkens in een kledingstuk dat de ongebruikelijke krachtenbundeling documenteerde. Tegenwoordig gaan de associaties echter verder dan innige samenwerking en ontstaan er complete collecties op instigatie van kunstenaars. Het einde van de jaren negentig vormde een belangrijk moment in de ontwikkeling van het steeds intensievere contact tussen kunst en mode, met verstrekkende gevolgen, want het resulteerde in de productie van modeshows die hun boodschap overdragen via het medium van de performancekunst.[1]

Vele modehuizen van onze tijd hebben de catwalkshow volledig veranderd en daarbij geput uit inspiratiebronnen die lopen van politiek activisme, performancekunst uit de jaren zestig en zeventig, Fluxus- en Dada-performances, tot theater en massacultuur. Het gevolg is een nieuwe hybride van de performancekunst, die vrijwel volledig is losgezongen van de traditionele commerciële kanten van de kledingindustrie.

Vanaf 1995 hebben ontwerpers als Alexander McQueen en John Galliano (met ontwerpen voor Givenchy, respectievelijk Christian Dior) een reputatie opgebouwd voor modeshows die uit reeksen droombeelden en fantastische verschijningen lijken te bestaan. Eigentijdse ontwerpers ensceneren hun evenementen op locaties zoals treinstations, ziekenhuisafdelingen en vliegveldhangars en creëren tot in de details georkestreerde evenementen die theaterproducties naar de kroon steken.

Avantgardistische ontwerpers zoals Elena Bajo en Martin Margiela rebelleren tegen de oppervlakkigheid van de mode door kleinere, esoterische performances te ensceneren die doen denken aan happenings en performances van kunstenaars als Rebecca Horn en Ann Hamilton, of politiek getint werk van Suzanne Lacy en Leslie Labowitz. Deze ontraditionele shows vinden vaak plaats in een confronterende of ongemakkelijke omgeving, waardoor de ontwerpers het risico lopen veel mensen van zich te vervreemden die goed zouden kunnen zijn voor hun carrière. In wezen kiezen ze voor de kunst in plaats van de commercie.

Eigentijdse kunstenaars zoeken op hun beurt inspiratie in de mode en de modemarketing. Een voorbeeld is Vanessa Beecrofts performance in het Guggenheim Museum in 1998, waarin vijftig modellen – gekleed in Gucci-ondergoed en op naaldhakken – deelnamen aan een voorstelling die door Gucci was gesponsord.

Veel kunstliefhebbers lopen ook warm voor haute couture en het ligt dan ook voor de hand dat beide industrieën op elkaar teren. Toen grote modehuizen zoals Prada en Gucci eigentijdse kunstcentra, biënnales en performances gingen sponsoren en befaamde musea tentoonstellingen over mode organiseerden ter meerdere glorie van hedendaagse ontwerpers, was er een podium gecreëerd voor de nieuwe performancekunst van de jaren negentig: de modeshow.

In dit essay wordt ingegaan op de recente kruising van mode en performance, uitgaand van vijf categorieën, namelijk spektakel, inhoud, wetenschap, structuur en statement. Per categorie zal het specifieke verband met de verschillende verschijningsvormen van de performance- en uitvoerende kunsten nader worden bekeken.[2] Daarnaast zal worden ingegaan op de rol die het onderwijs en de media spelen bij het wissen van de grens tussen kunst en mode. Een direct gevolg van deze kruising is dat het onmogelijk is geworden een simpel onderscheid te maken tussen kunst en mode. Is iets een catwalkshow of een happening? Is iets een jurk of een sculptuur? Is iets een boetiek of een galerie?

2. Alexander McQueen, Show herfst-wintercollectie 1999

Spektakel

Shows van ontwerpers die onder de categorie van het spektakel vallen, schurken aan tegen uitvoerende kunsten zoals het theater en de opera, maar ook tegen speelfilms en videoclips. Net als bij toneelvoorstellingen gaat het in de shows van spektakelontwerpers om veel meer dan de kleren. In de meeste gevallen lijken de shows op mini-toneelstukken, compleet met personages, specifieke locaties, bijpassende geluidsbanden en herkenbare thema's. Regelmatig is het enige element dat modeshows onderscheidt van hun theatrale tegenhanger hun uiteindelijke doelstelling: te fungeren als marketinginstrument.

Het idee om modellen te kleden, over een catwalk te laten paraderen en aldus een nieuwe collectie aan de pers te presenteren, is ontstaan op de kledingbeurzen in Chicago aan het begin van de twintigste eeuw. Rond het midden van de jaren dertig waren het grootschalige shows geworden en halverwege de jaren zestig werden geluid en licht geïntegreerd in de catwalkshows (Diehl 1976: 1). Sindsdien wordt het beeld van modeshows vaak bepaald door gecompliceerde kostuums, belichting, rekwisieten, muziek en decors en worden ze omschreven als 'toneel zonder plot'.

Spektakelshows hebben vier hoofdbestanddelen, die door de ontwerper met veel effect kunnen worden gemanipuleerd. Dit zijn: het type mannequin, de locatie, het thema en de finale.

In de jaren tachtig en begin jaren negentig was met name Gianni Versace verantwoordelijk voor het ontstaan van het supermodel, met alles wat bij beroemdheid komt kijken (Evans 1999: 11). In maart 1991 liet hij zijn vier topmodellen gezamenlijk de catwalk aflopen terwijl ze *Freedom* playbackten van George Michael – op dat moment een belangrijke popster. Door de populaire cultuur deel te maken van zijn show bevestigde Versace eens te meer zijn positie van leidende 'rock and roll'-ontwerper voor de sterren en tilde hij de verbinding tussen mode-industrie en showbusiness naar een hoger niveau door de deuren open te gooien voor een nieuwe generatie stermodellen.

McQueen wilde de voorspelbaarheid van de supermodellenshows vermijden en besloot daarom in Givenchy's najaarsshow van 1999 levende modellen te vervangen door etalagepoppen van doorzichtig plexiglas. De figuren waren in een cirkel op het toneel geplaatst en rezen omhoog of zonken weer weg via openingen in de vloer. Elke keer dat de pop boven kwam had hij een nieuw ensemble aan. Het idee om kleren te presenteren op levenloze vormen dateert uit de veertiende eeuw (Diehl 1976), maar leek origineel en nieuw in de tijd van het supermodel.

McQueen experimenteerde verder met mannequins in zijn eigen voorjaarsshow van 1999. In de voorstelling trad Aimee Mullins op, een vrouw van 23 wier benen waren geamputeerd. Ze was voor de gelegenheid door McQueen van beenprothesen voorzien. McQueen riep hiermee controversen op, en de aanklacht dat hij de vrouw exploiteerde, maar door te pers te choqueren wist hij wel publiciteit te genereren.

Ontwerpers pogen niet alleen iets nieuws te creëren door onconventionele modellen te gebruiken, maar ook door te experimenteren met de locatie van hun shows. McQueens najaarsshow van 1999 werd in een remise gehouden. Centraal stond een gigantische, zeven meter hoge kubus van plexiglas met een tafereel uit Stephen Kings *The Shining* – de inspiratiebron van de ontwerper voor dat seizoen. In het desolate winterlandschap bevonden zich bomen en een bevroren meertje, vervaardigd van 25 ton ijs, begeleid door een geluidsmuur van windgegier en wolvengejank.

McQueen gebruikte de kubus opnieuw in zijn voorjaarsshow van 2001, maar nu binnen. De wanden van de kubus bestonden ditmaal uit doorkijkspiegels. Deze eenvoudige verandering bleek sterk te werken, zowel voorafgaand aan als tijdens de voorstelling. Vóór de show zaten de redacteuren, journalisten en andere gasten ongemakkelijk te draaien op hun stoel omdat ze gedwongen waren hun eigen spiegelbeeld te bekijken. Bij aanvang van de show werd de belichting aangepast en keken de bezoekers door de kubus naar een bar en bizar landschap dat aan een psychiatrische inrichting deed denken, waar de modellen als opgesloten dieren in rond stapten.

De verschillende elementen van een show – modelkeuze en locatie – worden nog eens versterkt door de introductie van een thema. De thema's kunnen specifiek of heel abstract zijn en worden vaak afgeleid uit een inspiratiebron voor het betreffende seizoen (zoals McQueens gebruik van Kings *The Shining*). Omdat de thema's voor vele doeleinden worden gebruikt, inclusief de uitnodiging voor de show, de productie en de kledinglijn zelf, moeten ze gemakkelijk te herkennen en onthouden zijn. Thema's inspireren ook de grote bladen tot dubbele pagina's over mode: een uniek en opzienbarend concept past prachtig in toonaangevende modebladen als *Vogue* en *Bazaar*.

De nadruk op thema's dateert uit 1935, toen Elsa Schiaparelli elke collectie van haar hand een eigen onderwerp begon mee te geven. Ze ensceneerde tien van zulke shows, waaronder een circuscollectie en eentje die geïnspireerd was op de *Commedia dell'arte* (Evans 1999: 27). Deze evenementen, die vaak worden gezien als een soort maskerade, vormden de opmaat tot gecompliceerde eigentijdse modeshows zoals McQueens najaarsshow voor Givenchy in 1998. Hij inspireerde zich op Anastasia, de dochter van tsaar Nicolaas II, die had weten te ontsnappen, en bedacht een fantasie waarin hij haar voor een waterval in de jungle van het Amazonegebied op een lippizaner hengst liet rondrijden naast Lady Godiva.

Ook John Galliano's complexe najaarsshow van 1998 voor Christian Dior was een thematische productie. De show heette 'The Dioriant Express' and begon met een trein die het station van Austerlitz in denderde, waar de modellen vervolgens in buitenissige kostuums uitstapten. De show is omschreven als 'een frontale botsing tussen Pocahontas en Hendrik VIII' (fashionlive.com 2000) en tijdens de show veranderde de locatie in een Berberse *souk*, compleet met palmbomen, oranje zand en manden dadels en sinaasappels.

Spektakelshows kunnen in laatste instantie niet volledig worden begrepen zonder hun finale te bespreken. Bij de verbinding van mode met het theater is een hoofdrol weggelegd voor het explosieve, overdadige einde van de shows van spektakelontwerpers. In veel gevallen komt er niet eens een verkoopbaar kledingstuk uit de collectie in voor. De finale van McQueens voorjaarsshow van 1999 bijvoorbeeld bestond eruit dat een mannequin – gekleed in een witte jurk die aan een wijde rok deed denken en met een ceintuur boven haar borsten vastzat – langzaam ronddraaide op een ronde schijf in de vloer van de catwalk. Terwijl ze ronddraaide werd ze met twee robotische verfpistolen bespoten met gele en zwarte verf.

De belangrijkste rationale achter deze extravagante producties is de aandacht van de modemedia te trekken, niet om het publiek te vermaken. De vier elementen van model, locatie, thema en finale leveren materiaal dat het prima doet in de modebladen. De modetheoreticus en -historicus Angela McRobbie verduidelijkt nog dat ontwerpers gegarandeerd besproken zullen worden als ze de fantasieën en aspiraties van de lezers aanspreken (McRobbie 1998: 171). Ontwerpers gebruiken de thematische shows als middel om die fantasieën te exploiteren.

Om toch vooral in de grote bladen besproken te worden, sparen ontwerpers en modehuizen kosten noch moeite om de behoefte aan iets nieuws te bevredigen, wat de ontwerpers er vervolgens toe aanzet om elk seizoen weer voor de dag te komen met nog grotere en betere shows (McRobbie 1998: 169).

De shows zijn net als grote toneelvoorstellingen extreem duur en leveren vaak weinig of geen winst op (Davis 1992: 142).

3. Hussein Chalayan, Show herfst-wintercollectie 2000 *Afterwords*

Op dit moment is het niet uitzonderlijk als een groot modehuis zoals Christian Dior of Chanel vijf miljoen dollar uitgeeft aan een show die amper twintig minuten duurt.

Ontwerpers worden niet alleen bekritiseerd vanwege het gat tussen kosten en opbrengsten, maar ook voor het ensceneren van shows die griezelig dicht tegen voorgekookte media-events aanzitten en louter bedoeld zijn om positieve recensies te 'stimuleren' (Davis 1992: 141-2). Dat deze evenementen zo tegen theater en entertainment aanschurken, is koren op de molen van de kritiek die de frivoliteit van de modewereld bestrijdt, omdat ze zou afleiden van de kleding.

Toch kan ook negatieve aandacht van de modevakpers wel degelijk bijdragen aan het succes van een collectie. De najaarscollectie van 2000 van John Galliano voor Dior veroorzaakte in de westerse wereld de nodige ophef omdat hij een hele lijn ontwierp en showde die was geïnspireerd op de verschoppelingen van de maatschappij, inclusief daklozen en psychiatrische patiënten. Met zijn gewaden van gescheurde vuilniszakken en delen van een dwangbuis wist Galliano aandacht te krijgen in vele belangrijke bladen.

Afgezien van deze ethische en monetaire kanttekeningen, is spektakelmode buitengewoon effectief als het om marketing gaat. De naamsbekendheid van het label en het merk wegen, naast de productlicenties, ruimschoots op tegen de kosten en een enkele negatieve kritiek (Davis 1992: 142). De shows vormen een dramatische bijdrage aan het imago van de afzonderlijke ontwerpers en dragen zo bij aan de *branding* van hun naam en de labelconcepten. Zo wordt van Alexander McQueen verwacht dat hij elk seizoen weer krankjorume en extravagante producties aflevert die, in combinatie met zijn reputatie van *enfant terrible*, van hem een van de meestgevraagde handelswaren van de afgelopen tien jaar hebben gemaakt, ook al behoort zijn werk niet tot de bestverkopende labels.

De aandacht die de brandstof vormt voor de producties van deze ontwerpers trekt op haar beurt weer een *celebrity*-aanhang aan. De eerste rijen van hun shows zitten vol Hollywood-sterren en beau monde. De pers besteedt aandacht aan deze shows vanwege die verbintenis met de grotere wereld van de showbusiness, waarmee de cirkel weer rond is. Als gevolg zijn creaties van John Galliano en Alexander McQueen te zien geweest bij de feestelijke uitreiking van de Academy Awards en op menige filmpremière.

Door dit proces krijgt de ontwerper de status van excentrieke kunstenaar én lid van de celebrity-wereld van de populaire cultuur. Die dubbele rol onderstreept eens te meer het belang van een mediahype bij de ontwikkeling van een merknaam (McRobbie 1998: 169), en dit type show verbindt de modewereld met de wereld van de popmuziek, showbusiness en celebritycultuur. Al deze verbintenissen leiden tot een grotere belangstelling voor de mode bij een breed publiek (McRobbie 1998: 169).

Het motief van spektakelontwerpers heeft vooral met marketing te maken, maar de voorstellingen zijn stevig verankerd in hun historische voorganger, het theater. Door hun verbinding met de eigentijdse pop- en celebritycultuur vervagen ze de grenzen tussen mode, kunst, theater en performance nog meer, wat resulteert in shows die ware cross media-spektakels zijn.

Inhoud
De relatie tussen performancekunst en ontwerpers wier shows onder de categorie 'inhoud' vallen, loopt via de nadruk die zij leggen op het proces in plaats van het product. Bij deze ontwerpers is het *concept* achter een seizoen essentieel voor een goed begrip van elk afzonderlijk kledingstuk en voor de modeshow als geheel. Hussein Chalayan verduidelijkte in zijn commentaar bij zijn najaarsshow van 2000 dat hij wist dat hij een lege woonkamer wilde 'en de kleren kwamen vanzelf voort uit dat idee' (Singer 2000: 143). Het feit dat het product ondergeschikt is aan het concept resulteert in shows die lijken op rituelen of happenings, wat in

schril contrast staat met het proces waarmee spektakelontwerpers werken.

Ondanks hun focus op ideeën zetten inhoudelijke ontwerpers modeshows in scène die vaak zeer complex zijn. Hussein Chalayan en Viktor & Rolf (Viktor Horsting en Rolf Snoeren) staan net als de spektakelontwerpers bekend om hun creatieve en unieke producties. Het verschil tussen spektakel- en inhoudelijke ontwerpers is het type thema dat ze gebruiken. Spektakelontwerpers maken shows rond specifieke thema's die gemakkelijk te vertalen zijn in decorontwerp, rekwisieten, belichting en muziek. Inhoudelijke ontwerpers daarentegen ontwerpen shows rond een *abstract* concept. Dit leidt telkens weer tot gechoreografeerde voorstellingen die visueel verbluffend mooi zijn, maar geen verhaal vertellen dat gebonden is aan een bepaalde tijd en plaats.

Zo was Chalayans najaarsshow van 1999 een eerbetoon aan het mechanische tijdperk, zonder enige concrete verwijzing naar de geschiedenis. Voor deze hommage had Chalayan een tunnel gemaakt door twee toneelvlakken te laten optakelen via een gecompliceerd hydraulisch systeem en een heel netwerk van katrollen. Dit was de omgeving voor zijn afstandbestuurde jurken en andere mechanische creaties. Voor zijn voorjaarscollectie van 2000 werd er in de finale eenzelfde decor gebruikt waarmee een rij mannequins langzaam in de orkestbak afdaalde. De aandacht voor het toneelbeeld wordt nog versterkt door de choreografie. In plaats van de modellen alleen maar achter elkaar een rechte catwalk te laten aflopen, bewegen ze zich als in een eigentijds ballet dat is geïnspireerd op weinig voor de hand liggende en niet verwante bronnen, zoals vliegpatronen.

Rituelen spelen ook een belangrijke rol in het werk van inhoudelijke ontwerpers als Chalayan en Viktor & Rolf. Een voorbeeld hiervan is Viktor & Rolfs *haute couture*-show uit het najaar van 1999, waarin één enkel model op een rond plateau stond dat langzaam om zijn as draaide. Bij het begin van de show droeg ze alleen een jute slip en onderkleding. In de loop van de show kleedden de ontwerpers haar in opeenvolgende lagen van jute en Swarovski-kristal, als was ze een Russische pop, totdat haar hoofd amper nog te zien was. De intimiteit van deze handeling, maar ook de rol van de ontwerpers zelf in het proces, vestigden de aandacht op de daad van het kleden van het lichaam – een voorbeeld van hoe het proces het product overschaduwt.

Een ander voorbeeld van een modeshow in de vorm van een ritueel is Chalayans afstudeershow van 1994, bekend als de 'begraven collectie'. Zoals de naam al aangeeft, werden de kleren begraven, opgegraven en gepresenteerd met een begeleidende tekst waarin het proces nader werd verduidelijkt (McRobbie 1998: 109). Het ritualistische proces van begrafenis en wederopstanding gaf de kleren – die anders domweg koopwaar waren geweest – een onmiskenbare mythologie mee die over abstracte invloeden ging als vergankelijkheid, ontwikkeling en materialiteit. Door de link met een proces waar de ontwerper direct bij betrokken was, kwamen de objecten uit de modewereld terecht in de wereld van de kunst en herinnerden ze de toeschouwer aan de ritueel-achtige performances van Ann Hamilton en Joseph Beuys.

Een ander kenmerk van inhoudelijke ontwerpers is dat ze niet geïnteresseerd zijn in telkens iets nieuws, terwijl de modepers daar nu juist op afkomt. Sommige ontwerpers werken op een manier die zelfs gericht lijkt te zijn tégen het nieuwe. Zo heeft Hussein Chalayan dezelfde radicale ontwerpen en concepten in verschillende seizoenen geshowd. Een terugkerend motief is een mechanische jurk van plastic, die met afstandsbediening kan worden opengevouwen in puzzelstukachtige panelen of kan worden uiteengeschoven in rechtopstaande segmenten. Dat hij bereid is deze aanpak telkens weer te gebruiken, geeft blijk van een verlangen om een concept ten volle te exploreren, ook als dat ten koste gaat van vernieuwing en publiciteit.

4. Hussein Chalayan, Remote control dress, lente-zomercollectie 2002 *Before Minus Now*

Naast het feit dat inhoudelijke ontwerpers geen zin hebben om elk seizoen met iets nieuws te komen, spotten ze ook met de traditionele peilers van de mode- en kunstwereld. Exclusiviteit, de *branding* van producten, het licentiesysteem en de oppervlakkigheid van de mode: allemaal doelwitten waarop hun satire zich richt. Omdat Viktor & Rolf zo handig inspelen op de macht van de modemarkt en de lichtgelovige consument hebben ze de bijnaam 'de Siegfried en Roy van de couture' gekregen. Met hun ironische tactieken voegen ze zich in de rij van Fluxus, de performers van Dada en de kunstenaars van het Surrealisme.

Viktor & Rolf wensen zich niet neer te leggen bij de oppervlakkigheid van de mode en bieden daarom producten aan die gemaakt zijn voor 'consumptie en vermaak, concept en contemplatie' (Martin 1999: 115). Zo creëerde het duo 'Le Parfum', een herkenningsgeur die als hype werd gemarket, maar in feite naar niets rook. Een andere creatie was een genummerde oplage van een plastic boodschappentas (Martin 1999: 111), waarmee ze verwezen naar de ready-mades van Marcel Duchamp.

Inhoudelijke ontwerpers worden, anders dan de spektakelontwerpers, niet gedreven door de eisen van de modepers en ze ontwerpen hun shows niet als marketinginstrumenten. Hun opvallende gebrek aan belangstelling voor de media leidt ironisch genoeg tot hyperige media-aandacht die op haar beurt het verschijnsel van de 'ontwerper-kunstenaar' weer versterkt, waardoor de toch al onduidelijke grenzen tussen kunst en mode nog wat verder worden vervaagd. Met dit gedrag trekken ze de belangstelling van de avant-gardistische mode- en kunstcritici, waardoor ze ook buiten de sfeer van de massamode worden besproken. De kunstcriticus Olivier Zahm noemde Viktor & Rolf al in december 1995 in het tijdschrift *ArtForum* 'de beste stylisten', lang voor ze doorbraken in de wereld van de haute couture (Martin 1999: 115).

Net als de performancekunstenaars uit de jaren zestig en zeventig zoeken inhoudelijke ontwerpers alternatieve routes om hun werk te maken en te showen, naast de gebruikelijke en algemeen aanvaarde weg. En net als bij hun voorgangers in de performancekunst zijn hun oplossingen vaak onmogelijk te marketen of verkopen. Viktor & Rolf hebben bijvoorbeeld de tactiek toegepast om hun haute couture-collectie in fel *black light* te dompelen om een idee uit te drukken. Dat was duidelijk niet de meest flatteuze manier om hun werk te presenteren, maar legde de prioriteit wel bij het concept en niet bij de koopwaar. Een andere ondermijning van de algemeen aanvaarde wijze van presenteren was Viktor & Rolfs besluit om hun voorjaarscollectie van 2001 op cd-rom uit te delen aan bezoekers en journalisten. Deze 'direct opvraagbare' mode is wel heel ver af komen te staan van de traditionele show en het live entertainment dat daarbij hoort.

Terwijl de drive achter de spektakelshows vooral bestaat uit het krijgen van publiciteit, zijn inhoudelijke shows eerder een uitkomst van ontwikkelingen in het modeonderwijs. In de afgelopen jaren is er op de modeafdelingen van academische instellingen méér aandacht besteed aan theorie dan aan het opdoen van praktische ervaring en het vakmanschap dat nodig is voor het maken van een nieuw kledingstuk (McRobbie 1998: 39). Deze benadrukking van het conceptuele heeft de inhoudelijke ontwerpers diepgaand beïnvloed en heeft hun belangstelling voor het rijk van het concept en de abstractie gestimuleerd. De connectie tussen de huidige kunstwereld en het onderwijs wordt nog versterkt doordat de ontwerpers ook zelf les zijn gaan geven. Viktor & Rolf zijn professor op de modefaculteit van de universiteit voor toegepaste kunsten in Wenen. Om een voorbeeld te geven van hun engagement met theorie en abstract denken: tijdens hun lessen verdeelden ze de klas ooit in twee groepen. De ene moest werken onder rood licht, met rode materialen, gereedschappen en patronen, de andere met blauwe objecten en effecten. De atmosfeer werd versterkt door speciale soundtracks. De uitkomsten van deze opdracht liepen van het vernietigen van het materiaal tot het maken van heuse kleren (metroactive.com 2000). Door hun belangstelling voor het conceptuele over te dragen op hun studenten bevorderen Viktor & Rolf op hun beurt de theoretische ontwerpbeweging.

Conceptuele mode is ook makkelijk over te planten naar het domein van eigentijdse musea en galleries. Vaak zijn modecuratoren de beste klanten van de inhoudelijke ontwerpers. Toen Viktor & Rolf in 1998 hun couture-carrière van de grond tilden, werden ze benaderd door Mark Wilson, de curator van het Groninger Museum. Hij bood de ontwerpers een stipendium aan en een contract om delen van hun werk te kopen voor de permanente collectie van het museum. In 2000 hield het Groninger Museum een eerste tentoonstelling met 28 topstukken uit vijf verschillende seizoenscollecties (Socha 2000: 15).

Door de nadruk die in het modeonderwijs op het conceptuele wordt gelegd, dreigt de commerciële kant van de mode enigszins onder te sneeuwen. Chalayans werk is omschreven als 'ideeënmode' of ontwerpen waarin het belang van experimenten en innovaties de overhand heeft (McRobbie 1998: 48). Het is ook niet gek dat ontwerpers binnen deze categorie tamelijk los staan van de grote modebusiness, omdat volledige creatieve vrijheid en de vrijheid om te experimenteren eigenlijk alleen mogelijk zijn als de werkzaamheden van de ontwerpers niet gestuurd worden door de vraag uit de markt. Als gevolg hiervan zoeken deze ontwerpers aansluiting bij de schone en uitvoerende kunsten en beweren ze gidsen te zijn voor de rest van de modewereld (McRobbie 1998: 48).

Het spijt Chalayan zeer dat hij door financiële beperkingen niet het commerciële potentieel van zijn complexe ideeën volledig uit kan buiten (Singer 2000: 143). Onlangs werd deze spijt harde werkelijkheid, toen hij zich verplicht zag zijn bedrijf op te heffen, ondanks de goede kritieken die zijn werk kreeg. Chalayans onvermogen om de grens tussen kunst en commercie met succes te tackelen, bevestigt eens te meer dat de ontwerper een kunstenaar is en geen zakenman. Er is wel geopperd dat ontwerpers zoals Chalayan subsidie zouden moeten krijgen van de Arts Council om hun collecties op de catwalk te brengen bij wijze van perfomancekunst (McRobbie 1999: 14).

Inhoudelijke ontwerpers concentreren zich op concept, proces en ritueel en geven hun kleren een diepere betekenis op een manier die doet denken aan de wijze waarop Beuys zijn viltpakken deel maakte van een persoonlijke mythologie. Anne Hollander schreef in haar hoogst oorspronkelijke en befaamde boek *Seeing Through Clothes* dat 'het objectief serieus nemen van kleding er meestal op neerkomt dat men uitlegt wat de kleren duidelijk maken over iets anders' (Hollander 1975: XV). Dat is precies waar Chalayan en Viktor & Rolf hun carrière aan hebben gewijd.

Wetenschap
Junya Watanabe en Issey Miyake staan erom bekend dat zij de technologische ontwikkelingen in de fabricage van stoffen en kleding nauwlettend volgen. Dankzij hun studie naar materialen kunnen deze wetenschappelijke ontwerpers voortdurend de grenzen van de mode verleggen, waarbij ze de nadruk leggen op de *functie* van stoffen en kleding. Deze interesse spreekt ook duidelijk uit hun modeshows – vaak in de vorm van ascetische parades van modellen, gehuld in kleding die vooruitloopt op de toekomst van de mode. De voorstelling wordt gedicteerd door de fabricage en verwerking van stoffen, die revolutionair van aard zijn.

Van grote invloed op wetenschappelijke ontwerpers zijn de vroege video-performances van kunstenaars als Bruce Nauman en Nam June Paik. Deze kunstenaars buiten net als de wetenschappelijke ontwerpers de techniek uit om voorbij de beperkingen van de traditionele kunstpraktijk te komen en beiden wijzen het fysieke proces aan als het feitelijke werk (Rush 1999: 48). De interesse in het proces en de techniek wordt in de mode vertaald in shows waarin transformaties telkens het experimentele facet van het werk uitlichten.

In de voorjaars- en najaarsshow van 1999 liet Miyake een team van in het zwart geklede assistenten aan de productie bijdragen door ze een kledingstuk op het model te laten hermodelleren of zelfs in een nieuwe vorm knippen op de vloer van het toneel. Deze mini-performances getuigen eens te meer van Miyake's interesse in manipulatie en transformatie: ze stellen het ontwerp- en maakproces van een kledingstuk centraal in de show. De voyeuristische aspecten die aan zo'n productie ten grondslag liggen, zijn mede beïnvloed door de privé-performances die Nauman en Vito Acconci in hun eigen atelier gaven (Rush 1999: 47). Zowel bij de kunst als de modeshows krijg je het idee dat het proces ook los van eventuele toeschouwers voortgang zou vinden.

De metamorfose was een rudimentair kenmerk van een vroege collectie van Watanabe, waarin rokken en handtassen werden opengeritst en uitgevouwen tot jasjes en wikkelkleding. De functie speelt een grote rol in dit werk waarbij de ontwerper zijn klanten de mogelijkheid biedt om één kledingstuk te veranderen in twee, waarmee de betrokkenheid van de klant bij het proces wordt uitgebreid tot voorbij het moment van de aanschaf.

De aandacht voor manipulaties, transformaties en metamorfosen sijpelt door tot in het bedrijf van de wetenschappelijke ontwerper. De website van Miyake's *Pleats Please!* toont de bezoeker de stappen in het proces van het plooien en van de andere innovaties, zoals zijn 'bobbels', 'rollen' en 'poffen'. Daarnaast ontwikkelde de ontwerper APOC (*A Piece of Cloth*, een lap stof), een winkelketen die zijn geplooide stof direct van de rol verkoopt. Deze produktlijn maakt nóg een laag van het proces zichtbaar, waarin de klant Miyake's geplieerde stof zelf tot kledingstuk kan transformeren.

Transformaties spelen ook nog een rol in de feitelijke fabricage van de kleding, waarmee het proces in nog weer een ander domein wordt getrokken. Behalve dat Watanabe nieuwe technieken ontwikkelt in samenwerking met stoffabrikanten als Toray – de makers van Ultrasuede – kijkt hij ook naar gecomputeriseerde technieken die vorm en structuur kunnen manipuleren en hem helpen om van bestaande stoffen iets nieuws te maken. Voor zijn voorjaarscollectie van 2001 liet Watanabe honderden flinterdunne laagjes pure nylon organza met de hand op elkaar stikken en daarna met behulp van een computer scheren als betrof het de vormsnoei van heggen. De jurken, omschreven als 'Edward Scissorhands meets Paul Poiret', verwezen én naar de rococo én naar de cybercultuur (Singer 2000: 146). Diezelfde sfeer werd opgeroepen in een begeleidende show waarin Weense walsen de toon zetten voor een futuristische voorstelling die stevig verankerd lag in het verleden.

Dat wetenschappelijke ontwerpers het proces hebben geïncorporeerd in hun shows en technieken zegt iets over het belang van experimenteren. De immense hoeveelheid informatie op het internet, in combinatie met de nieuwe technieken waarmee virtuele en driedimensionale modellen kunnen worden gemaakt, hebben geleid tot een breed scala aan kledingfabricagetechnieken, stofontwerpen en virtuele presentiemogelijkheden waaruit gekozen kan worden. Ontwerpers als Watanabe en Miyake benutten deze snelle ontwikkelingen in hun experimenten met stoffen en patronen.

Shows als die van Watanabe's voorjaarscollectie van 2000 – waarin zijn uitgebreide kennis van de techniek om stoffen waterafstotend te maken werd getest door mannequins die enkeldiep door het water op de plankiers waadden en van bovenaf water over zich uitgestort kregen – benadrukken deze belangstelling voor de textielwetenschap. Zoals Nam June Paik van de monitor een hoofdrolspeler maakte (Rush 1999: 53), zo laat Watanabe de stof 'optreden'. Zijn belangstelling voor textielonderzoek en -technologie wordt aangewakkerd door zijn wens een stof te ontwikkelen die net zo revolutionair is als polyester. Watanabe omschrijft zijn ontwerpthema als 'technocouture'. Hij memoreert het feit dat in de veertig jaar na de uitvinding van polyester de audiovisuele techniek een verbijsterende ontwikkeling heeft doorgemaakt en de modewereld niets werkelijk nieuws heeft afgeleverd.

In dezelfde geest richtte Miyake in 1970 de Miyake Design Studio op als een soort onderzoekslaboratorium naar textieltechnologie en ontwerptechnieken. Miyake's belangstelling ligt, getuige zijn faam met zijn plooitechniek, veeleer bij het manipuleren en metamorfoseren van stoffen dan bij het ontwikkelen van een nieuwe stof. Dat hij zijde, een van de oudst bekende stoffen, transformeerde tot een nieuwe interpretatie van de stof, betekende een revolutie in de manier waarop zijde wordt verwerkt, zonder dat hij daartoe een nieuwe stof ontwikkelde.

Dat soort vernieuwingen hebben Miyake ook in de kunstwereld een naam bezorgd. Omvangrijke tentoonstellingen van zijn ontwerpen zijn de hele wereld over gereisd en hebben de sculpturale schoonheid van zijn draagbare kunst voor het voetlicht gebracht. Hoewel zijn werk in esthetisch opzicht buitengewoon is te noemen, komen de unieke ontwerpen voort uit de zoektocht van de ontwerper naar nieuwe interpretaties van stoffen.

Miyake's show van zijn najaarscollectie in 1998 bestond uit zijn beruchte zilverpapierwerken, die zowel futuristisch als retro zijn en getuigen van zijn interesse in transformaties. In de show bewandelde een groep modellen met grote ernst en vastberadenheid het plankier, op een manier die deed denken aan de astronauten in *The Right Stuff*. Iedere futuristische connotatie of gedachte aan het ruimtetijdperk werd echter tenietgedaan door de handmatige, patchworkachtige kwaliteit van de stof. Door de extreem blikkerige zilverfolie werd het alledaagse in iets getransformeerd dat

Alexander McQueen
1969, Londen (GB)

De stijl van de Britse ontwerper Alexander McQueen (1969) wordt wel als shockerend omschreven door zijn expliciete verwijzingen naar thema's als oorlog, religie en seks, de verwerking van ongebruikelijke materialen zoals vinyl en pvc, en zijn extravagante presentaties. Zo creëerde hij op het modeplankier tijdens de presentatie van zijn collectie *The Overlook* (herfst/winter 1999), geïnspireerd op Stanley Kubricks film *The Shining*, een ijzig landschap compleet met sneeuwstorm en ijsvloer.

McQueen verwerft met name bekendheid met zijn erotisch geladen ontwerpen zoals de 'bumsters', extreem laag uitgesneden heupbroeken. In zijn kledingstukken gaat innovatie gepaard met een enorm technisch vakmanschap dat tot uiting komt in de onberispelijke snit. Zijn collecties, die veelal rond een thema ontworpen zijn, zitten vol verwijzingen naar het verleden. Dit zien we bijvoorbeeld terug in de op de veertiende eeuw geïnspireerde collectie *Dante* (herfst/winter 1996) of de vele verwijzingen die hij naar het Victoriaanse tijdperk, zijn favoriete periode, maakt. Maar ook de filmgeschiedenis dient vaak als uitgangspunt. Naast *The Overlook* baseerde hij ook de collectie *The Hunger* (lente/zomer 1996) op een klassieker, de gelijknamige film met Catherine Deneuve en David Bowie. McQueen weet heden en verleden vrijelijk te combineren. Dit leidt vaak, zoals in de in 2002 gelanceerde nomadische-punkcollectie *Scanners*, tot verrassende combinaties waarin eigentijdse elementen versmelten met nostalgische.

McQueen studeert in 1992 af aan het Central St. Martins College of Art and Design. Werkervaring doet hij eerst bij Savile Row tailors Anderson and Sheppard, waar hij zijn befaamde snijtechniek ontwikkelt, en vervolgens bij Romeo Gigli en Koji Tatsuno op. In 1993 lanceert McQueen zijn eigen label en opent hij een atelier in Londen. Bij de presentatie van zijn eerste collectie in 1996 wordt zijn vernieuwingsdrang beloond met de titel British Designer of the Year. Nog in datzelfde jaar wordt McQueen aangenomen als opvolger van John Galliano en krijgt hij de leiding over het veertig jaar oude Franse couturehuis Givenchy. McQueen is niet enkel vanwege zijn innovatieve kwaliteiten verkozen maar met name ook om zijn technische perfectie. De kloof tussen het keurige en stijlvolle Givenchy, waar allure hoog in het vaandel staat, en de rebelse, provocerende McQueen is echter te groot. In 2000 neemt McQueen afscheid van het modehuis waar hij wordt vervangen door de ontwerper Julien MacDonald. McQueen richt zich vanaf dat moment, met financiële ondersteuning van de Gucci-groep, op zijn eigen label. Twee jaar later opent hij een winkel in New York, gevolgd door filialen in Milaan, Londen en Los Angeles. Zijn collecties worden vanaf dan gematigder van toon, het theatrale karakter van zijn presentaties en de fantasievolle showelementen blijven vaker achterwege en de nadruk komt steeds meer op het ontwerp zelf te liggen.

Literatuur:
Quinn, B., *Techno Fashion*. Berg Publishers, Oxford 2003.
Wilcox, C., *Radical Fashion*. Victoria and Albert Museum, Londen 2001.

Afbeeldingen:
1. Alexander McQueen, Bumster, collectie 1995
2. Alexander McQueen, show collectie herfst/winter 1999/2000

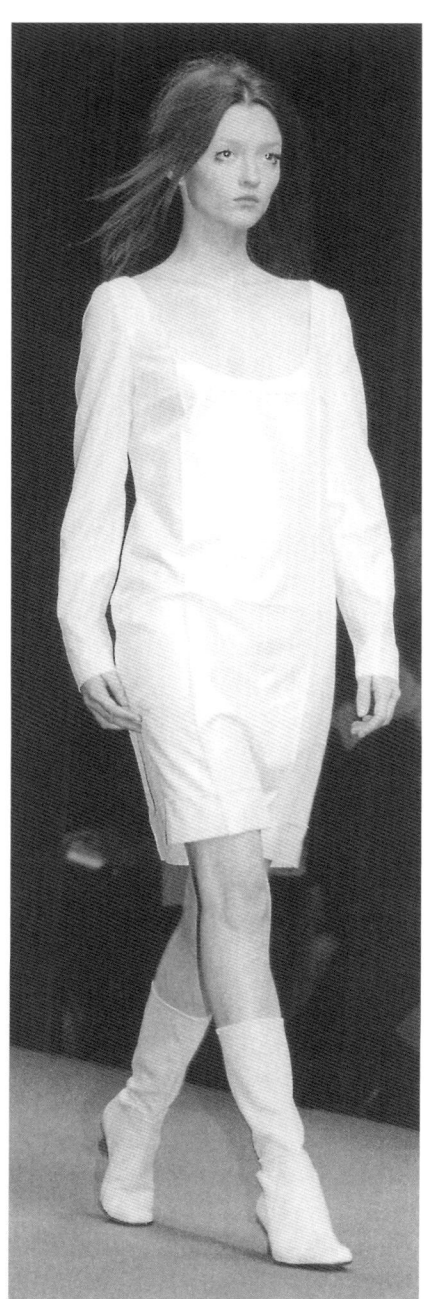

5. Prada, Jurk, herfst-wintercollectie 1998

in geen enkel hokje te plaatsen viel.

Als gezegd, kijken wetenschappelijke ontwerpers naar de techniek om voorbij de traditionele stoffen- en kledingontwerpen te komen. Vroege video-performancekunstenaars laafden zich ook aan de nieuwe mogelijkheden die de techniek hun bood, en daarop werd de techniek het grote gebeuren (Rush 1999: 38). Binnen de mode kan de techniek gezien worden als iets nieuws, met een inherente marketingstrategie. Wetenschappelijke ontwerpers kunnen de honger van de media naar alles wat nieuw is stillen doordat de aard van hun inspiratie het nieuwe *is*. Iedere ontwikkeling in de textielproductietechniek, kledingfabricage of softwareprogrammatuur geeft de media weer iets te melden.

Daarnaast geeft de overweldigende aanwezigheid van de cybercultuur, van hoog tot laag, nog eens extra brandstof waarop de modemedia kunnen meezeilen. Het probleem is alleen dat het idee van 'cyberspace' – eerder een concept dan iets fysieks – eerder in spirituele en niet in functionele relatie tot het fysieke lichaam staat. Zo verwerkt Miuccia Prada vaak vernieuwde stoffen in haar Prada en Prada Sport-lijn, alsof functionaliteit bij haar voorop staat. Maar de plooien, ook telkens weer volgens de nieuwste ontwikkeling, dienen geen enkel nut, anders dan dat je niet meer hoeft te strijken.

Het idee dat mode futuristisch/utilitaristisch van aard zou zijn, wordt uitgedragen door de marketingstrategie en het label van het product. Met name het imago van Prada is sterk gebaseerd op stedelijke utiliteit en functionaliteit. De functionele uitstraling die wordt overgedragen via de reclame-uitingen en de gelikte hightech stoffen is al verloren gegaan voordat de nieuwe trend op straat verschijnt. Een waterafstotende rok met een ergonomisch verantwoorde heuptas boven een paar hoge hakken meldt allerlei tegenstrijdigs over de persoon die dat aantrekt. Is de waterbestendige techniek gekozen omwille van de bruikbaarheid of omwille van het merk? Waarom zo veel aandacht en dollars spenderen aan ergonomie als de bijpassende schoenen niet bepaald handig zijn?

Nu de interesse voor design een massapubliek heeft gevonden, is functionaliteit minder belangrijk geworden dan de *schijn* van functionaliteit. Het maakt niet uit of de Michael Graves-tandenborstel van Target even goed poetst als die van Oral B. Wat belangrijk is, is dat het product er goed uitziet. Iets dergelijks geldt voor luxe gebruiksgoederen: ze worden goed ontworpen en vinden gretig aftrek, niet zozeer omdat ze zo handig zijn, maar omdat ze er goed uitzien.

Een aantal manieren waarop de mode de obsessie met virtuele technologie in onze maatschappij tot uitdrukking laat komen, is via de recente ontwikkelingen in accessoires, sieraden en bodywear die toegang bieden tot het internet, maar ook via de mobiele telefoon en via de software die de detailhandel gebruikt om individueel maatwerk te kunnen leveren. Tegenover de vele ontwerpers die dergelijke nieuwe ontwikkelingen afwijzen en kiezen voor een traditionele manier van werken en patroontekenen, staan de wetenschappelijke ontwerpers die er een manier in zien om de vooropgezette ideeën over wat kleding zou kunnen worden, onderuit te halen.

Als ultieme verkoopstrategie toonde Victoria's Secret haar voorjaarscollectie van 2001 via een live uitzending vanaf hun website. Met deze uitzending voor miljoenen kijkers wereldwijd haakte het bedrijf in op de obsessie voor cyberspace, creëerde een ongeëvenaarde mediahype en vergrootte haar klantenbasis. Door mensen toegang te geven tot een tot dan toe besloten aangelegenheid, verzekerde het bedrijf zich van een breed 'wereldwijd' publiek.

Zonder ruggesteun van de geschiedenis valt lastig te voorspellen welke invloed cyberspace zal hebben op de wijze waarop ontwerpers hun collecties aan de wereld tonen. Ongetwijfeld zal cyberspace een revolutionaire rol spelen en méér worden dan het vehikel voor een modeshowpresentatie. Met elke nieuwe ontwikkeling brengen ontwerpers als Miyake en Watanabe connecties tot stand die de grenzen tussen kunst, mode, architectuur en design verder vervagen dankzij wereldomspannende interconnectiviteit.

Structuur
Rei Kawakubo van Comme des Garçons en Martin Margiela worden al heel lang geroemd om de unieke wijze waarop ze hun kleding construeren en hun overtuiging dat vorm belangrijker dan functie is. Beide ontwerpers vertrouwen op eenvoudige shows om hun ontwerpen aan het bedrijfsleven te tonen, en beschouwen daarbij de conventie vaak als een noodzakelijk kwaad. Waar het hen om gaat is de vorm en het ontwerp van de kleding, en dat leidt tot shows die zijn afgeleid van performances van Rebecca Horn en Jana Sterbak. De sterk fysieke uitstraling van de voorstellingen van Horn en Sterbak – door hun lichaamsattributen en kostuumelementen – is van het grootste belang om de concepten waar het hier om draait te kunnen begrijpen.

De ontwerpen van structuurontwerpers kunnen vaak worden beschouwd als beeldhouwwerken, ook al dienen de kledingstukken in beweging te worden gezien. Daarom is de *performance* een essentieel onderdeel van de show. Naast het feit dat het de structuurontwerper boven alles om vorm gaat, zijn ook conceptuele invloeden van belang. Zijn collecties ontwikkelen zich steevast rondom concepten, maar worden uitgewerkt in fysieke, en niet in abstracte manifestaties. De inhoudelijke ontwerper brengt ideeën over door een systeem van symbolen en esoterische middelen, terwijl de structuurontwerper concepten het best gerepresenteerd vindt in een driedimensionale vorm.

Zo heeft Margiela een reeks genummerde collecties gerelateerd aan structuurconcepten als *plat* en *oversized*. In zijn *plat*-collectie van 1998 waren de mouwen en armsgaten in de kledingstukken verschoven en waren de kledingstukken zo in elkaar gezet dat ze volkomen plat waren zolang ze niet werden gedragen (bozzi.com

2000). In sommige gevallen zaten er zelfs kleerhangers in verwerkt, zodat het kledingstuk al even plat zou blijven hangen. In veel gevallen zijn het zinniger stukken als ze *niet* worden gedragen, wat het belang van vorm boven functie benadrukt.

Margiela's concept voor zijn voorjaarscollectieshow in 2000 was *oversized*. Dit kreeg vorm in een entourage van gigantische, ronde eettafels, die waren opgesteld als voor een trouwerij of feestelijk diner. Het publiek zat rond de tafels geschaard, terwijl de modellen in veel te grote kledingstukken op het tafelblad optraden. Het laaggelegen standpunt van de kijker, de te grote kledingstukken en het forse meubilair ondermijnden elke notie van eigendunk.

Voor een andere collectie baseerde Margiela zich op poppenkleding, zoals Barbie-mode, en maakte die op grote-mensenschaal na. Deze transformatie resulteerde in grove stiksteken, gigantische zomen en extreem grote knopen (bozzi.com 2000). Al deze aanpassingen droegen in niets bij aan de draagbaarheid van de kleding, aangezien ze puur en alleen een stijlexperiment dienden.

Zo ontwierp ook Rei Kawakubo een reeks kledingstukken voor de voorjaarscollectie van 1997 voor Comme des Garçons die de normale patronen volledig vervormden. Terwijl er traditiegetrouw naar wordt gestreefd om kleding zo flatteus mogelijk te snijden, vervormden deze ontwerpen het figuur van de drager tot in het absurde. Door de ingevoegde opvullingen en opgeblazen stroken werden de jurken alleen aangetrokken door de alleravontuurlijkste klanten. Ze dienden ook als kostuums voor de dansgroep van Merce Cunningham.

Een andere link tussen performances en structuurshows vormt de fotodocumentatie. Traditioneel werd de performancekunst steeds afhankelijker van de fotografie om het beeld van een handeling te kunnen 'stabiliseren' (Stiles en Selz 1996: 693). Dit is te zien in Cindy Shermans foto's van eind jaren zeventig, toen ze de performances waarin ze zichzelf transformeerde, vastlegde om een breed scala aan sociale kwesties aan de kaak te stellen (Stiles en Selz 1996: 693). Fotografie werd de basis voor een hybride vorm van performance, die structuurontwerpers aanwendden om de vele manifestaties van vorm te benadrukken. Nog binnen de marges van de mode gebruikte Margiela het medium om iets soortgelijks te bereiken en ontwikkelde shows waarin de modellen werden vervangen door didactische overheaddia's, jurken werden vervangen door Xerox-kopieën van de echte jurk, of kledingstukken door afbeeldingen daarvan die op sandwichborden waren afgedrukt.

Het idee om het feitelijke object weg te halen doet sterk denken aan het conceptuele werk van Joseph Kosuth. De toeschouwer wordt uitgedaagd na te denken over allerlei strijdige definities van vorm, door zich af te vragen: wat is nu precies mode – de jurk, het idee achter de jurk of het beeld van de jurk?

In de keuze en aanpassing van een locatie verschillen structuurshows opvallend van hun spektakeltegenhangers, die in de voor mode gebruikelijke ruimtes voor de gewenste afleiding zorgen door middel van decorontwerp, rekwisieten en special effects. Structuurperformances worden vaak gehouden in verlaten metrostations, lege parkeergarages en kleine, anonieme werkruimtes zonder al te veel opsmuk. Wat dat betreft zijn structuurshows nauwer gelieerd aan de shows van inhoudelijke ontwerpers, omdat ze geen verhaal of plot hebben.

Wilde verhalen over de 'lastige kunstenaar' of beroemdheid met kapsones komen we tegen bij een structuurontwerper als Margiela. De ontwerper weigerde jarenlang gefotografeerd te worden en laat zich alleen per fax interviewen. Daar komt nog bij dat zijn naam nooit op zijn kleding prijkt, maar mysterieus gesymboliseerd wordt door een blanco label – het antilabel – ingekaderd door vier zichtbare stiksteken (fashionlive.com 2000). Dit soort praktijken voeden de mythe die rond deze ontwerper en zijn avant-gardistische aanhang is ontstaan. De vaste klanten van Margiela zien hun aanko-

6. Comme des Garçons, Bultencollectie, lente-zomercollectie 1997

pen ook eerder in de sfeer van kunst verzamelen dan van gezellig winkelen.

Een andere show van Margiela waaruit zijn rebelse stijl spreekt, was zijn collectie voor 1998, waarin hij de modellen verving door levensgrote poppen die werden bewogen door een poppenspeler. Deze bizarre aanpak riep de vraag op: wie in de modewereld heeft de touwtjes in handen die de persoonlijkheden van de ontwerpers en, uiteindelijk, hun label optrekken?

De meeste van deze non-conformisten laten zich inspireren door de taal van de kunstwereld. Margiela en Kawakubo proberen regelmatig een kunststijl – minimalisme, abstracte kunst, postmodernisme, deconstructivisme – te vertalen in draagbare vormen. Een voorbeeld van dit laatste is de voorjaarscollectie uit 1997 van Margiela, met een complete lijn waarin de tekens voor de pasvorm verwerkt zaten in het uiteindelijke ontwerp. Dit kijkje op de constructie van het uiteindelijke kledingstuk, dat diende als het uiteindelijke kledingstuk, tilde de interesse voor vorm op een hoger niveau. Ook Kawakubo deconstrueert vaak zonder enig respect voor de functie – voorbeeld hiervan is een jurk die niet open kan en dus als schort moet worden gedragen.

Margiela en Kawakubo hebben bijzonder veel aandacht gekregen van de kunstwereld. Met name Kawakubo heeft behoorlijk wat aanhang verworven toen zij haar winkel in New York vestigde in Chelsea, een wijk vol moderne galeries en niet typisch een buurt om gezellig te gaan winkelen. Deze stoutmoedige actie heeft haar een nog grotere naam bezorgd bij haar artistieke clientèle en voedde de suggestie dat zij uit was op klanten die 'bovenal kunst willen dragen' (Aláez 2000: 18). De interpretatie van de kleding van structuurontwerpers als 'draagbare kunst' resulteert in performances die beschouwd kunnen worden als mode, kunst en performance.

Statement

Geïnspireerd door de politiek beladen performances uit de jaren zeventig houden ontwerpers als Susan Cianciolo, Miguel Adrover en Elena Bajo maatschappijkritische shows. Deze modeshows, die esoterischer zijn dan de producties van hun tijdgenoten uit de couture, neigen meer naar protestbijeenkomsten en stellen zulke verstrekkende zaken aan de orde als bont, lichaamsbeeld en de mode-industrie als geheel. Statementontwerpers creëren een omgeving en een presentatie die confronterende ideeën en boodschappen uitdragen.

Van de vijf hier genoemde categorieën komen statementshows nog het dichtst bij de happenings en performancekunst uit de jaren zeventig. Net als de vroege performancekunstenaars richten statementontwerpers zich vooral op de overdracht van hun boodschap, waarmee ze hun werk op enige afstand plaatsen van puur formele kwesties en consumentisme (Stiles en Selz 1996: 679). Halverwege de jaren zestig waren veel van de theoretische doelstellingen van happenings verworden tot massavermaak, zodat kunstenaars als Allan Kaprow ertoe overgingen privé-bijeenkomsten zonder publiek te organiseren (Stiles en Selz 1996: 682). Statementontwerpers doen iets soortgelijks om de associatie met oppervlakkig vermaak te mijden en organiseren hun shows, zonder bewerkelijke decors, voor een select publiek.

Hoe kleren eruitzien wordt niet zozeer bepaald door de manier waarop ze zijn ontworpen of gefabriceerd, als wel door hun imago (Hollander 1975: 311). Het imago van een ontwerper en zijn of haar kledinglijn kan worden beïnvloed met het kledingontwerp, de stijl van de modeshow, of een combinatie daarvan. Sommige spektakelontwerpers kiezen ervoor hun boodschap over te dragen via hun kleding, anderen laten de performance voor hen spreken.

Miguel Adrover, Imitation of Christ (Matt Damhave en Tara Subkoff) en Susan Cianciolo vallen binnen de eerste categorie, die haar boodschap in de kleding verpakt. Met hun non-conformistische werkwijze van gejatte, hergebruikte, opgekalefaterde

7. Miguel Adrover, Burberry-jurk, herfst-wintercollectie 2000

en 'doe-het-zelf'-mode trappen zij de heilige huisjes van de mode-industrie omver.

Adrover eigent zich kledingstukken of accessoires toe die onmiskenbaar van een bekend label zijn en hij verwerkt ze vervolgens in zijn eigen ontwerpen. Zo werd bijvoorbeeld een tas met het logo van Louis Vuitton opengesneden en als een baan verwerkt in het lijfje van een jurk. In een andere interpretatie werd een jas van Burberry binnenstebuiten gekeerd en achterstevoren gedragen als jasjurk, waarop Burberry met een rechtszaak dreigde. Wat al voor de notoire toeëigeningspraktijken van Sherry Levine gold, spreekt ook uit deze handelwijze: men weigert het auteursrecht te erkennen – de antithese van het hele idee achter het ontwerperslabel. Wel moet worden opgemerkt dat in weerwil van Adrovers drijfveren, zijn humoristische interpretaties van de statusverhogende kleding voor de binnenstad hem de prestigieuze titel van 'avant-garde ontwerper van het jaar' hebben bezorgd van de Vogue/VH1 Fashion Awards, alsmede wereldwijde aandacht van de pers.

Een ander label dat de nodige aandacht heeft getrokken is Imitation of Christ, ontworpen door Matt Damhabe en Tara Subkoff. Net als Adrover kiezen zij ervoor hun boodschap te verpakken in tweedehandskleding die vaak zijn voorzien van handgeschreven manifesten.

De missie van het tweetal is 'de hele oppervlakkige mode-industrie en bijbehorende status-quo te ontregelen' (Wilson 2000: 7). Andere boodschappen zijn: *Hold no brand sacred* – zie geen enkel merk als heilig, *Do not worship false idols!* – aanbidt geen valse goden, *Repetition is fatal* – herhaling is dodelijk, *Gucci is greed* – Gucci is geldzucht, en *No justice, no pleats* – geen rechtvaardigheid, geen plooien (Wilson 2000: 7). Als tastbaar bewijs voor deze overtuigingen beschreven de ontwerpers een typisch Yves Saint-Laurent-overhemd met de woorden *Bring me the head of Tom Ford* – breng me het hoofd van Tom Ford, de hoofdontwerper van Gucci en recentelijk van Yves Saint-Laurent. Zulke missies zijn controversieel, maar de modepers vaart er wel bij.

Hoewel de shows van Imitation of Christ niet bedoeld zijn voor de overdracht van opruiende boodschappen, zoals de hierboven genoemde, getuigen hun performances al even agressief van hun tegendraadsheid. Voor hun voorjaarscollectie voor 2001 verzon het stel een slimme pr-stunt en nodigde slechts 60 gasten uit. De genodigden werd verzocht zich te vervoegen bij een begrafenisonderneming in New York, waar de performance bestond uit een nagespeelde wake, compleet met rouwende modellen met bandages en bebloede polsen. De regieaanwijzingen voor de modellen luidden: 'Loop langzaam en treurig. Geen modeposes. Las gevoelvolle pauzes in!' (Kerwin 2000: 196).

Ontwerper Susan Cianciolo vertrouwt op al even ongebruikelijke performances om haar 'salvage chic'-ontwerpen te presenteren. Ze toonde één collectie op slapende modellen en laat regelmatig een deel van het ontwerpproces over aan de klant die de creaties af mag maken. Zo ontwierp zij een 'doe-het-zelf-pakket voor een spijkerrok' voor de avantgardistische stedelinge die niet gediend is van de gangbare mode.

Cianciolo hield ook shows in galleries in New York, waaronder Andrea Rosen en Alleged, en in Parijs in het Centre Pompidou, maar haar relatie met de kunstwereld omvat meer dan die showlocaties. Ze heeft ook een film geregisseerd met de titel *Pro Abortion/Anti Pink*. Onlangs maakte Ciancolo bekend de modewereld te verlaten en zich volledig aan haar kunst te gaan wijden (www.mu.nl 2000).

Adrover, Imitation of Christ en Ciancolo weerstaan in hun werk de druk vanuit de modewereld om altijd met iets 'nieuws' voor de dag te komen. Dat doen ze door het verleden te recyclen en een klantenkring te verwerven die niet van zins is achter alles aan te jagen wat nieuw is of een bekend label draagt.

De tweede groep statementontwerpers laten hun ideeën over uniformiteit en conformiteit versus individualiteit bij voorkeur tot uitdrukking komen in hun show en niet zozeer in hun kleding. De shows die door deze statementontwerpers zijn gemaakt vormen een uitdaging aan en een doorbreking van de modestereotypen. Een van de duidelijkste uitspraken tegen uniformiteit kan worden gemaakt door een kritiek op het beeld van het lichaam. Red or Dead, een Londens label, heeft meermalen ideale lichaamstypen onderuit gehaald in hun shows. In de najaarscollectie van 1999 trad een zwaarlijvige mannelijke mannequin op die zijn shirtje optrok en daarmee het woord 'uniek' op zijn borstkas zichtbaar maakte. Het label maakt ook gebruik van atypische modellen als albino's en dwergen om hun boodschap kracht bij te zetten.

Net als Red or Dead heeft ook Elena Bajo veel aandacht getrokken bij de modeunderground, ditmaal met haar performances. Het zijn eerder happenings dan modeshows, waarin stapelgoederen uit de industrie als een middel fungeren om Bajo's visie uit te drukken. Zo gebruikte ze een keer mannequins en artiesten die zenuwinzinkingen kregen, psychotische gedichten voordroegen en zelfs de bezoekers de vraag stelden: 'Vindt u dit prettig om mee te maken?', waarop de performers reageerden met: 'Goed zo' (Belvero 2000). Het beledigen en zelfs afschrikken van moderedacteuren en kopers is geen beproefde en betrouwbare weg naar zakelijk succes, maar het onderstreept eens te meer hoezeer statementontwerpers bereid zijn tot dit soort offers voor wat ze te zeggen hebben en voor hun kunst.

Bajo en haar statementcollega's laten zich inspireren door de humoristische agressie van de Guerilla Girls, de confronterende performances van Adrian Piper en het onrustige geweld van Chris Burdens videowerk en pogen van hun shows heel persoonlijke uitingen te maken. Hierdoor sluit deze groep van statementontwerpers nauw aan bij hun artistieke tegenhangers.

Zoals hierboven al bleek, gebruiken statementontwerpers ofwel hun kleding, ofwel de show, ofwel een combinatie van die twee om hun boodschap over te dragen. In veel gevallen is het louter de mediahype rond deze esoterische voorstellingen die kopers en andere professionals uit het vak naar hun werk lokt, aangezien hun shows eigenlijk altijd op moeilijk bereikbare locaties worden gehouden.

Daar komt nog bij dat nu de avant-gardistische mode zo lucratief begint te worden en de hippere bladen (*Self Service, Purple, Big, Flaunt*) steeds meer ingang vinden, de zoektocht naar de 'next big thing' (het volgende succesnummer) journalisten en kopers ertoe brengt ook de shows buiten de mainstream te blijven volgen. Gevolg hiervan is dat hoe controversiëler en krankzinniger een performance is, des te meer publiciteit ze zal trekken, waarbij publiciteit in laatste instantie gelijk staat aan succes.

Omdat de meeste statementontwerpers worden beschouwd als 'opkomend' talent, met jonge labels, is het effect van roem op hun boodschap een factor die niet over het hoofd mag worden gezien. Als ze erkenning vinden bij de mainstreammode komen ze onder druk te staan om hun label te verkopen aan een groot conglomeraat of een financier, en kunnen ze hun creatieve controle kwijtraken. Adrover is onlangs al na een paar seizoenen opgekocht door de Pegasus Apparel Group. Het is nog te vroeg om te zeggen of hij zijn aandacht als gevolg hiervan zal verleggen.

Conclusie

Performance is altijd deel gebleven van de kunst, maar kwam in de loop van de jaren tachtig in de schaduw te staan van dure objecten, toen instabiele kunsten zoals performance en video niet erg 'in' waren (Rush 2000: 31). RoseLee Goldberg, criticus en geschiedschrijver van de performancekunst, noemt een 'hele nieuwe generatie' (Rush 2000: 31) van kunstenaars die graag in de media willen werken. Deze hernieuwde aandacht voor performancekunst heeft grote invloed gehad op de modeontwerpers van onze tijd.

Een piekende economie heeft de vaak

nogal mistroostige winkels van midden jaren negentig omgevormd tot 'een schitterend landschap van minicollecties van ontwerpers, hip gerunde boetieks, ondeugende en arrogante niche-bladen en de mondigste klanten' in de geschiedenis van de mode (Singer 2000: 135). De nieuwe klant beschouwt avant-gardistische en conceptuele ontwerpen niet langer als iets wat men moet leren waarderen, en het gevolg is iets dat door een kunstenaar is omschreven als 'een fijne, wereldomspannende habitat' (Aláez 2000: 18), waarin mode, architectuur, design en de kunsten samenkomen.

Als deel van die habitat kan een kledingstuk van Hussein Chalayan als sculptuur worden gewaardeerd en is een modeshow eigenlijk net zoiets als een performance door Vanessa Beecroft. Deze voorbeelden tonen stuk voor stuk hoe gemakkelijk en hoe graag ook eigentijdse kunstenaars en ontwerpers in meerdere media werken als het erom gaat een duurzame persoonlijke statement te maken. Via de performance hebben modeontwerpers de rol aangenomen van 'ontwerper-kunstenaars'.

De vijf categorieën – spektakel, inhoud, wetenschap, structuur en statement – zijn stuk voor stuk voorbeelden van hoe verschillend de performancekunst uitwerkt op hun catwalkshows. In modeshows is nu van alles opgenomen, van theater, film en politieke protesten tot Fluxus, Dada-performances en surrealistische technieken.

Wat de achterliggende invloeden en motivaties ook mogen zijn, elke sectie geeft een uniek symptoom te zien van hetzelfde verschijnsel: de sinds kort vervagende grenzen tussen mode en kunst. Of de ontwerper nu showbusiness, populaire cultuur of een historische voorganger inzet, steeds doet hij daarmee een stap naar de integratie van mode en performance.

1. Er bestaat geen algemeen aanvaarde definitie van performancekunst, maar in *Performance: Live Art Since 1960* (1998), het overzichtswerk van RoseLee Goldberg, is een aantal bruikbare beschrijvingen te vinden. Hier volgen drie uitspraken uit dat boek: 'Performancekunst is een kunst van de daad – waarbij werk wordt gemaakt waarin het publiek in real time werd geconfronteerd met de fysieke aanwezigheid van de kunstenaar – en waarin het kunstwerk voorbij was op het moment dat de performance was afgelopen' (blz. 15). 'Het medium vraagt om "aanwezigzijn" – de aanwezigheid van het publiek in real time en een inhoud die direct op het heden terug te voeren valt.' (blz. 30). 'Historisch gesproken is performancekunst een medium geweest waarin de grenzen tussen disciplines en genders, tussen privé en openbaar, tussen dagelijks leven en kunst worden ondermijnd en geschonden, en dat telkens weer bestaande regels schendt' (blz. 30).
2. Hier dient te worden onderstreept dat de gemaakte onderscheiden niet exclusief zijn bedoeld. Zoals bij elke poging tot categorisering kunnen er overlappingen en uitzonderingen worden onderscheiden als de definities eenmaal gegeven zijn. De karakteriseringen die in dit artikel worden gebruikt, zijn bedoeld om een schets te kunnen geven van de inspiratie en invloed van de diverse categorieën.

Literatuur

Ana Laura Aláez, 'Shopping Heads'. In: *Art Nexus* (Bogotá), nr 36, april 2000.
Glenn Belverio, 'Hair and Now'. In: *Dutch* (Baarn), nr 25, jan-feb 2000.
Fred Davis, *Fashion, Culture and Identity*. University of Chicago Press, Chicago 1992.
Mary Ellen Diehl, *How to Produce a Fashion Show*. Fairchild, New York 1976.
Ginger Greg Duggan, 'From Elsa Schiaparelli's Shoe Hat to Tom Sachs' Chanel Guillotine; Surrealism's Fashionable Comeback'. In: *CIHA 2000*, sept. 2000.
Caroline Evans, 'Mask, Mirrors and Mannequins: Elsa Schiaparelli and the Decentered Subject'. In: *Fashion Theory: The Journal of Dress, Body and Culture*, 3 (nr 1), 1999.
Roselee Goldberg, *Performance: Live Art Since 1960*. Harry N. Abrams, New York 1998.
Anne Hollander, *Seeing Through Clothes*. Viking Press, New York 1975.
Jessica Kerwin, 'Taking Cues'. In: *W* (New York), okt. 2000.
Angela McRobbie, *British Fashion Design: Rag Trade or Image Industry?* Routledge, Londen 1998.
Angela McRobbie, *In the Culture Society; Art, Fashion and Popular Music*. Routledge, Londen 1999.
Richard Martin, 'A Note: Art & Fashion, Viktor & Rolf'. In: *Fashion Theory: The Journal of Dress, Body and Culture*, 3 (nr 1), 1999.
Michael Rush, *New Media in Late 20th-Century Art*. Thames and Hudson, New York 1999.
Michael Rush, 'Performance Hops Back Into the Scene'. In: *New York Times*, sectie A-2, 2 juli 2000.
Sally Singer, 'The New Guard'. In: *Vogue* (New York), 190 nr 5, juli 2000.
Miles Socha, 'Christmas Comes Early at Viktor & Rolf Exhibit'. In: *WWD* (New York), 180 nr 9, nov. 2000.
Kristine Stiles & Peter Selz, *Theories and Documents of Contemporary Art*. University of California Press, Berkeley (CA), 1996.
Eric Wilson, 'Miguel's Dual Reality'. In: *W* (New York), mei 2000.
www.metroactive.com/papers/sfmetro/01.24.00/global-0002.html, 2000. 'Amsterdammer Anarchy'

Guy Bourdin
1928, Parijs (Fr) – 1991, Parijs (Fr)

Guy Bourdin wordt vooral bekend om zijn modefoto's voor de Franse *Vogue* tussen 1957 en 1987, en om zijn briljante campagnes voor onder meer het Franse schoenenmerk Jourdan. Karakteristiek is zijn cocktail van glamour, erotiek en dood in vaak surrealistische ensceneringen. Zijn foto's lijken stills uit beklemmende filmverhalen, of dromen op het moment dat ze overgaan in nachtmerries. De veelvuldig gebruikte verticalen en het ontbreken van een wijdse horizon roepen een claustrofobische sfeer op. Zijn werk wordt vaak vergeleken met dat van zijn tijdgenoot en rivaal Helmut Newton, maar de macabere ondertonen horen alleen bij Bourdin, evenals het gebruik van kleur. Veel zoetig schelle tinten en veel betekenisvol rood: bloed, gevaar, opwinding. Het liefst werkte hij met roodharige modellen, met een lijkbleke huid en zwaar opgemaakte poppengezichten.

Bourdins onheilspellende taferelen worden wel eens gerelateerd aan zijn tragisch leven en aan zijn complexe persoonlijkheid. Zijn ouders gaan uit elkaar als hij nog een baby is. Hij groeit op bij zijn grootouders. Zijn moeder, een elegante roodharige Parisienne, komt er één keer langs, daarna ziet hij haar nooit meer. Bourdin trouwt in 1961. Zijn vrouw Solange overlijdt tien jaar later aan een hartstilstand of een overdosis tabletten. Zijn tweede vrouw Sybille verhangt zichzelf uiteindelijk in het appartement waar ze jarenlang door haar echtgenoot is opgesloten omdat ze buiten hem om geen eigen leven mag leiden.

Bourdins atelier in de Marais lijkt op een kerker. Het is zwart geschilderd, inclusief de ramen. Verbindingen met de buitenwereld zijn er niet, zelfs geen telefoon. De weg naar de wc in de kelder leidt over een gammele plank langs ratten en muizen. Toch is dit nog één van de minste beproevingen die zijn modellen te wachten staan. Er doen talrijke verhalen de ronde over de wijze waarop hij zijn macht over hen uitoefent. Ooit liet hij twee van de meisjes geheel met een lijmlaag insmeren en met parels beplakken. De meisjes vielen flauw, en de lijm moest met spoed worden verwijderd om een verstikkingsdood te voorkomen. Waarop Bourdin verzuchtte dat het prachtig zou zijn om ze dood in bed te hebben.

Toch staan ze in de rij om voor Bourdin te werken. Tijdens het hoogtepunt van zijn carrière in de jaren zeventig krijgt hij maandelijks twintig pagina's in *Vogue* waarover hij volledige controle eist en ook krijgt. Midden jaren tachtig wordt hij steeds veeleisender en onhandelbaarder. De samenstelling van de *Vogue*-redactie is veranderd, evenals de tijdgeest. De modefotografie tendeert naar meer natuurlijkheid. Men begint Bourdins foto's te weigeren.

Zijn laatste jaren brengt Bourdin teruggetrokken en geteisterd door depressies door. In 1991 overlijdt hij, waarschijnlijk aan kanker. Veel van zijn werk is verloren gegaan. Bourdin verkocht niet aan verzamelaars en hij hield niet van publicaties. Het was hem vooral te doen geweest om het maken van de foto's. De prestigieuze Grand Prix National de la Photographie heeft hij geweigerd.

Literatuur:
Shelley Verthime & Charlotte Cotton (ed.), *Guy Bourdin*. V & A Museum, Londen 2003.
Luc Sante e.a., *Exhibit A: Guy Bourdin*. Bulfinch Press, Boston MA 2001
Alison Gingeras, *Guy Bourdin*. Phaidon Press, Boston/Londen 2005.

Afbeeldingen:
1. Guy Bourdin, reclamefoto voor Roland Pierre, serie zomer 1983
2. Guy Bourdin, foto circa 1978
3. Guy Bourdin, reclamefoto voor Charles Jourdan, serie lente 1975
4. Guy Bourdin, reclamefoto voor Charles Jourdan, serie zomer 1975

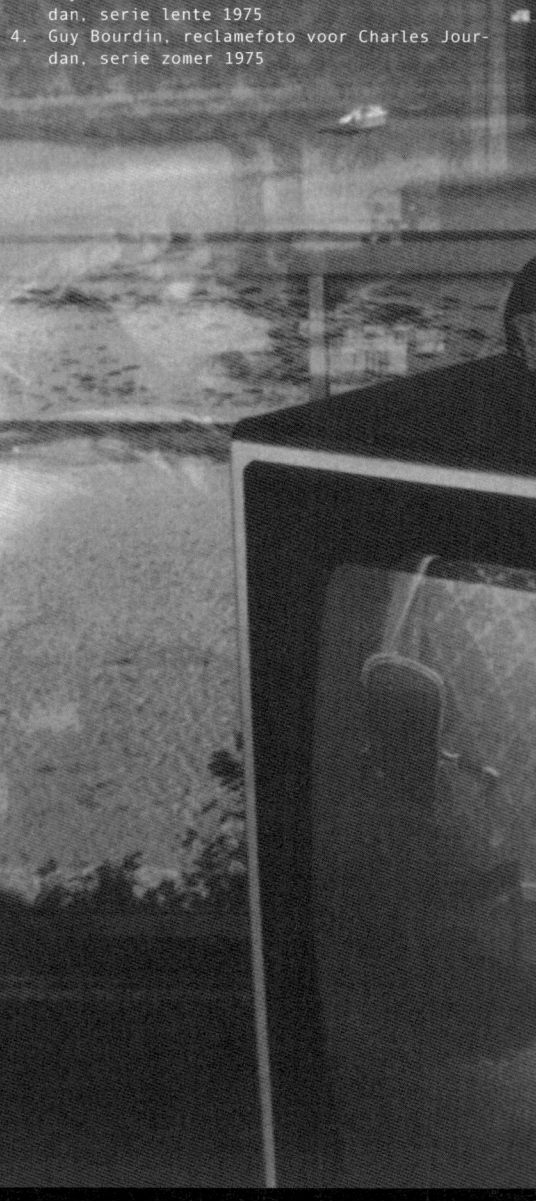

Apollinaire
Poèmes à Lou

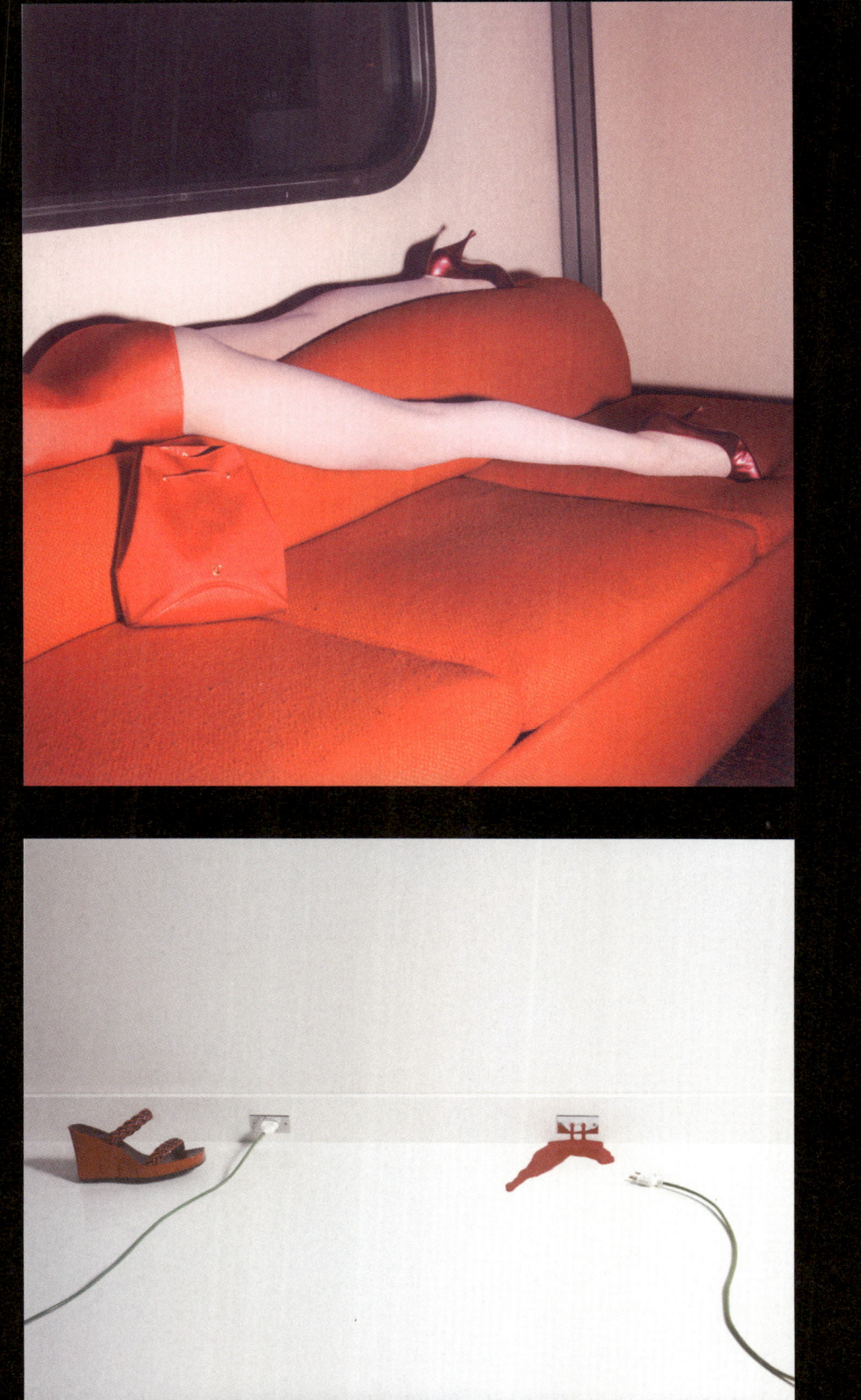

Rosetta Brooks

Gezucht en gesteun in Bloomingdale's
Een bespreking van een postordercatalogus voor de lingerieafdeling van Bloomingdale's

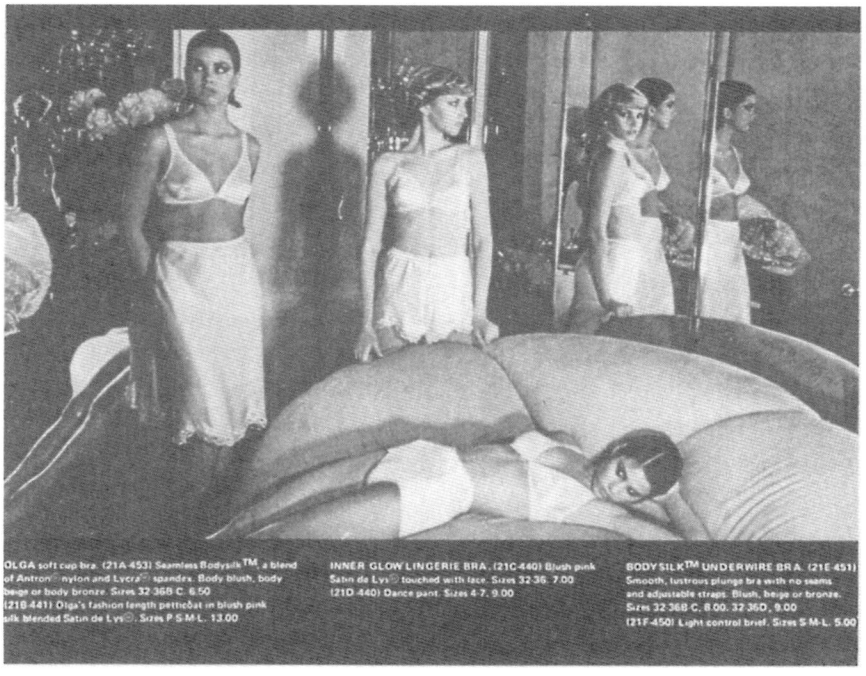

1. Guy Bourdin, *Sighs, whispers and mirrors: the Bloomingdale's catalogue*, 1976

Toen Bloomingdale's eind jaren zeventig Guy Bourdin de opdracht gaf om foto's te maken voor hun postordercatalogus voor lingerie, moeten ze geweten hebben dat deze vrijwel onmiddellijk een collector's item zou worden. Er zijn overzichten verschenen van de andere grote modefotografen van de jaren zeventig – Helmut Newton en Deborah Turbeville – maar de Bloomingdale's-catalogus *Sighs and Whispers* is het enige boek van Guy Bourdin dat verkrijgbaar is. Het is eigenlijk meer een pamflet, want het omvat slechts achttien bladzijden en evenveel foto's, waaronder die op de voor- en achterzijde, en de naam van Guy Bourdin staat alleen als fotocredit verticaal afgedrukt op de laatste bladzijde. Hoe dat ook zij, de dubbelrol van *Sighs and Whispers* als fotoserie van Bourdin en als plaatjesboek waarin een consumentenaanbod was vastgelegd, was te ironisch om Bourdin of Bloomingdale's te ontgaan. Het signaleert een kloof die bij consumenten bestaat in de omgang met het beeld van producten – een kloof die weliswaar karakteristiek is voor een tendens in een heel scala aan reclame- en consumptiegoederen op dit moment, maar die voor het eerst aan het licht kwam in modefotografie uit het midden van de jaren zeventig. In die tijd veranderde in het fysieke hart van de reclame de aard van de verhouding tussen het product (vorm en inhoud) en het beeld van het product.

In 1975 maakte Guy Bourdin een advertentie voor Charles Jourdan-schoenen, waarin de schoenen in kwestie langs de kant van de weg liggen op een plek waar een fataal auto-ongeluk lijkt te hebben plaatsgevonden (getuige het in krijt getekende silhouet van iemand die de Jourdan-schoenen moet hebben gedragen). Specifieke kenmerken van de schoenen zijn praktisch onzichtbaar op de foto over twee pagina's. Hier is de kloof tussen het product en het productbeeld maximaal. Aan het eind van de jaren zeventig kwam het vaker voor dat een spread van Bourdin geheel op zichzelf staand voorin

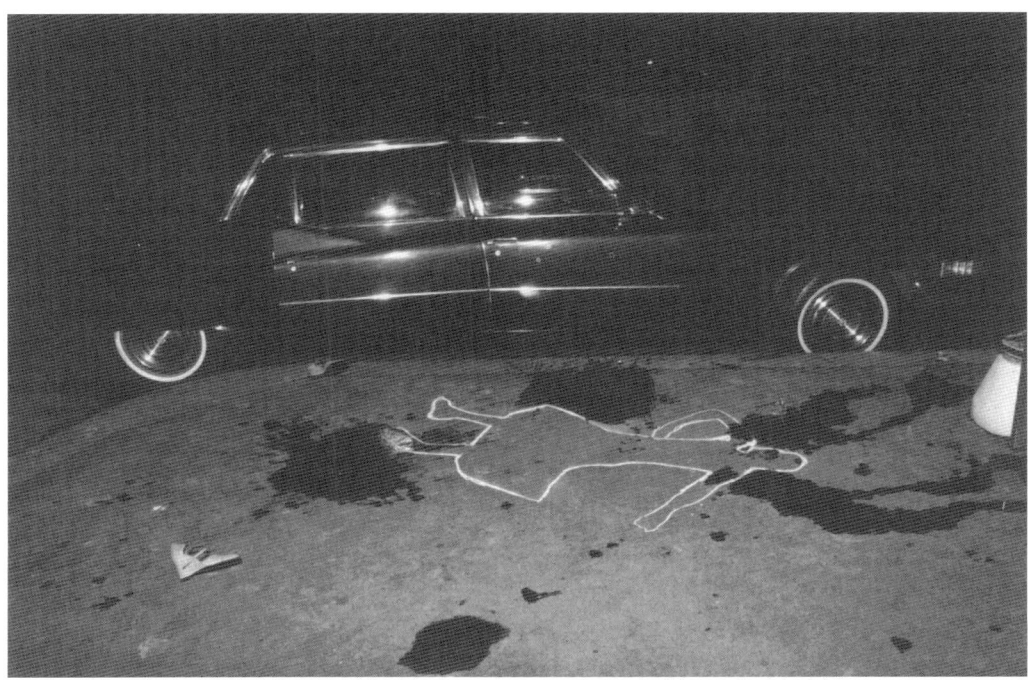

2. Guy Bourdin, reclamefoto voor Charles Jourdan, serie lente 1975

3. Guy Bourdin, foto voor de Franse *Vogue*, maart 1972

werd geadverteerd, terwijl achterin de productnaam was teruggebracht tot een credit, bijna alsof de adverteerder de rol van mecenas voor de modefotografie*auteur* op zich had genomen.

Toen de rol van de reclamefoto steeds minder het ongecompliceerde bevestigen van een product werd, werd de relatie van de reclamefotograaf met de adverteerder ook steeds ingewikkelder. Guy Bourdin bereikt een nieuw niveau van vrijheid. Hij kan evenzeer eisen stellen aan Bloomingdale's als zij aan hem. Net als Helmut Newton werkt Bourdin in spreads en maakt hij aanspraak op soms wel meer dan tien pagina's. Maar terwijl Newtons fotoseries meestal bijeen worden gehouden door een verhaallijn, bevatten die van Bourdin wel narratieve suggesties maar vertellen ze zelden een uitgesproken verhaal. Zijn spreads worden eerder bijeengehouden door een formele belangstelling, een thema of motief dat in een reeks dubbele pagina's wordt onderzocht en uitgewerkt. In *Sighs and Whispers* gaat het om de ruimtelijke scheiding. De setting is meestal een slaapkamer, vanwege de lingerie. Midden op bijna alle foto's ligt een verticale scheidslijn van muren, deuren, ramen en spiegels. De centrale breuklijn wordt gebruikt om continuïteiten en discontinuïteiten in ruimte en tijd binnen en tussen foto's uit te werken, over de dubbele pagina. Deze decentrering van het beeld maakt het deels makkelijker om onder aan de pagina's de details over de kleding in kolommen op te sommen, maar vormt tegelijkertijd een reflectie op de daad van het scannen, het aftasten van het beeld zelf. De beelden worden metaforen voor de verplaatsing van ruimte naar ruimte – van foto naar foto. Het beeld aftastend verplaatsen we ons van kamer naar kamer (afgescheiden door een muur en een deur), van binnen naar buiten (via het raam), van realiteit naar verschijning (de spiegel). Dubbele pagina's lijken elkaar regelmatig te spiegelen. De deur wordt de knik in de spread. Bourdins gebruik van symmetrie in het beeld is zowel

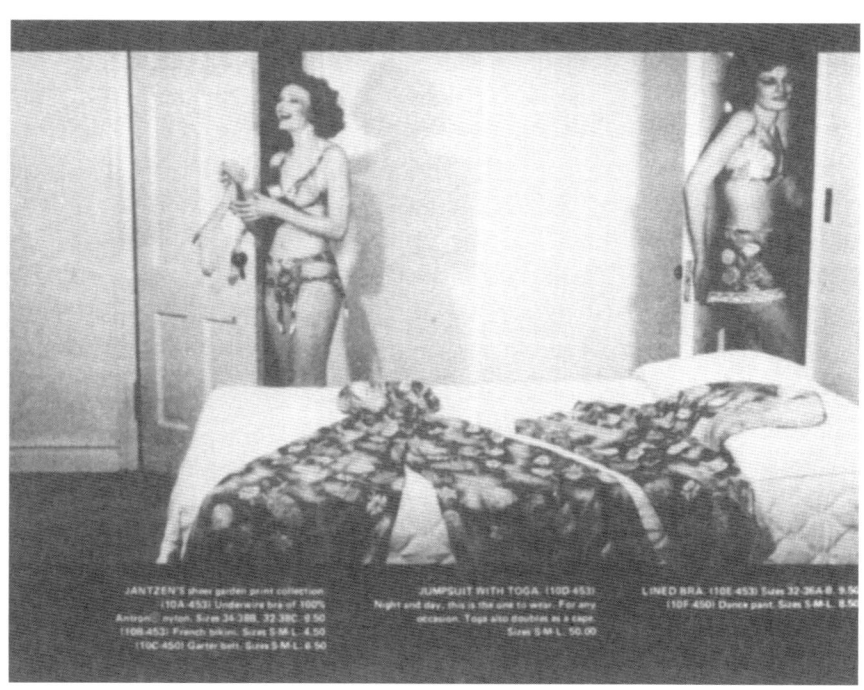

4. Guy Bourdin, *Sighs, whispers and doors: the Bloomingdale's catalogue*, 1976

een antwoord op de eis om twee ensembles in één beeld te vangen als een dramatisering van hetgeen er aan dat soort eisen ten grondslag ligt. Waar andere fotografen van lingerie asymmetrisch zouden werken (met voor- en achtergrond) om ervoor te zorgen dat twee vrouwen – zeg, de ene in een nachtjapon en badjas en de andere met alleen een nachtpon aan – op een of andere manier op hun plaats zijn in de merkwaardige context van een postordercatalogus, werkt Bourdin met symmetrie om de irrealiteit van de omgeving te dramatiseren en impliceert hij lesbianisme en narcisme om de seksuele kant te benadrukken van het eigenaardige perspectief dat de vrouwelijke consument op haar eigen beeld heeft. In plaats van de setting natuurlijk te laten schijnen, maakt Bourdin het beeld juist vreemd en werkt hij de zonderlinge kant van modefotografie uit door middelen toe te passen die de consument op een afstand houden van wat de inhoud van het beeld heet te zijn (het product).

Bij de overgang van de bladzijden van onderjurken naar nachtjaponnen, gaan we van realiteit naar verschijning, van de vrouwelijke dubbelganger naar het spiegelbeeld. Verwachtingen worden voortdurend onderuit gehaald, een gemakkelijke toegang tot de fotografische ruimte geblokkeerd. De scheidslijn van een raamkozijn midden op één van de foto's wordt op de knik tussen de dubbele pagina de scheidslijn van een muur tussen kamers. Over de dubbele pagina wordt een intermediair kader geschapen, alsof er een film halverwege een frame is blijven steken. Het proces van het beeldaftasten loopt vast. Aangestuurd vanuit het centrum, vanuit de realiteit van het product of vanuit het vrouwenlichaam, komt de consument binnen via het kader of de pagina als geheel, via de feitelijkheden van de consumptie waaraan gewoonlijk voorbij wordt gegaan in de fotografische transparantie van het beeld. Glamour is geen neutrale index van seksualiteit, maar wordt tot spektakel verheven en als onecht te kijken gezet. De glitter en glamour lijken in de beelden te versmelten tot attributen van ondoorzichtigheid en tot sluitingsmomenten, in plaats van transparante openingen naar het begeerde object of de lustobjecten. (Bourdins preoccupatie met de vrouwelijke dubbelganger is een reflectie van deze kloof tussen de koopwaar en de vrouw als objecten van begeerte.)

De modefotografie uit de jaren zeventig is vooral beroemd om haar expliciete seksualiteit, en Bourdins werk heeft evenzeer aan deze reputatie bijgedragen als dat van Newton. Maar Bourdin gebruikt dubbelgangers om directe seksuele reacties op zijn modellen te weren. Misschien reflecteert dit tussengebied van de seksuele respons de dubbelzinnigheid die aan seksuele vrouwenbeelden eigen is, bedoeld als ze zijn voor consumptie door vrouwen. In plaats van fotomodellen als echte mensen neer te zetten wier individualiteit uit de mode spreekt die ze hebben aangetrokken, benadrukt Bourdin een aspect van de consumptie van modebeelden dat gewoonlijk wordt verdrongen in de modefotografie: de reductie van vrouwen tot een type (gedramatiseerd als identiteit) door middel van een stijl. De beelden zijn ongetwijfeld erotisch, maar hun alles doordringende doodsheid (glamour is *uit* op Bourdins foto's) maakt daarvan in alle openheid een erotische binding met het oppervlak van glitter en glamour. Dat is iets heel anders dan de meer op de man georiënteerde norm van de modefotografie waarin, hoe prikkelend de illusies ook mogen worden, het lichaam altijd het centrum blijft dat door de man wordt toegeëigend. Bourdin ontdekte een nieuwe plek voor erotische bindingen die iets dichter bij zijn eigen belangstelling lag: met de foto zelf. Nu is fotofetisjisme niet iets nieuws in de modefotografie. Veel fotografen beweren dat een van de risico's van het vak is dat je het erotisch initiatief tot 'echt' seksueel contact verliest tijdens het werk. Deze benadering van de mode/seksfoto is geenszins nieuw, maar de meeste modefotografen stellen haar in dienst van een onver-

5. Guy Bourdin, reclamefoto voor Charles Jourdan, serie lente 1978

bloemde, op de man gerichte erotische beeldentaal, terwijl ze zich bij Bourdin opdringt en alle aandacht naar zichzelf toe trekt, weg van het lichaam en de koopwaar. Op veel van Bourdins foto's staan snapshots. In één van de beelden uit *Sighs and Whispers* zitten drie (van zijn eigen?) polaroids vastgeklemd in de hoek van een spiegel die vrijwel het hele beeld vult, en deze duiden aldus het oppervlak van de illusie en het lot van de ruimte van de illusie aan die door de modellen wordt ingenomen. Zij zijn zich zowel niet als wel bewust van ónze aanwezigheid. Er worden geen doekjes om gewonden: ze duiden de aanwezigheid van de fotograaf aan. Het is díens blik die de essentiële, erotische relatie vastlegt. De ruimte die door de modellen wordt ingenomen (het bed) is geen echte ruimte voor een erotische ontmoeting, maar een ruimte tussen beelden – tussen het patroon op het behang en de omkering daarvan in de ruimte, en tussen foto's in de loop van de tijd. De beelden vormen een reflectie op het proces van de voortbrenging en beheersing van de beelden zelf. De reclame begint over zichzelf te reflecteren. Terwijl in de kunst door de toepassing van formalistische kunstgrepen een hogere waarnemingsorde heet te worden ontsloten, worden diezelfde formalistische ingrepen ditmaal gepleegd in het economische hart van dezelfde beeldcultuur waaruit de esthetische wijze van waarneming zich juist tracht los te weken om tot een soevereine visie te komen.

Deze tendens weerspiegelt een verschuiving bij de consument naar een esthetisering van het consumeren zelf, waarin mode als dwang, glamour als onware voorstelling en stijl als herhaling worden omarmd. In scherp contrast met deze presentatiestijl, zien de andere kleren in Bloomingdale's catalogus er opvallend ouderwets uit. Het is wellicht karakteristiek voor de jaren zeventig, waarin de overvloed en proliferatie van de media werden afgezet tegen een economische recessie en een industriële neergang, dat de modefotografie juist tot bloei kwam toen de industrie waarmee ze was verbonden begon te vervallen en fragmenteren. In de jaren zestig werd de overvloed uitgedrukt door middel van het nieuwe. In de jaren zeventig leek een andere retorica noodzakelijk waarmee een binding van de consument aan het oude kon worden gelegitimeerd: nieuwe beelden voor oude producten. Stijl is niet langer een kwestie van wat je aanhebt, maar van hoe je het draagt en de houding waarmee je een image vertolkt – van afstand houden van de wijze waarop je jezelf presenteert. Deze verschuiving van de nadruk in de mode, van het product naar het productbeeld, is onmiskenbaar. Als je de *Vogue* uit de jaren zestig en zeventig vergelijkt op consistentie, valt op hoe belangrijk de reclame in de jaren zeventig is geworden. Ze is een onafhankelijk, semi-autonoom aspect van de mode-industrie, op zich al een vorm van entertainment en misschien wel van kunst. In een dergelijke toestand van mediaovervloed weet Bourdin niet alleen zijn plaats te vinden, maar is hij hard nodig. In zo'n toestand verandert de rol van de advertentie. Bourdins ondermijning van de verwachtingen aan de kant van de consument is in ieder geval een middel om diens vluchtige blik te vangen te midden van een enorme overvloed. Het is niet langer genoeg het product domweg te *bekrachtigen* terwijl er nog veel meer bekrachtigd wordt, het is belangrijker om de hele consumptiewijze kort te sluiten. In de jaren zeventig werd het belangrijker om de rusteloze consumentenblik te stuiten dan haar in beweging te houden. Bourdins ruimtelijke kunstgrepen werken als 'vallen voor de blik'. Lacan had die uitdrukking gebruikt met betrekking tot Holbeins schilderij *De ambassadeurs*. Hij merkte op dat iets wat er van voren bezien uitziet als een abstracte fallische vorm voor in beeld, zich aan de zijwaartse blik van de langslopende toeschouwer zou kunnen onthullen als een anamorfe voorstelling van een mensenschedel. De verschijning van het doodshoofd in de penis is een toepasselijke metafoor voor Bourdins beelden. Door de daad van het fotograferen te dramatiseren als stuitingsproces zijn zijn foto's momenten van een 'kleine dood', onderbrekingen van de (beelden-)stroom van het consumentenverlangen.

Helmut Newton
1920, Berlijn (Du) - 2004, Los Angeles (VS)

Helmut Newton (pseudoniem van Helmut Neustädter) is een van de meest belangwekkende mode- en portretfotografen van de twintigste eeuw. Hij groeit op in Berlijn, waar hij op zijn twaalfde zijn eerste camera koopt. Op zestienjarige leeftijd wordt hij van school gestuurd, want hij gold als lui en alleen maar geïnteresseerd in zwemmen, meisjes en fotografie.

Na een leertijd bij de mode- en theaterfotograaf Yva (Else Simon) vlucht Newton in 1938 voor de nazi's naar Singapore waar hij als fotoreporter voor een lokale krant werkt. Na twee weken wordt hij echter ontslagen want voor snelle verslaggeving blijkt hij ongeschikt. Zijn kracht ligt juist in het tegenovergestelde: zorgvuldig gestileerde, glamoureuze ensceneringen.

In de jaren veertig woont Newton in Australië en verkrijgt hij de Australische nationaliteit. Hij opent een bescheiden fotostudio en werkt als freelance fotograaf voor onder andere *Jardin des Modes*, *Queen* en *Playboy*. Later vertrekt hij met zijn vrouw June (alias Alice Springs) naar Parijs. Rond 1960 begint hij als modefotograaf voor onder meer *Vogue* (met name de Franse editie, verder ook de Italiaanse, Amerikaanse en Duitse edities), *Linea Italiana*, *Elle*, *Marie-Claire* en maakt hij reportages voor *Stern* en *Life*. In de loop van de jaren zestig tot tachtig wordt Newtons innovatieve stijl richtinggevend.

Newton provoceert en manipuleert graag. Zijn *Big Nudes* bijvoorbeeld zijn geïnspireerd op de foto's van RAF-terroristen voor een kale witte achtergrond. In zijn portretfoto's laat hij graag een duister trekje van de geportretteerde doorschemeren. Hij is echter vooral gefascineerd door aspecten van macht: financieel, politiek of seksueel. Ook zijn modefoto's hebben doorgaans een expliciet erotisch thema, vaak met agressieve ondertonen. Feministes verwijten hem vrouwonvriendelijkheid. Newton vindt dat onzin: hij ziet zijn vrouwen juist als de winnaars. Zijn favoriete type model oogt hooghartig, seksueel bevrijd, lichtelijk decadent zelfs. Kille schoonheden zijn het, die alles onder controle schijnen te hebben. Mode wordt gelinkt aan terloopse seks zonder emotie. En aan rijkdom.

Newtons kille pracht is geënsceneerd op algemene locaties waar de happy few komt en gaat: swimming pools, hallen en kamers van dure hotels, stranden of kastelen, met rekwisieten als limousines, antiek en juwelen.

In verband met de campagne voor de nieuwe Volkswagen 'kever' maakt Newton de fotoserie *Autoerotic*. De kever als erotisch beladen hebbeding voor de hippe jeugd: nu eens in een satijnen hoes, dan weer op miniatuurschaal langs blote damesbenen omhoog rijdend, richting 'garage'.

Newton ziet zichzelf niet als kunstenaar, maar als commercieel fotograaf, of, zoals hij het noemt *a gun for hire*. Hij overlijdt in 2004 in Los Angeles als gevolg van een auto-ongeluk.

Literatuur:
Helmut Newton, *White Woman*. Schirmer/Mosel, München 1976.
Helmut Newton, *Big Nudes*. (met een tekst van Karl Lagerfeld), New York, Parijs, München, Londen 1982.
Helmut Newton, *World Without Men*. New York, Parijs, München, Londen 1984.
Helmut Newton - Portraits. Catalogus van een tentoonstelling in Musée d'Art Moderne de la Ville de Paris, Parijs 1984 (Amsterdam 1986).
Manfred Heiting (ed.), *Helmut Newton: Work*. Taschen Verlag, Keulen 2000.
June Newton (ed.) *A Gun for Hire*. Taschen Verlag, Keulen 2005.

Afbeeldingen:
1. Helmut Newton, foto voor Blumarine, 1994
2. Helmut Newton, foto voor Thierry Mugler, herfst/winter 1998/1999
3. Helmut Newton, foto voor Yves Saint Laurent, lente/zomer 1992

Mode en globalisering

Burberry

Thomas Burberry, 1835, Dorking (GB) – 1926, Hook (GB)

Afbeelding:
1. Burberry, reclamecampagne 2005

Het oer-Engelse merk Burberry is de laatste jaren, dankzij het installeren van een ander managementteam in 1997 en het aanstellen van de hoofdontwerper Christopher Baily (1971) in 2001, uitgegroeid tot het grootste bedrijf voor luxegoederen in Engeland. Er zijn nieuwe producten, collecties en campagnes op de markt gebracht en door Baily is er ook een andere ontwerpkoers ingezet.

Baily volgt zijn opleiding aan het Royal College of Art and Design in Londen. Na zijn afstuderen vertrekt hij naar New York waar hij voor Donna Karan werkzaam is. Voordat hij aan het roer van Burberry komt te staan, werkt hij voor Gucci nog enkele jaren aan de vrouwenlijn. In zijn werkwijze uit zich een enorme betrokkenheid bij het ontwerpproces en een grote liefde voor detail. Vanaf 2001 blaast hij Burberry nieuw leven in met de afschaffing van de klassieke Burberry-ruit, die het label decennialang kenmerkte. Ondanks de vernieuwingen die Baily doorvoert, handhaaft hij de tijdloze stijl die Burberry propageert en blijft hij de traditie van het modehuis trouw door kwaliteit en functionaliteit voorop te stellen.

Het produceren van kwalitatief hoogwaardige en praktische kleding vormde het uitgangspunt van de oprichter van het label, Thomas Burberry (1835-1926). Hij ontwikkelt in de jaren tachtig van de negentiende eeuw een revolutionaire water- en windbestendige stof, genaamd gabardine, waarop hij in 1888 patent aanvraagt. Met deze stof vervaardigt Burberry ontwerpen die zijn gericht op het actieve buitenleven. Drie jaar later opent hij in Londen, op de plaats waar nu het Burberry-hoofdkwartier gevestigd is, zijn eerste winkel. Begin twintigste eeuw breidt hij zijn keten uit met winkels in onder meer New York. In deze periode ontwerpt Burberry tevens nieuwe uniformen voor het Britse leger. Tijdens de Eerste Wereldoorlog doen zijn regenjassen dienst in de loopgraven, wat ze de legendarische bijnaam 'trenchcoat' oplevert.

Na WO I wordt de Burberry-trenchcoat meer en meer een kledingstuk dat niet alleen praktisch maar ook modieus is. In 1924 wordt de, inmiddels wereldwijd gekopieerde, Burberry-ruit aan de trenchcoat toegevoegd en nog steeds is de rood, zwart, camel en witte ruit synoniem met het merk en de bijbehorende Engelse countrystijl. Tot de WO II richt Burberry zich enkel op jassen, maar in de decennia die volgen wordt de ruit ook toegepast op paraplu's, koffers en sjaals. In de jaren zeventig verovert Burberry de Verenigde Staten en in de jaren tachtig wordt het label mateloos populair in Japan. Sindsdien is Burberry uitgegroeid tot een wereldwijd imperium dat naast kleding en accessoires ook verschillende geuren heeft gelanceerd.

Ted Polhemus

Wat trekken we aan in de global village?

1.

Waarschijnlijk zal zelfs de grote visionair Marshall McLuhan zelf niet hebben kunnen voorzien hoezeer zijn voorspelling uit 1962 omtrent de global village bewaarheid is. Meer nog dan de versmelting en koppeling van alle massamedia (waarvan McLuhan tijdens zijn leven al het begin waarnam), heeft het world wide web de geografie als zodanig ontwricht en gewist. Om dat duidelijk te maken hoef je maar in een zoekmachine als Google 'global+village' in te tikken en je krijgt 2.910.000 hits. Veelzeggend is ook dat je dat overal ter wereld kunt doen, én dat de uitkomsten van je zoekactie zelf ook weer van over de hele wereld komen. Het is zelfs zo dat als we door de internetether surfen, we ons vaak niet eens bewust zijn van enige locatie: de fysieke locatie is (precies zoals McLuhan voorspelde) irrelevant en vaak niet te achterhalen.

Op hetzelfde moment dat de elektronische massamedia en het world wide web de wereld samenknoopten tot één enkel communicatienetwerk, zorgde de meedogenloze voortgang van de globalisering ervoor dat dezelfde westerse instellingen, cultuur, opvattingen, ideeën en merkproducten doordrongen tot in de verste uithoeken van de planeet. Mensen in Moskou, mensen in Buenos Aires, mensen in Sydney en mensen in Bangalore kunnen vandaag de dag allemaal in hetzelfde fastfood-restaurant hetzelfde eten krijgen, in dezelfde auto rijden, naar dezelfde film gaan, met dezelfde computersoftware worstelen, hetzelfde bier drinken, met dezelfde popster dwepen en dezelfde kleren, schoenen en horloges dragen. Zo bezien is de wereld niet alleen aaneengeschakeld, maar ook cultureel aaneengesloten, versmolten, één geworden.

Toch is het opvallend dat ondanks dit alles de wereld stug volhardt in haar diversiteit en specificiteit – en dat gaat zelfs zó ver dat lokale tradities steeds belangrijker zijn geworden. In talloze oude sciencefictionfilms werd, als de bemanning van het ruimteschip eenmaal contact met de aarde had gelegd via de videofoon, de aarde steevast voorgesteld als een cultureel homogene eenheid die door een verstandige 'federatie' werd geregeerd en waarbinnen ieder individu een wereldburger was, daarmee implicerend dat wij in de verre toekomst zo wijs zouden zijn de archaïsche lokale verschillen opzij te schuiven en zouden samensmelten tot een uniform, onontwarbaar, wereldomspannend geheel. Met die opvatting van een global village – van globalisering als de kleinste gemene deler van gelijkvormigheid, van internationale uniformiteit door het verwateren van lokale/nationale verschillen – (plus het idee dat iedereen in de

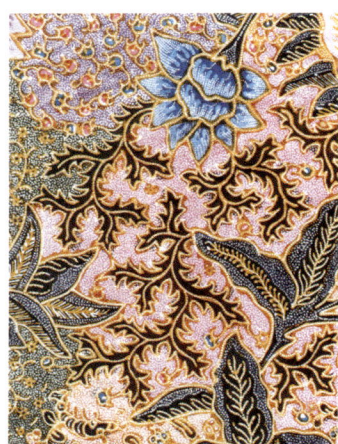

2.

3.

1. Diesel, reclamecampagne *Loving Nature*, 2004
2. Kleurrijke batik in de stijl van de noordkust van Java, collectie S. Niessen
3. Intittaymni-plechtigheid, Peru

toekomst hetzelfde zou dragen) sloegen de sciencefictionschrijvers de plank goed mis.

Mogelijk in reactie op de ware slachting die de globalisering aanricht, worden regionale en nationale identiteiten nu gekoesterd als nooit tevoren. Dat is evident zo in het Westen[1], waar we verslingerd zijn geraakt aan sushi uit Japan, gebatikte doeken uit Java, kungfufilms uit Hong Kong, tango uit Argentinië, kralen sieraden uit Oost-Afrika et cetera, juist omdat dit alles cultureel zo anders is en niet is verpletterd en weggevaagd door de oprukkende en schijnbaar niet te stuiten gletsjers van de globalisering. Geheel in lijn hiermee leggen wij als een nieuw soort pelgrims in steeds grotere getale steeds grotere afstanden af op zoek naar andere levenswijzen. En terwijl we hopen dat de rest van de wereld 'onze' producten zal blijven kopen omwille van 'onze' economie en 'onze' banen, hopen we tegelijkertijd vurig dat al die andere plaatsen op de een of andere manier (en zeker tegen alle verwachting in) hun exotische culturele eigenheid zullen behouden.

Die hardnekkigheid van lokale tradities is ook geen simpel geval van 'wij' versus 'zij', een voortzetting van de lange romance van het Westen met het exotische. Zelfs in het Westen hebben we de nationale en regionale verschillen niet zien verwateren en opgaan in één enkele monolithische cultuur, zoals ooit onvermijdelijk scheen. Integendeel zelfs. Als voorbeeld: hoe goed de Europese Unie er ook in slaagt een politieke en economische eenheid te worden, er zullen in Europa altijd nationale en zelfs zeer plaatsgebonden regionale identiteiten blijven bestaan, ja, zelfs floreren – zij het misschien alleen in de fantasie van mensen.

Zulke nationale identiteiten zijn zelden of nooit objectieve sociale gegevens. Het zijn mythes, hersenspinsels die, eenmaal verwoord, onmiddellijk belachelijk lijken (wat maar al te duidelijk zal worden in dit essay) en toch zijn ze van grote invloed, zelfs op diegenen onder ons die zichzelf graag aanmerken als te rationeel en/of politiek correct om er dit soort botte, stereotype denkbeelden op na te houden. Stel: een Nederlandse vrouw gaat met vakantie naar Italië en ontmoet daar een Italiaanse man. Misschien denkt de Nederlandse vrouw (omdat ze een heleboel films met Marcello Mastroianni heeft gezien) dat alle Italiaanse mannen romantisch en geweldige minnaars zijn. Misschien denkt de Italiaanse man (omdat hij heeft gehoord dat Nederland een extreem liberaal land is) dat alle Nederlandse vrouwen 'niet moeilijk' doen en (omdat ze uit een zo'n typisch Noord-

4.

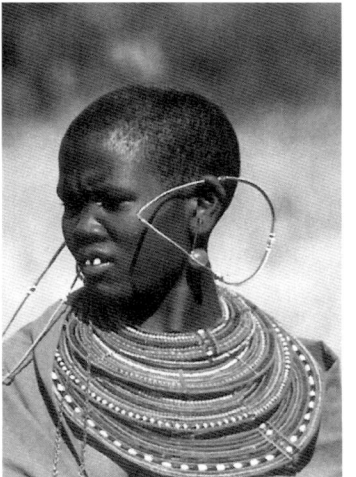

5.

4. Geregen kralensieraden van de Masai, Afrika
5. Braziliaans carnaval, Rio de Janeiro
6. Danseressen, Hawaï
7. Mannen gekleed in kilt, Schotland

Europees kil rationeel land komt) hoogst gevoelig is voor zuidelijke passie. Misschien komen ze er snel achter dat die nationale vooroordelen nergens op gebaseerd zijn. Of kan hier misschien sprake zijn van een *self-fulfilling prophecy*?

Hoe immuun we ons ook wanen voor zulke duidelijk niet te verifiëren en vaak ronduit belachelijke nationale en regionale vooroordelen, het blijft een feit dat het vrijwel onmogelijk is ons aan hun invloed te onttrekken. Het zijn krankzinnige clichés, die de meesten van ons op een bewust, weldoordacht niveau afwijzen, maar die, voortborrelend onder het oppervlak, ons leven blijven beïnvloeden. Neem een kaart van de wereld, sluit je ogen en prik met je vinger op een willekeurig land. Welk land het ook is, je hebt onmiddellijk ongefundeerde, maar uitgesproken associaties: saai, sexy, gevaarlijk, efficiënt, chaotisch, lui, vies[2], gepassioneerd, extrovert, serieus, vreemd, verlegen, gewoontjes, cool, chic, waardeloos et cetera. Hoewel de meesten van ons zich er wel voor hoeden zulke vooroordelen uit te spreken, moeten we in alle eerlijkheid erkennen dat ze daar onder het oppervlak sluimeren en veel meer bepalend zijn voor ons handelen dan we zouden willen toegeven. De wereld is kortom geen doorlopend, ongedifferentieerd, homogeen geheel geworden. De plek blijft van betekenis en die betekenis – hoe cliché, stereotiep, uit de lucht gegrepen en ongefundeerd ook – blijft een drijfveer, en beïnvloedt ons koopgedrag (zeker waar het mode betreft, zoals we nog zullen zien).

Zelfs als wij ons nooit overgeven aan een vakantieliefde met iemand uit een ander land (en wie van ons kan met de hand op het hart verklaren dat hij/zij daar zelfs nooit over heeft gefantaseerd?), dan nog wordt onze keuze voor een bepaalde vakantiebestemming toch in de regel bepaald door een notie van dat land of gebied waar we maar niet al te kritisch naar moesten kijken. Nu is een van de grootste industrieën ter wereld, het toerisme, gebaseerd op het idee dat er ondanks de globalisering nog altijd culturele diversiteit bestaat en in de meeste gevallen is de drijfveer erachter toch een zoektocht naar bepaalde vormen van 'anderszijn' die raken aan wat er in onszelf of in ons leven ontbreekt. Wij reizen af naar een bepaald land met mythische verwachtingen over wat we daar aan zullen treffen. Uiteraard kan ervaring dat soort ongefundeerde verwachtingen aan diggelen slaan, zoals bij bovengenoemd hypothetisch stel, maar aangezien elk weldenkend land dat toeristen wil blijven trekken haar best zal doen om een soort themapark van haar gemythologiseerde zelf te worden, en omdat ook

6.

7.

Tommy Hilfiger
1951, Elmira (VS)

De Amerikaanse ontwerper Tommy Hilfiger wordt in 1951 in Elmira, net buiten New York, geboren. Hij is autodidact en begint zijn carrière als verkoper maar opent al op jonge leeftijd zijn eigen winkel: 'People's Place'. In 1975 heeft Hilfiger maar liefst zeven winkels op zijn naam staan. Vier jaar later verhuist de ontwerper naar New York en in 1984 introduceert hij hier zijn label Tommy Hilfiger. Binnen afzienbare tijd groeit Tommy Hilfiger uit tot een van de grootste en bekendste labels in de Verenigde Staten, vergelijkbaar met Calvin Klein en *Ralph Lauren*.

Vanuit New York ontwerpt hij in de tweede helft van de jaren tachtig in grote hoeveelheden op de blanke en welgestelde Amerikaan, en dus op de massa, gerichte designerkleding. Zijn echte doorbraak volgt begin jaren negentig wanneer zijn kleding, in navolging van bekende rappers als Snoop Doggy Dog die zich het merk eigen maken, wordt ontdekt door jonge, Afro-Amerikaanse rappers uit Brooklyn. Hilfiger richt zich vervolgens steeds meer op deze doelgroep door de kleding, in lijn met de New Yorkse streetwear, een meer casual karakter te geven. Binnen korte tijd dragen Afro-Amerikaanse tieners in heel Amerika zijn 'baggy' broeken en shirts. Het resultaat hiervan is dat Hilfiger in winkels in het hele land wordt verkocht en de verkoopcijfers van het label enorm stijgen.

Vanaf het begin van de jaren negentig put Hilfiger zijn inspiratie met name uit de Amerikaanse college-stijl. In zijn eigentijdse interpretatie van deze stijl revitaliseert hij de traditionele 'Ivy League'-look door elementen uit rugby, ijshockey en de zeilsport te incorporeren in kledingstukken die zowel klassiek als eigentijds en sportief zijn. Met deze ontwerpen richt hij zich op een breed Amerikaans publiek: de scholier, de student, de zakenman, de sportfanaat. Hilfigers basic ontwerpen passen bij de behoefte van een groot publiek aan tijdloze kleding van hoge kwaliteit en ze vinden zowel binnen als buiten de Verenigde Staten gretig aftrek. In deze periode ontwikkelt zich ook het klassieke Hilfiger-signatuur: het veelvuldig gebruik van de Amerikaanse vlag en de kleuren rood, wit en blauw. Precies deze signatuur bezorgt het label en paar jaar later, als gevolg van de aanslagen op het World Trade Center in New York, een enorme economische impuls.

Door de groots opgezette reclamecampagnes en de voortdurende uitbreiding van de collecties groeit het imperium van Tommy Hilfiger nog steeds explosief. Tommy Hilfiger Corporation produceert, evenals Ralph Lauren, niet alleen kleding maar schept een hele levensstijl die symbool staat voor de Amerikaanse 'way of life'. Naast een mannen-, vrouwen-, en kinderlijn brengt het bedrijf ook accessoires, zonnebrillen, handtassen, schoenen, geuren, badproducten en interieurobjecten op de markt.

Literatuur:
Hilfiger, T., *All American: a Style Book*. Universe Publishing, New York 1997.

Afbeeldingen:
1. Tommy Hilfiger, reclamecampagne 2005
2. Tommy Hilfiger, reclamecampagne 2003

de toerist er belang bij heeft te vinden wat hij/zij hoopte te vinden, kan de feitelijke reis ironisch genoeg ook de meest onbenullige nationale stereotypen juist bekrachtigen.

Landen zijn merken, en in die hoedanigheid wordt er telkens weer anders naar gekeken en worden ze wisselend gewaardeerd; ze raken in en uit de mode. (Een beknopte geschiedenis van de geografische modegrillen in de afgelopen 42 jaar wordt geleverd door de James Bond-films. Elk jaar reist onze held, de ultieme toerist, naar het land – Japan, Brazilië, Rusland, Italië, Thailand, etc. – dat op de hypermodernste radarapparatuur juist geregistreerd begint te worden als het soort oord dat zo 'in' is dat iedere aangesloten, progressieve man of vrouw van de wereld erheen zou willen.) Hoe onrealistisch, stereotiep en vergezocht die nationale merken ook zijn (waarschijnlijk zijn er in Brazilië ook vrouwen die geen piepkleine g-string dragen, mannen in Argentinië die geen macho cowboy, voetballer of tangodanser zijn, Nederlanders die geen hasjiesj roken, Russen die geen ladingen wodka achteroverslaan, Australiërs die niet surfen, Italianen die niet zo goed in bed zijn, etc.), ze zijn vandaag de dag van grote invloed op de wereld en hebben verregaande politieke en economische gevolgen. Het ligt voor de hand dat het beeld dat mensen van een nationaal merk hebben, ingrijpende gevolgen heeft voor de toeristenindustrie in dat land, maar dat is slechts één aspect van hoe deze nationale merken (tegenwoordig duidelijk de machtigste marketingconstructies) alle facetten van de kooplust van de consument bepalen. Zo is bijvoorbeeld het merk Duitsland (weinig humor, maar serieus en technisch oerdegelijk) goed voor BMW, terwijl het merk Ierland (vrolijk, vriendelijk, ouderwets, erudiet) goed is voor Guinness. Maar de industrie die net zo onlosmakelijk verbonden is met nationale merken als het toerisme, is de mode.

De mode heeft altijd al de hele wereld afgegraasd naar ideeën voor een nieuwe stijl, en traditionele motieven en stoffen vertaald in de laatste mode. Tegenwoordig worden we echter meer en meer bekoord door de strekking, de achterliggende betekenis (ook als die feitelijk door onszelf is bedacht) dan door de esthetiek van traditionele kleding, stoffen en accessoires. Wij zijn de generieke aanduiding 'niet geglobaliseerd' gaan waarderen, en uiteraard is die term van toepassing op al dat soort spullen. En kleren of accessoires die uit een bepaald gebied of land komen, maken handig gebruik van de boodschap van het merk dat daarbij hoort. Regionale/nationale merken – in essentie verhalen over alternatieve manieren van leven – zijn met name gewild in de huidige modewereld, die zich in toenemende mate bezighoudt met het formuleren van alternatieve levenswijzen in de vorm van *lifestyle*. Om kort te gaan, zowel regionale/nationale merken als mode-uitingen zijn etnografische schetsen, projecties van alternatieve, mogelijke levenswijzen, en logischerwijs als zodanig sterk aan elkaar gelieerd – met enerzijds geografische merken die symbolisch worden weergegeven door een vorm van klederdracht (de sari van India, de tangaslip van Brazilië) en anderzijds de mode die de verhalen rond de regionale/nationale merken regelmatig verweeft in de semiotische stof van haar utopische visioenen.

Voor een goed begrip van het hoe en waarom van de steeds inniger (en hartstochtelijker) band tussen 'ver van hier' en de kleding-, accessoire- en cosmetica-industrie dienen we enkele relevante kenmerken van de mode van tegenwoordig kort onder de loep te nemen – kenmerken die deze relatie mogelijk maken en gaande houden op een manier die voorheen ondenkbaar was. Er hebben in de afgelopen vijftig jaar zulke ingrijpende veranderingen plaatsgevonden dat de mode eigenlijk niet meer te vergelijken is met wat zij daarvoor ooit was: niet alleen is het uiterlijk van de kleding veranderd, maar, veel belangrijker, ook het modesysteem zelf.[3] We zullen verderop in dit essay nog terugkomen op andere facetten van deze transformatie, maar om een idee te krijgen waarom juist de mode zich zo aangetrokken voelt tot regionale/nationale merken, is het voor nu belangrijk om te begrijpen hoezeer het uiterlijk een 'statement' is geworden – eerder een semiotisch dan simpelweg een esthetisch fenomeen – en wat de achterliggende redenen voor deze functieverschuiving zijn.[4] Als altijd wijst deze gewijzigde vorm van zelfpresentatie[5] op al even diepgaande veranderingen in ons sociale weefsel.

Een fundamenteel gegeven is tegenwoordig (iets wat ons postmoderne tijdperk zelfs ontegenzeggelijk definieert) onze socioculturele identiteit – en hoe we die uit kunnen dragen. Tot voor kort konden 'mensen zoals wij' nog gemakkelijk en mechanisch worden ingedeeld naar de geldende socioculturele criteria voor stand, geloof, ras, etnische achtergrond, etc. Hoewel dergelijke traditionele socio-culturele aanduidingen ook nu nog bestaan, blijken ze niet meer te volstaan om iemands identiteit te omschrijven, karakteriseren en classificeren. Wij worden niet langer puur en alleen bepaald door de omstandigheden waarin we geboren worden, en onze ware identiteit stoelt op lastiger te formuleren variabelen in levenshouding, visie, filosofie, wensen en dromen – dat wat reclamemensen lifestyle zijn gaan noemen.

De kern van lifestyle is stijl – de primaire, onontbeerlijke taal van een identiteit vandaag de dag. Uit een immer groeiende supermarkt van stijlen (waar elk object, van onze keuken tot ons horloge, van ons avondeten tot onze uitzet en van onze auto tot onze mobiele telefoon kan worden aangeschaft in een voorheen onvoorstelbare variëteit aan ontwerpen) kiezen we die spullen die het beste uitdrukken waar wij voor staan. (Of, gegeven het feit dat dit soort persoonlijke reclame al net zo min als alle andere vormen van reclame juist en waarachtig is, kiezen we die spullen die het beste uitdrukken wat wij willen dat anderen dénken waar wij voor staan.) Tijdens dit proces van onszelf visueel verkennen en verklaren, worden objecten die misschien ooit zijn gekocht omdat ze er leuk uitzagen, nu gekozen omdat ze het juiste uitdrukken, de meest effectieve vertaling vormen van die waarden, overtuigingen, dromen, wensen en zo meer waar wij erg aan hechten en die wij beschouwen als de kernbestanddelen van onze identiteit. Hoewel dit voor alle gebruiksgoederen opgaat (en voor een groot deel verklaart waarom men tegenwoordig zo extreem gefascineerd is door alle vormen van design), zijn in dit opzicht met name die objecten belangrijk die aan onze zelfpresentatie bijdragen op grond van het feit dat ze draagbaar zijn (je kunt moeilijk je nieuwe keuken mee uit nemen) en persoonlijk (de link tussen identiteit en uiterlijke verschijning wordt dan gezien als buitengewoon direct en intiem en vragend om speciale aandacht).

Mode-uitingen kunnen op twee afzonderlijke en verschillende manieren betekenis genereren. Ten eerste is er de semiotiek van de stijl zelf (kleur, snit, motief, materiaal, geografische of historische verwijzing, etc.) en ten tweede is er de semiotiek van de merken, waarbij de visie op lifestyle van een bepaald merk of een bepaalde ontwerper wordt samengevat in en uitgedragen door het logo en de algehele reclamestrategie van dat merk of die ontwerper. Als ik als voorbeeld van het eerste een zwarte baret draag, kan aan dit 'bijvoegsel' een bepaalde betekenis worden toegekend (artistiek, non-conformistisch, beat, Parijs, begin twintigste-eeuws, bohémien, etc.). Als ik als voorbeeld van het tweede een trui draag met het logo van Benetton, dan worden de lifestyle-ideeën die Benetton nu en vroeger heeft neergezet in zijn reclamecampagnes (grof gezegd: antiracistisch, sociaal en milieubewust, maar ook steeds meer met de suggestie dat die sociale betrokkenheid prima gecombineerd kan worden met een prettig leven en lol willen hebben binnen de context van één mondiale cultuur) deel

8.

8. Versace, reclamecampagne 1996
9. Vivienne Westwood, *Grand Hotel*, lente-zomercollectie 1993
10. Burberry, reclamecampagne 2004

van de onderliggende tekst van mijn eigen stijluitlating.

Elk doeltreffend, succesvol merk projecteert zijn eigen mythische besef van locatie/geografie: een virtueel, utopisch themapark waar die ene specifieke matrix van verlangens, overtuigingen en dromen (het leven zoals het geleefd zou kunnen/moeten worden) ten volle gerealiseerd kan worden. VersaceLand, DieselLand, DiorLand, GaultierLand, RalphLaurenLand, TommyLand et cetera zijn allemaal fantastische vakantiebestemmingen (en in veel opzichten net zo 'echt' als het mythische 'Parijs', 'Venetië', 'Londen', 'Amsterdam' of 'Bali' in de ervaring van de toerist). De meerwaarde (en dus het succes) van zulke 'ideeënmerken' schuilt in het feit dat ze tot barstens toe volgepropt zitten met vaak complexe en lastig in woorden uit te drukken lifestyle-informatie, én in het feit dat de specifieke visie op de wijze waarop het leven kan/moet worden geleefd, welke wordt geprojecteerd in een virtuele ruimte, genoeg ideeën en verlangens aanspreekt bij genoeg consumenten die zich een plekje in of een reis naar dit droomoord kunnen veroorloven.

Het interessante is dus dat succesvolle designermerken en succesvolle regionale/nationale merken nagenoeg identiek zijn, namelijk aanduidingen van een of ander mythisch, utopisch oord waar men zich een bepaalde lifestyle kan aanmeten die niet al te veel verband houdt met de hinderlijke realiteit van ons dagelijks bestaan: themaparken waar we er even helemaal uit kunnen zijn. (Of, in het atypische geval van Benetton in de jaren tachtig, een plek waar je – eigenlijk net als in de hemel – een prettig leven kunt hebben door alle misstanden in de wereld direct aan te pakken met goede daden en de juiste instelling.) Net zoals de toerist/reiziger zijn of haar lifestyleprofiel kenbaar maakt door uit de juiste geografische merklocatie kaartjes of e-mails naar het thuisfront te sturen, zo kan de modeconsument door de juiste merken te dragen de lifestyleaanduidingen die inherent zijn

9.

10.

aan het hypothetische themapark van zijn of haar uitverkoren merk, deel laten worden van zijn of haar eigen stijlstatement.

Er zijn uitzonderingen (we zullen zo naar Diesel kijken), maar voor de meeste merken is het startpunt voor de ontwikkeling van hun geografische, lokale merk hun eigen of hun ontwerpers 'feitelijke' geboortestreek of -land, wat logisch is. Het woord 'feitelijk' dient uiteraard tussen aanhalingstekens te worden gezet, omdat zulke plekken (zoals al bleek uit onze voorgaande discussie) semiotisch altijd zo zijn ingevuld dat ze weinig tot geen verband meer houden met de werkelijkheid – wat maar al te zeer blijkt wanneer men verschillende merken uit een en hetzelfde land met elkaar vergelijkt, zoals Armani en Versace, Vivienne Westwood en Burberry, Tommy Hilfiger en Ralph Lauren. Dat komt doordat de geografische en culturele oorsprong slechts fungeert als achterdoek, als scherm waarop waarden, overtuigingen, dromen en verlangens worden geprojecteerd, waarbij het laatste steevast bepalend is voor de vorm van het eerste.

Zo is een typisch kenmerk van ieder ontwerp van Vivienne Westwood het Engelse ervan. Alleen is dat niet de wat traditionele en onopgesmukte kijk op de Engelse gegoede klasse waar Burberry zich op baseert, maar (opvallend overeenkomstig met de wijze waarop Derek Jarman de toekomst en het verleden van Engeland naast elkaar plaatste in zijn film *Jubilee*) eentje die de Engelse punks en de Engelse aristocratie in één bed situeert. (Net zoals op de meest gewilde toeristische ansichtkaarten van het merk Londen nu de Tower van Londen of Buckingham Palace staat afgebeeld naast professionele punks – want sinds deze stijlstam is uitgestorven in Groot-Brittannië, zijn het modellen.) Net als Jarmans film poneert Vivienne Westwood een Engeland dat zowel heel oud als heel nieuw (postmodern) is, en waar de koningin zowel buitengewoon vorstelijk is als volstrekt eigentijds een veiligheidsspeld door haar neus heeft.

11. Tommy Hilfiger, reclamecampagne 2004
12. Polo Ralph Lauren, Handgebreide trui met korte jeans
13. Ann Demeulemeester, collectie 2003
14. Ann Demeulemeester, collectie 2002

Een andere mogelijke nevenschikking van stand en straat valt te ontdekken in het Amerika van Tommy Hilfiger, waar blonde, niet onbemiddelde eerstejaars studenten voor onvervalst heftige straatjongeren kunnen doorgaan, en zwarte rappers met een vlotte babbel uit een achterbuurt een eigen chic kunnen krijgen. Een moderne kijk op een erg Amerikaanse droom: iedereen krijgt wat hij wil/nodig heeft om gelukkig te worden. Daartegenover staat het Amerika van Ralph Lauren, die de geschiedenis anders herschrijft en dit relatief jonge land een lang verleden geeft met een uitgesproken Europees, aristocratisch tintje. Op deze manier kan de Amerikaanse nouveau riche op wonderbaarlijke wijze het aanzien van oud geld en het oude Europa verwerven – en dat tegen de achtergrond van een nieuw, zinderend landschap waarin men te paard de zonsondergang tegemoet rijdt. Levi's daarentegen, dat ooit (natuurlijk) het lifestylemerk was dat het sterkst met het Wilde Westen werd geassocieerd, heeft er onlangs voor gekozen dit typisch Amerikaanse thema park op te doeken en verder te gaan in een of ander TrendyStedelijkStraatLand dat overal kan zijn. Misschien is dit een voorbode van wat nog komen gaat – want zoals Simon Anholt in *Brand America* (Cyan Books, 2004) stelt, raakt dit nationale merk mogelijk uit de gratie bij consumenten buiten de VS.

Naast lifestylemerken als Westwood, Burberry, Hilfiger, Lauren en (voorheen) Levi's, die zich kenmerken door uit te gaan van een bestaand geografisch merk dat ze vervolgens voor hun eigen karretje spannen, zijn er Belgische ontwerpers zoals Ann Demeulemeester die hun bestaande nationale merkidentiteit (eerder een grap dan een land – ongevaarlijk, maar niet bepaald cool, sexy of chic)[6] volledig deconstrueerden (of bij het grofvuil zetten, zou je ook kunnen zeggen). Net als muziek, kunst en films speelt ook design vaak een bepalende rol in de uiteindelijke regionale/nationale merkidentiteit (een rol die nog aan kracht zal winnen in de toekomst). Maar het geval België

13.

14.

is zo opvallend omdat een paar ontwerpers uit Antwerpen (ontegenzeggelijk geholpen door een handvol technomusici en dj's) er zo wonderwel in slaagden hun land synoniem te maken met een nieuw merk – zij maakten binnen enkele jaren van België (dat voorheen slechts geassocieerd werd met mosselen, bier, spruitjes, duffe bureaucraten en Kuifje) 'het land waar het allemaal gebeurt' wat betreft design: het summum van cool, sexy, avant-garde raffinement.

Een soortgelijke herijking vond na de Tweede Wereldoorlog plaats in Italië, de Italiaanse ontwerpers hebben daarvan nadien de vruchten geplukt. Dit maakt het razend interessant dat het Italiaanse merk Diesel er juist alles aan heeft gedaan om te suggereren dat het zeker niet Italiaans is. In scherp contrast met Benettons visie van een 'verenigde' mondiale gemeenschap, hoppen de met zorg samengestelde boodschappen van Diesel van de ene stereotype locatie naar de andere, tot bijna alle geografische merken (Zuid-Amerika, Japan, Zwitserland, West-Indië, India, Afrika – overal, behalve Italië) in Diesels De-wereld-is-je-eigen-oester-themapark zitten gestouwd. In dat proces werd de hele planeet verDieselt met een lekker ordinair laagje kleffe postmoderne ironie. Het lifestylemerk Diesel, dat eens een *Essential Words and Phrases for Travellers and Tourists* publiceerde met vertalingen van handige zinnen als 'Verwijdert u alstublieft het meurende lijk uit de slaapkamer' en 'Haar huid draagt een paars waas', lijkt zichzelf welbewust te afficheren als een merk zonder vast adres, een merk dat eindeloos door alle regionale en nationale merken van de wereld trekt, maar pertinent weigert zich permanent te vestigen. Wat met name zo fascinerend is aan dit opvallende merk, is dat het 'feitelijke' vestigingsland ervan Italië is – een nationaal merk waarvoor bijna alle modebedrijven uit elk ander land een moord zouden plegen om er legitiem gebruik van te mogen maken.

Natuurlijk drukken regionale/nationale merken niet alleen via de designermerken

Diesel
Renzo Rosso, 1955, Padua (It)

De man achter het label Diesel is de in 1955 in Padua geboren Renzo Rosso. Rosso studeert industriële textiele vormgeving voordat hij met een aantal anderen in 1978 de succesvolle Genius Group start. De Genius Group is verantwoordelijk voor de lancering van een groot aantal labels, waaronder Replay en Diesel.

Met Diesel brengt Rosso innovatieve vrijetijdskleding en jeans op de markt, gericht op jongeren met een onafhankelijke geest die zich door middel van hun kleding onderscheiden. Het label is dynamisch en individualistisch en tegelijkertijd gericht op de massa. Diesel kenmerkt zich door de aandacht voor detail, het felle kleurgebruik en de vernieuwende omgang met denim. De enorme variatie binnen het merk maakt het label zeer geliefd onder jongeren en binnen afzienbare tijd is Diesel onderdeel geworden van een wereldwijde jeugdcultuur. Het merk staat niet alleen voor globalisatie maar predikt het ook door een herkenbare taal, een universele 'way of life' te bieden:

> 'Diesel is also a state of mind: it means being open to new things, listening to one's intuition and being honest with oneself. We would like to offer our consumers a total look which reflects this attitude.'

De makers, een fantasierijke groep ontwerpers afkomstig uit alle delen van de wereld, houden zich niet aan regels. Ze volgen geen trends, maar zetten ze. Hierbij staat kwaliteit hoog in het vaandel. Niet het proces voorafgaand aan het ontwerp, maar het uiteindelijke product staat voorop. Rosso, sinds 1985 eigenaar van het hele concern, leeft zelf ook volgens de Diesel filosofie: *'Diesel is not my company, it's my life.'*

Begin jaren negentig zet het bedrijf een internationale marketingstrategie in, met verkooppunten in alle vijf de continenten. Vanaf dat moment groeit het bedrijf explosief in omvang en neemt ook de bekendheid wereldwijd toe. Met name door Diesels baanbrekende advertenties waarin het product niet aan de klant wordt opgedrongen, maar het label zich identificeert met de levensstijl van haar doelgroep. Als in 1996 in New York een grote winkel wordt geopend, verovert het Italiaanse merk ook de Verenigde Staten en is de naam Diesel definitief gevestigd. Het bedrijf wordt uitgebreid met zelfstandige dochterondernemingen zoals Diesel Kids, de sportcollectie *55DSL*, het Diesel Style Lab en een Diesel-hotel in Miami. Daarbij wordt Rosso licentiehouder voor Martin Margiela en Vivienne Westwood en werkt hij in 2002 met Karl Lagerfeld aan diens jeanscollectie. De laatste jaren is Diesel uitgegroeid tot een internationaal mode-imperium dat naast jeans en vrijetijdskleding onder meer schoenen, accessoires, geuren en cosmetica op de markt brengt.

Literatuur:
T. Polhemus, *Diesel: World Wide Wear*. Thames and Hudson, Londen 1998.

Afbeeldingen:
1. Diesel, reclamecampagne *Successful Dreaming*, 2004
2. Diesel, reclamecampagne *The Future*, 2005
3. Diesel, reclamecampagne *Taking Action*, 2002
4. Diesel, reclamecampagne *Work Hard*, 2003
5. Diesel, reclamecampagne *Successful Dreaming*, 2004

hun stempel op de wereld van de lifestyle. Lokale – vaak 'exotische' en traditionele – stoffen en motieven zijn in de mode te allen tijde uitgelicht als een eerbetoon aan verre landen, terwijl er tegelijkertijd de macht, pracht en reikwijdte van de westerse mode mee werd onderstreept – het Peruaanse boerenborduurwerk dat in het ene seizoen werd bejubeld, werd in het volgende seizoen al weer wuft weggewapperd als zijnde passé. Wat we dienen te beseffen is dat toen de mode ineens gefascineerd raakte door, zeg, Schotse ruiten, Nehru-jasjes, batik of Hawaïaanse motieven, daar niet automatisch uit volgde dat de Schotse Hooglanden, India, Java of Hawaï deel werden van het mode-universum. Als een waar imperium sleepte de mode de stilistische ideeën overal vandaan waar ze ze kon krijgen, maar ze vond het idee dat enig ander deel van de wereld aan haar zou kunnen tippen wel altijd lachwekkend. Het feit dat traditionele ontwerpen, stoffen, motieven of kleurencombinaties van over de hele wereld af en toe gepresenteerd konden worden als 'de nieuwe look', bewees juist in alle eenvoud en onweerlegbaar hoe ver haar imperiale macht reikte.

Eeuwenlang was de mode onveranderlijk verbonden aan één enkel nationaal merk: Frankrijk. Poppen met de naam 'Pandora' (vermoedelijk omdat ze in een doos zaten) werden ieder jaar naar de laatste mode aangekleed en vanuit Parijs verzonden naar een vermeend chique clientèle, tot in Australië en Amerika aan toe. Hoewel deze poppen uiteindelijk werden vervangen door illustraties en vervolgens foto's, bleef de geografische/culturele monocultuur gehandhaafd. Pas in de tweede helft van de twintigste eeuw doorbraken Milaan, Londen en New York het monopolie van dit nationale merk (tot op zekere hoogte).

Hoewel er van Melbourne tot Buenos Aires overal modebeurzen en -weken opduiken, waardoor een uitbreiding tot voorbij Parijs, Milaan, Londen en New York onvermijdelijk lijkt, blijven daar voor de journalisten en inkopers praktische bezwaren aan kleven, zij moeten nu al met een zware jetlag steeds langere tochten ondernemen. Maar als we wat beter naar de modewereld kijken, blijkt dat er al lang een fundamentele revolutie heeft plaatsgevonden. Met name Parijs is een distributiecentrum geworden voor ontwerpers van over de hele wereld, waarbij de Franse ontwerpers zelf steeds vaker uit de boot vallen (of zoals Gaultier niet inboeten aan populariteit, vermoedelijk juist omdat hij zo welgemutst een charmante en amusante parodie op een Fransman weggeeft).

Er is een nieuwe lichting internationale ontwerpers opgestaan die niet langer poogt door te gaan voor Frans, maar expliciet en met trots het eigen land van herkomst benadrukt: Issey Miyake, Rifat Ozbek en Xuly Bët (om er een paar te noemen) plaatsen ongegeneerd een stukje Japan, Turks Cyprus en Mali in het hart van wat ooit een exclusieve eenmansclub was. Er zijn drie redenen voor deze doorbraak van lokale tradities in een mondiale industrie. Ten eerste is er, waarschijnlijk in reactie op de globalisering zelf, een groeiende behoefte aan culturele alternatieven, zoals eerder in dit essay werd geopperd. Ten tweede hebben we te langen leste, na eeuwen van westerse arrogantie, en als nooit eerder de ontoereikendheden van onze eigen cultuur onder ogen moeten zien – en beginnen we iets te vatten van de onweerlegbare verfijning van andere, oude leefwijzen. Ten derde kan, teruggrijpend op onze eerdere bespreking van de recente, dramatische veranderingen binnen het modesysteem zelf, zo'n verbreding van het geografische/culturele blikveld gezien worden als een van de vele gevolgen van de ineenstorting van het centrum van de mode en de teloorgang van haar dictatoriale macht die één enkele, gebundelde stijlrichting dicteerde. Eind jaren veertig stemde de modewereld unaniem in met de New Look van Dior en begin jaren zestig met de minijurken van Quant, tegenwoordig bestaat er niet meer zo'n eensgezindheid. En dit plura-

15.

16.

17.

18.

15. Vrouw gekleed in kimono, Japan
16. Issey Miyake, *Pleats Please*, collectie 1998
17. Xuly Bët, lente-zomercollectie 1999
18. Afrikaanse vrouwen in traditionele kleding

lisme biedt voldoende ruimte voor verschillende nationale merken en verschillende stijlen.

En dat is vast nog slechts het begin. Op de lange duur lijkt deze belustheid op lokale tradities (gekoppeld aan andere vormen van stress en druk binnen het modesysteem dat zich moeizaam poogt in te passen in de postmoderne tijd) aan te sturen op een fundamentele, structurele reorganisatie die alles wat eraan voorafging zal overschaduwen. Een voorbeeld. Natuurlijk kan maar een beperkt aantal landen vast worden aangedaan op de tweejaarlijkse rondreis van journalisten en inkopers, maar is niet juist het idee dat al deze in het matzwart gestoken lui zich fysiek dienen te verplaatsen van de ene naar de andere show (die zelf steeds duurder, zo niet onbetaalbaar worden voor nieuw talent) een anachronisme in de global village? Stel je de toekomstige modejournalisten voor terwijl ze thuis van over de hele wereld afkomstige JPEG-bestanden downloaden en dvd's branden. En dat dan non-stop. Natuurlijk zal de gevestigde modewereld dit een belachelijke voorstelling van zaken vinden, maar in een tijd waarin de consument weet wat hij/zij wil en het steeds meer voor het zeggen krijgt, zou de mode-industrie wel eens binnen afzienbare tijd gedwongen kunnen worden om te breken met het verleden en de elektronische global village te betreden om kopers toegang te verschaffen tot ontwerpen en ontwerpers uit alle delen van de wereld.

Hoe kunnen ontwerpers uit landen die voorheen aan of buiten de periferie van het mode-universum lagen in de tussentijd aandacht in het buitenland krijgen? Met moeite, zou je zeggen. Er zijn een paar internationale wedstrijden voor jonge ontwerpers die hen die kostbare aandacht kan opleveren. Zo biedt het jaarlijkse door EVE georganiseerde ITS (1/2/3, en ITS#4 in 2005) ontwerpers uit verre landen als China, India, Cuba en Rusland de mogelijkheid naar Triëste in Noord-Italië te komen om daar hun werk te laten zien, de internationale pers te ontmoeten en, als ze winnen, hun volgende collecties gefinancierd te krijgen.[7] Maar er moeten dringend meer mogelijkheden komen. Over de hele wereld steken veel landen fiks wat geld in modeonderwijs, maar veel wordt verkwanseld en ook de exportmogelijkheden worden genegeerd als ontwerpers niet ook na hun scholing worden gesteund om zichzelf en hun werk internationaal voor het voetlicht te brengen.

Zeker gezien het feit dat onafhankelijke ontwerpers zich overal steeds moeilijker kunnen verweren tegen de economische macht van internationale merken, lijkt het wenselijk en kosteneffectief voor ontwerpers om zich buiten de grote bolwerken van de mode-industrie om te bundelen en onder de hoede te stellen van nationale 'paraplumerken', die hen stilistisch niet inperken, maar logistieke ondersteuning geven plus een algemeen bekend internationaal merk, dat vandaag de dag cruciaal is. Zowel conceptueel als financieel gezien (en laten we niet vergeten dat de mode zoals gezegd tegenwoordig vooral een industrie is die op ideeën/concepten berust) zou dit het beste kunnen worden bereikt als de organen die design promoten in wisselwerking treden met de organen die het toerisme stimuleren.

Voor de meeste landen is design een sleutelelement in de nationale merkidentiteit, die op haar beurt weer een sleutelrol heeft te vervullen in hoe ontvankelijk de rest van de wereld zich zal tonen voor de export van de designproducten. In de regel is dat niet simpelweg een kwestie van goed of slecht, ja of nee – waarbij de kenmerken van elk nationaal merk dan een niche van specifieke verwachtingen schept. Zo is Brazilië op het moment over de hele wereld weliswaar een hip, populair merk, maar een Braziliaanse ontwerper die zich toelegt op serieuze, degelijke werkkleding (in de trant van Armani) zal het nog knap lastig krijgen, omdat hij/zij zich niet conformeert aan

Ralph Lauren
1939, New York (VS)

Ralph Lauren wordt in 1939 als Ralph Lipschitz in New York geboren. Gedurende een aantal jaren is hij werkzaam als verkoper van handschoenen en volgt daarnaast een opleiding bedrijfskunde. Onder de naam Polo Designs start hij in 1967 een eigen bedrijf. Begin jaren zeventig lanceert hij zijn label Ralph Lauren waarvoor hij zowel mannen- als vrouwenkleding ontwerpt. Negen jaar later is hij de eerste Amerikaanse ontwerper die een winkel in Europa opent. De ontwerpen van Ralph Lauren zijn gericht op de welgestelde, Amerikaanse middenklasse en hun levensstijl en staan symbool voor de Amerikaanse droom.

In 1978 introduceert Ralph Lauren zijn bekende op het 'wilde westen' geïnspireerde look waarin hij veelvuldig gebruik maakt van leer, wit katoen en denim in spijkerrokken, leren jassen en wijde bloezen. Ralph Lauren schept hiermee een heroïsch beeld van Amerika dat tegelijkertijd eigentijds, casual en beschaafd is, mede door het gebruik van kwalitatief hoogwaardige stoffen. Niet alleen in zijn prairie-look uit 1978 speelt de Amerikaanse historie een grote rol, ook in de collecties die volgen laat hij zich door het verleden van Amerika inspireren, van de 'native Americans' tot het Hollywood van de jaren vijftig. In 1980 verwijzen Laurens capes, lange rokken, linnen bloezen en overhemden duidelijk naar het pioniertijdperk. De kleding en de levensstijl aan de Amerikaanse universiteiten, de 'Ivy League'-stijl, dienen in de collecties die daarop volgen als uitgangspunt voor de poloshirts, blazers en bermuda's uit zijn casual- en sportswearlijnen. De onder de Amerikanen zo geliefde Engelse aristocratie vormt tevens een grote inspiratiebron voor Lauren. Bandplooibroeken en jasjes van tweed zijn zowel in zijn mannen- als vrouwencollecties terug te vinden. Met zijn klassieke, nostalgische ontwerpen, waarin al wat uitgesproken Amerikaans is een plek krijgt, creëert Ralph Lauren een typisch Amerikaanse look die met name bij de succesvolle en sportieve Amerikaanse burger erg geliefd is.

In de jaren negentig, het decennium van het minimalisme in de mode, neemt de populariteit van Amerika en de tijdloze, uniforme kleding die de Amerikaanse ontwerpers propageren sterk toe. Met behulp van indrukwekkende marketingcampagnes werken Amerikaanse ontwerpers als Tommy Hilfiger, Donna Karan, Calvin Klein en Ralph Lauren zich in korte tijd naar de top van de internationale modewereld. Evenals zijn Amerikaanse collega's ziet Ralph Lauren mode als een totaalconcept. Zijn label, met het polopaard als een van 's werelds bekendste logo's, wordt een mondiaal imperium dat de klant naast kleding voorziet van een hele lifestyle. Door een 'home collection' te bieden, compleet met handdoeken, gordijnen, tafelzilver, meubels en verf, meet Ralph Lauren zijn kopers een compleet levensgevoel aan.

Literatuur:
Gross, M., *Genuine Authentic: The Real Life of Ralph Lauren*. Harper Collins, New York 2003.
McDowell, C., *Ralph Lauren: The Man, the Vision, the Style*. Rizzoli, New York 2003.
Trachtenberg, J. A., *Ralph Lauren: The Man behind the* Mystique. Little Brown Publishers, Boston 1988.

Afbeeldingen:
1. Ralph Lauren, collectie lente/zomer 2002
2. Ralph Lauren, reclamecampagne Polo Ralph Lauren 2003

een nationale merkidentiteit die alleen oog heeft voor strandplezier en carnavalpret. Toch, als de rest van de wereld (net als ik) zou kunnen zien dat Braziliaanse ontwerpers werk leveren dat zowel binnen als buiten de marges van het huidige clichébeeld van hun nationale merk uitstekend voldoet, dan zou dat een verbreding en verrijking kunnen vormen van het imago van dat land als geheel – en een impuls kunnen zijn voor het toerisme.[8] Op soortgelijke wijze heeft het buurland Argentinië – ook erg in op het moment – nogal last van het imago dat het land is vastgelopen in de gouden eeuw van de tango – terwijl de cultuur in het algemeen, en design in het bijzonder, daar juist verrassend eigentijds is, zoals iedereen kan weten die in Buenos Aires is geweest.

Misschien is het allerbelangrijkste dat de mode- en andere ontwerpers in 'ontwikkelingslanden' (waarmee ik simpelweg die landen bedoel die nog geen substantiële internationale erkenning hebben gekregen voor hun ontwerptalenten) zelfvertrouwen hebben en gebruik maken van de unieke kwaliteiten van hun eigen cultuur. Dat wil zeggen dat ze lokaal moeten blijven. Maar al te vaak hebben modeontwerpers en -merken van buiten Europa en Amerika gemeend dat je om succes te hebben 'internationaal' moest zijn – wat een gebrek aan vertrouwen impliceert in de subtiliteiten en charmes van het eigen lokale gevoel voor esthetiek. In een tijd waarin men als gevolg van de globalisering schijnbaar een niet te stillen honger heeft naar lokale tradities, verliest men door zo'n gebrek aan zelfvertrouwen een waardevol hulpmiddel (en het gaat daardoor ook geheid mis). Wat lokaal wellicht beschouwd wordt als weinig verfijnd, kan daarbuiten zeer wel worden gezien als heerlijk fris, rijk en zeer begerenswaardig: een waardevol alternatief voor de kleinst gemene deler van de globalisering. Wat niet wil zeggen dat ontwerpers uit 'ontwikkelinglanden' slappe aftreksels moeten maken van hun traditionele, nationale klederdracht. Nee, wat nodig is, is dat

men de eigen lokale cultuur en ontwerptraditie indikt – het vocabulaire terugbrengt tot de essentie – zodat de geest ervan in een eenentwintigste-eeuwse, wereldomspannende context kan worden geplaatst zonder dat haar samenhang en integriteit erdoor wordt aangetast. Voer dit proces overal ter wereld door en het resultaat is een global village dat zijn bestaan en kracht dankt aan een ongelooflijke diversiteit waarin de vervlakkende globalisering weinig aantrekkingskracht meer heeft.

1. Wat zou ik toch graag die idiote en geografisch onzinnige term willen vermijden! Maar helaas moeten we nog altijd goede equivalenten bedenken voor 'het Westen' en 'verwesterlijking'. 'De derde wereld', 'ontwikkelingslanden' et cetera, zijn nog problematischer omdat ze geografische flauwekul vervangen door vooringenomen ideeën over superioriteit en prestaties. Deze terminologische warboel is niet zomaar een taalkundig probleempje, maar verdoezelt een essentiële paradigmafout. Hebben wij (wie we ook moge zijn!) het recht om überhaupt enig verschil te zien tussen 'wij' en 'zij' in de eenentwintigste eeuw?
2. Als Amerikaan die lange tijd in Groot-Brittannië heeft gewoond, blijf ik me verbazen over de regelmaat waarmee zelfs 'serieuze' kranten in het Verenigd Koninkrijk artikelen publiceren waarin met zichtbaar genoegen melding wordt gemaakt van een of ander onderzoek waaruit zou blijken dat men in Frankrijk minder zeep gebruikt dan in Groot-Brittannië. De culturele gronden voor al onze ideeën over reinheid worden nader bekeken in het boek *Purity and Danger: An Analysis of Pollution and Taboo* van de antropologe Mary Douglas (Penguin Books, 1970).
3. Lezers die met mijn werk bekend zijn, zullen weten dat in mijn ogen deze veranderingen zó extreem en systematisch zijn geweest, dat het goed zou zijn om de term 'mode' te vervangen door 'stijl' als omschrijving voor deze op lifestyle gerichte industrieën. In bovenstaand stuk zou het echter verwarring kunnen zaaien.
4. In de hele geschiedenis van de mensheid heeft het uiterlijk altijd als essentieel communicatiemiddel gediend: het is altijd een 'statement' geweest. Wat nu anders is, is dat (1) zulke 'modestatements' veel persoonlijker constructies zijn van individuele consumenten en (2) dat deze visuele boodschappen vroeger weliswaar relatief eenduidig waren ('ik ben een aristocraat', 'ik ben het hoofd van deze stam', 'ik ben respectabel'), ze nu vaak buitengewoon complexe symbolen zijn geworden van iemands levenshouding, geloof, filosofie, smaak en dromen. Hier moet aan worden toegevoegd dat deze nadruk op het statement niet uitsluit dat er ook enige zorg wordt besteed aan de esthetische kant: dat wat zich goed weet uit te drukken, ziet er ook goed uit.
5. De uitdrukking 'zelfpresentatie' is afkomstig van de socioloog Irving Goffman. Voor dit essay is het goed om te weten dat zo'n zelfpresentatie uit een groot aantal afzonderlijke componenten bestaat: kleren, accessoires, kapsel en make-up, (zonne)bril, tatoeage of piercing, sieraden, een drankje van eigen keuze, een hond, een auto, etc. Zeker nu het uiterlijk steeds expliciter als 'statement' moet dienen: *message* in plaats van *medium*) – is het niet echt logisch meer om de kledingindustrie als een aparte industrie te blijven zien.
6. Zoals voor de meeste hier genoemde nationale merken geldt, is dit de visie op België die in Groot-Brittannië en

Amerika werd aangehangen. Ik kan niet beoordelen of het overeenkomt met de stereotype beelden in andere landen destijds. Uiteraard staat dit beeld, zoals veel van de aangehaalde plaatsgebonden mythes, ver af van een objectieve kijk op België – een land dat in werkelijkheid een lange creatieve traditie kent waar het design betreft.
7. Zie www.itsweb.org voor meer informatie. ITS wordt medegefinancierd door Diesel.
8. Deze visie op Brazilië wordt gedeeld door het lente/zomernummer 2004 van het tijdschrift *Wallpaper Navigator*. Voor alles wat ik van Argentinië en Brazilië heb gezien (en in beide gevallen heeft dat in hoge mate bijgedragen aan de ontwikkeling van dit essay) moet ik Vicky Salías van het Centro Metropolitano de Diseño in B.A. bedanken en Christiane Mesquita van het SENAC in S.P.

Literatuur

Anholt, Simon en Jeremy Hildreth, *Brand America: The Mother of All Brands*, Cyan Books, Londen 2004.
Baudot. François, *A Century of Fashion*, Thames & Hudson, Londen 1999.
Goffman, Erving, *The Presentation of Self in Everyday Life*, Doubleday, Garden City, New York 1956.
McLuhan, Marshall, *The Gutenberg Galaxy: The Making of Typographic Man*, University of Toronto Press, Toronto 1962.
Polhemus, Ted, *Diesel: World Wide Wear*, Watson-Guptill Publications, New York 1998.
Polhemus, Ted, *Style Surfing: What to Wear in the 3rd Millennium*, Thames & Hudson, Londen 1996.

Gianni Versace
1946, Calabrië (It) – 1997, Miami (VS)

Versace's mode is, evenals zijn levensstijl, kostbaar, luxueus en extravagant. Hij maakt ontwerpen van hoge kwaliteit die zich kenmerken door hun bonte kleurenpalet en grensoverschrijdend zijn in het gebruik van innovatieve materialen zoals Oroton, een metaalachtige stof die hij in de jaren tachtig in veel avondjurken verwerkt. Ook maakt hij in zijn ontwerpen veel gebruik van opvallende stofcombinaties zoals kant en leer, zijde en spijkerstof. Het oeuvre van Gianni Versace is zeer gevarieerd en kenmerkt zich door eclecticisme. Uitdagende, sensuele creaties en tijdloze, klassieke zwarte avondjurken wisselen elkaar af. Hij laat zich inspireren door zowel moderne kunststromingen, zoals het futurisme en de pop-art, als door historische stijlen. Zijn rijk gedecoreerde ontwerpen bevatten veel referenties aan zijn geboorteland Italië, aan de Barok, de Renaissance en vooral ook de Romeinse Oudheid.

Gianni Versace wordt in 1946 in Calabrië geboren. Zijn moeder bezit een kledingatelier waarin Gianni op jonge leeftijd werkzaam is, waardoor hij het vak al snel feilloos beheerst. Begin jaren zeventig verhuist Versace naar Milaan waar hij kleding ontwerpt voor achtereenvolgens Callaghan, Genny en Complice. In 1978 richt hij 'Gianni Versace SpA' op en presenteert de vrouwenlijn Gianni Versace Donna. In eerste instantie staat de modewereld ambivalent tegenover de revolutionaire ontwerpen van Versace. Zijn extravagante stijl wordt wel als vulgair afgedaan. Maar binnen een aantal jaren verandert dit en behoort hij tot de top van de internationale modewereld. Zijn eerste haute couture collectie lanceert hij in 1989 in Parijs en in de jaren negentig bereikt Versace's roem een hoogtepunt, mede door zijn spectaculaire shows en sensationele reclamecampagnes waarin hij modellen als Cindy Crawford, Linda Evangelista, Christy Turlington en Naomi Campbell tot idolen bombardeert. Het feit dat hij een groot aantal beroemdheden kleedt, onder wie Madonna, Prinses Diana, Elton John en Elizabeth Hurley, die zich stuk voor stuk met zijn glamoureuze stijl vereenzelvigen, draagt hier sterk aan bij.

De ontwerpen van Versace hebben een sterk theatraal karakter, wat direct te maken heeft met zijn voorliefde voor theater en ballet. Hij werkt gedurende zijn carrière veelvuldig samen met vooraanstaande fotografen, musici, theatermakers en choreografen en buit de entertainmentwaarde van mode graag uit. Zijn ontwerpen worden zowel met de jaren tachtig en de bijbehorende popcultuur alsook met de uitbundige jaren negentig geassocieerd.

Samen met zijn broer Santo en zus Donatella creëert hij een omvangrijk mode-imperium dat een kledinglijn voor mannen, vrouwen en kinderen, lingerie, brillen, jeans, make-up, handtassen, juwelen, parfum en interieurobjecten omvat. Wanneer Gianni in 1997 overlijdt, wordt zijn zuster en muze Donatella artistiek directeur van het bedrijf. Onder Donatella krijgt het verleden veel minder nadruk. Haar ontwerpen staan een eigentijds, modern modebeeld voor.

> Literatuur:
> Alessi, R., *Versace, eleganza di vita*. Rusconi, Milaan 1990.
> Avedon, R., en Versace, G., *The Naked and the Dressed: 20 Years of Versace*. Random House, New York 1998.
> Martin, R., *Gianni Versace*. Metropolitan Museum of Art, New york 1997.
> Wilcox, C., Mendes, V., en Buss, C., *The Art and Craft of Gianni Versace*. Victoria and Albert Museum, Londen 2002.
>
> Afbeeldingen:
> 1. Jurk van Versace uit de collectie 1991
> 2. Christy Turlington draagt een plastic halterjurk van Versace uit de collectie 1994
> 3. Veiligheidsspeldenjurk van Versace uit de collectie 1994

Akiko Fukai

Japan en de mode
Japans modeontwerp

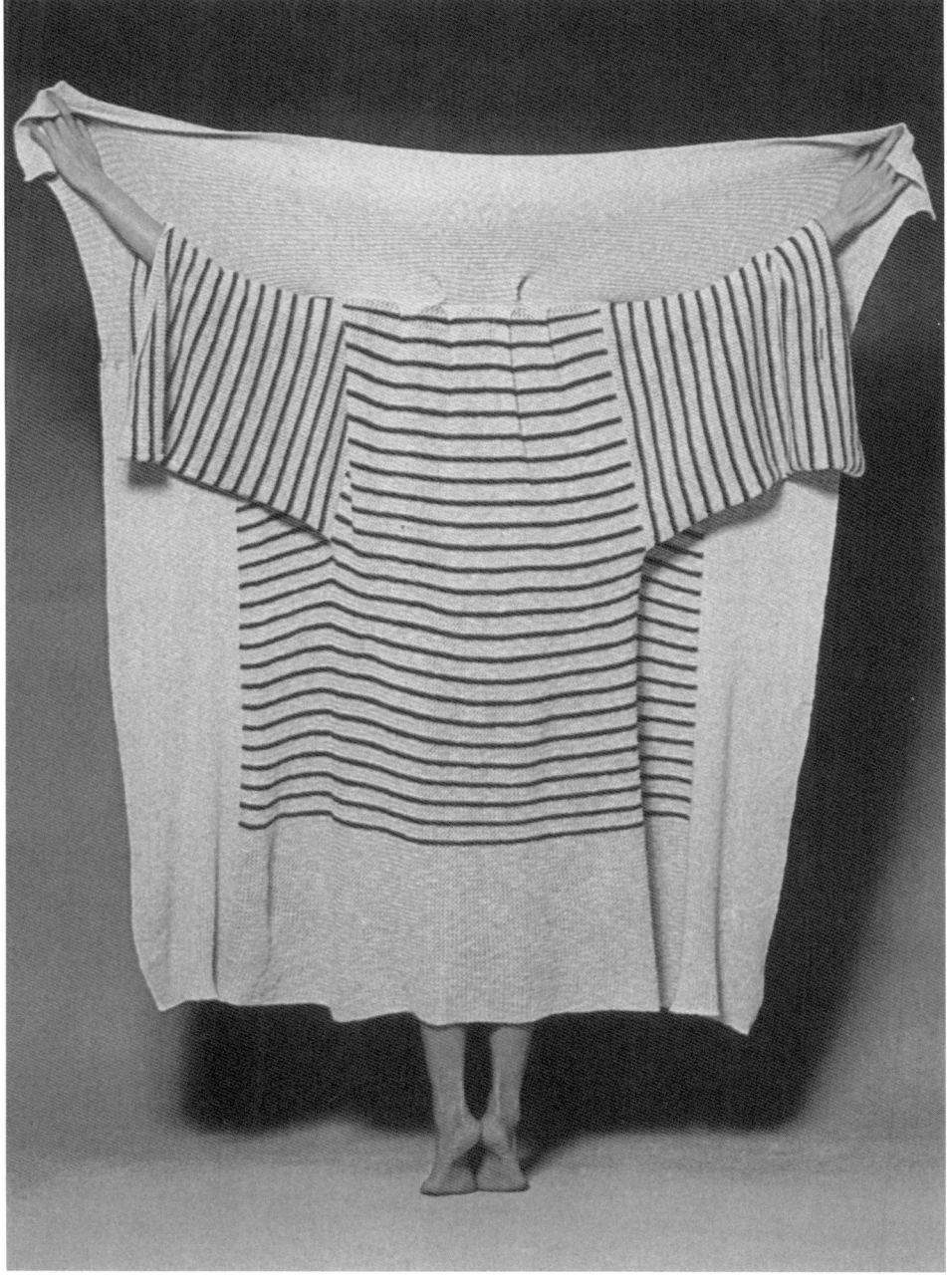

1. Issey Miyake, *A piece of cloth*, collectie 1976

Japan vestigde in de jaren tachtig van de vorige eeuw de aandacht van de hele wereld op zich door zijn krachtige economische groei. Op artistiek vlak ontstond ook grote waardering voor het werk van Japanse ontwerpers op alle vlakken van het design (met name architectuur en grafisch ontwerp en, niet te vergeten, mode) evenals voor de culturele bijzonderheden die ze met hun werk aan het licht brachten.

De ontwikkelingen zijn sindsdien zo ver gegaan dat men nu niet meer over mode kan schrijven zonder melding te maken van de *Japanese power*. De tijd dat de naam Japan synoniem was met 'het land dat alles kan namaken' ligt ver achter ons, en dat niet alleen op het gebied van de mode. Sinds de jaren tachtig tekent zich zelfs een precies omgekeerde tendens af, waarin de *Japanese fashion* zelf wordt nagemaakt.

Ik wil in dit artikel terugkijken op die recente decennia om na te gaan hoe het komt dat Japanse modeontwerpers als Issey Miyake, Rei Kawakubo en Yohji Yamamoto, maar ook die van de volgende generatie, zoals Junya Watanabe, allen afkomstig uit een land dat pas relatief laat op het modetoneel is verschenen, in de hele wereld zo veel erkenning en waardering hebben weten te verwerven. Is het te danken aan de bijzondere originaliteit van hun creatieve productie en, zo ja, waaruit bestaat dan die originaliteit? Dit zijn de vragen die ik zal proberen te beantwoorden.

De eerste stappen

Vanaf halverwege de negentiende eeuw, een tijd waarin Japan afscheid nam van de isolationistische politiek waaraan het twee eeuwen had vastgehouden, begonnen mannen langzaam maar zeker meer westerse kleding te dragen. Niettemin duurde het nog tot het eind van de Tweede Wereldoorlog voordat dit gebruik – nu in versneld tempo – werd overgenomen door de vrouwen, die tot dan toe trouw waren gebleven aan de traditionele kledingdracht. Vanaf dat moment wordt alle informatie over de Parijse mode, met een korte vertraging, in Japan hartelijk verwelkomd. In de jaren zestig maakt de kledingindustrie vervolgens als nieuwe bedrijfstak een snelle groei door.

Tegelijkertijd begint een groeiend aantal jonge Japanners te verlangen naar een carrière in het modeontwerp. Kenzo Takada vertrekt in de jaren zestig naar Parijs; een tiental jaar later is hij de favoriete Parijse stylist geworden. Zijn succes is mogelijk te verklaren uit een gelukkige samenloop van omstandigheden: de gebeurtenissen van mei '68 brachten een omwenteling teweeg in de traditionele waarden. De haute couture die tot dan toe dominant was geweest in de modekringen zag zich onttroond door een prêt-à-porter in volle bloei, en de Franse hoofdstad stond open voor een 'typisch Japanse' stijl van kleden, met motieven en kleuren die gunstig aansloten bij de Parijse smaak. Kenzo mocht dan een Japanner zijn, hij vertoonde zich in de eerste plaats als een in en door Parijs gevormde stylist. Ook in Parijs presenteert Issey Miyake in 1974 zijn kledingstukken uit één stuk, gebaseerd op een vlakke compositie volgens de principes van de Japanse kimonokunst. Miyake zou uiteindelijk wereldberoemd worden zonder dit concept van het kledingstuk uit één stuk los te laten, het uitgangspunt van zijn stijl en de spil van zijn latere creaties.

De jaren tachtig: Rei Kawakubo en Yohji Yamamoto, of de *Japanese power*

'De Japanse *look* in Parijs'. Ziedaar een van de vele gelijksoortige titels van de tijdschriftartikelen die verslag deden van de herfst-wintercollectie van 1982. Titels waarin het woord 'Japan' telkens in hoofdletters terugkeerde boven artikelen, gewijd aan het ontwerp van twee stylisten die het jaar daarvoor in Parijs hun debuut hadden gemaakt, maar daar nog altijd zo goed als onbekend waren: Rei Kawakubo en Yohji Yamamoto. Met hen gaat het doek op voor een Japanse mode die uiteindelijk de wereld op zijn grondvesten zal doen schudden.

Kawakubo en Yamamoto hadden zich in Japan al doen gelden als waardige erfge-

namen van Kenzo Takada en Issey Miyake toen ze in april 1981 besloten datzelfde jaar nog hun herfst-wintercollectie in Parijs te presenteren. Een jaar later besteedden alle grote tijdschriften in Europa en Noord-Amerika meerdere kolommen aan de Japanse ontwerpers. Het is de tijd waarin Kawakubo en Yamamoto mannequins met lijkbleke gezichten laten opmarcheren, zonder een spoor van lippenstift, uitgedost in monochrome, naar zwart neigende kleding die de lijnen van het lichaam niet volgt, raadselachtige kleding met stoffen die eruitzien alsof ze 'door een bomaanslag aan flarden zijn gereten'. *Le Figaro*, dat als conservatief tijdschrift een voorliefde heeft voor de haute couture, doet geen moeite zijn afkeer te verbergen van wat het beschouwt als de infiltratie van het 'gele gevaar' in de modewereld en decreteert dat de modellen die deze 'lompen' dragen eruitzien als 'overlevenden van een nucleaire ramp'.[1] De *Washington Post* daarentegen wijdt een paginagrote foto aan de witte kledingstukken met gaten van Yohji Yamamoto, aangeduid als *Swiss Cheese* (*Zwitserse gatenkaas*), opgeluisterd door een commentaar van Polly Mellen, redactrice van de Amerikaanse editie van *Vogue*: 'Het is modern en vrij. Het heeft mijn ogen iets nieuws te zien gegeven en deze eerste dag tot een ongelooflijke ervaring gemaakt. Yamamoto en Kawakubo wijzen de weg naar een geheel nieuwe vorm van schoonheid.'[2] Een journaliste van *Libération* schrijft instemmend: 'Kawakubo creëert onophoudelijk nieuwe vaste waarden in het domein van de mode en de cultuur.'[3] Al zijn de reacties op de twee ontwerpers dus diametraal tegengesteld, niemand in Parijs kan meer om hun creaties heen. Dat ze zo'n opschudding veroorzaken, komt doordat hun ontwerp precies tegengesteld is aan dat van de westerse kleding.

De Japanse conceptie van schoonheid
Natuurlijk zagen deze kleren er in zekere zin uit als lompen. Maar de gaten die erin zaten, waren ook te zien als bewust gemaakte 'lege plekken', en die overdaad aan gehavende, slap neerhangende lappen was evengoed te zien als een tegenpool van de westerse neiging om ornament op ornament te stapelen. Kortom, een andere benadering van kleding, een 'armoedige' visie die de plaats inneemt van een overdaad aan luxe. Het ascetische besluit een rijkdom aan kleuren te verruilen voor monochromie gaf daarbij een gevoel van de toonwaarden zoals die men herkent van Japanse inkttekeningen (*sumi-e*). Met hun schijnbare minachting voor het ideaal van schoonheid dat van oudsher wordt gezocht in de westerse kleding, gingen onze twee helden al snel door voor kampioenen van een schokkende 'kledingarmoede', een aanval op de westerse conceptie van mode als zodanig. Tegenwoordig is die 'armoede' een alledaags verschijnsel in de modewereld, maar in die tijd waren maar weinig mensen in Parijs bereid zo'n vorm van expressie te accepteren.

De westerlingen stonden paf en waren niet in staat de schok die ze hadden ondergaan te verbergen. Achter die reactie liet zich echter de verbazing raden over iets dat aandeed als overmoedige waaghalzerij, maar ook een bewustwording van een verschil in culturele benadering van kleding. In het westen wordt de snit van een kledingstuk ondergeschikt gemaakt aan het lichaam dat het zal dragen. Het probleem dat men zich stelt is dus de stof zodanig te knippen en in elkaar te passen dat het platte vlak zich in drie dimensies naar dat lichaam schikt. Bij een kledingstuk ontworpen door een Japanse stylist ziet men daarentegen dat het de proporties van het lichaam van de vrouw-als-Venus maskeert: de rondingen van de borsten en de welving van de taille. De esthetische visie van de Japanners is, ten goede en ten kwade, diep geworteld in de 'cultuur van de kimono'. Men bedekt het lichaam zoals het is met een vlak weefsel. Door dit te draperen ontstaat vervolgens extra ruimte, de *ma*. Deze werkwijze wordt in het geheel niet als irrationeel gezien. Het zo gevormde kledingstuk

Issey Miyake
1938, Hiroshima (Ja)

Nog voor Yamamoto en Comme des Garçons de westerse catwalks bestormen, showt de Japanse ontwerper Issey Miyake zijn ontwerpen al in Parijs. De in 1938 in Hiroshima geboren Miyake studeert grafische vormgeving aan de Tama Art University in Japan alvorens hij in de leer gaat bij Laroche en Givenchy. Hierdoor komt hij al vroeg in aanraking met de westerse modetraditie en het bijbehorende gevoel voor chique, vrouwelijke ontwerpen. Deze westerse invloeden blijven vanaf dat moment in zijn ontwerpen zichtbaar, ook al omarmt hij de Japanse kledingtradities, materialen en technieken.

In 1970 start Miyake in Tokyo de Miyake Design Studio en in 1973 showt hij zijn eerste collectie in Parijs. De eenvoud van zijn ontwerpen, de bewegingsvrijheid die zijn kledingstukken bieden en de wijze waarop hij traditie en moderniteit, oosterse en westerse invloeden combineert worden als revolutionair gezien. Heel Japans is de waarde die Miyake hecht aan draagbare en functionele mode. Ook het maken van kleding uit één stuk en het hanteren van een 'democratische' universele kledingmaat die – in lijn met de kimono – onafhankelijk is van sekse en leeftijd, is typisch Japans en tegenovergesteld aan de westerse traditie waarin de lichaamsvorm domineert. Toch speelt de vorm van het lichaam wel degelijk een rol in zijn werk. Want hoewel Miyake een basaal ontwerp, veelal in de vorm van een rechthoek, als uitgangspunt neemt, is de stof zo geplisseerd dat het kledingstuk zich plooit naar het lichaam van de drager. Zijn ontwerpen krijgen hierdoor een sterk sculpturaal karakter wat bijvoorbeeld heel duidelijk te zien is in de *Liquid Onyx*-collectie uit 1982. Dat deze ontwerpen door hun architecturale kwaliteit soms kunstwerken lijken, tonen de foto's die Irving Penn, met wie hij intensief samenwerkt, van Miyake's werk maakt. Naast de Japanse traditie vormen moderne technologieën een belangrijke inspiratiebron voor Miyake. Traditionele patronen en snijtechnieken weet hij feilloos te combineren met innovatieve weeftechnieken en flexibele polyesterstoffen. Modern design behoort volgens Miyake zijn wortels in de traditie te hebben, maar moet tegelijkertijd zijn aangepast aan de eisen van de eigen tijd. Traditie overleeft alleen als het aan te passen is aan de eigen tijd.

Heel typerend in deze context is zijn gebruik van technologische plissé's die in de Japanse traditie al voorkwamen, maar door Miyake werden omgevormd tot de 'jeans' van de toekomst. Dit zien we terug in de *Pleats Please*-collectie, vervaardigd van een lichte, flexibele polyester, die Miyake in 1993 introduceert. Hiermee ontwerpt hij een ultramodern en tijdloos product dat zo in de wasmachine en koffer kan en er ongeschonden weer uit tevoorschijn komt. De geplisseerde ontwerpen zijn zeer basaal. Variaties worden enkel ingebracht door kleur of in de wijze waarop steeds andere kunstenaars, op uitnodiging van Miyake, de ontwerpen decoreren. Dat Miyake zichzelf blijft vernieuwen, bewijst de kledinglijn *A-POC* (A Piece of Cloth) die hij in 1999 in samenwerking met kledingfabrikant Dai Fujiwara opstart. Met dit concept doorbreekt Miyake de standaardnorm voor het maken van kleding. Een breimachine genereert een lap stof waarin de kledingstukken al kant en klaar ingeweven zijn. Hierdoor kunnen broeken, jurken en truien door de klant zelf van de rol gesneden worden, in de maten en lengtes die hij of zij wenst. Ook in de A-POC-lijnen blijft Miyake's interesse in textuur, kleur en innovatieve stoffentechnologie een grote rol spelen en houdt hij vast aan het kleding-uit-één-stukprincipe.

Literatuur:
Bénaïm, L., *Issey Miyake*. Assouline Publishers, Parijs 1997.
Holborn, M., *Issey Miyake*. Taschen, Keulen 1995.

Afbeeldingen:
1. Issey Miyake, ontwerp gebaseerd op de kimono, waarvoor traditioneel gestreepte stof is gebruikt, collectie 1975
2. Issey Miyake, *Liquid Onyx*, collectie lente/zomer 1982
3. Issey Miyake, *One Piece*, A-POC collectie 2001
4. issey Miyake, tentoonstelling in het Genichiro-Inokuma Museum of Contemporary Art in Marugame, Japan 1997
5. Issey Miyake, *Pleats Please*, guest artist: Yasumasa Morimura, 1996

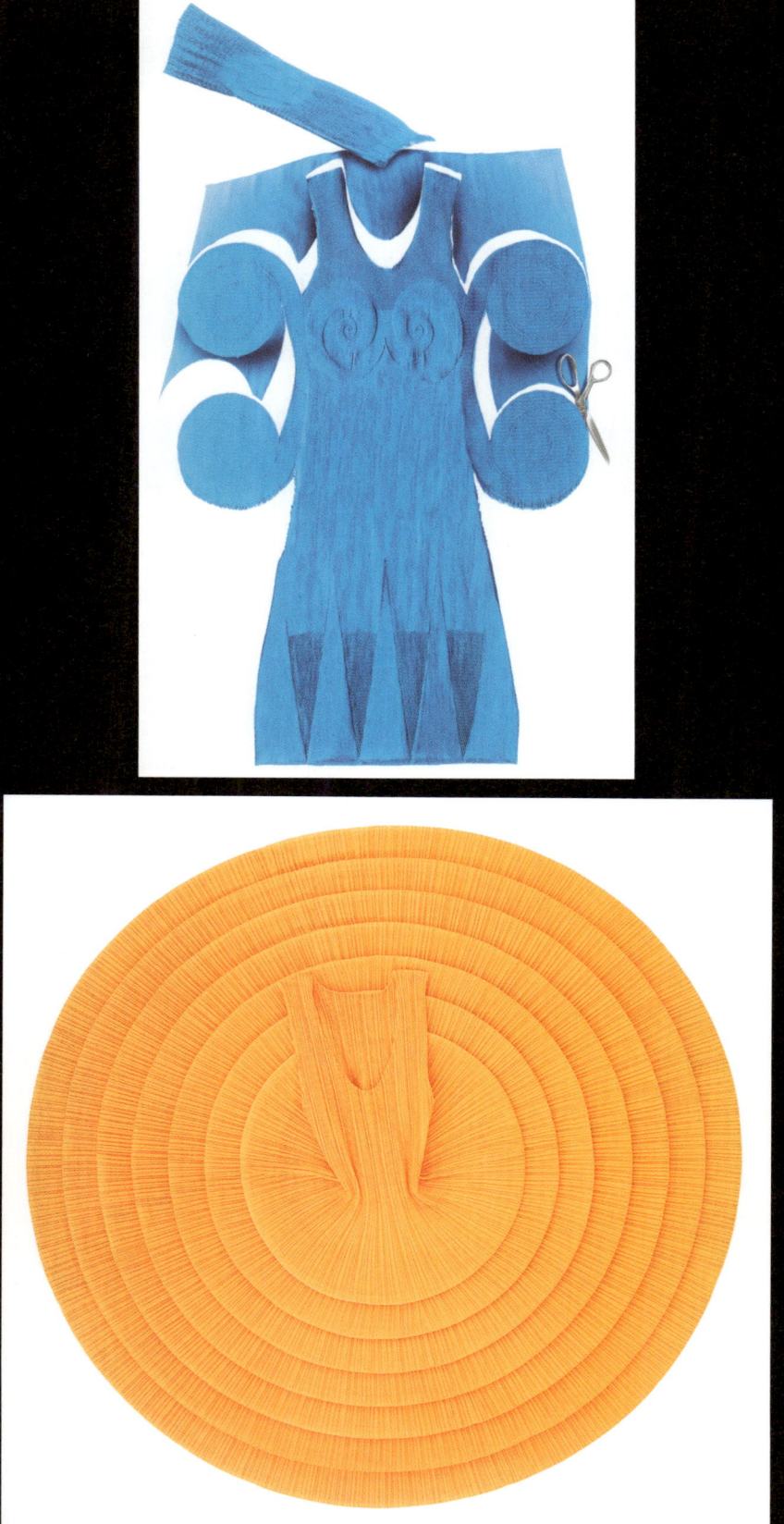

3. Comme des Garçons, Jurk geïnspireerd op de kimono, lente-zomercollectie 1997
4. Comme des Garçons, Bultencollectie, lente-zomercollectie 1997
5. Yohji Yamamoto, Zwarte jurk met queue van rode tule, herfst-wintercollectie 1986/1987

– ruimvallend en zonder echte vorm in de westerse opvatting van het woord – kenmerkt zich vaak door asymmetrie, een van de specifiek Japanse criteria van schoonheid.

Bovendien is, getuige het voorbeeld van de kimono, het ontwerp van mode in Japan gericht op het creëren van een universeel kledingstuk, dat zich vlot over verschillen in leeftijd en lichaamsvorm heen zet, maar ook de grens tussen het mannelijke en het vrouwelijke opheft.

Het Japanse ontwerp – de incarnatie in de wereld van de mode van een uit *wabi* en *sabi*[4] geboren zin voor schoonheid – ging misschien het begrip te boven, het opende toch de ogen van de westerlingen voor een nieuwe visie op schoonheid. De Japanse modemakers stonden immers voor een levensgevoel dat verschilde van het hunne. In een tijdperk waarin eigenlijk niet meer werd getwijfeld aan de universaliteit van de westerse kledingtraditie, verscheen vanuit een andere context – die van de Japanse cultuur – een manier van denken en zich uitdrukken die duidelijk aantoonde dat men kledingstukken kon ontwerpen vanuit een niet-westerse inspiratie. Vandaar dat deze schok heftig en internationaal werd gevoeld. Geen voorbijgaande schok trouwens, maar één die de mode nieuwe wegen zou wijzen over de pas naar de *XXIème-CIEL*.[5]

In alle hippe kledingboetieks in Parijs, Londen of New York waande men zich midden jaren tachtig in Tokio: ruime, zwarte kledingstukken, zorgvuldig opgevouwen op antracietgrijze planken. Het was voorbij met het monopolie van de kleerhangers. De Japanese fashion was onwrikbaar op zijn plaats gevallen, de eerste plaats. Binnenkort zouden Martin Margiela en andere jonge ontwerpers uit België (een randgewest in Parijse ogen) zich, zonder de geest ervan te verraden, meester maken van deze esthetiek van de 'vlaggende' kleding, van lompen, van scheuren, van zwart en asymmetrisch, die dankzij hen internationale erkenning zou krijgen.

Kawakubo paste haar creatieve ritme

4.

5.

aan aan de seizoenscyclus van de collecties en vervolgde haar zoektocht naar de essentie van die mode met de haast van een ter dood veroordeelde. Alsof ze bang was het te verleren lanceerde ze onophoudelijk nieuwe ideeën, het ene na het andere seizoen. Tegen het eind van de jaren tachtig had ze nog maar net een gedaantewisseling tot virtuoos coloriste ondergaan, flirtend met een neopunk *street fashion*, of ze maakte een gedurfde omslag naar het modelleren van vormen ontleend aan de kunst. Intussen bleef ze haar roeping trouw als een styliste die zich nooit conformeert aan de gangbare westerse stereotypen van 'mooie kleding' of 'vrouwelijkheid' waardoor de modewereld nog altijd wordt geplaagd.

Onder haar creaties is de collectie die ze in 1997 presenteerde algemeen bekend geraakt als de 'Quasimodo look'. Het is ontegenzeggelijk de meest representatieve voor haar stijl. De kledingstukken zijn gemaakt van dubbele lagen rekbaar nylon met daartussen verstevigingen gevuld met dons, op de rug, de schouders, de buik of de billen, die vreemd gewelfde knobbels in het materiaal brengen. Het kledingstuk, de tweede huid, zorgt voor een 'fusie' die de grens tussen het lichaam en het kledingstuk vloeibaar maakt. Bovendien nemen het lichaam en de kleding door de beweging mysterieuze, volkomen onvoorspelbare vormen aan. De collectie had alles dat de verbeelding van het publiek op hol kon jagen. Het bewijs daarvoor werd geleverd door de Amerikaanse danser en choreograaf Merce Cunningham, die, geïnspireerd door de kleding van Kawakubo, het boeiende en aantrekkelijke balletwerk *Scenario* schreef.[6] In zijn voorstelling wordt het al spoedig moeilijk het geslachtsverschil te zien tussen de mannelijke en vrouwelijke dansers, zoals ze zich bewegen in deze kleding. En ondanks de schijnbare discontinuïteit tussen de scènes zijn ze allemaal bezield met een beslist contemporain gevoel, dat het stempel van Kawakubo draagt. Toen ik het Nederlandse duo Viktor & Rolf eens vroeg welke modeontwerper hen interesseerde, noemden ze zonder enige aarzeling Rei Kawakubo,

Junya Watanabe
1961, Tokyo (Ja)

Afbeeldingen:
1. Junya Watanabe, collectie lente/zomer 2003
2. Junya Watanabe, collectie herfst/winter 2000
3. Junya Watanabe, collectie herfst/winter 1998

Junya Watanabe behoort tot de jonge generatie vertegenwoordigers van de Japanse esthetiek, die Yohji Yamamoto, Rei Kawakubo en Issey Miyake in de jaren zeventig en tachtig in Parijs introduceerden. Watanabe wordt in 1961 in Tokyo geboren en studeert in 1984 af aan het Bunka Fashion College. Na zijn afstuderen wordt hij als patroontekenaar aangenomen bij Comme des Garçons waar hij voor Rei Kawakubo in 1987 een tricotlijn ontwerpt. Met de financiële en praktische steun van Comme des Garçons introduceert Watanabe in 1992 een eigen collectie, ingehouden en sober maar kwalitatief hoogwaardig, onder dit label. Twee jaar later lanceert hij zijn eigen label.

Het ene seizoen dienen naoorlogse mantelpakjes van tweed als inspiratiebron voor in polyester uitgevoerde creaties, het andere seizoen transformeert de ontwerper felgekleurd cellofaan tot broeken of jurken met een avant-gardistische snit. Een volgende collectie doet door het gebruik van veel zwart en leer weer heel punkachtig aan. Kortom, Watanabe beperkt zich niet tot een bepaalde stijl en werkt niet vanuit specifieke thema's. Zijn eerste collecties hebben een enorme impact; door zijn avant-gardistische, non-conformistische stijl wordt hij al snel onder de Japanse grootmeesters van de mode geschaard.

De futuristische ontwerpen van Watanabe worden wel met de term *technocouture* of *cybercouture* aangeduid, door zijn experimentele snijtechnieken en zijn liefde voor functionele, hightech materialen zoals polyester en cellofaan. Naast een bijzondere inventiviteit beschikt hij over een enorm technisch valmanschap wat tot uiting komt in de perfect gesneden coupes. Tijdens het ontwerpproces houdt Watanabe geen rekening met de vrouw die zijn kleding moet dragen. Hij denkt, evenals zijn leermeester Rei Kawakubo, niet vanuit een concreet vrouwbeeld. Het zoeken naar nieuwe uitingsmogelijkheden en het proces voorafgaand aan het uiteindelijke ontwerp, staan binnen zijn werkwijze centraal. Hoewel de ontwerpen van Watanabe complex van karakter zijn, worden ze, mede door het ingehouden monotone kleurenpalet waarmee hij veelal werkt, gekenmerkt door eenvoud.

In zijn recente collecties speelt het technische element een minder grote rol en komt de nadruk juist meer op het kleurgebruik te liggen, dat de laatste jaren opvallender en intenser is geworden.

Literatuur:
Teunissen, J., *Made in Japan*. Centraal Museum, Utrecht 2001.
Frankel, S., *Visionaries. Interviews with Fashion Designers*. Victoria and Albert Museum, Londen 2001.

6. Comme des Garçons, Trui met gaten, 'grunge-look', collectie 1982

'vanwege de manier waarop ze de actualiteit tart'. De twee jonge ontwerpers zijn zonder twijfel nog altijd onder de indruk van die uitdagende houding, die niet iedereen zich kan permitteren.

Yohji Yamamoto, die zich in zijn opleiding de westerse technieken van kledingproductie eigen had gemaakt, begon na zijn vernietigingsmode op zijn eigen manier aan een vernieuwing van de traditie van de grote couturiers en stelde zijn technisch meesterschap in dienst van prachtige werken. De originaliteit van zijn ontwerp dankte nog altijd veel aan de asymmetrie en andere elementen van de Japanse esthetiek. Maar wat hem vooral onderscheidde was zijn gebruik van de kleur zwart, de toon 'van ons cerebrale tijdperk' die door hem is verheven tot de 'kleur van de jaren tachtig'. Het is door vele andere ontwerpers overgenomen en heeft het zwart uiteindelijk – en bijna tot het eind van de jaren negentig – gemaakt tot de tint van onze tijd, en dat op een veel breder vlak dan louter het terrein van de mode: het merkteken van ascese in een tijdperk van overvloed. Als aandachtig observator van de hedendaagse maatschappij maakt Yamamoto zich niet los uit de westerse context, en dat maakt hem tot de best begrepen Japanse couturier in Europa en Noord-Amerika.

Yamamoto werkt sinds 2001 samen met Adidas, het bedrijf dat wereldwijd bekendstaat om zijn 'massamode'; hij richtte zich eerst op het ontwerp van sportschoenen en vervolgens op de Y3-sportkleding, bedoeld om gedragen te worden als aantrekkelijke stadskleding. Sinds 2002 begint hij, goed geïntegreerd in de westerse landen onder de merknaam Yohji Yamamoto, vaste voet te krijgen bij de haute couture-huizen, en reserveert hij het merk Y's voor zijn confectielijn. Wat hij hiermee wil bereiken is kennelijk een structuur samengesteld uit kleine bedrijfseenheden. Dit alles valt ongetwijfeld in hoofdzaak te verklaren door de macht van de Parijse mode, een gelaagde bedrijfstak, bekroond door de luxe-industrie van de haute couture. Het wordt boeiend te zien welke kansen deze strategie van Yamamoto kan bieden aan de Japanse mode, die nogal laat op gang is gekomen.

Kleren met kreukels, gaten en rafels: een herinterpretatie van de 'gescheurde lappen'

Ik kom hier graag terug op de stoffen met kreukels, gaten en rafels die de expressie van de kleding van Kawakubo en Yamamoto in de jaren tachtig bepaalden. In de westerse visie op schoonheid heeft het kledingstuk tot in onze tijd als functie gehad, zoals Hegel al opmerkte, de huid te camoufleren, als een 'soort omhulling die de onvolmaaktheid van de natuur verhult'. Het kledingstuk, dat wil zeggen 'de omhulling', is bedoeld ter bedekking van het lichaam, dat getuigt van onze onvolmaaktheid, en moest dan ook 'wat kleine plooien bevatten, nu eens op elkaar liggend, dan weer gerimpeld'.[7] Men zou dan ook geneigd zijn te zeggen dat de schilders – zij op de eerste plaats, maar ook de modeontwerpers die zich baseren op de westerse esthetiek – zich steeds hebben toegelegd op de verbeelding van die prachtige huid die de omhulling is.

Soms ging iemand echter tegen deze tendens in. Zo maakte Lucio Fontana in sommige van zijn doeken scheuren met een mes; in de loop van de vijftiende en zestiende eeuw werd het ook mode de stoffen van de kleding te voorzien van splitten of *crevé*. En eind jaren zeventig droegen de jonge Londense punks gerafelde jeans, als verzet tegen de westerse orthodoxie in de esthetiek, en doorboorden de stof van hun kleding met talloze veiligheidsspelden en kopspijkers om zo hun bedoelingen onmiskenbaar duidelijk te maken.

Het werk dat Kawakubo en Yamamoto sinds de jaren tachtig presenteren geeft blijk van een originele esthetiek van de omhulling; een bruut behandelde omhulling, want het ging om kleding doorboord met vele gaten, zoals we hebben gezien, om slap afhangende 'lappen' zonder kop of staart, gekreukeld, gescheurd, misvormd. Deze kledingstukken, samengesteld van

komen. De Japanse esthetiek dringt Europa en de Verenigde Staten binnen en verandert de beeldvorming over het lichaam en het kleden ervan aanzienlijk. Vrouwelijke lichaamsvormen worden verhuld in plaats van geaccentueerd, wat een a-sexueel vrouwbeeld oplevert. Geometrische, op traditionele kimono's geïnspireerde, ontwerpen bieden de drager een grote bewegingsvrijheid. De complexe kledingstukken zijn avant-gardistisch in snijtechniek, maar tijdloos en klassiek door de hoge kwaliteit van de gebruikte materialen en het monotone kleurgebruik. De vormeloze ontwerpen, geshowd op bleke, serieus ogende modellen, zijn veelal in zwarttinten uitgevoerd en staan in schril contrast met de uitbundige, kleurrijke mode van de jaren tachtig.

Yohji Yamamoto studeert in eerste instantie aan de Keio University, maar al snel stapt hij over naar het Bunka Fashion College in Tokyo waar hij een opleiding tot modeontwerper volgt. In 1972 lanceert Yamamoto zijn eigen label, *Y's*, dat in Japan zeer goed wordt ontvangen. Gemotiveerd door dit succes, besluit hij in 1981 samen met Rei Kawakubo (Comme des Garçons) in Parijs te showen. Zijn asymmetrische, sculpturale ontwerpen worden ook wel als 'architecture for the skin' omschreven, mede door het gebruik van complexe Japanse wikkelprocédés. Yamamoto deconstrueert bestaande kledingstukken, zoals rokken en jassen, door ze te manipuleren en een nieuwe vorm te geven. Zijn ontwerpen, voorzien van aan flarden gereten stoffen, losse flappen en zakken, zijn sober en draagbaar. De nadruk ligt binnen zijn ontwerpproces, evenals bij Kawakubo, op de vorm en de constructie van kleding. Zijn look is tegengesteld aan het westerse modebeeld, alles behalve sexy en glamoureus, en wordt door de geshockeerde Europese pers wel als het einde van de mode bestempeld.

Bij de Parijse elite vallen de ontwerpen in eerste instantie niet in goede aarde, maar bij progressieve intellectuelen en kunstenaars des te meer. Halverwege de jaren tachtig wordt zijn kleding zachter en kleurrijker en komt de nadruk meer op de vrouwelijke vorm te liggen. Hoewel de asymmetrie blijft, weet hij een perfecte balans te vinden tussen de Parijse snit die heel feminien is en de traditionele Japanse esthetiek. Dit leidt tot grote waardering voor zijn werk en enorme expansie van zijn bedrijf. Het contract dat de ontwerper in 2001 met Adidas sluit, versterkt deze groeispurt. Y's wordt vanaf dan een confectiemerk dat over de hele wereld wordt

2. Yohji Yamamoto, collectie die speelt met de geschiedenis van de mode, waarvan alle stukken oversized, overdreven of anderszins buiten proporties zijn, collectie lente/zomer 2006

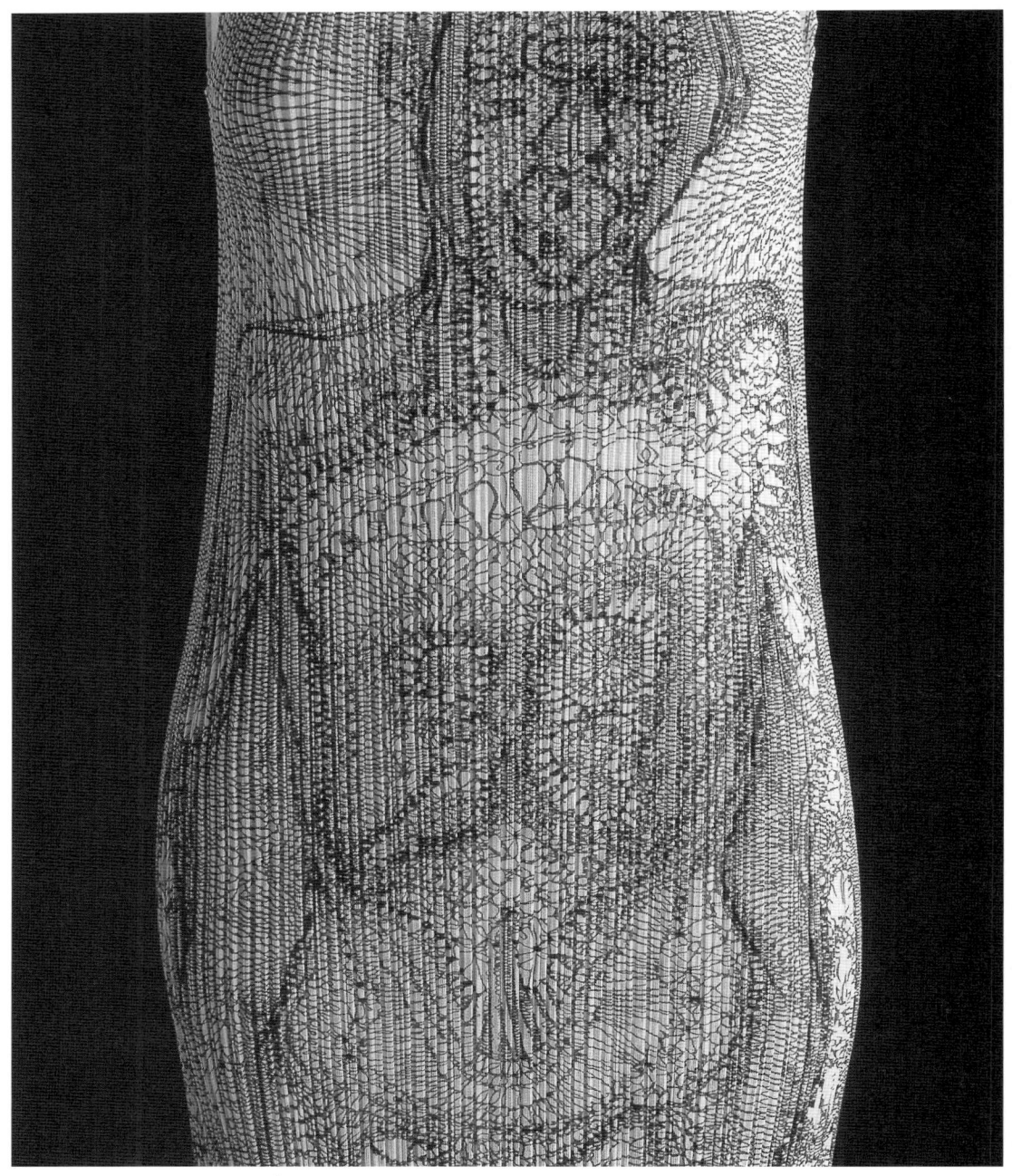

7. Issey Miyake, *Pleats Please*, Guest Artist Series, Tim Hawkinson, collectie 1998

lappen rafelige stof, dreven de spot met bepaalde stereotypen – de kleding die de contouren van een mooi lichaam accentueert, de elegante membraan van de omhulling die fysieke onvolkomenheden versluiert – en werden door velen dan ook versleten voor een 'mode van het eind van de wereld'. Maar begin jaren negentig deden zulke gekreukelde, gescheurde en gerafelde kleren, evenals de voorliefde voor het doorboren, scheuren of binnenstebuiten dragen van kleding, kortom de esthetische stijl die voortaan door het leven zou gaan als *grunge*, langzaam maar zeker hun intrede in het dagelijkse modebeeld, zowel dat van de street fashion als dat van de haute couture.

Deze kleding breekt dus met een aantal clichés dat tot dan toe in de mode was overgeleverd (het idee dat de functie van kleding was de huid met haar onvolmaaktheden en zwaktes te maskeren, te versieren en te verfraaien) en ze heeft het merendeel van degenen die haar droegen ongetwijfeld het gevoel gegeven van een soort wedergeboorte, waarin ze zichzelf in een geheel nieuw daglicht gingen zien. Uiteindelijk kwam hierdoor ook de hele idee van een 'kledingstuk' in een nieuw daglicht te staan en werden nieuwe mogelijkheden geopend voor de creatie van vormen. De mode kon ongedachte paden gaan inslaan. Het belang van het modeontwerp dat gedurende de jaren tachtig uit Tokio werd geëxporteerd, voor deze evolutie is dermate evident dat het hier niet meer hoeft te worden onderstreept.

De jaren negentig, of de uitdaging van Issey Miyake

In de jaren negentig trokken nogal wat jonge Japanse ontwerpers eropuit om de wereld te veroveren. Junya Watanabe maakte in 1992 zijn debuut in Parijs en genoot al snel erkenning in Europa en Noord-Amerika. En in 2002 verscheen Jun Takahashi met zijn merk *Under Cover*.

De ster van Issey Miyake, in de tweede helft van de twintigste eeuw een van de meest gewaardeerde Japanse ontwerpers, rees eind jaren tachtig nog verder met een serie creaties waarin hij een vernieuwing doorvoerde in de kunst van het plissé. Het plissé als zodanig is natuurlijk al van oudsher een standaardtechniek in de productie van kleding. De originaliteit van Issey Miyake was dat hij via een spel met de wijdte van het plissé in wist te spelen op het hedendaagse levensgevoel. Normaal gesproken wordt een stof eerst geplisseerd en dan geknipt en genaaid tot een kledingstuk. Het idee van Miyake was dit proces om te keren en de stof te knippen voor de toepassing van het plissé. Met deze simpele maar vernieuwende vondst ontstonden kledingstukken die materiaal, vorm en functie op een bijna organische manier verenigden. De procedure die hij hanteert verschilt overigens van het delicate werk dat Mariano Fortuny in het begin van de twintigste eeuw op dit gebied deed. Miyake creëerde hiermee een heel verleidelijke collectie die diepe wortels heeft in de Japanse kledingtraditie die de voorrang geeft aan de grondstof, en toch ten volle profijt trekt van de mogelijkheden die geboden worden door de Japanse textielindustrie, in combinatie met de meest geavanceerde technologie van onze tijd. Het zijn bij uitstek rationele creaties, in die zin dat ze beantwoorden aan de eisen van het hedendaagse leven – ze zijn licht, onkreukbaar en voor iedereen betaalbaar – en ze zijn meer dan tien jaar na hun verschijning, en geheel volgens de wens van Miyake zelf, even onmisbaar geworden voor de stadsbewoners overal ter wereld als een broodje bij de maaltijd.

Bij de tentoonstelling *Making Things* bij de Parijse Fondation Cartier voor hedendaagse kunst in 1999 liet Issey Miyake een levendige indruk na. Hij greep de gelegenheid aan om naast zijn plissés een tweede nieuw concept aan het publiek te presenteren, *A-POC*[7], dat hij in de loop van datzelfde jaar 1999 was gaan ontwikkelen. Het procédé bestaat erin dat men een patroon maakt in een van rekbaar buisvormig nylon gebreid tricotweefsel, dat men vervolgens knipt in de vorm van het patroon; meestal maakt men hiermee jurken, hemden, broeken of rokken. Zelfs als het gaat om een computergestuurd productieproces verschilt het aldus gemaakte, zeer simpele kledingstuk nauwelijks van de tricots van vroeger, maar het procédé maakt het mogelijk het menselijk lichaam in zijn 'totaliteit' opnieuw op te bouwen, uitgaande van de 'fragmenten', de armen, benen of romp. Roland Barthes schrijft:

> 'Men zou zeggen dat het kledingstuk op zijn profane manier de oude mythische droom van het "sans couture" [letterlijk "zonder naad"] weerspiegelt, aangezien het het lichaam omhult. Is het dan niet wonderlijk dat het lichaam erin kan gaan zonder dat het kledingstuk vervolgens sporen vertoont van dit binnengaan?'

Zo is ook A-POC[8]: als een geheel nieuwe, nog niet gedragen huid onthult het weefsel zodra men zich erin laat glijden de welving van een borst of de ronding van een buik. Het biedt de omhulling zo nieuwe expressieve mogelijkheden.

Maar als het kledingstuk als 'omhulling' vergelijkbaar is met een huid, is het er één die men naar believen kan aan- of uittrekken. We hebben gezien dat kleding tot in de negentiende eeuw – omhullingen ingesloten in een uniform visueel universum – de functie had de onvolmaaktheden van het lichaam weg te werken. Natuurlijk was de kleding/omhulling ook toen al iets dat een visuele opwinding teweegbracht wanneer ze mensen onder ogen kwam, een opwinding die werd opgeroepen met alle mogelijke formele kunstgrepen, en die tegelijkertijd ook de tastzin wel moest stimuleren. Maar het lijkt alsof men sinds het begin van de twintigste eeuw met een nieuwe blik kijkt naar complexere lichamen, dat men nieuwe vragen is gaan stellen bij de ambigue rol van de 'scheiding tussen buiten en binnen' die zo lang de rol van de huid is geweest. Tegelijkertijd is de huid zelf, de ware 'opperhuid van ons innerlijk wezen', opnieuw bezet met een wereld aan beelden die tot de negentiende eeuw niet bestonden. Men is zich in het bijzonder bewust geworden van het belang van het gevoel, de belangrijkste functie van de huid, en ook de mode is zich met belangstelling gaan richten op tactiele gewaarwordingen. Dit heeft geleid tot een herontdekking van de creatieve mogelijkheden die de omhulling biedt en tot het stellen van nieuwe vragen naar de betekenis van kleding, waarmee de mode nog onbetreden paden kan inslaan, met name via een onderzoek naar de manier van modelleren van het kledingstuk. Onnodig hier nog eens de rol te benadrukken die het Japanse modeontwerp in deze ontwikkeling heeft gespeeld.

Kawaii[9], beeld van een 21e eeuw 'à la japonaise'

We hebben gezien dat de noties *wabi* en *sabi*, die staan voor een Japanse esthetiek, waarvan de theeceremonie het symbool is, een belangrijke rol spelen in de Japanse mode van de jaren tachtig, met de sleutelwoorden monochromie, asymmetrie, minimalisme, obsessionele eenvoud in de vervaardiging, en bovenal: een diep avant-gardistische inspiratie. Toch heeft de Japanse conceptie van schoonheid ook een andere pool, die zowel zichtbaar wordt in de *ukiyo-e*-prenten – representatief voor het volkssentiment in het Edo-tijdperk (1603-1867) – als in de *manga* en de animatiefilms van ons eigen tijdperk, die daar in rechte lijn van afstammen. Al deze voor de massa's bedoelde, gemakkelijk te begrijpen werken vermengen kinderlijkheid met slechte smaak en zelfs obsceniteit. Het is een zo toegankelijk universum dat veel mensen over de hele wereld zich erin thuis voelen. De manga laat sinds het begin van de eenentwintigste eeuw zijn invloed dan ook overal met toenemende kracht gelden. Daarbij is een nauwe relatie herkenbaar tussen de manga en de street fashion zoals die wordt gedragen door de jonge Japanners die men in de straten van Shibuya of Harajuku in Tokio tegenkomt.

John Galliano, de hoofdontwerper bij Dior – hét bastion van de Parijse élégance – heeft dit goed gezien: hij is erin geslaagd

8. Issey Miyake, *King and Queen*, show A-POC, lente-zomercollectie 1999

dit antieke modehuis opnieuw tot leven te wekken met de implantatie van de slechte smaak die door deze jongeren zo wordt gewaardeerd. Een vergelijkbaar voorbeeld is Louis Vuitton, wiens voorjaar- en zomercollectie van 2003 als een ware aardschok aankwam: een uitgebreide collectie door de manga geïnspireerde werken, opgebouwd rond het geliefde sleutelwoord *kawaii* van de kunstenaar Takashi Murakami. Nu staat de smaak van de kawaii (verbonden met de veelkleurige tinten en die typisch Japanse expressievorm van de manga en gekenmerkt door een voorliefde voor de waarden van de vroege kindertijd) op het punt de wereld te overstromen. Het *Kôji-en*-woordenboek geeft de volgende definitie van de term: 'Alles dat het verlangen wekt de grootst mogelijke zorg te besteden aan jonge en kinderlijke wezens of in bredere zin de "kleine dingen".' Inmiddels is het woord kawaii praktisch opgenomen in de internationale taal.

Bij wijze van conclusie
Takashi Murakami, die men kan kwalificeren als de meester van de *ukiyo-e* van onze tijd, heeft voor eigen rekening (en onder het etiket *Super Flat*) een esthetisch concept uit het traditionele Japan overgenomen dat, via de japonaiserie die in Frankrijk opkwam aan het eind van de negentiende eeuw, westerse kunstenaars als Monet, Manet en Van Gogh heeft betoverd. Daarbij heeft hij het kleurgebruik aangedikt en aangepast aan de 'LCD-generatie'. Toch klopt in zijn zo hedendaagse werken nog altijd de polsslag van de traditie.

De Japanese fashion, die erin is geslaagd de noties van wabi en sabi te verenigen met de minimalistische tendensen van de jaren tachtig, heeft internationaal veel weerklank gekregen. Nu we de eenentwintigste eeuw zijn binnengegaan, vestigt ze de aandacht op de kawaii-look, geïnspireerd door de wereld van de manga. We beleven momenteel waarschijnlijk een overgangssituatie, een fase van onderzoek via trial and error van stijlen en ontwerpen die nog niet uit de

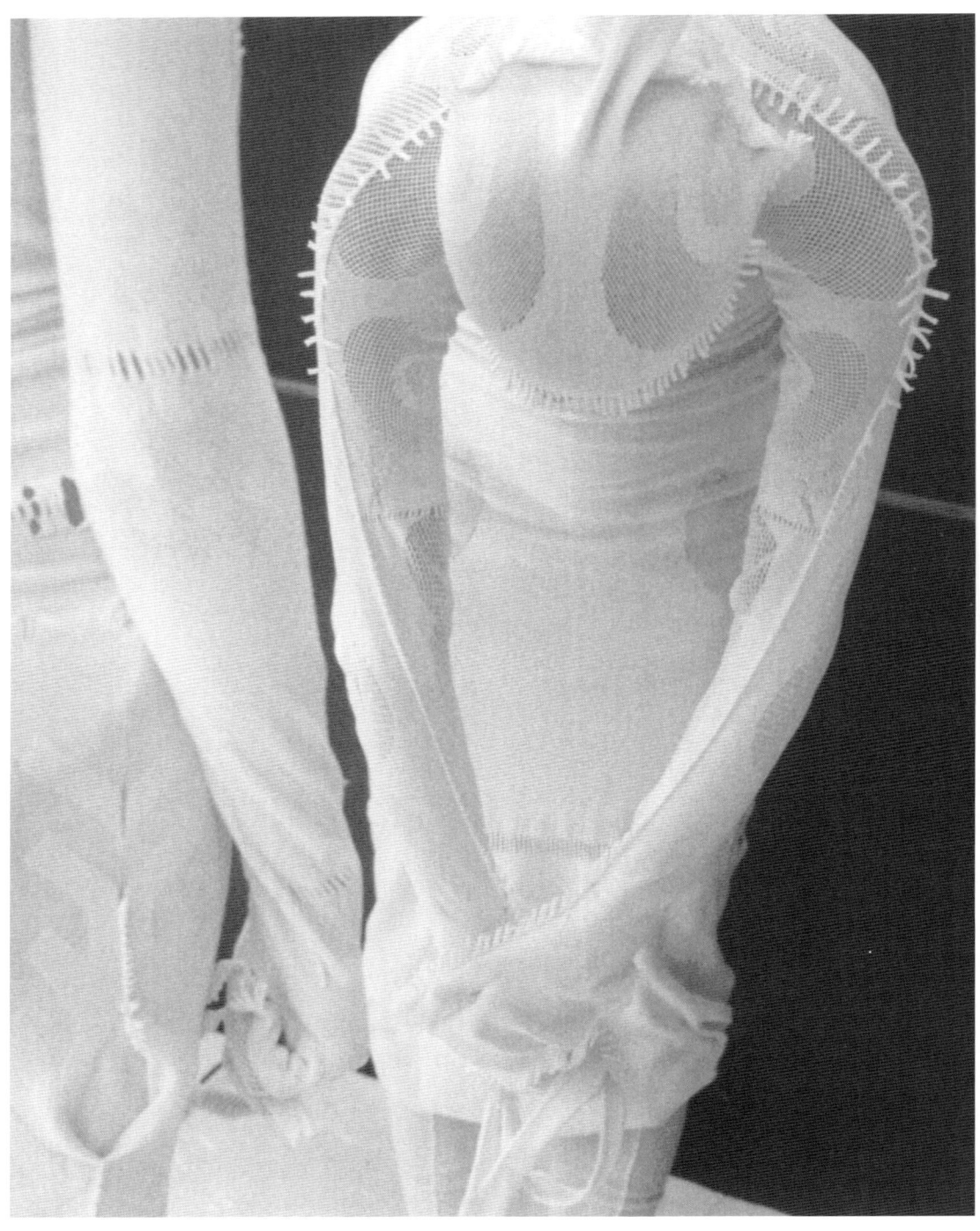

9. Issey Miyake, *Le Feu*, show A-POC, lente-zomercollectie 1999

verf zijn gekomen maar die werkelijk passen bij ons eigen tijdperk, in een wereld die duidelijk in de war is en verdiept in een riskante zoektocht naar een nieuw samenlevingsmodel. Het is aan ons alert te blijven voor de sprankjes licht van de toekomst die van ver invallen in dit halfduister.

1. 'Comme des Garçons: sa vision apocalyptique du vêtement, des trous, des loques, des guenilles comme pour les survivants d'une catastrophe nucléaire. Une mode de fin du monde que l'on trouve chez Kansai Yamamoto [kennelijk wordt hier Yohji Yamamoto bedoeld] qui met en pièces des vêtements déchiquetés comme après un attentat à la bombe.' (Janie Samet in *Le Figaro,* 21 oktober 1982.)
2. 'It is modern and free. It has given to my eyes something new and has made this first day incredible. Yamamoto and Kawakubo are showing the way to a whole new way of beauty.' *(Washington Post,* 16 oktober 1982.)
3. [Noot van de Franse vertaler] In: *Libération,* supplement over de herfst- en wintercollectie bij no. 442, oktober 1982. De inhoud van het korte artikel over Kawakubo verschilt van de lezing die hier wordt gegeven. Letterlijk schrijft de auteur: 'En mars dernier, les filles de Comme des Garçons (c'est-à-dire Mlle Rei Kawakubo) étaient parties sur les chemins de l'exode après la déflagration mondiale qui avait mis en pièces les valeurs sûres de la mode et de la culture.'
4. [Noot van de vertaler] *Wabi* en *sabi* zijn sleutelbegrippen in de klassieke Japanse esthetiek, die herkenbaar zijn in de *haiku* dichtkunst, de kunst van het bloemschikken en de theeceremonie. Ze dekken een zo uitgestrekt veld van betekenissen dat ze niet met Nederlandse equivalenten te vertalen zijn. 'Serene aandacht voor eenvoudige dingen' (*wabi*) en 'schoonheid verleend door het patina van de tijd' (*sabi*) zijn omschrijvingen bij benadering van deze concepten, die horen bij de smaak voor een elegantie die voortvloeit uit het ontbreken van opsmuk.
5. *XXIèmeCIEL – mode in Japan.* Tentoonstelling in het Musée des Arts Asiatiques, Nice (van 16 oktober 2003 tot 1 maart 2004) en titel van de catalogus. 5 Continents Editions, Milaan 2003.
6. Deze choreografie werd in 1997 voor het eerst uitgevoerd door de Merce Cunningham Dance Company, met muziek van Takehisa Kosugi en decors en kostuums ontworpen door Rei Kawakubo.
7. De Franse vertaler wist dit citaat niet terug te vinden in de Franse vertaling *De l'esthétique.* Ook in de Nederlandse vertaling 'Over de esthetiek' van Hegels inleiding van de *Vorlesungen über die Ästhetik* (1835) is deze uitspraak niet te vinden. De *Vorlesungen* zelf tellen 1200 pagina's. Na de wereldreis Duits-Japans-Frans-Nederlands kan niet gegarandeerd worden dat het citaat nog in originele staat verkeert.
8. A Piece Of Cloth.
9. *Kawaii* wordt vaak vertaald met het Engelse woord *cute*: lief, schattig.

Jean Paul Gaultier
1952, Arceuil (Fr)

Jean Paul Gaultier is waarschijnlijk de meest kenmerkende modeontwerper van de jaren tachtig. Hij wordt graag gerelateerd aan de opkomst van het postmodernisme op het terrein van de mode. Dat houdt onder meer in: het tarten van de grenzen van de goede smaak, een eclectisch gebruik van etnische en/of historische elementen en humoristische effecten. Dit alles hanteert Gaultier met verve: hij mixt er een flinke dosis sex en een handvol banaliteit bij, en rondt het geheel af met een glinsterend glazuur van kitsch en camp. Aanvankelijk reageren de Fransen allergisch op zijn subversieve grappen die de draak steken met alles wat traditioneel onder de noemer van de befaamde Parijse elegantie valt: hij geldt als *enfant terrible*, een bijnaam die zijn cultstatus bestendigt.

Al op jeugdige leeftijd is hij gefascineerd door bepaalde sferen die in zijn latere werk hun sporen nalaten, zoals enerzijds de Folies Bergère, maar anderzijds ook de collecties van Yves Saint Laurent en Dior, popmuziek en film, het Londense straatleven en dito clubscene – kortom gekte, glitter en vakmanschap.

Een formele studie modeontwerpen komt er niet aan te pas. De traditionele vaardigheden van de haute couture worden Gaultier in de praktijk bijgebracht. Vanaf zijn achttiende werkt hij voor Pierre Cardin en andere befaamde couturehuizen. Zijn eerste collectie onder eigen naam in 1976 wordt een flop. Barre jaren volgen vóórdat een dreigend faillissement is afgewend en de pers – ook de Franse – hem steeds luider bejubelt. Als hij in 1985 zijn winkel in de Rue Vivienne in Parijs opent, is hij wereldberoemd.

Inmiddels is hij ook begonnen met de lancering van herencollecties. De mannenrok zal een steeds weerkerend thema worden, evenals verschillende elementen uit de homo-iconografie, zoals wufte matrozen en cowboys in glitterpakken. Daarbij wordt een bepaalde logica nooit verwaarloosd. Mannen blijven mannen. Gaultier stuurt geen travestieten het plankier op, evenmin mannen in een beha. Wel vrouwen! Al in 1983 komt hij met een scherpgepunte beha en satijnen corset als bovenkleding en sindsdien keren deze (en andere) fetisj-achtige elementen telkens terug. Het meest bekend in dit verband is Madonna die voor haar *Blond Ambition Tour* in 1990 door Gaultier in een corset met puntbeha wordt gehuld. Dit waarmerk van het huis bepaalt ook de vorm van de flacon van zijn eerste damesgeur (1993, *Jean Paul Gaultier*).

In 1992 wordt de *Gaultier Jeanscollectie* gelanceerd, de jeugdige, sportieve en vooral minder prijzige lijn *JPG by Gaultier* zag in 1994 het licht. Verder zijn er nog twee geuren bij gekomen (*Le Male* voor heren, 1995 en *Fragile* voor dames, 1999), een bontcollectie (1998) en vooral de haute couture-collectie *Gaultier Paris* (sinds 1997) – de meest onconventionele van Parijs.

Sinds het begin van het nieuwe millenium is het enfant terrible ook aan de prestigieuze Avenue George V gevestigd, de straat waar vanouds de meest befaamde Parijse couturehuizen zetelen. Gaultier is méér dan alleen een postmodernistische grappenmaker. Verwijder het bizarre decorum en wat rest is prachtig gemaakte, flatteuze kleding voor beiderlei kunne.

Literatuur:
Colin Mc Dowell, *Jean Paul Gaultier*. Cassell & Co, Londen 2000.
Jean Paul Gaultier, *À nous deux la mode*. Flammarion, Parijs 1990.
'Jean Paul Gaultier'. In: Susannah Frankel, *Visionaries*. V&A Publications, Londen 2001.

Afbeeldingen:
1. Jean Paul Gaultier in gestreept matrozenshirt en rok van gouden haren
2. Jean Paul Gaultier, collectie geïnspireerd op het landelijke leven, collectie lente/zomer 2006
3. Jean Paul Gaultier, 'La Mariée', collectie winter 2002/2003

Mode en kunst

Karin Schacknat

De kunst van het mixen

De natuur haat uniformiteit en houdt van diversiteit.
Daarin valt misschien haar genie te ontdekken.
Bernard Werber, bioloog

1. Richard Burbridge, foto voor *Another Magazine*, herfst-winter 2001/2002

Het zal eind jaren tachtig geweest zijn, toen Jean Paul Gaultier een glitterjurk combineerde met een Noorse trui. Dit was niet de eerste en niet de laatste keer dat de meester zijn publiek tracteerde op een eclectisch beeld dat de gangbare conventies van de Goede Smaak tartte. Gaultiers postmoderne modecocktails onderscheidden zich altijd al door een gewaagde mix van ingrediënten: uitheemse folklore met westerse grootstadse chic, mannelijke met vrouwelijke clichés, wol met kant, onder- met bovenkleding, ernst met humor, enzovoort. Hij was één van de belangrijkste gangmakers van het grote mixen dat in de mode van de jaren tachtig begon, en waarvan het einde nog lang niet in zicht is.

In dezelfde tijd als Gaultier begonnen Rei Kawakubo, Issey Myake en Yohji Yamamoto Japanse en westerse aspecten met elkaar te versmelten en de mindere goden aan het stilistisch front bedachten presentaties in de trant van 'Barbie meets Heidi in een Cambodjaans klooster', maar dan met een knipoog naar de jaren zestig. Kortom, vernieuwing in de mode begon zich langs een andere weg te voltrekken dan voorheen.

De Engelse antropoloog Ted Polhemus heeft deze verschuiving binnen het modeproces geanalyseerd en gerelateerd aan het type samenleving waarin kledingcodes ontstaan. Zijn visie op onze westerse kledinggeschiedenis onderscheidt drie kenmerkende stadia: traditioneel, modern en postmodern, met respectievelijk verschillende systemen van betekenisvorming en motivaties voor de verandering van het uiterlijk.[1] Kort samengevat zijn dit in eerste instantie de traditionele stamgemeenschappen van vóór de tijdrekening tot in de Middeleeuwen en later nog de boerengemeenschappen op het platteland. Kleding aldaar diende de identiteit van de groep en haar culturele stabiliteit te bevestigen en deze af te grenzen tegen andere groepen. Kleding was daarom zeer conformistisch. In dit verband is er nog geen sprake van mode, maar eerder van kostuum.

Met de Renaissance deed een modesysteem met antitraditionele gerichtheid zijn intrede. Het vooruitgangsgeloof ligt hieraan ten grondslag. Dit systeem van de moderniteit dat vernieuwing gelijkstelt aan verbetering, is ingebed in een lineair, progressief tijdsbesef waarin mode een eindeloze reeks vernieuwingen voortbrengt die telkens een bestaand beeld vervangen.

Het verschil tussen beide systemen is, aldus Polhemus, dat de traditionele stijl een onderscheid maakt tussen hen die zich binnen of buiten de betreffende gemeenschap bewegen; de waardering is gerelateerd aan een *ruimtelijk* principe. De modernistische stijl daarentegen is gerelateerd aan een *temporair* principe omdat de scheidslijn nu niet meer wordt getrokken tussen 'hier' en 'daar', maar tussen 'nieuw' en 'ouderwets'.

Met de opkomst van het postmodernisme in de jaren tachtig van de vorige eeuw echter begon het groepsbesef te verbrokkelen. Met het gevolg dat de notie individualiteit hoger scoorde dan het kritiekloos opvolgen van een modedictaat. Polhemus signaleert een synchroniciteit van de begrippen verleden-heden-toekomst, en tevens een geochroniciteit waarin 'hier' en 'overal elders' eindeloos met elkaar combineerbaar zijn. Met als eindresultaat een ego-specifiek statement, gemixt en gesampled uit een hoogst individuele keuze aan elementen die met elkaar een unieke, onverwisselbare synthese opleveren.

Mode beweegt dus niet meer lineair diachroon door de tijd heen, met telkens één geldig beeld per tijdvak; ze vormt veeleer een oneindig in de breedte uitdijend universum van zich snel vermenigvuldigende, samengestelde beelden. Waar het om gaat, is de productie van betekenissen en hun onderlinge syntheses.

Daarmee is volgens Polhemus ook de rol van de modevormgever verplaatst. Hij/zij levert geen dwingende totaalbeelden meer, maar semiologische componenten. Deze worden door de consument naar eigen inzicht met andere elementen gerangschikt tot een compositie die informatie verschaft omtrent status, erotische aspecten en andere wetenswaardigheden, maar die vooral de individualiteit van de persoon in kwestie moet illustreren.

Je zou dus kunnen zeggen dat de modemens anno nu actiever is dan vroeger omdat hij deelneemt aan de creatie van het complete eindproduct. Dit modeproces is democratischer dan ooit.

Wil een dergelijk systeem waarin ieder zijn eigen mode-idioom bezigt, ook functioneren, dan heb je niet alleen een rijk arsenaal aan betekenissen in allerlei schakeringen nodig maar ook een gangbare 'grammatica' om de boodschappen te kunnen begrijpen. Kleding alléén voorziet in een basisvoorraad connotaties die een duiding mogelijk maken. Witte tule is voor de bruid, wit leer voor de homofiele dandy en een witte overall voor de behanger. Maar de fijnere onderscheidingen en de kunst van het mixen leer je vooral van (re-)presentaties via de media.

Enkele seizoenen geleden bijvoorbeeld prijkte het portret van Els Pynoo, de zangeres van Vive La Fête, op de titelpagina van het Belgische modeblad *Weekend Knack*. In de modereportage binnen hetzelfde nummer, getiteld *Coco-rock*, showt zij klassiekers van Chanel, gecombineerd met een T-shirt van de band en kleding van andere ontwerpers. Pynoo, volgens *Weekend Knack* 'de nieuwe *chou-chou* van modepaus Karl Lagerfeld', geldt als een van de nieuwe rockikonen. Na het bestuderen van deze reportage is *la petite robe noire* nooit meer wat ze voorheen geweest is.

Ook in dit opzicht is er sprake van democratisering. Vroeger telde alleen het centrum, het gouden ei van de almachtige Couturier; nu hebben randgebieden evenveel inbreng. De raakvlakken tussen mode en popmuziek zijn altijd al een vruchtbaar terrein voor vernieuwingen geweest. Thans raken mode, beeldende kunst en fotografie elkaar opvallend vaak. Er is een gemeenschappelijk probleem: het zoeken naar een balans tussen creativiteit en commercie.

Mode en beeldende kunst zijn al sinds eeuwen met elkaar verbonden, zij het niet doorlopend op dezelfde manier. De antieke Griekse beelden tonen de mens vanuit het humanistisch ideaal. De mens als de maat der dingen. Waarbij de kleding tot taak heeft het lichaam in alle schoonheid en gratie te benadrukken. De ontspannen elegantie van deze beelden is ongeëvenaard. Deskundigen beweren dat de plooival van de kleding in het echte leven nooit zo geweest kan zijn omdat de toegepaste stoffen nimmer die soepelheid bezaten die ze in hun marmeren gedaante tonen. Verondersteld wordt dat de modellen in natte kleding poseerden. Zowel de kunstenaar als

2. Aphrodite met zuil, Griekenland, ± 420 / 410 voor Christus
3. Jean Auguste Dominique Ingres, Kostuumstudie voor het portret van Mme De Rothschild, 1848

2.

3.

zijn model zijn meestal anoniem.

Tijdens de christelijke Middeleeuwen werd het lichaam zondig verklaard en verborgen. De voorheen naturalistisch ogende plooien als ook het lichaam in de kunst zijn geabstraheerd. . De kleur speelt nu een belangrijke symbolische rol. De mantel van Maria bijvoorbeeld is doorgaans blauw, een kleur met een positieve betekenis. Ook zien we op de mantel van Maria en andere gewaardeerde personen wel eens strooimotiefjes. Alweer een goed teken. Gevlekte of gestreepte kledij daarentegen duidt een outcast aan: hoeren, pestlijders, misdadigers, gekken of muzikanten.

Met de herbezinning op humanistische waarden tijdens de Renaissance verschijnen er meer individuele trekken op de portretten. De aardse weelde van kostbare stoffen en sieraden wordt natuurgetrouw weergegeven, vaak met nadrukkelijke ensenering van het modieus diepe décolleté. Sommige kunstenaars zijn klaarblijkelijk gebiologeerd door kleding en mode, zoals Albrecht Dürer of Pisanello.

Ook sommige latere kunstenaars geven expliciet blijk van hun fascinatie door mode, zoals Jean Auguste Dominique Ingres en Louis-Léopold Boilly in de eerste helft van de negentiende eeuw.

Maar een typisch hedendaagse vraag als 'is mode kunst?' zou toen bij niemand zijn opgekomen. Sinds de renaissancistische grandeur tot aan biedermeierlijke eenvoud, bleef de relatie tussen kunst en mode een overzichtelijk eenrichtingverkeer: de kunstenaar gebruikte mode als één van zijn expressiemiddelen bij de afbeelding van mensen. In hoeverre omgekeerd de kunst een invloed op mode heeft uitgeoefend, is moeilijk na te gaan, gezien de waarneming van schilderijen beperkt bleef tot een relatief klein publiek. Wel merkt Caroline de la Motte Fouqué anno 1829 op: 'Hoe meer de beeldende kunstenaar zich nu beperkte tot nabootsingen van de antieke oudheid, des te meer neeg de mode, in navolging van overheersende richtingen, daar naar toe. En wij, van onze kant niet gewend aan eigen uitvindingen, bleven qua vorm en kleding *Grieks*, terwijl we in ons innerlijk allang bij een andere tijd hoorden.'[2]

Deze toestand veranderde in het midden van de negentiende eeuw door ten eerste de uitvinding van de fotografie, en ten tweede door het verschijnen van de eerste couturier, Charles F. Worth. Onder invloed van de romantische tijdgeest die voorzag in een glansrol voor de kunstenaar als individueel genie, afficheerde Worth zich graag als zodanig. Anders dan de kleermaker met zijn puur ambachtelijke diensten, schiep hij, de couturier, immers producten volgens zijn aller-individueelste inspiratie. Worth liet zich in artistieke outfit portretteren, en hij verzamelde kunst en toegepaste kunst, net als later Doucet en andere couturiers.

Paul Poiret ging aan het begin van de twintigste eeuw nog een stap verder. Hij omringde zich door kunstenaars, verzamelde werk van vooraanstaande tijdgenoten, en hij gaf kunstenaars en grafische ontwerpers opdrachten om promotiemateriaal voor hem te maken. Henri Matisse ontwierp dessins voor zijn stoffen. Ook voorzag Poiret zijn creaties graag van een titel, net als een kunstwerk (een gewoonte waaraan Christian Dior nog in de jaren vijftig trouw bleef).

Kennelijk genoot de kunstenaar de hogere status. Als een couturier er niet in slaagde als kunstenaar te worden aangezien, bleef hij kleermaker. Daartussen was niets.

Zowel de kunstenaar als de couturier minachtten de commerciële wereld. De vermenging van kunst en commercie was lange tijd ondenkbaar. Ook hadden allebei een massapubliek nodig om beroemd te worden (dat is nog steeds zo; wie kent nou Theresia Vreugdenhil als de exclusieve lijfcouturier van koningin Beatrix?). In haar publicatie *Couture Culture* schetst Nancy J. Troy het spanningsveld tussen individualiteit en groepsidentiteit, tussen elite en populaire cultuur dat in de tijd rond 1900 een basis vormt van de culturele constructie van zowel kunst als mode.[3]

Er zijn geraffineerde strategieën ont-

4.

4. Henry van de Velde, Jurk in Art Nouveau
   - stijl, 1902
5. Gianni Versace, Andy Warhol jurk met Marilyn
   Monroe-patroon, 1991
6. Elsa Schiaparelli, Schoenhoed geïnspireerd
   op Salvador Dalí, 1937
7. Marc Quinn, Studie voor *Beauty*, beeld van
   staal, glas en verdampend ijswater, 2000
8. Jake & Dinos Chapman, *Kate*, 2000
9. Maison Martin Margiela, Cocktailjurk uit de
   jaren '60, geknipt en met 200% vergroot,
   lente-zomercollectie 2000
10. Hussein Chalayan, Houten kegelhoofd, 1998

wikkeld om met dit dilemma om te gaan. In 1916/17 ontwierp Poiret een serie kleding, die was bedoeld voor voornamelijk Amerikaanse vrouwen. Hij introduceerde een speciaal label dat deze kledingstukken identificeerde als *authorized reproductions* – in feite een nieuwe categorie van objecten. Troy ontdekt hier een overeenkomst met de *readymades* van Marcel Duchamp, zoals *Fountain* (1917): in beide gevallen gaat het om zowel authentieke objecten – want gesigneerd respectievelijk gelabeld door de meester – als ook om massaproducten.[4] De vereniging van *mass* en *class* bleek de sleutel tot succes.

De komst van de couturier heeft het ambacht van de kleermaker op een artistiek niveau getild dat interferenties met beeldende kunst mogelijk maakte. Aan het begin van de twintigste eeuw ontstonden diverse concepten die voorzagen in een samengaan van mode en beeldende kunst. De Weense avantgarde streefde naar de esthetisering van het gehele leven binnen één samenhangende visie. Het idee van het *Gesamtkunstwerk* hield in dat de kunstenaar de gehele visuele wereld zou moeten vormgeven, dus ook de kleding. Het bekendste voorbeeld is Gustav Klimt die zich afkeerde van de gangbare mode destijds en op zoek was naar het oerkleed, een fantasmatisch, oorspronkelijk kleed.[5]

De Weense architect en designer Josef Hoffmann protesteerde al in 1898 tegen de tyrannie van de mode en eiste dat kleding overeen zou moeten komen met de persoonlijkheid van de drager. Anderzijds vond hij het zogeheten *eigenkleed* dat elke vrouw voor zich zelf zou moeten maken, ook niet zonder meer acceptabel. Hoffmann was niet bereid de kleding aan de modeontwerpers of de vrouwen over te laten. Voor hem was kleding een bepalend element van onze zichtbare omgeving, en als zodanig behoort ze rechtmatig toe aan de kunstenaar, de enige bekwame om de wereld van de vorm te structureren.[6]

Op een vergelijkbare manier bepleitte Henry van de Velde destijds reformkleding en 'kunstenaarskleding'. Ook de Russi-

5.

6.

sche Konstruktivisten keerden zich af van de gangbare mode omdat deze nivellerend zou werken. Kleding zou artistiek doordacht moeten zijn, maar ook comfortabel en functioneel. Om dit te verwezenlijken werd onder meer naar volksdrachten gekeken, die, ietwat aangepast en uitgevoerd met moderne technieken, tegemoet zouden komen aan de behoeften van de werkende massa's in de grote steden.

De kunstenaars van het Futurisme propageerden in hun Futuristisch Manifest (Milaan 1914) kleding die bij de door hen verheerlijkte oorlog moest passen. Kleuren en prints dienden gewelddadig te zijn en 'gebiedend als commando's op het slagveld', comfortabel genoeg om te kunnen schieten, en nog veel meer in die trant. Wel werd het voor 'absoluut noodzakelijk' gehouden, 'de dictatuur van het artistieke genie over de vrouwelijke mode te proclameren (...) Een grote dichter of een grote schilder zou het bovenste gezag over alle grote modehuizen voor dames moeten voeren. De mode is een kunst net als de architectuur of de muziek. Een creatief geniale en goed gedragen damesjurk heeft dezelfde waarde als een fresco van Michelangelo of een Madonna van Titiaan.'[7]

Maar mode noch kunst hebben ooit kunnen gedijen binnen een ideologische dwangbuis. De utopistische concepten hebben nu alleen nog maar curiositeitswaarde terwijl de visies van de vroege couturiers ten aanzien van het vak in essentie veel dichter staan bij die van de hedendaagse designers. Daarvan afgezien heeft beeldende kunst de modevormgeving telkens weer rechtstreeks geïnspireerd. Veel ontwerpen van Elsa Schiaparelli in de jaren dertig dragen de stempel van het Surrealisme. Tussen haar omgekeerde-schoen-als-hoed en Gianni Versace's *Andy Warhol dress (Marilyn)* in 1991 zijn er talrijke voorbeelden van mode die door bepaalde kunstenaars is geïnspireerd. In 1990 constateert NRC Handelsblad zelfs 'een kunstgolf in de mode'. Echter: ‚Kunstenaars die zich met mode bezighouden, dat hoort niet', zo vat men de heersende moraal samen.[8]

7.

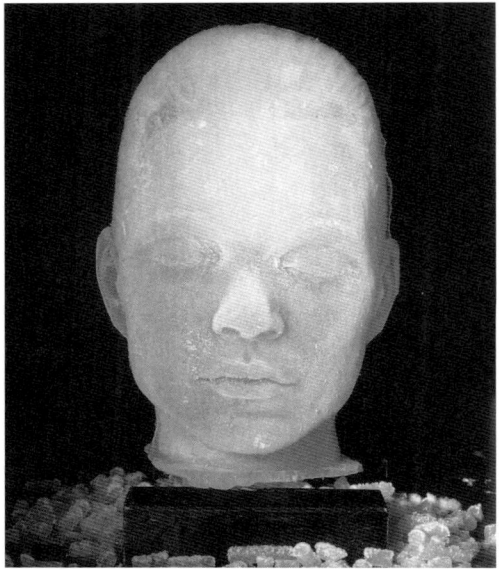

8.

Op dit punt zijn er momenteel veranderingen aan de gang. Dat blijkt onder meer uit Chris Townsend's publicatie *Rapture. Art's Seduction by Fashion*.[9] De auteur presenteert hier verschillende fusies van kunst en mode volgens de nieuwe recepten. Enkele voorbeelden: *Creating Kate*, een project van de Engelse *Vogue* (mei 2000; het was een themanummer rond de raakvlakken tussen mode en kunst). Verschillende kunstenaars hadden de opdracht gekregen een eigen interpretatie te geven aan de verschijning van Kate Moss. Of neem nou *Stephen Tennant Hommage*, een eigentijdse film van T.J. Wilcox over een historische relatie tussen mode en kunst: over de constructie van het 'zelf' via overdreven modegedrag. Of de rieten corsetachtige objecten van Maureen Connor naast een soortgelijk draadobject van Issey Miyake. Want omgekeerd leveren sommige modeontwerpers – zoals ook Martin Margiela of Hussein Chalayan – producten volgens een concept dat de notie *kunst* dichter nadert dan *trend*. De traditionele grens tussen kunst en toegepaste kunst, tussen populair en elitair, is aan het vervagen. Verschillende kunstobjecten zijn immers behalve visueel ook functioneel. De marktmechanismes waarin beide categorieën zijn ingebed, lijken op elkaar. Net als mode of industrieel design heeft ook kunst bepaalde doelgroepen, al heet dat in die sector niet zo. En de status van de signatuur van de kunstenaar heeft volgens de kunstrecensente Anna Tilroe concurrentie gekregen van de *brand*. 'Erger nog, het hele proces van *branding*, kleding, horloges, auto's in een zorgvuldig ontworpen omgeving presenteren als voorwerpen die mysterieuze informatie bevatten, is direct afgekeken van de kunst.'[10]

Nieuwere tijdschriften als *Purple* of *read, BABY. Source of Inspiration* tonen kunst, fotografie, film en mode en hun onderlinge hybriden naast elkaar, waarbij conventionele hokjes meer en meer in verval raken.

Een interessante rol in dit verband speelt de modefotografie. Veel museale tentoonstellingen zijn er aan gewijd, net als

9.

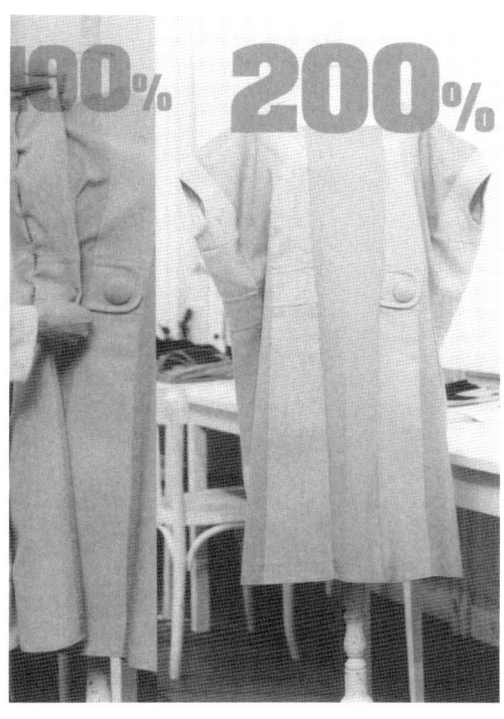

10.

aan mode zelf. En net als ten aanzien van mode, rijst ook hier telkens weer de vraag: is dat kunst (en zo ja, is kunst dan ook nog kunst)?

Er wordt soms beweerd dat modefotografie oorspronkelijk alleen een nederige taak vervuld zou hebben, namelijk het vastleggen en verspreiden van de nieuwste modekleding, en dat de fotografen thans ver van dit pad afgeraakt zouden zijn. Dat klopt niet helemaal. Naast dergelijke documentairefoto's (de min of meer anonieme verslaggeving van de shows bijvoorbeeld) is er altijd ook het artistieke 'auteurswerk' geweest, dat een eigen verhaal vertelt. Hetgeen overigens niet per se over de afgebeelde kleding zelf hoeft te gaan. Er worden waarden gesuggereerd die een bepaald verlangen bij de kijker oproepen en die associatief gekoppeld worden aan het product in kwestie, dat wil zeggen aan de kleding of de merknaam, maar ook aan het betreffende tijdschrift. De modefotografie maakt ons tot fetisjisten.

Dat was vroeger ook al zo. De opnames van Baron Adolf de Meyer rond 1920 tonen lang niet elk detail van de kleding. Maar zijn gebruik van *soft focus* en tegenlicht suggereren een toverachtig Elders. Sommige surrealistische modefoto's van Erwin Blumenfeld in de jaren veertig zijn nog veel verder verwijderd van de materiële realiteit van kleding. De verontrustende sferen van Guy Bourdin of Deborah Turbeville of de erotische fantasieën van Helmut Newton vanaf de jaren zeventig vormen een voorproefje op vervreemding, seks en dood in de hedendaagse modefotografie. Binnen deze terreinen zijn inmiddels verschillende grenzen verlegd, zowel artistieke als morele. Dat blijkt wel uit het commentaar van *The Face* bij het werk van Enrique Metinides, een vooraanstaande Mexicaanse fotograaf van nota bene verkeersongelukken. 'Wat zijn werk zo boeiend maakt, is z'n gevoel voor modefotoachtige opnames. Mode en dood – dat geeft een heel nieuwe betekenis aan *the new black*.'[11]

Betekenis. Thans is dat het sleutelbegrip binnen de mode en de modefotografie.

Lucy Orta
1966, Birmingham (GB)

Het werk van beeldend kunstenaar Lucy Orta handelt over maatschappelijke problemen en conflicten. Orta onderzoekt hoe kunst een rol kan spelen bij het ter discussie stellen van sociale misstanden en kan bijdragen aan een leefbare omgeving voor de mens. Het opzetten van sociale verbanden binnen gemeenschappen en de relatie tussen het individu en zijn omgeving is een terugkerend thema in haar werk.

Lucy Orta wordt in 1966 in Birmingham, Groot-Brittannië, geboren en studeert Textiel aan Nottingham Trent University. Orta benadrukt geen modeontwerper te zijn maar gebruikt mode, evenals architectuur, wel als uitingsvorm voor haar sociaal activisme:

'It seems a good time to engage fashion in social and environmental issues and use its myriad forms to critically express such concerns. I'm by no means a fashion designer, but I do use some of the languages and systems of the fashion culture to express such issues, as well as a myriad of forms, signs and scenarios.'

Ze verwerft begin jaren negentig bekendheid met haar 'Refuge Wear', een serie werken die ze vervaardigt in reactie op de Golfoorlog en de heersende economische crisis als gevolg hiervan. Het betreffen mobiele, architectonische elementen die getransformeerd kunnen worden tot kledingstukken, slaapzakken en eerste hulpposten voor nomadische volkeren. Zoals de 'Habitent', een draagbare eenpersoonstent die eenvoudig te veranderen is in een wind- en waterbestendige poncho. Met haar *Refuge Wear*-serie verwijst Orta naar de na de Golfoorlog ontstane sociale conflicten en de vluchtelingencrisis die hiermee gepaard ging.

Met haar 'interventies' tracht Lucy Orta, los van religie en sekse, culturele verbindingen te maken door met de deelnemers en het publiek een dialoog aan te gaan. De kunstenares moedigt actieve participatie van de gemeenschap in haar projecten dan ook sterk aan. Orta tracht zo de traditionele kloof tussen kunst en maatschappij te overbruggen. De titels van haar werken refereren aan haar thematiek: *Refuge Wear, Commune Communicate, Citizen Platform, Collective Wear, Nexus Architecture*. Ze vervaardigt werk voor musea als ook voor de publieke ruimte. Haar projecten bewegen zich op de grens van architectuur, body-art, performancekunst en mode. Orta maakt veelvuldig gebruik van vernieuwende, hightech materialen die eigen zijn aan de moderne maatschappij.

Lucy Orta is momenteel als professor verbonden aan het London College of Fashion, dat een onderdeel vormt van de University of the Arts. Tevens is zij als hoofd van de nieuwe masteropleiding Man & Humanity werkzaam aan de Design Academy in Eindhoven.

Literatuur:
Orta, L., Restany, P., Sanders M. e.a. , *Lucy Orta: Process of Transformation*. Editions Jean-Michel Place, Parijs 2001.
Pinto, R., *Lucy Orta*. Phaidon Press Inc., Londen 2003.

Afbeeldingen:
1. Lucy Orta, *Identity + Refuge – Outfit*, 1995
2. Lucy Orta, *Urban Life Guard Ambulatory Sleeping Linen*, 2001
3. Lucy Orta, *Body Architecture – Collective wear Soweto*, 1997
4. Lucy Orta, *Nexus Architecture x 110 – Nexus Type Cholet*, 2002
5. Lucy Orta, *Refuge wear – Intervention London East End*, 1998

11. Mike Thomas, *The Difference is Clear*, Dazed & Confused, 1998
12. William Wegman, *Torso or so*, 1999
13. Olivier Theyskens, herfst-wintercollectie 1998/1999

'De scenografie van elegantie is vervangen door een theatraliteit van betekenis', stelt Gilles Lipovetsky in dit verband.¹² Volgens hem heeft het einde van de unanimiteit in de mode afbreuk gedaan aan de prestigewaarde van modekleding. De hysterie is verdampt. De criteria van mode zijn verveelvoudigd. Fotografen reflecteren de hang naar individualiteit. Naarmate de waarde van mode als zodanig daalt, wordt de behoefte aan sterke beelden groter, aldus Lipovetsky. 'Modeontwerpers shockeren niemand meer, modefotografen wel.'¹³

De 'scenografie van elegantie' destijds was wel rechtstreeks begrijpelijk. Ondertussen hebben de modefotografen erbij geleerd, zowel van hun broeders in de kunst als in de reclame. Dat levert gelaagde, meerduidige beelden op waarbij de verleiding via een omweg gebeurt. Een voorbeeld: de collectie herfst/winter 1998/99 van Olivier Theyskens, gefotografeerd door Cyclopes. Tegen een achtergrond van schedels en botten poseert het model, opgemaakt als een lijk.

Het is onwaarschijnlijk dat de foto mikt op morbide verlangens van het koperspubliek; wel geeft die foto – meer dan de kleding zelf! – blijk van durf. Conclusie: kleding van Theyskens is voor mensen met durf. Dat betekent: jong en avant-gardistisch. Je hoeft er maar iets van te kopen en je hoort erbij.

Vergelijkbare processen doen zich voor bij pornografisch geladen foto's. Stilzwijgend gefantaseerde genoegens openbaren zich plotseling in de modefoto; hun vervulling in het echte leven wenkt bij aankoop van het betreffende product. Ontelbaar zijn de hallucinante suggesties, tot stand gebracht door de unieke chemie van allerlei betekenissen binnen de modefoto. Het beeld construeert een imaginaire meerwaarde ten aanzien van de kleding of het merk in kwestie. We wéten dat dit slechts schijn is, maar toch...

Elk mens moet zich uiteenzetten met verlangens. Men kan er aan toegeven, ze onderdrukken of er een surrogaat voor zien te vinden. Het verlangen heeft namelijk geen onwrikbare eigen gedaante. Een

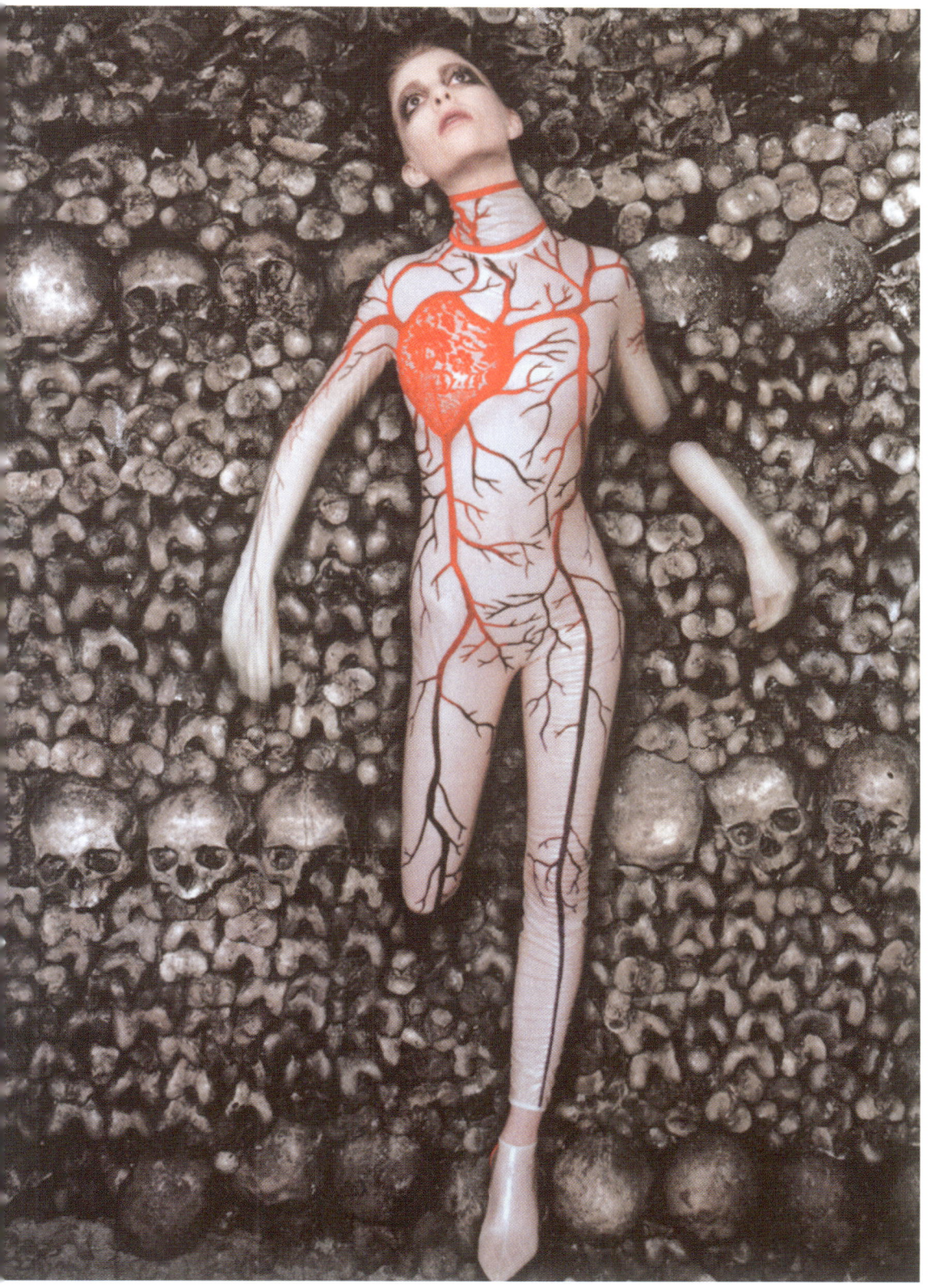

14. Boerin, Tottori 1985, kleding: Comme des Garçons
15. Monnik, Saitama 1985, kleding: Issey Miyake

bepaald onvervuld verlangen (bijvoorbeeld naar erkenning, naar seks, naar vrijheid, naar een kind, noem maar op) kan min of meer worden getransformeerd in een ander soort verlangen, misschien met een hogere vervulbaarheidsgraad (esthetische goederen, voedsel, enzovoort). Reclame- als ook modefotografie maken gebruik van dit fenomeen. Consumptiegoederen die van zichzelf niet aanlokkelijk genoeg zijn voor een oververzadigd publiek, worden als het ware opgeladen met een dwingende 'bonus' die de aankoop moet stimuleren. Maar het verlangen als zodanig kan op die manier alleen kortstondig worden gesust. Daarna steekt het weer de kop op zolang de wortel ervan ongedeerd is. Een goede modefotograaf kan de verlangens van het publiek regisseren. Hij kan telkens nieuwe transformaties aanbieden met de belofte van verlossing. In die zin heeft de modefotograaf een priesterlijke taak.

Zelfs bij beelden van alledaagse taferelen kan magie actief worden. In de jaren tachtig reisde de fotograaf Taishi Hirokawa door het Japanse platteland om winkeliers, vissers, boeren en andere gewone mensen in hun omgeving te fotograferen. Ze werden gekleed in creaties van vooraanstaande designers, zoals onder meer Issey Miyake en Comme des Garçons.[14] Eigenlijk is dit een statement tegen de glamourfotografie. Echte mensen in echte kleren. Zijn de befaamde designerkleren bestand tegen deze toets? En waarin zit de verleiding? Is die er eigenlijk wel?

De serie is een interessant voorbeeld van een fusie tussen kunst, mode en fotografie. Het concept is goed, de foto's zijn goed en de kleren zijn goed. De verleiding, de toegevoegde meerwaarde aan de kleding bij deze – en vele andere – modefoto's zit in de *kwaliteit* van de beelden. Nu zijn er talloze andere kwalitatief excellente 'auteursfoto's' in omloop, maar dan zonder verband met modekleding of een merknaam. Dit is het cruciale verschil. Een gewone foto, kunst of niet, toont een hermetisch gesloten wereld binnen het kader. Niets kan er in of er uit. Bij de modefoto is de kleding respectievelijk de merknaam de verbindende schakel. Die kleding is te koop. En al dan niet impliciet is er de belofte dat ze de koper toegang tot de fotografische wereld zal verschaffen; dat hij iets van datgene zal ontvangen wat er op de foto zo intens verbonden is met die kleding: kwaliteit. Artistieke genialiteit.

Misschien is dat wel het ultieme verlangen. De eens onbereikbare status van kunstenaar met zijn hoogst individualistische expressie – nu te koop! Individualiteit is een van de hoogste waarden in de westerse samenleving. Maar het zou niet stroken met het concept van de democratie als deze alleen voor een elite was weggelegd. Is decentralisatie, een vertrouwd gegeven op politiek terrein, mogelijk ook toepasbaar op culturele terreinen? *'Jeder Mensch ist ein Künstler'*, beweerde Joseph Beuys al zo'n dertig jaar geleden. Al heeft hij er nooit mee bedoeld dat dit persoonlijke potentieel door een simpele commerciële transactie productief gemaakt zou kunnen worden.

Het lijkt onwaarschijnlijk dat 'unanieme individualiteit' ooit realiseerbaar zal blijken, maar misschien is dat ook niet van belang. Voorlopig levert alleen het streven ernaar een hoeveelheid en diversiteit aan beelden en betekenissen op die op zichzelf al een grote rijkdom vertegenwoordigen.

1. Ted Polhemus, 'Beyond Fashion'. In: *Style Engine*, Monacelli Press Inc., New York 1998.
2. Caroline de la Motte Fouqué, *Geschichte der Moden 1785 – 1829*. Hanau 1988 (oorspr. 1829-30).
3. Nancy J. Troy, *Couture Culture. A Study in Modern Art and Fashion*. The MIT Press, Massachussets 2003.
4. Idem
5. Radu Stern, 'Gegen den Strich: Künstler und Kleider 1900 – 1940.' In: *Radu Stern, Gegen den Strich. Kleider von Künstlern 1900 – 1940*, Benteli Verlag Bern, Museum Bellerive Zürich, Musée des arts décoratifs Lausanne 1992.
6. Idem
7. Giacomo Balla, 'Die antineutrale Kleidung – Futuristisches Manifest'. In: *Gegen den Strich – Kleider von Künstlern 1900-1940*, Benteli Verlag Bern, Museum Bellerive Zürich, Musée des arts décoratifs Lausanne 1992.
8. Wies Enthoven, Margreeth Soeting, 'Kunst op het mantelpak maakt van mode nog geen museumstuk'. In: *NRC Handelsblad*, 4 oktober 1990.
9. Chris Townsend, *Rapture. Art's Seduction by Fashion*. Thames & Hudson, Londen 2002.
10. Anna Tilroe, 'Kunstenaar, u hebt een taak'. In: *NRC Handelsblad*, 28 februari 2003.
11. 'Hype'. In: *The Face*, nr. 78, juli 2003.
12. Gilles Lipovetsky, 'More than Fashion'. In: *Chic Clicks. Creativity and Commerce in Contemporary Fashion Photography*. Hatje Cantz Publishers, The Institute of Contemporary Art, Boston 2002.
13. idem
14. Taishi Hirokawa, *sonomama, sonomama. High Fashion in the Japanese Countryside*. Chronicle Books, San Francisco 1988.

Walter van Beirendonck
1957, Brecht (Be)

In 1987 breekt tijdens de British Designer Show in Londen de Belgische ontwerper Walter van Beirendonck (1957) door met zijn excentrieke ontwerpen. Hier showt hij als een van de 'Antwerp Six' (Dirk Bikkembergs, *Ann Demeulemeester*, Dries van Noten, Dirk van Saene en Marina Yee) zijn ontwerpen aan een internationaal modepubliek.

Van Beirendonck studeerde in 1982 af aan de Koninklijke Academie voor Schone Kunsten in Antwerpen. Al tijdens zijn opleiding is Van Beirendonck de meest extravagante en uitgesproken ontwerper van de Antwerpse zes en tot op de dag van vandaag handhaaft hij dit imago door een bijzondere, zeer persoonlijke visie op mode.

De felgekleurde ontwerpen, veelal voorzien van grafische patronen, vinden hun oorsprong in muziek, kunst, strips, science fiction en multimedia. Inspiratie put hij daarnaast uit tribale tradities en motieven en uit de natuur. Van Beirendoncks werk is eclectisch. Hij opereert los van elke modetrend en overschrijdt keer op keer de grenzen van de discipline. Seksualiteit, het modesysteem en de hedendaagse maatschappij zijn terugkerende thema's in zijn werk, die hij vaak met een flinke dosis humor aan de orde stelt. In zijn ontwerpen, die het midden houden tussen couture en streetwear, maakt Van Beirendonck veelvuldig gebruik van synthetische high-tech materialen zoals nylon en rubber. Zijn shows zijn altijd onconventioneel. Zo wandelden zijn modellen tijdens een presentatie in het Parijse Lido niet over de catwalk maar vielen ze er een voor een af.

Sinds 1983 ontwerpt hij zijn eigen collecties onder het label Walter van Beirendonck. Daarnaast produceert hij van 1993 tot 1999 in samenwerking met Mustang het betaalbare merk 'W&LT' (Wild & Lethal Trash). Tijdens spectaculaire shows presenteert Van Beirendonck in Parijs de uitbundig gekleurde en uit ultramoderne stoffen bestaande straatmode. In 1999 lanceert de ontwerper wereldwijd de lijn 'Aestheticterrorists', waarmee hij de aanval op de vercommercialiseerde modewereld opent. Met opvallende prints en kritische slogans als 'Ban fashion nazi's' en 'I hate fashion slaves' maakt Van Beirendonck zijn standpunt ten aanzien van het modesysteem duidelijk. De verkoop van het label Walter van Beirendonck beperkt hij vanaf dat moment tot zijn flagshipstore Walter in Antwerpen, die in 1998 wordt geopend en die Van Beirendonck in samenwerking met Marc Newson en het Antwerpse architectenbureau B-Architecten heeft ontworpen. Hier presenteert hij naast zijn eigen werk ook ontwerpen van Dirk Van Saene, Bless, Vexed Generation, Yoichi Nagasawi en Bernhard Willhelm. Walter is tegelijkertijd een galerie.

Al sinds 1985 geeft Van Beirendonck les aan de modeafdeling van de Academie voor Schone Kunsten in Antwerpen. Daarnaast ontwerpt hij kostuums voor theater, ballet en film. Van Beirendonck beperkt zich niet tot mode, hij geeft het tijdschrift *Wonder* uit, ontwerpt objecten, illustreert boeken en treedt regelmatig op als curator, van onder meer de tentoonstelling Mutilate (1998) en de manifestatie Mode Landed-Geland (2001).

Literatuur:
Derycke, L., en Veire, S. van de, (red.), *Belgian Fashion Design*. Ludion, Gent-Amsterdam 1999.
Derycke, L. en Van Beirendonck W., (red.), *Fashion 2001 Landed #1 en #2*. Antwerpen 2001.
Te Duits, T. en Van Beirendonck, W., (red.), *Believe: Walter van Beirendonck and Wild and Lethal Trash*. NAI Publishers i.s.m. Museum Boymans van Beuningen, Rotterdam 1999.

Afbeeldingen:
1. Walter van Beirendonck, W.&L.T., collectie lente/zomer 1996
2. Walter van Beirendonck, *Aesthetic Terrorists*, collectie lente/zomer 1999
3. Walter van Beirendonck, W.&L.T., collectie herfst/winter 1995/1996
4. Walter van Beirendonck, W.&L.T., collectie herfst/winter 1995/1996

Alexandre Herchcovitch
1971, São Paulo (Br)

Mode is in de ogen van de Braziliaanse ontwerper Alexandre Herchcovitch een communicatiemiddel voor persoonlijke ideeën en concepten: 'Wanneer iemand een van mijn ontwerpen draagt, brengt die persoon informatie over de manier waarop hij of zij de wereld ziet over op andere mensen. Ik ben veel meer geïnteresseerd in het op gang brengen van een dialoog tussen mijn eigen universum en dat van mijn klanten dan in de vorm, lengte en kleur van kleding.'

Herchcovitch boogt op een carrière van ruim tien jaar. Het werken met experimentele snijtechnieken en het gebruik van innovatieve materialen zien we vanaf zijn afstudeershows tot de meest recente catwalkpresentaties in zijn ontwerpen terug. Herchcovitch onderzoekt de praktijk van het maken van kleding, door middel van contrasten in de vormen, kleuren en de stoffen die hij gebruikt. Met name het gebruik van latex is een rode draad in zijn oeuvre en speelt binnen verschillende collecties, zoals in de lente-/zomercollectie van 1998, maar ook in de herfst-/wintercollectie van 1999, een belangrijke rol. Kenmerkend voor de werkwijze van Herchcovitch is het combineren van een verscheidenheid aan invloeden, vormen en kleuren binnen een ontwerp. Zo mengde hij in zijn herfst-/wintercollectie van 2004 op inventieve wijze de Spaanse matadorstijl met een populaire Hello Kitty-beeldtaal.

Herchcovitch wordt in 1971 in São Paulo geboren. Zijn moeder bezit een klein lingeriebedrijf waardoor hij op jonge leeftijd met mode in aanraking komt. Al snel vervaardigt hij zijn eigen kleren en kleedt hij zijn moeder bij speciale gelegenheden. Zijn opleiding volgt Herchcovitch aan de kunstacademie Santa Marcelina in São Paulo. In de vroege jaren negentig verwerft hij in deze stad bekendheid met zijn extravagante ontwerpen voor prostituees en travestieten. De eerste prêt-à-portercollectie die hij in 1993 ontwerpt is experimenteel van karakter, evenals de collecties die in de jaren daarop volgen. Zo ontwerpt Herchcovitch in 1996 de zogenaamde *skousers*, een unisex kledingstuk dat een combinatie vormt van een broek en een rok.

Tegen het einde van de jaren negentig richt Herchcovitch zich meer en meer op een breed publiek. Hij introduceert een jeanscollectie en gaat met verschillende grote bedrijven een samenwerking aan, onder andere het in juwelen gespecialiseerde Dryzun en de sportmerken Everlast en Converse. De laatste jaren speelt zijn Braziliaanse afkomst een prominentere rol in zijn werk. De stoffen en motieven die hij in zijn ontwerpen verweeft, zijn vaak afkomstig uit of vormen een verwijzing naar Braziliaanse tradities en folklore. Herchcovitch showt zijn werk in 1999 voor het eerst in Europa tijdens de London Fashion Week, maar verruilt Londen al snel voor de modehoofdstad Parijs. Hier wordt hij als enige Braziliaanse ontwerper in de kalender opgenomen. Inmiddels heeft hij zijn pijlen op New York gericht, waar hij zijn meest recente collecties presenteerde.

Literatuur:
Herchcovitch, A., (e.a.), *Alexandre Herchcovitch*. São Paulo 2002.

Afbeeldingen:
1. Alexandre Herchcovitch, special 1994
2. Alexandre Herchcovitch, collectie herfst/winter 2005
3. Alexandre Herchcovitch, collectie lente/zomer 2002
4. Alexandre Herchcovitch, collectie herfst/winter 1999

Hussein Chalayan
1970, Nicosia (Cy)

Hussein Chalayan hanteert een ongewone benadering ten aanzien van mode door zich voortdurend op het grensgebied van beeldende kunst, toneel, architectuur, design en modevormgeving te bewegen. Mode zelf is nooit het uitgangspunt, maar slechts een aspect van zijn artistieke proces. Hij ontwerpt creaties die de vorm van sculpturen, meubels, installaties, architectuur, performances en film- en videowerken aan kunnen nemen. Zo maakte Chalayan onder meer de korte film *Temporal Meditations* (2003) en de videowerken *Place to Passage* (2003) en *Anaesthetics* (2004).

Chalayan studeert in 1993 af aan het Central St. Martins College of Art and Design in Londen. Gedurende een aantal jaren is hij werkzaam in Londen. Hier worden zijn ontwerpen in 1999 en 2000 bekroond met de British Designer of the Year award. In 2001 verruilt hij Londen voor Parijs, waar hij zijn prêt-à-portercollectie voor vrouwen presenteert, een jaar later gevolgd door een mannencollectie.

Hoewel Chalayan altijd vanuit een concept of idee ontwerpt, leiden zijn experimenten altijd tot zeer toegankelijke kleding. Kleding die bij betere bestudering opvalt door het gebruik van innovatieve, luxueuze materialen, ongewone snijtechnieken en de verwerking van nieuwe technologieën.

Chalayan bouwt vooral faam op met zijn modepresentaties die vaak meer weg hadden van een kunstperformance dan van een modeshow. Voor de show *Afterwords* (herfst/winter 2000-2001) bijvoorbeeld, produceert hij een collectie stoelen en tafels die konden worden getransformeerd tot draagbare kleding. Met dit 'draagbare thuis' wijst hij op het vluchteling-

vraagstuk: wat neem je mee als je huis en haard gedwongen moet verlaten? Een problematiek die hij in zijn jeugd aan den lijve ondervonden had met de opdeling van Cyprus in een Turks en Grieks gedeelte. Deze maatschappelijke betrokkenheid zien we ook terug in *Ambimorphous* (herfst/winter 2002-2003), een werk dat handelt over culturele transformaties, waarbij folkloristische outfits een voor een worden omgevormd tot eigentijdse kledij. Sinds 2003 maakt Chalayan ook onafhankelijke films en installaties die hij los van de modewereld vertoont in galeries en musea zoals bijvoorbeeld *Place to Passage* (2003). In 2005 vertegenwoordigt hij officieel Turkije op de Biënnale van Venetië.

In 2004 opent in Tokyo de eerste winkel van Chalayan en in 2005 wordt in het Groninger Museum en in Wolfsburg een solotentoonstelling over zijn werk gehouden, die vergezeld gaat van een uitgebreide monografie.

Literatuur:
Evans, C., *Fashion at the Edge: Spectacle, Modernity and Deathliness*. Yale University Press, New Haven 2003.
Quinn, B., *The Fashion of Architecture*. Berg Publishers, New York 2003.
Evans, C. (e.a.), *Hussein Chalayan*. NAI Publishers, Rotterdam 2005.

Afbeeldingen:
1. *Place to passage*, een film geregisseerd door Hussein Chalayan, 2003
2. Hussein Chalayan, collectie *Kinship Journeys* herfst/winter 2003/2004

Chris Townsend

'Like the Difference'
Zoals de différance *tussen kunst en koopwaar, zoals de* différance *tussen een leven en een lifestyle* – *Silvia Kolbowski's en Peter Eisenmans project voor Comme des Garçons in 1995*

1. Silvia Kolbowski en Peter Eisenman, *Like the difference between autumn/winter '94/'95 and spring/summer '95*, installatie in de Comme des Garçons-winkel, SoHo, New York, 1995

1.

In mei 1995 installeerde een samenwerkingsverband van de kunstenaar Silvia Kolbowski en de architect Peter Eisenman een kunstwerk in de winkel van Comme des Garçons in de Wooster Street in SoHo, de wijk in New York. De installatie heette *Like the Difference Between Autumn/Winter '94/'95 and Spring/Summer '95* (zoals het verschil tussen najaar/winter '94/'95 en voorjaar/zomer '95) en bestond enerzijds uit een houten staketselstructuur die deels het zicht vanaf de straat op het winkelinterieur ontnam en fungeerde als een nieuwe, sluisachtige ingang, en anderzijds uit een video op een monitor binnen dit geraamte en een affiche dat in de winkeletalage was opgehangen en dat ook als tweekleurenfoldertje werd verspreid. *Like the Difference* speelde direct in op de plek waar het was opgesteld en draaide om de thematiek van het zowel in ruimte als tijd misplaatst en onbepaald zijn. In 1995 waren zowel plaatsgebonden kunst ('site-specific art') als de thematiek van de verplaatsing en verdringing erkende artistieke thema's die hun wortels hadden in het werk van kunstenaars in SoHo van eind jaren zestig en begin jaren zeventig. Hun interessen – die vaak nogal formeel en theoretisch van aard waren – hadden in de jaren tachtig grotendeels een sluimerend bestaan geleid, maar waren in de jaren negentig langzaam maar zeker nieuw leven ingeblazen door een klein groepje kunstenaars, onder wie Kolbowski, die zowel in plaatsgebondenheid als verplaatsing een middel zag om te kunnen reageren, en ook daadwerkelijk reageerde, op de historische situatie. Wat *Like the Difference* vooral zo provocatief maakte was de wijze waarop Kolbowski en Eisenman de context van plaatsgebondenheid gebruikten om in te gaan op een thematiek van plaatsverlies en onbepaaldheid binnen de geschiedenis, in concreto de geschiedenis van SoHo. De Comme des Garçons-winkel was zowel een metoniem voor, als een belichaming van een belangrijke historische verandering in het gebied 'ten zuiden van Houston', de thuisbasis van de New-Yorkse avant-garde sinds midden jaren zestig.

Aan het eind van de jaren tachtig werd steeds duidelijker dat de gewijzigde status van de kunst – met name haar reputatie van modewaar – de sociale en economische structuur van SoHo aan het transformeren was. SoHo was aanvankelijk de vestigingsplek voor lichte industrie, waar later kunstenaars gingen wonen en hun atelier hadden en weer later steeds meer galeries werden gevestigd. Daardoor was het een aantrekkelijke plek geworden voor de betere modezaken, en de huizenprijzen waren de pan uit gerezen. En al gaf de mode blijk van een fascinatie voor avant-gardekunst (Helmut Lang bijvoorbeeld stelde zijn laatste Jenny Holzer tentoon in zijn winkel), de keuze van modehuizen voor SoHo als toplocatie voor hun winkels versnelde tegelijkertijd het proces van 'stadsvernieuwing' dat uiteindelijk de wijk zou verpesten als plek om nu juist dat soort kunst te maken. *Like the Difference* was zowel een reflectie op, als deel van dat proces: het leek een bewust verzet te belichamen tegen de werking van de mode-industrie en de zichtbaarheid van het winkelgebeuren, maar was ook onderdeel van een programma dat Comme des Garçons had willen steunen vanwege zijn publiekelijk beleden belangstelling voor de kunsten.

De opdracht voor *Like the Difference* viel binnen het kader van het project 'De architectuur van het etaleren', georganiseerd door de Architectural League of New York in samenwerking met de meer buurtgerichte non-profit kunstorganisatie Minetta Brook. Het project omvatte een reeks installaties over de verhouding tussen architectonische structuur en publiek spektakel in heden en verleden. De bepalende parameters voor alle installaties waren vastgelegd door criticus en projectcurator Reinhold Martin: in welke mate beïnvloeden de concepten en conventies van het etaleren de ideeën over de 'openbare ruimte'; wat voor intersubjectieve relaties worden er gecreëerd in specifieke etalages; wat zijn de effecten daarvan?[1]

Kolbowski's en Eisenmans installatie voldeed aan deze algemene omschrijving door te interveniëren in het problematische gebied tussen de 'openbare ruimte' (de straat) en de ruimte in de Comme des Garçons-winkel waar de kleding werd geëtaleerd. De structuur die de kunstenaars optrokken veranderde niet alleen de fysieke relatie tussen klant, winkelingang en winkelruimte, maar maakte het het publiek ook lastig om vanaf de straat naar binnen te kijken. De installatie stelde de grens tussen verkoopruimte en straat ter discussie door er het contra-spektakel neer te zetten van een 'architectuur' die, zoals zal blijken, de tijdelijkheid belichaamde die inherent is aan de notie van mode als koopwaar. *Like the Difference* veranderde radicaal de intersubjectieve relaties die Comme des Garçons met zijn wijze van etaleren tot stand poogde te brengen. Kon je eerst nog gemakkelijk naar binnen kijken en lopen, nu kreeg het kijken iets onhandigs en was het fysiek lastig om de winkelruimte binnen te komen. Daardoor werd de bezoeker zich onvermijdelijk bewust van het lichaam en de subjectiviteit die de uitgestalde kleding beloofden te zullen veranderen.

Op Kolbowski's en Eisenmans lijst van 'locatie-eisen' voor wat *Like the Difference* zou worden, stond:

1. Een 'top' modezaak in een 'top' kunstwijk.
2. De 'nieuwheid' van de seizoensmode in een hermetisch afgesloten buurt (SoHo).
3. Glas als membraan tussen voortdurende verandering en een onveranderlijke toestand.
4. Een laat twintigste-eeuwse verschuiving van ondiepe raametalages met objecten die een verhaal vertellen, naar transparantie en non-vertelling.
5. Een historische verandering van een scenografie in de breedte naar een scenario in de diepte.
6. De interventie van schone kunst op een commerciële locatie.
7. Objecten die geëtaleerd worden om te verkopen (lokmiddelen) en objecten die louter uitgestald worden ('om te bekijken').[2]

Comme des Garçons was een van de eerste die een topmodezaak in SoHo opende (het zat al sinds 1983 in Wooster Street) en voldeed daarom duidelijk aan het eerste criterium. Bovendien had Comme des Garçons alles te maken met de steeds hechtere relatie tussen kunst en mode die in de jaren tachtig en negentig tot stand was gekomen. Het bedrijf had niet alleen tentoonstellingen en kunstenaarsprojecten gesponsord, maar plaatste ook advertenties in kunstbladen, en het eigen bedrijfsblad, *Sixth Sense*, morrelde aan de grens tussen kunst en mode. Zoals Glenn O'Brien over het bedrijf schreef: 'De kleding die het maakt en verkoopt is helemaal kunst, behalve dan dat het geen kunst is. En nu heeft het een van de beste kunstbladen van onze tijd opgezet, alleen is dat geen kunstblad maar een kledingcatalogus.'[3]

Als 'top' modezaak was Comme des Garçons ook symptomatisch voor de tweede eis van Kolbowski en Eisenman: seizoensmode was een nieuw verschijnsel in een wijk die weliswaar werd gekenmerkt door een voortdurende verschuiving van de verschillende culturen en economieën van industrie, kunst en winkelbedrijven, maar die voor de kunstenaars die er woonden hermetisch afgesloten leek.[4] De volgende drie eisen sloegen alle op kwesties rond etaleren en uitstallen, en daar draaide het bij de specifieke locatie voor *Like the Difference* nu juist om. Terwijl de binnenruimte van Comme des Garçons met zijn constante seizoensomzet van koopwaren de voortdurende verandering belichaamde, richtte de installatie als een zichtbare barrière de aandacht op het transparante, over het hoofd geziene membraan tussen straat en winkel. *Like the Difference* bezette ook de traditionele 'theatrale' ruimte van de winkeletalage met de verhalen die daarin worden verbeeld, al maakte Comme des Garçons er geen gebruik van omdat het liever de winkel in de diepte toonde om de klanten uit te nodigen binnen te komen, en weigerde

Bless

Ines Kaag, 1970, Neurenberg (Du)
Desirée Heiss, 1971, Buggingen (Du)

De ontwerpers Ines Kaag (1970) en Desirée Heiss (1971) beginnen hun gezamenlijke carrière in 1995 en werken onder de naam Bless. Heiss is in 1994 afgestudeerd aan de Hogeschool voor Toegepaste Kunst in Wenen. Kaag studeert een jaar later af aan de Hogeschool voor Kunst en Vormgeving in Hannover. Ze komen met elkaar in contact tijdens een ontwerpwedstrijd in Parijs. Hoewel het duo vanaf dat moment intensief samenwerkt, opereert Kaag vanuit Berlijn en Heiss vanuit Parijs. Sinds 1995 hebben ze twee-entwintig collecties oftewel producten gepresenteerd. Want Bless denkt niet in hokjes, de ontwerpers werken bij voorkeur voor elke productie met een ander medium.

Het werk van Bless wordt gekenmerkt door experiment en het uitdagen en overschrijden van het traditionele modebegrip. Ze begeven zich op het raakvlak van mode, beeldende en toegepaste kunst. Met een radicaal vernieuwende aanpak trachten ze bestaande conventies binnen deze disciplines te doorbreken. Kaag en Heiss recyclen voorwerpen. Door bestaande objecten te manipuleren worden ze voorzien van een nieuwe betekenis en een nieuw doel. Centraal binnen hun werkwijze staat dienstbaarheid aan de consument en het anticiperen op de dagelijkse levensbehoefte van de mens. Vanuit de overtuiging dat alles recyclebaar is en producten nuttig moeten zijn, ontwerpen ze onder meer een kit, bestaande uit twee zolen, stof en een instructie, waarmee je je eigen sneakers kunt maken. Ook fabriceren ze een halsketting waarin verschillende onderdelen van oude juwelen, zoals parels en een horlogeklok, zijn verwerkt. Voor Adidas ontwerpen ze schoenen die uit allemaal lapjes stof bestaan, en Martin Margiela voorzien ze van een pruikencollectie van bont die hij in 1997 in zijn herfst-/wintercollectie showt. Hun *Bootsocks*, een combinatie van laarzen en sokken en het *Hairbrush Beauty-Product*, een borstel van mensenhaar, bewijzen dat ze in staat zijn om elke keer opnieuw een bestaand product tot iets totaal vernieuwends te transformeren.

Hoewel de ontwerpen van Bless praktisch en draagbaar zijn, doen ze tegelijkertijd sterk aan kunstvoorwerpen denken. Maar de grenslijn tussen mode en beeldende kunst, commercieel en niet-commercieel is in het werk van het duo moeilijk te trekken, aangezien ze alle regels op dit gebied ondermijnen. Enerzijds bieden Kaag en Heiss hun werken, als ware het consumptie-artikelen, via tijdschriften, catalogi en postkaarten wereldwijd te koop aan. Anderzijds exposeren ze in toonaangevende musea en galeries zoals het Centre Pompidou in Parijs, de SpeakFor Gallery in Tokyo en het Stedelijk Museum Bureau Amsterdam. Dat bijzondere contrast maakt het duo uniek.

Literatuur:
Jones, T., & Mair, A. (red.), *Fashion Now: i-D Selects the World's 150 Most Important Designers*. Taschen, Keulen 2003.
http://www.bless-service.de

Afbeeldingen:
1. Bless, *Coiffure*, Bless no. 20 o.kayers, 2003 en *Hair Brush*, Bless Beauty Products, 1999
2. Bless, *File chair*, Bless no. 20 o.kayers, 2003
3. Bless, *Mobil # 1B*, Bless no. 22, Perpetual home motion machine, 2004

3.

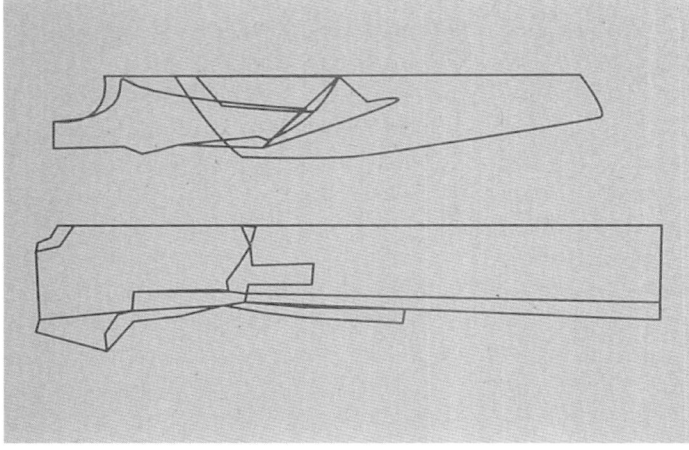

4.

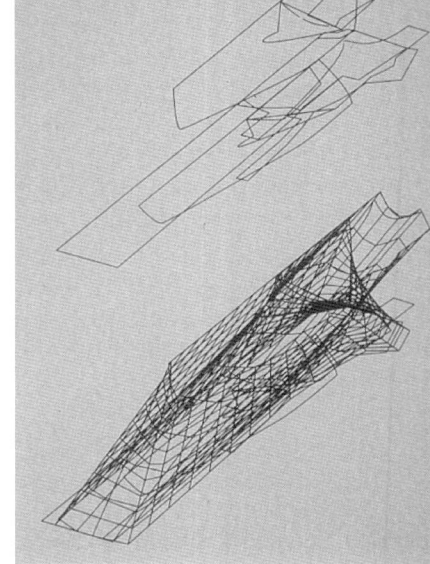

3. 4. 5.
Silvia Kolbowski en Peter Eisenman, Computermorf van schetsen van Comme des Garçons voor de herfst-wintercollectie 1994/1995 en de lente-zomercollectie 1995, 1995

5.

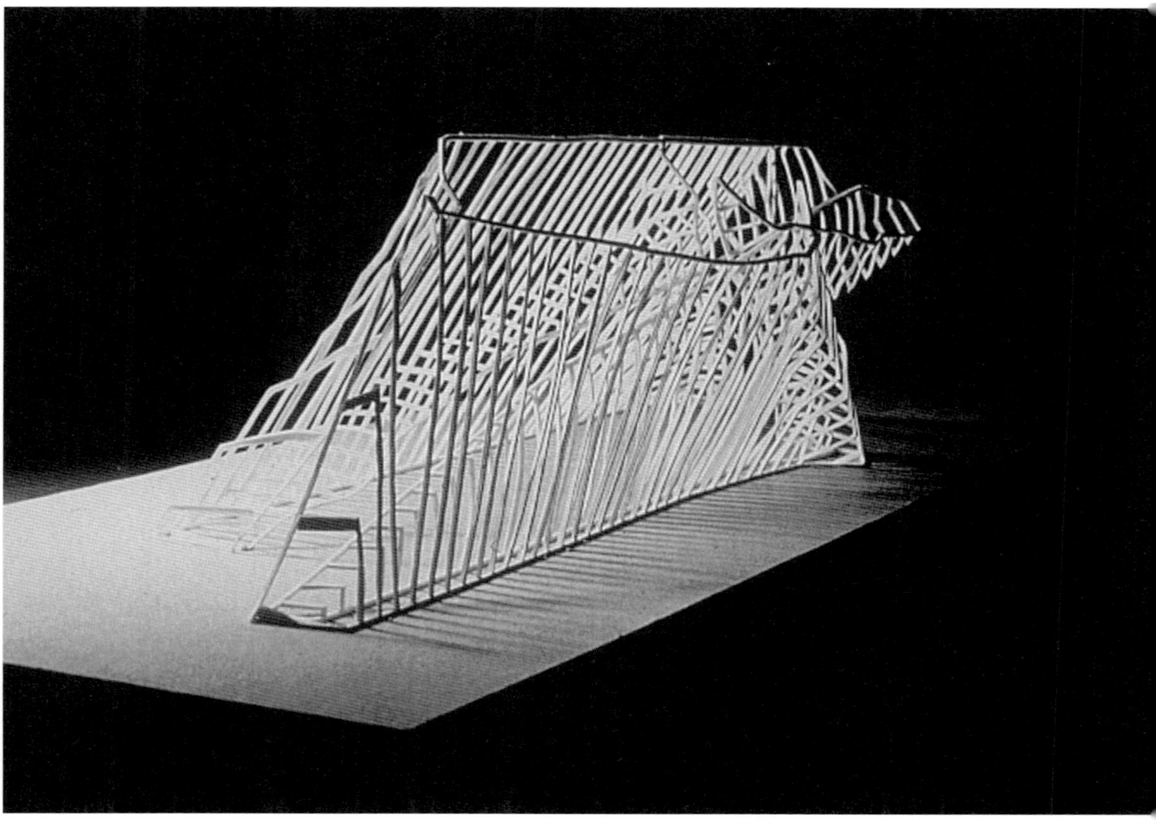

Mode en kunst

het ook verhalen te construeren rond de kleding die het te koop aanbood. In die zin maakte *Like the Difference* duidelijk, geheel in lijn met de avantgardistische traditie die nadrukkelijk elk vertelling afzweert, hoezeer de 'top' mode de 'top' kunst sinds de jaren zestig had nagevolgd in het loslaten van het verhaal, en de aandacht te verplaatsen naar de formele voorwaarden die het object zijn beperkingen oplegt. Terwijl kunstenaars in de jaren dertig tot zestig en ook later nog door winkels waren uitgenodigd om uitgesproken spectaculaire verhalen te construeren in de vorm van etalages, om de modereputatie van de betreffende winkels te onderstrepen, maakten Kolbowski en Eisenman een spektakel uit verzet tegen het spectaculaire – een woord waarmee zowel de uitstallingswijze van Comme des Garçons kon worden gekarakteriseerd als de toenmalige kleren van Rei Kawakubo zelf.

Like the Difference was zelf zowel een uitkomst van, als een reactie op de uitgestalde kleren. Of preciezer gezegd, het was deels een reactie op kleding die niet langer werd uitgestald. De 'barrière' die als nieuwe ingang van Comme des Garçons diende, was van hout, maar wat ze tastbaar maakte was de 'lege tijd' tussen twee collecties, die van de herfst/winter 1994/1995 die nu verouderd was, en die van voorjaar/zomer 1995, die door de barrière op een andere manier te zien werd gegeven. Kolbowski en Eisenman bedachten een concept voor het project waarin de vorm van de structuur was afgeleid uit een palimpsest van schetsen van de ontwerper voor de twee collecties.[5] Deze waren op de computer gemorft tot een incidentele vorm waarvan de structurele elementen een parafrase vormden van de verschillen tussen de twee kledingcollecties in fysiek voorkomen en ontwerpthematiek. *Like the Difference* droeg zodoende het spoor van één teken (de verouderde collectie) over op het andere teken en bestond uit de relatie tussen die twee – tussen het afwezige en het aanwezige, tussen het geschrapte en het onderstreepte, tussen het verouderde en het binnenkort-verouderde.

De structuur die het zichtbaarste deel vormde van *Like the Difference* was zowel open als gesloten: het vormde weliswaar een barrière tegen het naar binnen kijken vanaf de straat, maar het was wel doorlaatbaar. Je kon er doorheen kijken. Het was misschien lastig en benauwd om er doorheen te lopen, maar dat kon wel. Juist de openheid ervan, het feit dat het zowel een barrière als een buis was, benadrukte hoezeer de structuur zich afzette tegen de ruimte die het innam. Een meer conventionele witte wand zou een duidelijker barrière hebben gevormd, maar zou zich hebben geconformeerd aan de eisen van de bestaande ruimte. Sterker nog, ze zou de aandacht hebben gevestigd op de mate waarin de architectonische eisen van de kunst- en modehandel waren versmolten met de witte kubus van de modernistische tentoonstellingswijze.

Het motief van een tijdelijkheid waar je doorheen kon wandelen en van een teken dat onvermijdelijk de sporen droeg van het teken dat eraan vooraf was gegaan, werd herhaald in de video aan één kant van de installatie. Kolbowski en Eisenman hadden opnamen door elkaar gemonteerd van de modeshows voor de beide seizoenen die ook belichaamd waren in de opbouw van de installatie. Het effect was dat modellen uit het ene seizoen door de modeshow van het andere heen gingen lopen: hier sneden twee tijdsregimes elkaar en kon je onmogelijk zeggen wat eerder of later kwam, want beide stonden op gelijke voet terwijl elk 'spookachtig' spoor het andere bespookte. De twee geluidsbanden liepen ook door elkaar, wat voor een verwarrende en wonderlijk modernistische begeleiding zorgde. Beide tapes van de shows toonden verschillende momenten uit het verleden, dus beide had men een gelijke status gegeven. Gegeven de 'fotografische' status van de weergave van de personen op de catwalk in de shows kunnen we hen natuurlijk samenbrengen onder het begrip van afwezigheid en aanwezigheid dat Roland Barthes heeft ontwikkeld ter verklaring van de gelijktijdige werking van de

6.

foto (en van het filmbeeld, kunnen we toevoegen) binnen verschillende tijdsregisters.

Zoals de chemisch-mechanische foto de fenomenologisch vaststaande status van een voorwerp of mens aantoont door middel van een chemisch spoor (dat Barthes benoemt als 'hetgeen bestaan heeft'[6], kun je ook van de video zeggen dat ze op de interpretatie van een spoor berust, al is dat in dit geval van elektro-magnetische aard. Kolbowski en Eisenman gaven een meditatie ten beste over het verleden dat het heden omvat en over het heden dat het verleden bevat, wat tegelijk een meditatie was over het huidige teken dat in een vroeger teken vastligt en het vroegere teken dat een spoor is in het heden. Beide elementen van *Like the Difference* legden niet alleen in architectuur en beeld de vervanging van het ene teken door het andere vast, maar lieten ook de beweging tussen die twee zien, hun verschil of differentie.

Like the Difference hoorde thuis bij de grotere projecten van zowel Kolbowski als Eisenman, al hadden beiden een andere route gevolgd. Begin jaren tachtig had Kolbowski modereclame, de mobiliteit tussen tekens en hun inbedding in elkaar gebruikt in haar fotoserie *Model Pleasure*. In 1990 had ze ook al met een winkeletalage gewerkt en onderzocht hoe het raam gedurende een afgeperkte tijd van betekenis kan veranderen. *An example of recent work may be seen in the windows of Harry Winston, Inc., from approximately 5:17 pm to 5:34 pm* (1990) was een 'samenwerkingsverband' met 'de meest exclusieve juweliers ter wereld', zoals ze zichzelf noemden: een winkel die klanten alleen op afspraak konden bezoeken. Kolbowski's ingreep bestond uit het laten zien van juwelen met een waarde van een paar miljoen dollar aan het eind van de werkdag, en de verwijdering en vervanging daarvan met van achter verlichte foto's door de winkelmedewerkers. Niets van dit alles was door Kolbowski geïnitieerd: het was de normale gang van zaken in de winkel op het in de titel van het werk aangegeven tijdstip. Kolbowski's bijdrage was dat ze door middel van advertenties in kunstbla-

7.

8.

6. Silvia Kolbowski en Peter Eisenman, Video-montage van opnamen van de herfst-winter 1994/1995 en de lente-zomer 1995 modeshows van Comme des Garçons, 1995
7. 8. Silvia Kolbowski, *Self-portrait with out-moded clothing*, 2000/2002

den de aandacht vestigde op deze ingreep waarin een referent werd vertaald in zijn index, en waarbij ze de winkel in dit proces betrok om eventuele juridische problemen over het 'ongeëigend naamsgebruik' te voorkomen. Volgens Kolbowski was het project geconcipieerd als 'een condensatie van overlappende commentaren op geld- en productiewaarden, kijk- en tentoonstellingsgewoonten, bepalingen van het publieke en het persoonlijke, en het historische verband tussen juwelen en het vrouwelijk lichaam.'[7] Vergelijkbare interesses vinden we in *Like the Difference*, niet alleen op formeel niveau – het condenseren en vervangen van tekens – maar ook in het engagement met de begrenzingen van het publieke en persoonlijke, met de verbanden tussen mode en het vrouwelijk lichaam en met 'waarde'. In *Like the Difference* komt dit laatste tot uiting in het verloop van de tijd, in de samenballing van het verouderde en het heden, een thema dat Kolbowski ook weer gebruikte in haar serie *Self-Portrait with Outmoded Clothing* (2000/2002).

Het tweede werk van de kunstenaar uit 1995, *These goods are available at*, in een aantal winkels in Londen, en haar project *Closed Circuit* (1996) zijn voorbeelden van haar blijvende belangstelling voor winkels en de verplaatsing van objecten. Het laatste werk was 'een poging om de beweging van kunst naar de betere delen van de stad te traceren' (dat wil zeggen van SoHo naar Chelsea).[8] Kolbowski startte een project waarin spullen uit drie soorten winkels in SoHo die karakteristiek waren voor de transformatie van de wijk – winkels voor meubels, mode en eten – verplaatst werden naar een kleine tentoonstellingsruimte in de Postmasters Gallery in SoHo, terwijl er in de winkels die de spullen hadden geleverd videotapes werden gedraaid van een straat vol kunstgaleries in Chelsea. Centraal in dit werk staat een misplaatsing van een teken, hetgeen Miwon Kwon heeft omschreven als 'de "ongepastheid" van voorwerpen die op de "verkeerde" plek worden uitgestald',[9] een ongepastheid die ook karakteristiek is voor de beide elementen van de Comme des

9. 10.
Silvia Kolbowski, *Closed Circuit*, winkelinstallatie, 1997

Garçons-installatie, waarin het in onbruik rakende modeobject terugkeert als een rondspokend, misplaatst teken.

Peter Eisenmans architectonische oeuvre is wel eens gekarakteriseerd als een 'strijd tegen de letterlijke aanwezigheid van de architectuur'.[10] Eisenmans engagement met vorm komt tot uiting in de vervanging/verplaatsing en de transformatie van vormen. We zouden kunnen zeggen dat Eisenmans gebouwen (of ontwerpen) vormen zijn die altijd op het punt staan iets anders te worden. Het zijn onbepaalde, provisorische structuren, voor zover de solide, stabiele geometrie van de architectuur dat toelaat (gebouwen moeten nu eenmaal overeind blijven staan). Dit gaat vergezeld van een opvatting van architectuur als 'taal', als iets dat een betekenis oproept en is opgebouwd uit tekens die voor iets anders staan, en dus niet uit de dingen zelf, wat gepaard gaat met een besef dat architectuur ideologisch en niet natuurlijk van aard is. In de jaren zeventig bracht deze belangstelling Eisenman ertoe termen uit Noam Chomsky's structurele linguïstiek in te lijven in zijn eigen theorievorming omtrent architectuur. Bovendien dacht Eisenman midden jaren zeventig niet langer over architectuur binnen de klassieke, formele parameters. Zoals R. E. Somol schrijft: 'Volgens [Colin] Rowe's maniëristisch-modernistische opvatting was vorm de relatie tussen ruimte en structuur; nu wordt ze opgevat als een provisorischer uitkomst van tijd en beweging.'[11] Eisenman begint de architectonische structuur te zien als een stilgezet moment in een 'filmische' stroom van tijd en beelden. Dit is van belang voor een beter begrip van *Like the Difference*, niet alleen voor Eisenmans bijdrage aan het duidelijke engagement met het tijdsverloop in het videogedeelte van de installatie, maar ook voor de wijze waarop de 'architectonische' structuur van het werk een beweging tussen twee momenten uit Kawakubo's recente collecties belichaamt en uitbeeldt.

De structuur plaatst op treffende wijze een verdrongen herinnering in het middelpunt van de aandacht en maakt met name duidelijk hoe de vervanging van de verouderde herfst/wintercollectie van '94/'95 zijn sporen nalaat in de verschijningsvorm van het heden, te weten de nieuwe voorjaar/zomercollectie van '95. Kolbowski en Eisenman leunen hier zwaar op het werk van de Franse filosoof Jacques Derrida en diens opvatting over de onbepaaldheid en de verdrongen dreiging die er van gewiste tekens uitgaat voor wat hij de 'metafysica van de aanwezigheid' noemt. Derrida's denken was in de jaren tachtig steeds belangrijker geworden voor Eisenman en in 1987 hadden de architect en de filosoof samengewerkt aan het project 'La Vilette'. Centraal in Derrida's denken – en in de nu vaak misbruikte term 'deconstructie' – staat wat de filosoof *différance* noemt. Hierin wordt de binaire ordening van aan- en afwezigheid, positief en negatief, geherinterpreteerd als een gelijktijdige en wederzijds afhankelijke activiteit waarin de ene term niet zonder de andere kan worden begrepen.

Vanwege haar belangstelling voor het verdrongen en vervangen spoor kunnen we ook Kolbowski beschouwen als iemand die consistent Derridaanse begrippen toepast in haar kunst, zij het zonder de openlijke theoretische stellingname van een breed scala aan kunstmensen in de jaren tachtig en negentig, die zichzelf schatplichtig achtten aan of werkten met 'deconstructie'. Terwijl Eisenman het idee van inprenting uit Derrida's essay 'Chora' gebruikt als uitgangspunt voor het project van 'La Vilette', kunnen we Kolbowski's werk beschouwen als een onderzoek naar de vraag hoe één polariteit (van de ruimte of een teken) zichzelf noodzakelijkerwijs situeert in relatie tot een andere pool – een vraag die centraal staat in diezelfde tekst.[12] Ik kom later terug op het belang van de différance in *Like the Difference*, maar eerst wil ik een historische context voor dat werk schetsen. Ik wil ook laten zien hoe de ingreep van het verplaatsen van tekens – zo cruciaal in Derrida's denken – van oudsher werd betracht binnen de ruimtelijke context van SoHo, en hoe kunstenaars uit SoHo in hun werk zelf een levende traditie hadden gegrondvest rond ver/misplaatsing en plaatsgebonden kunst.

SoHo is het deel van Manhattan dat aan de westkant begrensd wordt door 6th Avenue, aan de zuidkant door Canal Street, in het oosten door Lafayette Street en in het noorden door East Houston. Het acroniem staat afwisselend voor 'South Houston' en 'south of Houston' en eerder – eind jaren veertig en in de jaren vijftig, toen de industrie er al in verval was geraakt, maar er nog geen kunstenaars of modewinkels waren om dit wijkje op een ander manier aan te duiden – 'South Houston Industrial Area'. Dit spel binnen de naam zelf is misschien wel symptomatisch voor de instabiliteit van de wijk. Want een 'spel', in de zin van een beweging van de ene toestand naar een andere, werd hier ook in de loop van de tijd gespeeld: het industriegebied South Houston – een woestenij van lege fabrieken midden in het stadscentrum, die de New Yorkse stadsplanning halverwege de twintigste eeuw veel hoofdbrekens heeft bezorgd – werd verdrongen door 'SoHo', waar begin jaren zeventig de Amerikaanse artistieke avant-garde zich verzamelde. (Als het begrip avant-garde begin jaren zeventig tenminste nog iets meer betekende dan een claim op een bepaalde stijl en marktpositie.)[13]

Die grotere verdringingsgeschiedenis heeft zich voortgezet in de verschuiving en opdeling van de artistieke activiteiten waar SoHo synoniem mee is geworden: de galleries vertrokken naar de allerlaatste kantons met nog wat industriële activiteit (eerst Chelsea en nu de wijk Meatpacking) en jonge kunstenaars op zoek naar goedkope atelierruimte vestigden zich in Williamsburg, Green Point, Long Island City en Newark. Terwijl begin jaren negentig SoHo voor top mode-ontwerpers dé plek werd om een winkel te openen, zagen zij aan het begin van de nieuwe eeuw net als de galleriehouders uit naar andere vestigingsmogelijkheden. Rem Koolhaas' Prada-winkel aan Broadway en Prince was niet zozeer een architectonische vergissing, als wel de verkeerde locatie. Op dit moment lijkt SoHo nog het meest op een openluchtwinkelcentrum met retailzaken van alle ketens die je eerder onder één dak in een buitenwijk verwacht. Dit winkelcentrum heeft zijn bestaan evenwel zowel te danken aan de aanwezigheid van avant-gardekunstenaars (die de reputatie van het gebied hebben gevestigd en voor 'verval' hebben behoed) als aan hun uiteindelijke verdringing uit het gebied (om plaats te maken voor J. Crew en Sephora). Ook in 2004 is het spoor van de voorhoedekunst nog altijd te vinden in SoHo. *Like the Difference* nu werd gemaakt als deel van dit proces van verdringing: als commentaar op een specifiek moment in de geschiedenis van SoHo en de rol die de mode-industrie daarin speelde, en als een toepassing van specifieke artistieke strategieën – misplaatsing en plaatsgebondenheid – die in de voorafgaande dertig jaar een kenmerk waren geworden van de kunstscène in SoHo.

Vanaf eind jaren zestig werd verdringing en verplaatsing een centraal motief voor veel van de kunstenaars die in SoHo woonden en werkten. Karakteristieke voorbeelden vinden we in werken als Richard Serra's *Splashing* (1969), over de afwisseling van aan- en afwezigheid in het maakproces van de sculptuur, in Steve Reichs *Violin Phase* (1967) waarin de noten geleidelijk worden vervangen door rusten, in Sean Scully's schilderijen, in Hollis Framptons film *Zorns Lemma* (1970), waarvan de beelden langzaam maar zeker worden vervangen binnen een textueel systeem (waarvan de entropische thematiek door Framptons vriend en medewerker Carl Andre, de beeldhouwer, werd omschreven als 'een alfabet van de afmatting'[14]). Al deze werken zijn in hun vorm afhankelijk van de instabiliteit van het teken, de betekenisoverdracht van het een naar het ander, terwijl die instabiliteit tegelijkertijd het onderwerp is. Dat wil zeggen, ze praktizeren het principe van de *différance*, van de onbepaaldheid van de betekenis als gevolg van de instabiliteit van het teken, die door Derrida constitutief wordt geacht voor communicatie, ook al is ze krachtig onderdrukt binnen de metafysische conventies van het Westen.

Misschien is het sterkste voorbeeld van SoHo's kunst van de verdringing en de vervanging wel het werk van Gordon Matta-Clark, die zijn architectonische excisies en incisies vaak uitvoerde in de wijk waarin hij zelf woonde, waardoor ze min of meer uniek voor de plek werden. Zoals Pamela M. Lee schreef:

'In zijn in- en uitsnedewerk beschouwde hij de gebouwen in de wijk als een nieuw soort medium, waaruit hij fragmenten haalde van een radicaal discontinüe geschiedenis en tentoonstelde. Al was Matta-Clark een pionier op het gebied van de plaatsgebonden kunst, zijn vroege werk in SoHo – een onderzoek naar ruimten die door de industrialisering waren achtergelaten – was geenszins uniek. Sterker nog, zijn werk in de buurt liep gelijk op met dat van zijn vrienden en collega's, die begin jaren zeventig ook in de wijk werkzaam waren en die de ruimten in de buurt bewoonden omdat ze zowel betaalbaar als geschikt voor hun werk waren. Voortbordurend op de fenomenologische interessen van het minimalisme enerzijds en het landschappelijke en op de systeemtheorie gebaseerde, plekgebonden werk van de conceptuele kunst anderzijds, grensde Matta-Clarks werk zowel conceptueel als letterlijk aan "de plek".'[15]

Al was Matta-Clark dus zeker niet uniek in zijn werkwijze (al was het maar omdat hij die deelde met zijn medeleden van de Anarchitecture-groep van begin jaren zeventig), dan nog onderstreept zijn aanpak werkomstandigheden in SoHo die vaak vergezeld gingen van verplaatsingen en verdringingen, zowel in hun vorm als hun thematiek van de plaatsgebondenheid. Het ging er telkens om een dosis onbepaaldheid (ruimtelijk en tijdelijk) te injecteren in contexten waarbinnen het teken wordt gezien als schijnbaar heel stabiel, heel 'natuurlijk' en heel duidelijk over zijn mogelijke betekenissen.

Dus terwijl SoHo op het niveau van de sociale en economische processen die er spelen al instabiel is, wordt die verdringingsgeschiedenis zelf weer gethematiseerd in het werk van de artistieke avant-garde die, op grond van diezelfde processen, in de jaren zestig en zeventig in de wijk gaat wonen. Het werk van die avant-garde bepaalt door zijn plaatsgebondenheid uiteindelijk het verschil tussen het 'South Houston Industrial Area' en 'SoHo' binnen de context van daadwerkelijk geleefde sociale en economische ervaringen. Als historisch proces, als imaginaire ruimte voor avant-gardistische ingrepen en als reële ruimte voor zeer prijzig onroerend goed, komt SoHo evenzeer voort uit haar eigen sporen van uitstoting, als uit haar concrete presentie. Het krijgt evenzeer vorm door een nadrukkelijke, interne voorlopigheid en verdringing, als door een stabiele verzameling van historische en imaginaire verschijnselen.

De verklaring (of bewuste complicatie) van zijn idee van de *différance* heeft Derrida een groot deel van zijn carrière bezig gehouden en is aanleiding geweest tot een forse verzameling interpretatie en kritiek. Daarom bied ik bij voorbaat mijn verontschuldigingen aan voor het kritische geweld dat ik onvermijdelijk zal toebrengen aan het begrip en de kritieken daarop, nu ik het belang ervan voor Kolbowski's en Eisenmans project voor Comme des Garçons wil samenvatten. Het begrip différance staat voor het oorspronkelijke verschil (of zoals Derrida het meer specifiek uitdrukt, het verschil in origine, waarbij het idee van de origine zowel wordt geproblematiseerd door het gebruikte begrip, als er strategisch noodzakelijk voor is), het uitstel en de verdeeldheid in een systeem van tekens dat niet alleen elk object of teken scheidt van wat dat object of teken niet is, maar dat tegelijkertijd dat object of teken voortbrengt door het feit dat het iets 'anders', iets 'verschillends' is. Grof gezegd kunnen we begrippen en toestanden alleen begrijpen door het uitstel en de uitstoting van het tegengestelde ervan, dat evenwel altijd als spoor aanwezig blijft in deze begrippen en toestanden. Misschien is de tweedeling tussen dag en nacht het duidelijkst. Wat zouden we van de ene toestand snappen als de ander niet voortdurend present bleef, juist in zijn afwezigheid? Een teken is op zich dus niet iets homogeens, maar eerder iets wat voortkomt uit een verschil en het spel tussen verschillen. Zo is ook een keten van tekens niet homogeen en statisch, maar eerder een spel dat voortkomt uit de verschillen tussen verschillen. Derrida's woord voor dit element van verschil binnen het teken zelf is 'het spoor'. Zoals Spivak schrijft: 'Derrida's spoor is het teken voor een afwezigheid van een aanwezigheid, een altijd al afwezige aanwezigheid, van het ontbreken van een origine van elke gedachte en ervaring.'[16]

Ik heb al op een praktische manier laten zien hoe *Like the Difference* het spoor van één collectie in een ander teken belichaamt, maar nu moeten we ook inzien dat beide deel zijn van een oneindige keten van verschillen, waarin de ene verzameling tekens het spoor volgt van het andere en waarin daarom steeds wordt vooruitgelopen op een volgende en teruggekeken op een vorige schakel in de keten. Onze waardering voor de verouderde collectie van Comme des Garçons verandert als gevolg van wat erna komt, hetgeen binnen de mode een onvermijdelijke gang van zaken is. We weten altijd dat er nog een volgende collectie komt, zoals de voorjaar/zomer- na de najaar/wintercollectie, in de gang der seizoenen waarmee de mode zich als 'natuurproces' presenteert. Ik zou willen opperen dat met name Kolbowski's en Eisenmans video het spookachtige aspect van deze relatie uitspeelt, want als we het fijne niet weten van de kleding die in deze modeshows is gedragen, hebben we ook geen duidelijk beeld van de wijze waarop de tijd verloopt in dit werk. In feite snijden twee tijdsvlakken (die een fysieke aanwezigheid hebben gekregen door de vlakken in de voorstellingsruimte) elkaar als gelijke. Er bestaat hier geen oorspronkelijk spoor en de opvolger daarvan, eerder zijn er twee sporen die op elkaar worden gedrukt in een gelijktijdig proces van uitstel en anticipatie. Terwijl Derrida bespreekt hoe het 'thema van de aanwezigheid' dat zo belangrijk is in Husserls begrip van het 'levende heden' (*lebendige Gegenwart*), het spoor reduceert of uitstoot, zou ik eerder willen opperen dat er specifieke toestanden bestaan binnen de media film en video (die in zekere zin transcendentaal zijn doordat ze voortdurend een levend heden opnieuw presenteren en aanwezig stellen) die het mogelijk maken te zien hoe het spoor op zo'n moment functioneert. Anders dan de linguïstische scenario's die Derrida analyseert, zijn alle tijdsafhankelijke media (waartoe ik ook de fotografie moet rekenen, al beweegt die niet) afhankelijk van die tweeledige tijdsfunctie die Barthes heeft beschreven in zijn *Camera Lucida*. Ironisch genoeg zijn al deze media ook afhankelijk van een indexicaal spoor, dat chemisch of elektromagnetisch van aard is. Hierdoor is de creatie van een teken binnen het medium letterlijk een proces van différance, of van wat Derrida omschrijft als 'de vorming van vorm'.[17]

Als *Like the Difference* bewust een belichaming en onderstreping is van de différance die ten grondslag ligt aan alle communicatie – dat begrip dat in Derrida's woorden 'zijn eigen naam vernietigt'[18] – welke locatie zou dan historisch beter geschikt zijn voor dit werk dan de plek die in de loop van zijn geschiedenis vol verdringingen werkelijk zijn eigen naam heeft vernietigd? Of een plek waarvan de nieuwe naam, SoHo – die het heeft gekregen van en door de kunstwereld – een spoor bleef nadat datgene wat er betekenis aan gaf, datgene waarvoor het stond, al naar elders was verhuisd? *Like the Difference Between Autumn/Winter '94/'95 and Spring/Summer '95* was een commentaar op een geschiedenis van verdringing doordat het zelf iets verdrong in een verdringingsruimte waarin zich verdringingsgeschiedenissen hadden afgespeeld en ook al waren gethematiseerd als ruimtelijke concepten. Het verschil in *Like the Difference* is zowel tijdelijk als ruimtelijk, maar het is ook conceptueel: het werk is zowel een uitdrukking van de theoretische structuur van de betekenisgeving als een voorbeeld van het belang van die theorie binnen het register van de geschiedenis. (Iets wat je niet altijd kunt zeggen van de eerdere thematisering van de verdringing door kunstenaars uit SoHo, en een verband dat volgens veel critici van de deconstructietheorie op zijn best zwak is, en op zijn slechts volledig ontbreekt in de toepassing van die theorie.)

Binnen de context van topmode in een wijk vol topkunst – van haute couture in een omgeving vol kunst met een grote K – legt het werk de vinger op de fundamentele (maar niet-oorspronkelijke) verschillen tussen kunst en mode, en wel precies op het moment dat chique modezaken de schone kunsten steunen – zoals de geschiedenis van Comme des Garçons zelf al aantoont – en menen zichzelf te hebben ondergedompeld in kunstscènes en kunstdiscoursen. *Like the Difference* legt in zijn kritiek op het tijdgebonden spoor bloot hoe genadeloos de mode gewijd is aan het vergeten – zie haar eindeloze presentatie van nieuwe koopwaar die geconsumeerd moet worden om de subjectiviteit te transformeren (te verdringen). De différance tussen tekens in *Like the Difference* bestaat uit het tijdsgat tussen objecten: het is de kloof tussen de duurzaamheid van het kunstobject – waar een verdringing wordt waargenomen als continuïteit, ook al beweert ze van zichzelf een breuk te zijn, zoals in de geschiedenis van het modernisme is gebeurd – en de vluchtigheid van het mode-object dat telkens weer wordt omgezet als koopwaar. Die différance is ook het spoor van de ene wereld in de andere. *Like the Difference* verklaart zich in zijn hergebruik van de esthetiek van de verdringing en misplaatsing tot op zekere hoogte medeplichtig aan de vernietiging van de kunstwereld in SoHo, net zoals de post-minimalistische avant-garde ten slotte zichzelf is gaan deconstrueren. Als geheel herhaalt *Like the Difference* SoHo's eigen traditie van plaatsgebondenheid als kunstpraktijk, maar als ruimte illustreert het ook het conceptuele gat tussen twee tradities: de ene die van het misplaatste en verdrongen leven van de kunstenaar, de wereld van het atelier en het café, de wereld van het zelf je eigen wereld vormgeven; de andere die van de lifestyle die alle esthetische en sociale codes van de kunst nabootst, maar daarbij het subjectieve bewustzijn verzwelgt in de eindeloze cycli van de koopwaar en in de eindeloze presentatie van een voorgekookte wereld.

1. R. Martin, *Architectures of Display*. Architectural League of New York, New York 1995, z.p.
2. S. Kolbowski & P. Eisenman, geciteerd in *Architectures of Display*, z.p.
3. G. O'Brien, 'Like Art'. In: *Artforum*, Vol. XLVI, no. 9 (mei 1988), pag. 18.
4. Volgens Robyn Brentano waren in SoHo al in 1973/1974 de eerste tekenen te zien van een 'sanering' van de wijk. 'Soho zelf was aan het veranderen – boetieks en dure restaurants vestigden de aandacht op de wijk als een nog niet ontwikkelde markt voor onroerend goed en de huren begonnen te stijgen, waardoor vele kunstenaars zich verplicht zagen te verhuizen. Maar ondanks, of misschien wel dankzij deze veranderingen bleven er steeds meer kunstenaars SoHo binnenstromen in de hoop door te kunnen dringen tot in 'het systeem', dat op dat moment naar de binnenstad leek te zijn verhuisd. Uit de 'Introduction'. In: R. Brentano (red.), *112 Workshop/ 112 Greene Street: History, Artists and Artworks*, New York University Press, New York 1981.
5. Ook al waren de werkzaamheden van Kolbowski en Eisenman als kunstenaar en architect totaal verschillend, toch werkte Kolbowski rond deze tijd als ontwerpadviseur mee aan Eisenmans regionale muziekconservatorium en centrum voor eigentijdse kunst in Tours (1993-1994) en aan het voorstel voor het monument en de herdenkingsplek voor de joodse slachtoffers van het nazi-regime in Oostenrijk, 1938-1945 (1995).
6. R. Barthes, *Camera Lucida*. Vintage Books, Londen 1993, pag. 99-100.
7. Silvia Kolbowski, *XI Project*. Border Editions, New York 1993 pag. 92.
8. E-mail van Silvia Kolbowski aan Miwon Kwon, 19 maart 1997. In: *Closed Circuit*, Postmasters Gallery, New York 1997, pag. 5.
9. E-mail van Miwon Kwon aan Silvia Kolbowski, 3 april 1997. In: *Closed Circuit*, pag. 7.
10. R.E. Somol, 'Dummy Text, or the Diagrammatic Basis of Contemporary Architecture'. In: Peter Eisenman, *Diagram Diaries*. Thames & Hudson, Londen 1999, pag. 19.
11. Ibid, pag. 18.
12. Ik denk hier met name aan Derrida's omvattende opmerking: 'Hoe noodzakelijk moet je iets vinden wat, terwijl het plaats maakt voor die tegenstelling [tussen logos en mythos], soms zelf niet langer lijkt te gehoorzamen aan de wet van precies datgene wat het zelf een plaats geeft?' (J. Derrida, 'Chora' [vertaling I. McLoud]. In: J. Derrida en P. Eisenman, *Chora L Works*, Monacelli Press, New York 1990, pag. 15.) Volgens mij draait het in Kolbowski's werk om een kritiek op deze wet van het plaats maken, minstens vanaf *Model Pleasure* tot en met *Closed Circuit*.
13. Zie ondermeer P. Bürger, *Theory of the Avant-Garde*. University of Minnesota Press, Ann Arbor 1984; B. Buchloh, *Neo-Avantgarde and Culture Industry: Essays on European and American Art from 1955 to 1975*. M.I.T. Press, Cambridge (Mass.) 2000; H. Foster, *The Return of the Real*. M.I.T. Press, Cambridge (Mass.) 1996.
14. In een gesprek met schrijver dezes in de ICA in Londen, februari 2004.
15. P.M. Lee, 'As the Weather'. In: C. Townsend (red.), *The Art of Rachel Whiteread*, Thames & Hudson, Londen 2004.
16. G. Chakravorty Spivak, 'Translator's Preface'. In: J. Derrida, *Of Grammatology*, Johns Hopkins University Press, Baltimore 1976, blz. xvii.
17. *Of Grammatology*, pag. 63.
18. *Of Grammatology*, pag. 61.

Sonia Delaunay
1885, Gradizhsk (Oe) - 1979, Parijs (Fr)

De kunstenares Sonia Delaunay wordt in 1885 als Sofia Ilinitchna Terk in de Oekraïne geboren. Haar jeugd brengt ze in Sint-Petersburg door, maar in 1905 verhuist ze naar Parijs. De schilderijen die Delaunay in deze periode vervaardigt, zijn sterk beïnvloed door het fauvisme. In 1910 trouwt ze met de beeldend kunstenaar Robert Delaunay. Beiden zijn pioniers op het gebied van de abstracte kunst en als zodanig sleutelpersonen binnen de Parijse avant-garde. Ze werken in een stijl die orphisme of simultanisme wordt genoemd en die zich in de jaren tien vanuit het kubisme ontwikkelt. Binnen deze stijl staat het combineren van uit zuivere kleuren opgebouwde, geometrische vlakken centraal, wat een dynamisch totaalbeeld oplevert. De kubistische fragmentatie van de werkelijkheid zien we in het orphisme terug, maar waar de kubisten met een monochroom palet werken, vormt binnen het orphisme kleur de primaire vorm van expressie. Daarbij gaan de orphisten in tegenstelling tot de kubisten over tot volledige abstractie.

Sonia Delaunay past de orphistische principes vervolgens toe in schilderijen en het ontwerp van stoffen, keramiek, mozaïek, glas, grafiek en decorstukken. Inspiratie put ze onder meer uit Russische volkskunst. Met name met haar textielontwerpen, zoals de simultane jurk uit 1913, verwerft ze bekendheid. De vorm, kleur en textuur van Delaunay's patronen bepalen haar visueel complexe ontwerpen. Dit zien we al in haar eerste abstracte werk, namelijk de quilt die ze in 1911 uit verschillende stoffen en materialen samenstelt, maar het komt nog veel sterker tot uitdrukking in de simultane jurk. Waar ze in de deken uit 1911 met name gebruik maakt van vierkante en rechthoekige vormen, gaat ze in de simultane jurk een stap verder door vooral stoffen in de vorm van bogen en driehoeken te verwerken wat een sterke ritmiek oplevert. Delaunay wordt in haar werkwijze in grote mate beïnvloed door het futuristische denken waarin de ontwikkeling van de moderne, industriële maatschappij centraal staat. In de ogen van Delaunay vormt mode een eigentijds medium bij uitstek en haar dynamische ontwerpen sluiten naadloos aan bij het moderne straatbeeld.

De abstracte kleurharmonieën van Delaunay hebben een grote invloed op de eigentijdse mode. Haar geometrische prints in complementaire kleuren zien we bijvoorbeeld terug in jassen van Jacques Heim, maar ook in de ontwerpen van Jean Patou en Elsa Schiaparelli. In eerste instantie worden Delaunay's kledingstukken vooral gedragen door collega kunstenaars maar in de jaren twintig raken haar ontwerpen breder bekend. In de jaren voorafgaand aan de Tweede Wereldoorlog richt Delaunay zich echter weer op de abstracte schilderkunst. Tot de dood van Robert Delaunay in 1941 werken ze samen aan een groot aantal openbare projecten. Daarna blijft Sonia werkzaam als schilder en ontwerper. In 1979 overlijdt Sonia Delaunay in Parijs.

Literatuur:
Baron, S., en Damase, J., *Sonia Delaunay: The Life of an Artist*. Thames and Hudson, Londen 1995.
Buckberrough, S. A., *Sonia Delaunay: A Retrospective*. Buffalo i.s.m. Albright-Knox Gallery, New York 1980.
Damase, J., *Sonia Delaunay: Fashion and Fabrics*. H.N. Abrams, New York 1991.
Vreeland, D., *Sonia Delaunay: Art in Fashion*. George Braziller, New York 1994.

Afbeelding:
1. Sonia Delaunay, *Blanket*, 1911

Chris Townsend

Slaaf van het ritme
Sonia Delaunay's modeproject en het gefragmenteerde, beweeglijke modernistische lichaam

1. Sonia Delaunay, Avondjurk van zilveren borduurdraad op zwarte tule, 1926

Het modernisme als beweging voelt zich in alle kritiek op de moderne tijd waarvan het deel uitmaakt, nooit helemaal op zijn gemak met de media van zijn tijd. Al die experimentele teksten, die scheldkanonnades tegen de historische omstandigheden of die fantasieën over utopische technieken die nu deel zijn geworden van de canon, zijn bijna altijd uitgevoerd in media die inmiddels zijn achterhaald door de omstandigheden waartegen ze te hoop liepen of die ze bejubelden. Denk aan Proust en Joyce met de roman, Eliot, Cummings of Pound met het gedicht en Boccioni of Seurat met het schilderij. Natuurlijk waren er modernistische kunstenaars die wel projecten ondernamen waarin ze gebruik maakten van de media van hun tijd. Als voorbeeld kunnen we noemen: Charles Sheeler en László Moholy-Nagy binnen de fotografie, Hans Richter, Moholy (opnieuw), Fernand Léger of Francis Picabia voor de film. Alleen gaat het hierbij vaak om gemarginaliseerde oeuvres, of bezigheden die als marginaal gelden binnen het grotere geheel van werk in meer traditionele media (Léger maakte immers behalve *Ballet mécanique* geen andere films, Picabia had na *Entr'acte* nog slechts plannen voor één andere.) Hoewel het modeproject van Sonia Delaunay (1885-1979) zeker niet volledig over het hoofd wordt gezien in de beschouwingen over haar werk, wil ik in dit essay opperen dat Delaunay de mode als een specifiek 'medium van de moderne tijd' heeft gebruikt om het modernistische lichaam voor te stellen als een lichaam dat in beweging is in tijd en ruimte, en als een oppervlak. Daarmee verleg ik de aandacht voor Delaunay's modeproject van het domein van de sociale geschiedenis, en dan net name van een lokale geschiedenis van de avant-garde, naar een domein waar dat project – als kunst – de invloed van de moderne tijd op de subjectiviteit tracht te tonen door de modernistische esthetiek – die eerst was uitgewerkt in een verouderd medium – via een eigentijds medium over te brengen op het lichaam. Zo bezien hebben mode en film veel met elkaar gemeen doordat ze modernistische kunstenaars een nieuwe kijk gunnen op de subjectieve vermogens van het lichaam in, en de relaties van het lichaam tot, tijd en ruimte.[1]

Bij uitstek de mode maakt het Delaunay mogelijk het lichaam tegelijkertijd als gefragmenteerd en bewegend te zien, en dát weer te zien als de wijze waarop de omgeving wordt ervaren waarin het lichaam zich beweegt. De *simultanéité* die Robert en Sonia Delaunay voor ogen stond – een uitwerking van de theorie over kleurperceptie van Michel Eugène Chevreul – gaat over meer dan het naast elkaar plaatsen van contrasterende kleurvlakken om te bepalen hoe deze entiteiten elkaar beïnvloeden. Eerder gaat het om de beweging van het ene vlak onder of boven het andere vlak langs, dat wil zeggen om het invoegen van één entiteit, het menselijk subject, in een andere, namelijk diens 'landschap'. Delaunay's kleding is ontworpen voor, en als eerste gedragen in, een nachtclubomgeving, de Bal Bullier in Montmarte. Daar wordt de jurk niet slechts een verschijnsel binnen de moderne tijd – een modeartikel -, het zet er het modernistische lichaam neer in de ruimte, het drukt uit wat het betekent om een bewegend, fragmentarisch subject te zijn in een nachtclub en tegelijkertijd zelf aan die mobiliteit en fragmentatie bij te dragen. Deze tweeledige werking – zowel 'kunst' zijn als een 'alledaags object' – wordt paradoxaal genoeg expliciet onderkend in een ander werk, gemaakt in een medium dat in de moderne ervaring heeft afgedaan, het gedicht *Sur la robe elle a un corps* (Op haar jurk heeft zij een lichaam) van Blaise Cendrars uit 1913. Delaunay's modeproject is deel van het modernistische project dat uitdrukking wil geven aan de dynamische omstandigheden van het moderne leven, zoals in de futuristische schilder- en beeldhouwkunst, maar het doet dat binnen het register van de levende ervaring en niet vanaf een afstand. Modernistische kunstenaars uit de periode voor 1914 roepen voortdurend abstracte ritmen op met behulp van afbeeldingen in verouderende media – in de slingerbewegingen van machines in de fabriek, in het vervoer of in de polsslag van de populaire cultuur. Zij maken over het algemeen geen objecten die deel uitmaken van die cultuur, dat wil zeggen: zelf het effect zijn dat ze afbeelden.

De jurk van Sonia Delaunay thematiseert wat Rosalind Krauss heeft omschreven als het overdragen van het temporele op het figuratieve ten einde een ritme op te roepen dat de stabiliteit van de visuele ruimte doorbreekt.[2] Voor Delaunay is het lichaam-als-oppervlak niet domweg een andere vorm van het statische schildersdoek, zij het ditmaal toegeëigend uit de massacultuur. In plaats daarvan verwijdert zij de figuratie uit het schildersdoek om de levende ervaring van de massacultuur te benadrukken door middel van het temporele. Het modieus geklede lichaam is geen schildersdoek, maar eerder een filmscherm: een vlak waarop beweging kan plaatsvinden. De strategie die Delaunay volgt in haar gebruik van het lichaam als drager en schepper van abstracte visuele ritmen via in elkaar grijpende en op elkaar inwerkende kleurvlakken, is volgens mij dezelfde strategie als door Franse kunstenaars zoals Léopold Survage in de jaren vlak voor de Eerste Wereldoorlog werd voorgesteld voor de abstracte film. Beide projecten waren geworteld in het kritische hergebruik van de 'media van de moderne tijd' die door de modernistische kunstenaars met de nek werden aangekeken – enerzijds de mode, anderzijds de cinema. Beide benaderen de door hen toegeëigende media op een radicaal andere wijze dan de meeste modernistische kunstenaars (in die zin dat ze er niet van uitgaan dat deze ooit zullen worden opgenomen in een superieure, legitieme hoge cultuur). Beide gebruiken ritme doelbewust als middel om de visuele en subjectieve stabiliteit te laten oplossen om zo de subjectieve toestand van de moderne tijd accurater te kunnen overbrengen. En daar komt nog bij dat Delaunay en deze vroege theoretici van de film – met name Survage en de Italiaan Ricciotto Canudo – deel uitmaakten van dezelfde intellectuele kring rond Guillaume Apollinaire.

Voor de modernistische kunstenaars die het wèl wagen de 'media van de moderne tijd' te gebruiken, bestaat volgens mij echter een fundamenteel probleem. Over het algemeen zijn die media namelijk niet gemaakt voor kritische reflectie op de geschiedenis; je zou zelfs kunnen zeggen dat ze, zeker in het geval van de speelfilm binnen de cinema, doelbewust kritische reflectie tegengaan. En dan kun je, met Rosalind Krauss, nog verder redeneren dat media in hun relatie tot de geschiedenis over het algemeen pas bruikbaar worden voor de kritiek zodra ze verouderd raken.[3] Aan zo'n wending binnen het modernisme kleeft kortom het gevaar dat het gebruik van de 'media van de moderne tijd' door de avant-garde er niet aan ontkomt die mediale eigenschappen te incorporeren die bijdragen aan de toestand die de kunstenaar nu juist wil bekritiseren. Het gevolg is dat in Delaunay's project weliswaar de stabiele visuele ruimte van het burgerlijk subject lijkt te worden aangetast, maar als alternatief wordt wellicht de instabiliteit van het oppervlak verheerlijkt – een verlies aan lichamelijke identiteit binnen grotere visuele en haptische omgevingen. Volgens David Harvey bracht de promotie van een strakke indeling van tijd en ruimte binnen het industrieel kapitalisme – vooral in de vorm van het taylorisme – de modernistische avant-garde ertoe ruimte- en tijdsregimes te creëren (met name, zou ik zeggen, de bohémien als feitelijk én conceptueel domein) en kunstwerken te maken waarin een ander schema werd gevolgd.[4] We kunnen echter deze regimes en kunstwerken, zeker als ze zich van de 'media van de moderne tijd' bedienen, ook opvatten als speelruimten voor een bevoorrechte, dissidente burgerlijke elite, welke verdacht veel weg hebben van de aan specifieke plekken gebonden, toegestane ontwrichtingen van ruimte en tijd die het industrieel kapitalisme voor zijn onderdanen creëerde als compensatie voor hun disciplinering elders. De expressie van lokale verschillen door kunstenaars lijkt zo erg op – en verheerlijkt zelfs in beschrijvingen van bars, nachtclubs en beroepssporten – de algehele devaluatie van de subjectiviteit in de illusoire vrijheid van de ontspanning die het industrieel kapitalisme opdringt. In deze lokale regimes kan net als in het bredere domein van het dagelijks leven de diepgaande ervaring gemakkelijk worden ingewisseld tegen de onmiddellijke sensatie via een promotie van de techniek als spektakel – een spektakel waarin onvermijdelijk het uitgekozen medium – als voortbrengsel en voortbrenger van de moderne tijd – een hoofdrol speelt.[5]

Volgens mij beeldt Sonia Delaunay's werk met kleding – die zij de dubbelfunctie van elk object meegaf zowel ding als afbeelding te zijn – niet alleen de subjectieve ervaring van het gemobiliseerde lichaam uit in een omgeving die karakteristiek is voor de moderne tijd, maar vormt het in de mobilisering van zijn oppervlak ook een voorafschaduwing van een fragmentatie van het object (en het lichaam) die erop gericht is het 'landschap' na te bootsen dat tot stand zou komen door het gebruik van camouflage op de slagvelden van de Eerste Wereldoorlog. Er bestaat een tamelijk onaangename maar toch relevante resonantie tussen enerzijds Delaunay en Cendrars' lofzang op de romantiek van het internationale treinverkeer, *La Prose du Transsibérien et de la Petite Jehanne de France* (1913), en anderzijds de militaire treinen die tussen 1914 en 1918 soldaten in uniform naar de eindstations brachten achter het westelijke front. Ik vind het moeilijk geen gruwelijke parallellie te zien tussen de elegant geklede modernistische reiziger in de Trans-Siberië Expres, die mogelijk zelfs een van Delaunay's 'simultane' jurken droeg, en die mannen een paar jaar later wier uniform en uitrusting al snel de kleuren aannamen van het Vlaamse landschap waarin ze zouden

2.

Sonia Delaunay, *La Prose du Transsibérien et de la petite Jehanne de France*, aquarel op papier, 1913

worden ingevoegd en begraven. En in die relatie tussen lichaam en landschap kunnen we ook zien hoe het 'simultanisme' onbewust een voorafschaduwing vormt van de neoconservatieve Franse landschapsschilderkunst van de jaren twintig die als herdenkingskunst de vooroorlogse experimenten rond de modernistische fragmentatie van het schildervlak zou laten opgaan in de fragmentatie van het soldatenlijk binnen en ten bate van *La Patrie*, in wat bekend zou worden als *le cubisme légiférant*.

Er zit in het 'simultanisme' dus zowel een historisch scharnierpunt tussen het radicale optimisme aan de vooravond van de Eerste Wereldoorlog en het culturele en politieke herstel van daarna, als een scharnierpunt tussen de presentatie van het subject – dat zijn zichtbaarheid versterkt als de mode gebruik gaat maken van de modernistische esthetiek – en het wegstoppen van dat subject, dat het landschap nabootst en er tegelijk in wordt begraven waardoor het ene terugslaat op het andere. Volgens mij is deze dubbele as een voortzetting van de splitsing die Theodor Adorno in zijn *Aesthetic Theory* omschreef als het aan mode eigen 'gevaarlijke scharnierpunt'[6] tussen een reflexieve, autonome subjectiviteit die bedreigd wordt door de historische condities van de moderne tijd, en de ondergeschoven subjectiviteit van de geïndustrialiseerde moderne tijd. Dat zijn natuurlijk precies de contrasterende subjectieve posities waarop we de modernistische kunstenaars, respectievelijk de onderdanen van de massacultuur kunnen lokaliseren: de ene de belichaming van een onafhankelijke artistieke elite, de andere de manifestatie van de omgekochte lichamelijkheid en identiteit van de industriële samenleving.

Maar via een gat dat zich naast deze splitsing opent, komen we wel weer uit bij de vraag naar de rol van de mode als experimenteel medium binnen de modernistische kunst. Het leert ons met name inzien hoe de nadruk op het lichaam in Delaunay's jurken ook de belichaming is van één van de fundamentele dilemma's van het modernisme. Enerzijds drukt Delaunay's project zowel een verlangen uit om in te grijpen in de historische omstandigheden waarin het lichaam zich geplaatst ziet, ten einde deze te leren begrijpen, als een wens om de radicale, subjectief bevrijdende mogelijkheden van de mode als bij uitstek 'modern' verschijnsel verder uit te breiden. Anderzijds moeten we onder ogen zien dat het project 'mislukt' is, dat het in de jaren na 1920 snel van zijn angel is ontdaan ten dienste van de imaginaire autonomie van een sociale en culturele elite. Deze elite bleef een subjectieve modaliteit uitspelen die inherent vijandig stond tegenover, en immuun was voor, de gevolgen van de moderne tijd, ook al voorzag ze direct of via een mecenaat in een groot deel van de avant-gardistische cultuur van de moderne tijd. Mode kan functioneren als nieuw esthetisch en kritisch medium, maar ze blijft altijd aanspraak maken op een archaïsche subjectiviteit als uitgangspunt voor die kritiek, of ze redt deze subjectiviteit binnen haar kritiek doordat ze de nadruk legt op een unieke stijl en op luxe.

In de zomer van 1913 was Sonia Delaunay een frequent bezoeker van de Bal Bullier, een danstent aan de Avenue de l'Observatoire. Rond deze tijd waren de Delaunays (Sonia en haar echtgenoot Robert) vooraanstaande figuren in de Parijse avant-garde. Het stel had elkaar ontmoet in 1909 en was in 1910 getrouwd toen Sonia (ze was als Sonia Stern geboren in de Oekraïne en had in 1905 de achternaam Terk gekregen toen ze werd geadopteerd door een oom uit St. Petersburg) scheidde van de Duitse kunsthandelaar en criticus Wilhelm Uhde. Het vroege werk van Sonia Terk was beïnvloed door het fauvisme en ze had met Delaunay een belangstelling voor kleur gemeen. Sonia had enige formele kunstscholing achter de rug, maar Robert – die zijn kindertijd had doorgebracht in het kielzog van zijn modieuze en rondreizende moeder, de Comtesse de Rose – had zijn opleiding genoten buiten de heersende stroming in de fijne kunsten. Aanvankelijk was hij leerling geweest van een toneeldécorontwerper in de arbeiderswijk Belleville. Vervolgens had hij in 1906 Henri Rousseau leren kennen nadat zijn moeder bij hem het schilderij *Charmeuse de serpents* had besteld. Volgens David Cottington heeft deze onconventionele achtergrond bij Delaunay geleid tot een 'een diepe gehechtheid aan een constellatie van culturele waarden die hij als intrinsiek populair beschouwde'.[7] Deze belangstelling voor een 'kunst die voortkomt uit de diepten van het volk'[8] verklaart wellicht waarom Delaunay gebruik ging maken van Chevreuls kleurentheorie. (Chevreul was directeur geweest van de Gobelin-weverij en de ideeën die hij uitwerkte waren in elk geval deels bedoeld voor commercieel gebruik.) Ze verklaart misschien ook waarom het echtpaar Delaunay in het algemeen zo verzot was op artistieke praktijken die een directere band met het dagelijkse leven hadden dan het intellectualisme van de kubistische schilderkunst en theorie.

Cottington oppert dat de Delaunays getweeën een 'dubbele dynamiek' voor hun rekening nemen: 'ze vervangen een opvatting van het populaire als traditionalistisch, provinciaals en als iets impliciet mannelijks door een visie waarin het populaire wordt beschouwd als modern, grootstedelijk en consumentistisch – en in vele opzichten vaak expliciet vrouwelijk.'[9] Deze begaanheid met de materialen van het alledaagse leven en de populaire cultuur kan worden begrepen als een verval van de kubistische 'zuiverheid' tot iets louter decoratiefs, maar ik zou er met name aan de kant van Sonia Delaunay eerder een erkenning in willen zien van de mode als 'medium van de moderne tijd' – als medium waardoor de ervaring van de moderne tijd zowel kan worden uitgedrukt, als kan worden onderzocht hoe ze vorm krijgt via een medium van de moderne tijd en symptomatisch is voor

een bepaald modern, historisch moment. Dat is iets heel anders dan de wending van kubistische schilders naar het decoratieve bij de oprichting in 1912 van het 'Maison cubiste' door André Mare in samenwerking met kunstenaars als Léger, Gleizes, de la Fresnaye en Marie Laurencin. De kunstenaars zelf waren politiek gesproken wellicht radicaler dan Cottington wil erkennen, maar, zoals hij opmerkt, dit project had als uitkomst: 'de afwijzing van pogingen om de kunst te industrialiseren en de schoonheid te democratiseren', wat nu juist de kern vormde van het ideaal van een 'art social'.[11] Het project van Delaunay krijgt weliswaar al snel na 1914 een andere draai – enerzijds naar de luxe goederen en mode voor de demi-monde via de winkel 'Casa Sonia', anderzijds naar de vernietiging van de subjectiviteit en lichamelijkheid in het camouflageontwerp voor de massaoorlog – maar de eerste impuls van het werk is gericht op de functie ervan als medium en niet als handelswaar, en op zijn vermogen modern over te komen. Daarentegen kunnen we de objecten in het 'Maison cubiste' beschouwen als werk dat speciaal voor consumptie door de bourgeoisie is gemaakt, vaak door kunstnijverheidsateliers naar ontwerpen van kunstenaars die zelf niet in staat waren tot ambachtelijk werk. De voorwerpen die er werden uitgestald waren kubistische kunst, bedoeld voor bourgeois consumptie en voorwerpen met een vaak historisch referentiekader, waarmee gepoogd werd om door die consumptie een legitimerend verband te leggen tussen de modernistische status van het kubisme en de Franse traditie.

Sonia Delaunay maakte tussen 1909 en 1912 geen schilderijen. In plaats daarvan richtte ze haar aandacht op het borduren, een typisch vrouwelijke, huiselijke bezigheid die haar niet onbekend was als geadopteerd kind in een Russisch bourgeois gezin. Dat ze stopte met schilderen is te interpreteren als zou Sonia Delaunay haar plaats op het artistieke podium in hebben geruimd

voor haar nieuwe man. Dat zou de meest gebruikelijke lezing zijn van de man-vrouw-verhoudingen tussen avant-gardekunstenaars binnen het modernisme, waar de vrouwelijke partners vaak als ondergeschikt werden beschouwd en hun carrières opofferden ten bate van hun mannelijke metgezellen.[12] Er moeten echter heel wat kanttekeningen worden geplaatst bij deze lezing. Ten eerste was de intussen verarmde Comtesse de Rose na 1909 zelf haar eigen vaardigheden in dit veld voor winstdoeleinden gaan gebruiken – ze ontwierp bloemmotieven om te borduren. Er zijn aanwijzingen voor een breuk tussen Sonia Delaunay en haar schoonmoeder: na hun huwelijk zag Robert Delaunay zijn moeder zelden meer en ondanks haar belofte dat ze het stel financieel zou steunen, dankten ze hun inkomen grotendeels aan een toelage van de familie Terk en de verkoop van kunstwerken.[13] De activiteiten van de Comtesse vormden wellicht niet alleen concurrentie, maar ook een aanmoediging voor Sonia om met haar decoratieve vaardigheden geld te gaan verdienen. Collington beschouwt Sonia Delaunay's activiteiten binnen de 'decoratieve kunst' – in elk geval rond 1912-1913 – als 'een uitbreiding van de zakelijke benadering van het stel om hun schilderijen te promoten in de Europese markt voor avant-garde kunst.'[14] Maar omdat ze tegen die tijd weer was gaan schilderen, kunnen we haar borduurwerk wellicht beter beschouwen als symptoom van een gewijzigde opvatting over haar eigen werk – waarbij ze dan met name een belangstelling voor dynamische beweging door het fauvistische palet mengde. Elizabeth Morano merkt op dat Delaunay in haar in satijnsteek uitgevoerde wollen borduurwerk van bladeren op linnen van 1909 'zich niet langer verlaat op haar grote tekenvaardigheid om vormen te schetsen. In plaats daarvan suggereren de gekleurde contouren, gevormd door kleine steken in meerdere richtingen, de ritmische golving van bladeren.'[15]

De suggestie van dit alles is dat Sonia Delaunay deels gebruik ging maken van een

3. Sonia Delaunay, *Le Bal Bullier*, olieverf op doek, 1913

vertrouwd huiselijk medium om afstand te nemen van haar fauvistische schilderwerk en om in andere media op zoek te gaan naar antwoorden op de vragen rond kleur en ritme die het theoretische onderzoek van het stel had opgeworpen. In 1909 uitte dit experiment zich grotendeels in de vorm van borduren en stikken – net zoals Robert Delaunay in 1907 had geëxperimenteerd met een vorm van pointillisme à la Seurat, maar dan met grovere penseelstreken. Jacques Damase ziet deze verschuiving van Sonia Delaunay als haar manier om het perspectief los te laten.[16] Volgens haarzelf was haar gebruik van 'decoratie' volledig in overeenstemming met de schilderkunst van haar man en hun beider belangstelling voor kleurentheorie: 'Er bestond geen kloof tussen mijn schilderijen en mijn zogenaamde decoratieve werk... de bescheidener kunst was nooit artistiek onbevredigend, maar een vrije expressie, een verovering van nieuwe ruimte. Ik paste er hetzelfde onderzoek in toe.'[17] In 1911 evenwel bracht dat onderzoek met zijn huiselijke toepassing Delaunay ertoe een quilt te maken voor haar zoontje Charles. Sonia Delaunay volgde hiermee volgens haarzelf ook een Russische boerentraditie, maar ze kwam met een voorwerp voor de dag waarin de verschillende rechthoekjes in allerlei kleuren een complex visueel ritme voortbrachten waarin vorm, kleur en zelfs textuur zowel complementaire als dissonante relaties aangingen. Vrienden zagen de quilt in termen van kubistische kunst – al lagen de artistieke affiniteiten van de Delaunays niet bij schilders en theoretici als Gliezes en Metzinger. Meteen hierna maakte Delaunay huiselijke voorwerpen zoals lampenkappen en kussens met vergelijkbare oefeningen in het ritmisch fragmenteren van kleurvlakken. In 1913 paste ze deze werkwijze toe in haar schilderijen en werken op papier, waarbij ze een stenciltechniek met sjablonen gebruikte en gekleurde papiertjes opplakte, in boekontwerpen voor avant-gardistische schrijvers zoals Cendrars en Canudo, in 1916 in de reclame, een project voor de omslag van *Vogue*, en ten slotte in de periode 1916-1930 in de mode en de binnenhuisarchitectuur.[18] Het is in de context van dit laatste werk – waarin ook een centrale rol toekomt aan haar verschillende schilderijen van de nachtclub Bal Bullier en het intellectuele milieu van critici zoals Canudo – dat we Sonia Delaunay's 'simultane jurk' moeten duiden.

Formeel gesproken verschilde de jurk aanzienlijk van de quilt en andere huiselijke voorwerpen: waar die waren gecomponeerd met gekleurde vierkantjes, wervelde de jurk met een reeks in elkaar grijpende kleurenbogen rond het lichaam en met een reeks driehoeken en rechthoeken die aan de onderrand in een punt uitliepen, eveneens in contrasterende kleuren, over de jurk.[19] Apollinaire heeft een van Delaunay's ensembles van iets later in 1914 beschreven: 'Paarse jurk, brede paars-groene ceintuur, en onder het jasje een lijfje verdeeld in felgekleurde zones, teer of vervaagd, waarin de volgende kleuren zijn gemengd: oudroze, geeloranje, Nattier-blauw, scharlakenrood enz., elk op verschillende materialen, zodat je naast elkaar wol, tafzijde, tule, katoenflanel, moiré en peau de soie ziet.'[20] Zelfs als statisch oppervlak vertoonde de 'simultane jurk' geen formele overeenkomst met de kubistische schilderkunst van dat moment. Ten eerste was ze volledig abstract – alle figuratie die erin te vinden was, was een gevolg van het feit dat ze werd gedragen – en ten tweede verzette ze zich tegen de tendens naar een monochroom pallet die karakteristiek was voor het werk van Gliezes en anderen op dat moment. Jeffrey Weiss heeft het dus mis als hij de jurk vergelijkt men een pak dat door de acteurregisseur Armand Berthez wordt gedragen in het najaarsnummer van het tijdschrift *Et Voila!* van 1911, dat duidelijk bedoeld was als parodie op een kubistisch schilderij, en wanneer hij Delaunay's jurk omschrijft als een 'toepassing van orfisch-kubisme in een modeontwerp.'[21] Weiss vergist zich verder (na een 'meetkundig' ontwerp te hebben geïnterpreteerd als onvermijdelijk 'kubis-

4. Sonia Delaunay, Simultane jurk, 1913

tisch') bij zijn bespreking van de relatie tussen Delaunay's jurk en de fantasievolle ontwerpen van Louis Marcoussis en het kostuum dat in de herfst van 1912 is gedragen door niemand minder dan Mary Max in zijn rol van 'apostel van het futurisme' in het tijdschrift *A vos souhaits*. Weiss oppert dat 'Delaunay's jurk als dancehall-maskerade van het modernisme thuishoort in een verruimde opvatting van theater. (…) De lijn die namaak en echt scheidt wordt bijna uitgewist door de fantasie van het populaire theater, een strijdperk dat Delaunay deelt met Mary Max. Sterker nog, als concept beheerst de theatralizering van een avant-gardistische stijl iedere omzetting van een elitaire visuele cultuur tot iets populairs en parodistisch. In die zin is de simultanistische mode in de Bal Bullier evenzeer een parodie als de geruite zomen en de achthoekige vliegeniersbrillen van het "futurisme" van de music-hall.'[22]

Er bestaan twee fundamentele problemen met deze interpretatie van Delaunay's interventie in de Bal Bullier. Ten eerste het idee dat de 'simultane jurk' deel uitmaakt van een 'verruimde opvatting van theater' – wat wil zeggen dat Delaunay vindt dat haar jurk een functie heeft te vervullen in een specifieke context – die een 'maskerade van het modernisme' is. Ten tweede beschouwt Weiss het maken van de jurk als een stap uit de hoge cultuur naar de lage, wat alleen kan door de esthetiek ervan te transformeren van contemplatief in functioneel. Dit is geheel in tegenspraak met Delaunay's opvatting van kunst als deel van het populaire, het alledaagse en cultureel gemarginaliseerde. Terwijl kubistische kunstenaars vermoedelijk maar wat graag een scheidslijn hadden getrokken tussen hoge en lage cultuur, is het maken van zo'n onderscheid veel problematischer voor de Delaunays, als aanhangers van Henri Rousseau. Delaunay's jurk is geen getransformeerd modernistisch werk dat het de hoge cultuur toestaat bepaalde aspecten van de populaire cultuur in zich op te nemen, waarna ze weer overgaat op een meer afstandelijk en genuanceerd commentaar. De jurk komt voort uit en is direct deel van die cultuur – zoals Delaunay later zou opmerken: 'Le fox-trott le disputait au tango dans ce nouveau temple de la danse populaire. Les rythmes nous donnaient envie de faire danser aussi les couleurs.'[23]

Ze voegde daar nog aan toe en legde daarmee een nog krachtiger verband tussen geluid, beweging en kleur: 'Le vieux-rose dialoguait avec le tango, le bleu Nattier jouait avec l'écarlate.'[24]

Maar deze interventie is niet 'theatraal' en evenmin 'functioneel', want de 'simultane jurk' (en het bijbehorende kostuum dat door Robert Delaunay werd gedragen) waren ondanks het feit dat kort ervoor couturiers als Poiret kleur waren gaan gebruiken, helemaal geen 'mode'. Delaunay verklaart hierover: 'La mode du jour ne nous intéressait pas, je ne cherchais pas à innover dans la forme de la coupe, mais à égayer et animer l'art vestimentaire, en réutilisant les matières nouvelles porteuses de nombreuses gammes de couleurs.'[25]

Volgens Apollinaire danste Delaunay niet in de Bal Bullier, maar zat ze naast het orkest. Daarmee poogde ze wellicht de ritmen van het orkest beter te laten samengaan met de ritmen van de jurk: het was niet nodig om in deze kleding te dansen, want ze weerspiegelde en reageerde op haar omgeving als object op zich. Delaunay versterkt deze opvatting zelf als zij over het kleurenpallet in de jurk spreekt als betrof het 'gammes' oftewel toonladders. De jurk danst zelf voor Delaunay en maakt deel uit van een ritmisch geheel, waarin zowel het lichaam in de ruimte oplost, als een nieuw, modern, gesyncopeerd subject tevoorschijn komt dat in harmonie (of disharmonie) met zijn omgeving is.

De jurk is een soort scherm voor 'visuele muziek', een manier om uitgebreide temporele relaties tot stand te brengen tussen visuele en auditieve patronen – ritmen – die symptomatisch zijn voor de moderne tijd op de plek waar ze tot stand worden gebracht, de nachtclub. Als, zoals Rosalind Krauss opmerkt, 'ritme het vermogen bezit tot het ontbinden en oplossen van de samenhang van vormen zonder welke zichtbaarheid niet mogelijk is'[26] kunnen we Sonia Delaunay's interventie in de Bal Bullier beschouwen als een aanval op het modernistische visuele regime – in elk geval zoals het wordt begrepen en toegepast door de kubisten – en niet als parodistische verruiming daarvan, en dan vooral als een uitdaging aan de ambitie van het vroeg twintigste-eeuwse modernisme 'om de beeldende kunsten te grondvesten op een specifieke opvatting omtrent de autonomie van de blik.'[27] Zien gebeurt niet door een stabiel subject: het lichaam wordt gefragmenteerd in visuele vlakken, maar het wordt ook in zijn omgeving gefragmenteerd in een soort proces van mimesis. Om in deze toestand te komen moet het oppervlak dat het lichaam met zijn omgeving verbindt temporeel van aard zijn: ritmisch. Delaunay's jurk hoort eerder thuis in een verruimde opvatting van het modernisme dan in een verruimde opvatting van het theater: in haar opvatting maakt het lichaam deel uit van het modernisme en weerspiegelt het het modernisme, in plaats van de afstandelijke waarnemer uit te hangen.

Een vergelijkbare oplossing van de figuur treffen we aan in een meer conventionele benadering van dezelfde ruimte – Delaunay's schilderijen van de Bal Bullier uit 1913. De belangrijkste versie daarvan (maar alleen in termen van omvang) is bijna één meter hoog en vier meter lang. Het heeft dus het publieke voorkomen van een muurschildering en kan worden opgevat als een vorm van publieke kunst die eropuit is de conventionele, dominante visuele relatie te verstoren tussen toeschouwer en ingelijst schilderij, net zoals de interne structuur ervan de figuratie bijna geheel oplost in een patroon van overeenkomstige vormen en kleuren. Zoals Jacques Damase opmerkt:

'Het betreft hier een poging de subjectieve impressie van de danser over te brengen… opgegaan in een wirwar van geluid en beweging.'[28] Er zijn weliswaar rest-lichamen te zien op het schilderij, maar slechts één daarvan staat op zich. Er zijn drie stellen die elkaar omarmen, blijkbaar op de dansvloer, en deze lijken hun eigen metrische relatie binnen het doek te hebben: de afstand tussen het tweede en derde stel is ongeveer het dubbele van die tussen het eerste en tweede. Er is nog een parallel tussen dit schilderij en de 'simultane jurk': het palet van beide is vrijwel identiek. Het schilderij heeft geen overheersende kleur, maar er is scharlakenrood, meerdere tinten groen, paars, oranje en bruin in verwerkt, met slechts een paar zwarte stukjes. De bogen van de armen rond het middel en de schouders van de stellen vormen een echo van de geabstraheerde kleurbogen die de rechthoeken en driehoeken over het oppervlak afwisselen. Het is moeilijk een onderscheid te maken tussen een lichaam, diens schaduw, de partner en de lichtflitsen op muren en vloer. Sherry Buckberrough beschouwt deze synthese, en het ontbreken van een centrale figuur, als een duidelijk verschil met de futuristische weergaves van dancehalls (en evenzeer met de vorticistische): 'Het gaat daarentegen om een afbeelding van de bewegingen en interacties in een groep, die helemaal past in de filosofie van Jules Romains – de theorie van het unanimisme.'[29] Delaunay was in het bezit van een exemplaar van Romains' *Puissance de Paris*. Zijn opvattingen over het groepsleven waarin de individuele subjectiviteit wordt opgegeven, en dan met name zijn bespreking daarvan binnen de context van de populaire cultuur, zullen zowel Robert als Sonia Delaunay hebben aangesproken, gezien hun belangstelling voor het alledaagse.

Er verspreidt zich een soort ritme over het schilderij van de Bal Bullier. Het is zeker niet metrisch, maar bestaat uit een reeks grofweg verticale scheidslijnen op de linkerhelft die uiteenvallen in meer afgeronde fragmenten aan de rechterzijde. In de indruk van ritme en vervaagde beweging die hierdoor wordt opgeroepen zit, zoals Damase opmerkt,[30] iets van de vroege cinematografie. Ik zal nog op dit idee terugkomen, maar zou eerst willen opperen dat Delaunay met dit schilderij inderdaad naar hetzelfde idee van ritme en beweging voor geabstraheerde vormen streeft dat de belangstelling zou hebben gewekt van vroege theoretici van de abstracte film, zoals Survage en latere makers zoals Hans Richter, en dat ook zou worden toegepast door Delaunay's tijdgenoot Léger in zijn film *Ballet mécanique* (1924). Léger zelf zou over dat werk schrijven: 'Wat de film zo interessant maakt is het belang dat we hechten aan het "vastgelegde beeld", aan de rekenkundige, automatische projectie ervan die wordt vertraagd en versneld – bovenop wat dat beeld afbeeldt. De twee coëfficiënten waarop de film gebouwd is, zijn: de variaties in de projectiesnelheid, het ritme van die snelheden.'[31]

Légers film kan worden gezien als een tussenstap waarin de belangstelling van avantgardistische kunstenaars voor ritme als spatieel-temporele uiting van de moderne tijd zich verlegt van de abstractie naar de fotografische figuratie – met als hoogtepunt de metrische montage van Dziga Vertovs *Man met de filmcamera*. De futurist Bruno Corra was evenwel al in 1912 uit op een vergelijkbare visuele weergave van temporele effecten in zijn essay 'Abstracte cinema – chromatische muziek', dat op zijn beurt ideeën ontwikkelde die afkomstig waren uit Canudo's 'Geboorte van een zesde kunst' (1911). Ik kom nog terug op deze belangrijke verwantschap tussen de Delaunays en de futuristen, voor een deel bemiddeld door de ideeën van Canudo, maar zou eerst willen opperen dat in het algemeen hun belangstelling gegrondvest is in de verschillende interpretaties van de filosoof Henri Bergson, waar met name de Franse avant-garde voor 1914 mee op de proppen kwam. Bergson schrijft bijvoorbeeld: 'Wat echt bestaat is de voortdurende vormverandering: vorm is niet meer dan een momentopname van een transformatie' en 'Het mechanisme van onze kennis is cinematografisch van aard'.[32] Maar terwijl Bergsons opmerking over de voortdurende veranderingen van vorm in de loop van de tijd één manier om over film te denken openlegt, is zijn filosofie geheel in strijd met het tijdsbesef dat het betreffende medium structureert. Film roept slechts een illusie op van beweging doordat ze het ruimte-tijdcontinuüm opdeelt in een regelmatig aantal ruimten (frames) en een bepaalde conventionele tijdseenheid (zestien frames per seconde bij de stomme film). Weliswaar is deze opdeling van de tijd in conventionele eenheden karakteristiek voor de moderne tijd – de opdeling maakt bijvoorbeeld fabrieksarbeid en tayloristische efficiëntiemodellen mogelijk, of de dienstregeling van de spoorwegen – maar Bergson bestrijdt haar, omdat hij gelooft in het vloeiende vermogen van de ervaring van ruimte en tijd.[33] Wat film zo'n verleidelijk medium maakt voor avant-gardistische kunstenaars is haar vermogen om beweging uit te beelden, maar wat haar problematisch houdt is het feit dat ze bij fotografisch gebruik die beweging reguleert op een wijze die in tegenspraak is met Bergsons filosofie. De abstracte film omzeilt dit probleem doordat ze beweging mogelijk maakt zonder een vast ritme op te leggen aan gefixeerde momenten. Zoals Harvey opmerkt was 'het dilemma waar Bergson mee te kampen had...' en dat 'een centraal probleem werd voor zowel de futuristische als de Dada-kunst' de vraag hoe 'het oproepen van ruimte in het algemeen en de esthetische praktijk in het bijzonder omgaat met de weergave van vloeiende veranderingen'.[34] Van vitaal belang blijft de mate waarin 'ritme' in staat is door het mobiliseren van de ruimte een subjectieve innerlijkheid en een zelfbewustzijn op te roepen die verwant zijn aan die in de kubistische schilderkunst, en in welke mate het een medium voor oppervlakkige effecten blijft.

Zowel Delaunay's jurken als haar schilderijen van de Bal Bullier zijn in zekere zin 'filmisch': ze komen voort uit en zijn in het geval van de jurken deel van de populaire cultuur. Ze zijn ritmisch en lijken die ervaring van *durée* over te dragen, die zo belangrijk is in Bergsons filosofie over het subject dat deelneemt aan zijn eigen ruimte en tijd in plaats van dat het de wereld vanaf een afstand beschouwt waarin ruimte en tijd voor hem worden voortgebracht door een moderne instrumentalisering van de subjectiviteit. Volgens mij evenwel is het idee van een ritmische beweging, dat hier door Delaunay wordt onderzocht, in strijd met het kubisme – ondanks de belangstelling van de kunstenaars uit die beweging voor Bergson – omdat het inherent 'projectief' is, dat wil zeggen gedragen op het oppervlak, zowel van het lichaam als van het subject. Kubistische theoretici suggereren dat de tijd ligt ingebed in het kunstwerk – Metzinger bijvoorbeeld beweert in *Cubisme et tradition* (1911) dat het kunstwerk de tijd incorporeert doordat het zich rond een object beweegt.[35] We zouden kunnen zeggen dat Metzinger, Gliezes, Fauconnier en anderen, zoals Mark Antliff beweert, een soort ritmische gang door de ruimte in de plaats stellen van de kwantitatieve analyse van de ruimte die kenmerkend is voor het kubisme van Picasso en Braque.[36]

Alleen lijkt ritme – als gesyncopeerde beweging of de verletterlijkte weergave daarvan – een gruwel voor het kubisme en wordt het net als het bijvoeglijk naamwoord 'filmisch' meestal gebruikt als kritiek of zelfs scheldwoord. Zo valt Roger Allard in een aanval op de futuristen als volgt uit: 'De voluptueuze sereniteit van Ingres had jullie – die een filmprojector in jullie buik hebben zitten – moeten leren dat het totaal belachelijk is een beweging te willen vastleggen en een analyse van zo'n beweging te willen navertellen (...) De hulpmiddelen van kunstenaars zijn lijnen en volumes, vergelijkingen en evenwichten, en geen enkele vorm van bedrog kan ooit een illusie van ritme oproepen!'[37] In antwoord hierop haalt Boccioni ook Henri des Pruraux aan: 'Aan de snapshot hebben we groteske uitspraken als de volgende te danken: een dravend paard heeft twintig benen. De snapshot of, nog erger, de film die het leven in stukken breekt en het in een eentonig razend ritme rondsmijt – zijn dat soms de twee nieuwe klassieken ten faveure waarvan de futuristen de meesters in de kunstgaleries willen verbieden?'[38]

Volgens mij gaat het hier om de vraag waar het ritme gelokaliseerd zou kunnen worden en wat de subjectieve kwaliteiten ervan zouden kunnen zijn. Al zijn er kunstenaars die tussen tegengestelde standpunten heen en weer pendelen, toch draait het debat in feite rond tussen de tegenpolen van diepte en oppervlak, tussen een opvatting van Bergson volgens welke het levensritme zichzelf intern manifesteert in een uitgewogen, je kunt zelfs zeggen 'particuliere' subjectiviteit, en een opvatting die de Bergsoniaanse *durée* ziet in termen van een oppervlakkige dynamiek die op het individu wordt geprojecteerd en zich in de moderne tijd zo manifesteert dat de subjectiviteit erin kan oplossen. Een wantrouwen omtrent de oppervlakte-effecten van de cinematograaf vormt onmiskenbaar de kern van Allards aanval op het futurisme, want voor hem gaat het bij ritme in wezen om 'dieptestructuur': durée is een eigenschap van diepte, gekenmerkt door melodie, harmonie en synthese. Zoals Antliff opmerkt: 'Toen... Allard in het symbolistische tijdschrift *L'Art libre* (van november 1910) over het kubisme schreef dat het leidde tot een "toekomstig classicisme", deed hij dat op grond van zijn bewering dat de ritmische eigenschappen van een kubistisch doek de muzikale structuur weerspiegelt die inherent is aan durée.'[39] Het gaat in de kubistische schilderkunst na Picasso en Braque om de wijze waarop de durée wordt geïnternaliseerd en om het gevoel voor ritme dat in die internalisering een eigenschap wordt van het subject. Zo er een muzikale dynamiek werkzaam is op de subjecten van het kubisme, dan is dat niet die van de foxtrot of de tango.

Dit valt af te lezen aan schilderijen als Metzingers *Le goûter* (1911), waarover Antliff schrijft dat het 'niet alleen een vrouw toont die van haar thee geniet, maar ook zinspeelt op een vorm van esthetisch inzicht dat de kubisten associëren met een intuïtieve beheersing van de durée-matige kwaliteiten van hun werk.'[40] Het kubistische subject is dus een subject-met-'smaak', zowel in het werk zelf, als in de gedaante van de oplettende toeschouwer. Deze stellingname zien we terug – waarbij de betreffende subjectiviteit nog wordt uitgebreid tot de kubistische kunstenaar zelf – in een schilderij als Gleizes' *Portret van Jacques Nayral* (1911), dat de meditatieve schrijver-denker onmiskenbaar toont als een evenwicht genererende figuur in een ritmisch fond, maar dat door de kunstenaar gemaakt is op grond van zijn eigen geïnternaliseerde herinneringen, en niet terwijl het subject van het doek voor hem poseerde.[41] Het kubistische subject is dus een figuur die ondanks heel de 'moderniteit' van zijn ruimteopvatting, toch fundamenteel classicistisch is, zoals Allard inzag. Sterker nog, we kunnen dit subject gelijkstellen aan de figuur die bij Walter Benjamin optreedt als het subject dat bij uitstek door de moderne tijd is ontwricht:

5. Albert Gleizes, *Portrait de Jacques Nayral*, olieverf op doek, 1911, collectie Georges Houot, La Flèche, Frankrijk

de dichter[42] Jacques Nayral en het onbekende vrouwelijke model voor *Le goûter* zijn neergezet als figuren in het proces van internalisering van ervaringen. Hun subjectiviteit is een gevolg van wat Benjamin *Erfahrung* noemt, dat wil zeggen een leven waarin ervaring is opgedaan, gewogen, in harmonie is gebracht en gecomponeerd, in plaats van dat het is overheerst door oppervlakkige sensaties.[43]

Canudo benut in zijn *Le livre d'évolution: l'homme* (1907) eenzelfde muzikale analogie als Allard had gebruikt. In zijn boek – waarin de muziek een centrale rol wordt toegekend in de toekomstige ontwikkeling van de 'mens' en waarin wordt gesteld dat de muziek en de beeldende kunsten de sentimentaliteit van de literatuur zullen overstijgen – komt de zelfkennis die bepalend is voor het subject voort uit diens sublimatie in een ritme waarmee 'het kan herontdekken hoe het deel heeft aan het oneindige'.[44] In de latere essays over film van Canudo en Corra lijken de kunstenaars en critici die verbonden waren met het futurisme, te menen dat de visuele muziek en de ritmen daarvan een fundamenteel ander lichamelijk effect hebben en een andere subjectieve plaats innemen dan bij het kubisme. Futuristische schilderijen en optredens – bijvoorbeeld Canudo's samenwerking in december 1913 met de danseres Valentine de Saint-Point in haar 'métachorie' (een geabstraheerde, geometrische choreografie, begeleid door poëzie), of een schilderij als Balla's *Ritme van de violist* (1912) – stellen het ritme centraal als effect waarmee het subject wordt ingevoegd in de moderne wereld, in plaats van als effect waarin het subject een innerlijk, reflexief evenwicht tot stand brengt. Sterker nog, we kunnen zien hoe Canudo in de vier jaar tussen zijn studie over mens en muziek en zijn proclamatie van de film als 'zesde kunst', tot de theorie komt dat de film de overhand over de muziek krijgt als middel ter bevordering van de menselijke ontwikkeling, waarbij Canudo film begrijpt als een dialectische synthese van voorheen gescheiden, ritmische kunsten. ('Het zal een grootse verzoening opleveren tussen de Ritmen van de Ruimte (de Beeldende Kunsten) en de Ritmen van de Tijd (Muziek en Poëzie).')[45] Maar Canudo omarmt de film ook als een specifiek 'modern' medium dat symbool staat voor de typisch moderne verwoesting van de 'liefde voor rust' door de techniek.[46] Terwijl ritme voor Allard en in potentie voor het kubisme een subjectief effect is dat men voortbrengt om te kunnen reflecteren op de wereld en de eigen plek daarin, is ritme voor het futurisme een effect van die wereld op het lichamelijk oppervlak, waardoor men wordt voortgebracht als subject. Deze subjectiviteit ligt volgens mij dicht aan tegen degene die Benjamin heeft beschreven als specifiek modernistisch, als *Erlebnis*: voortgebracht door de oppervlakkige effecten van de beleving in plaats van door de internalisering daarvan.[47] En laten we ons hier te binnen brengen dat voor Benjamin de film een medium voor oppervlakte-effecten was, dat specifiek modern is en waarin 'de waarneming in de vorm van shocks vormgevend principe is geworden.'[48]

In het denken van Delaunay staat een vergelijkbaar engagement met ritme centraal als waarvan Canudo blijk geeft, maar het is eveneens van fundamenteel belang voor de fauvistische schilders die na 1908 langzaam maar zeker een variant van de kubistische stijl ontwikkelen – dat wil zeggen de schilders die net zoveel waarde aan kleur hechten als Delaunay. Zoals Mark Antliff heeft aangetoond, gebruikten deze kunstenaars en verwante critici, die hij 'ritmische fauvisten' noemt, Bergsons filosofie om het fauvisme te herdefiniëren, lang voordat Gleizes en Metzinger hun Bergsoniaanse visies tot een samenhangend geheel uitwerkten in de tekst van *Du Cubisme* (1912).[49] Antliff heeft ook gewezen op de conservatieve opvattingen omtrent geslachtsverhoudingen in deze groep en hij ziet met name J. D. Fergussons schilderijen als 'tekenen voor een burgerlijke vlucht uit het conventionele naar het rijk van het "natuurlijke".[50] Zo zijn voor Fergusson zowel kleding als milieu symptomatisch voor de subjectiviteit, en vormen ze een omgeving waarin het subject is ondergedompeld – min of meer zoals Delaunay's 'simultane jurk' zowel iets zegt over de drager ervan als deze laat overlappen met zijn omgeving, en min of meer zoals Canudo zich het opgaan van het ik in de oneindigheid door de muziek voorstelt. Frank Rutter wijst op Fergussons 'subtiele aanpassing van het ritme om iedere persoon die hij portretteert een eigenheid mee te geven'.[51] Deze karakterisering is vaak een mode-effect, bijvoorbeeld in *De gespikkelde sjaal* (1908-1909), maar in dat schilderij bestaat er ook een ritmische verbintenis tussen de sjaal en het fond waarin de figuur van zijn vrouwelijke subject is neergezet, hetgeen een opvallend verschil is met de relatie tussen figuur en fond in een portret als van Jacques Nayral. In de commerciële groei van haar modeontwerpen na 1916 tot in de jaren twintig – door de verkoop in 'Casa Sonia', door haar werk voor de fabrikant Bal Transmental, door de kleding die ze weggaf aan vrienden in de Parijse avant-garde – zou Delaunay haar modieus uitgedoste subjecten in zo'n fond positioneren. In het midden van de jaren twintig was het mogelijk geworden om je woning die met Delaunay-ontwerpen was gemeubileerd, te verlaten in Delaunay-kleding en met grote snelheid weg te rijden naar de moderne, gefragmenteerde stad in een Citroën met Delaunay-motieven. De verwarring van de subjectieve identiteit tussen figuur en fond die karakteristiek was voor de vooroorlogse modernistische schilderkunst en de abstracte film van die tijd was als het ware uit het domein van de afbeelding in dat van de ervaring gegleden.

Mode is een 'medium van de moderne tijd' waarmee Delaunay de ervaring van het grootstedelijke, geïndustrialiseerde leven kan opvoeren en uitdrukken, dat parallel loopt met de theorievorming over andere moderne media door leden van haar intel-

6.

7.

8.

6. Citroën CV 5, beschilderd door Sonia Delaunay, en twee modellen in jurken ontworpen door Sonia Delaunay, 1925
7. Kast, ontwerp van Sonia Delaunay, 1924
8. Sonia Delaunay, Ontwerp voor een jurk, gouache, 1923

lectuele kring. Deze benadering gebruikt ze voor het eerst in de 'simultane jurk', maar zal in de jaren twintig heel haar werk gaan overheersen door het gebruik van 'mode'. Canudo begrijpt film als 'een schilderij plus een beeldhouwwerk, die zich in de tijd ontwikkelen'.[52] Dit stemt opvallend overeen met de wijze waarop Delaunay de simultane jurk in 1913 inzet: als visueel fond en als haptisch object dat door het lichaam met temporaliteit is begiftigd. Buckberrough poogt Delaunay van het futurisme te scheiden op grond van haar esthetiek, en dan met name de eliminatie van centrale figuren uit haar afbeeldingen van dancehalls.[53] Carrie Noland oppert dat de eerste 'simultane jurk' een zorgvuldig berekende zet is in de uitwisseling tussen Delaunay en futuristische kunstenaars.[54] Volgens mij evenwel is Delaunay bezig met een futuristisch project door de wijze waarop ze Bergsons ideeën over ritme filtert met Romains' ideeën over intersubjectiviteit (die zelf weer beïnvloed waren door Bergson) en deze in het domein van de populaire cultuur tot uiting brengt als 'projectief' oppervlak. Zij verheerlijkt zowel de moderne tijd, als dat ze het lichaam in de oppervlakte-effecten ervan onderdompelt, misschien niet op de manier waarop Severini eerder de interieurs van nachtclubs had geschilderd, maar wel op de wijze waarop de futuristen de massa afbeelden.

Sterker nog, een aantal futuristen lijkt Delaunay na te volgen: er bestaat een opvallende formele overeenkomst tussen de ritmische abstractie van Severini's *Zee = danser* (1914) en Delaunay's geheel abstracte versie van de Bal Bullier – al is het Italiaanse pallet uitbundiger. Opvallender nog is de invloed van Delaunay op het futuristische 'anti-neutrale kostuum' van Balla uit 1915. Net als Delaunay's jurk zit er op dit pak een reeks bogen over het lichaam, terwijl op de broekspijpen eenzelfde patroon figureert van driehoeken en ongelijkmatige vierhoeken in diverse kleuren.[55] Het palet dat in de futuristische mode wordt gebruikt is in feite ontleend aan Delaunay. In dit geval evenwel beweert Balla dat het pallet 'gespierd' is en in wezen masculien en hij beschrijft de snit van zijn mode in de taal van de moderne oorlogsvoering – en dat op een moment dat Italië op het punt staat te gaan deelnemen aan de Eerste Wereldoorlog. Kleding die geschikt is voor het lichaam om ritmisch in te dansen of om ritmisch licht en geluid op het lichaam te laten spelen in het gemechaniseerde milieu van de nachtclub, wordt nu geschikt gemaakt voor de eisen die aan het lichaam gesteld worden in een al even moderne omgeving die de individualiteit overstijgt – die van de gemechaniseerde strijd. Futuristische kleding is 'geschikt om te schieten met een geweer, een rivier over te steken of te zwemmen', 'de snit is zo dat de huid vrij kan ademen tijdens lange marsen en vermoeiende klimpartijen.'[56]

Film is een medium waarin de moderne tijd de rust verwoest, en iets dergelijks kunnen we van de Bal Bullier zeggen, als milieu waarin het subject 'vrijwillig' in sensaties wordt ondergedompeld in het domein van het 'vermaak' als compensatie voor of ter onderbreking van de gereguleerde en opgelegde sensaties in het domein van de arbeid. Het is duidelijk geen ruimte voor het soort ritmische concentratie van het naar binnen gekeerde ik, die Allard zich voorstelde en Gleizes afbeeldde. We kunnen hetzelfde zeggen over de subjectieve ervaring van het leven in het naoorlogse Parijs waarvoor Delaunay haar subjecten uitrust en in feite 'camoufleert'. Toch is het deze vorm van internalisering die de basis zou worden voor het projectieve werk dat – als het gerealiseerd zou zijn – nog het meest had geleken op de formele dynamiek en temporele kwaliteit van Delaunay's jurk: Léopold Survage's *Le rythme coloré* (1914). Dit filmvoorstel voorziet in een dynamische kunst die gebaseerd is op 'gekleurde visuele vormen wier rol analoog is aan die van geluiden in de muziek.'[57] Maar in plaats van een analyse te wagen van wat die subjectieve ervaring inhoudt – wat welbeschouwd de inzet van het kubisme was – lijkt Survage's werk eerder een poging om die subjectieve ervaring op te roepen met behulp van oppervlakte-effecten, in die zin dat je door 'een vorm in beweging te zetten, te transformeren en te combineren met andere vormen' het die vorm mogelijk maakt 'een gevoel op te roepen'.[58] Het is verder een poging tot ontkenning van het uiteindelijke evenwicht van tegenstrijdige elementen in de compositie van de durée, waar het klassieke kubisme op uit was. Survage schrijft: '*Le rythme coloré* is geenszins een illustratie of een interpretatie van een muziekstuk. Het is een kunst op zich, ook al is ze gebaseerd op dezelfde psychologische feiten als de muziek. (...) Door de opeenvolging in de tijd ontstaat er een analogie tussen muzikale geluidsritmen en de kleurenritmen – hetgeen ik poog te bereiken met filmische middelen.'[59]

De grote, ongelijke blokken van gemobiliseerde kleuren in Survage's tekeningen voor *Le rythme coloré* lijken te voldoen aan de oproep van de 'ritmisch fauvistische' criticus C. J. Holmes: 'Als we met tint en contouren (net als met kleur waarover hij het eerder had) een poëtisch ritme willen creëren, moeten we werken met elementen die groot en ongelijkmatig zijn.'[60] Er bestaat verder een parallel met de wijze waarop Sonia Delaunay's 'simultane' stoffen voor de mode-industrie zullen worden getoond op de Salon d'Automne van 1924, waar ze, zoals Buckberrough opmerkt, '"filmisch" werden gepresenteerd in een etalage met bewegende spoelen die door haar echtgenoot waren vervaardigd'.[61] Als de nachtclub één plek is waar we de polsslag van de moderne tijd kunnen voelen, een oord van repeterende beats, dan is de film wellicht een andere. Benjamin komt op dit idee in zijn bespreking van de technische structuur van het medium film,[62] maar het is ook een gevolg van de ontologie van het medium – het ene na het andere frame waartussen amper verschil bestaat, geprojecteerd door een licht dat flikkert volgens een vast ritme (een effect dat explicit wordt benadrukt in de 'structurele film' van de jaren zestig). En het is een gevolg van de retorische vormen van de film: de constructie van genres, de cultuur van remakes. De aan film inherente 'beat' – de temporaliteit van het passerende beeld – wordt onderstreept in projecten als Survage's filmvoorstel, in de realisatie van abstracte films zoals Richters *Ritme-oefeningen* uit de vroege jaren twintig, in Gance's en Légers montagemethoden in *La roue* en *Ballet méchanique*, en ten slotte in de complexe montageritmen van Dziga Vertovs werk.

Zowel in Delaunay's project als in de ritmische bewegingen van de abstracte cinema wordt het gezichtsveld ontwricht. Het is niet stabiel, er heerst een voortdurende verwarring tussen figuur en fond;[63] er is geen geprivilegieerde waarnemerspositie. We kunnen hieraan toevoegen dat beide nog een ander aspect belichamen van de rol van 'ritmen' die door Krauss is beschreven als tegenhanger van de 'formele voorwaarden van de modernistische opticiteit'.[64] Ze 'ondermijnen uiteindelijk de notie dat lage kunst, of een massaculturele praktijk, kan worden ingezet om de ambities van de hoge kunst te dienen als een soort gedenatureerd accessoire.'[65] Volgens mij gaat de geschiedenis van beide praktijken in de jaren 1920 tot 1940 niet in de richting van een invoeging van de populaire cultuur in de hoge kunst, maar eerder in de richting van een invoeging van de modernistische bohème en kunstpraktijk in de massacultuur, hetgeen vooruitloopt op de methoden van de postmoderniteit.[66] Verder geeft de ontwrichting van het gezichtsveld waarover Krauss spreekt, het subject niet altijd de ruimte om zich bewust te worden van zijn overlapping met en productie door het spektakel, zoals Krauss suggereert. Volgens mij wordt dat spektakel domweg vertolkt of herhaald door het subject.[67] De fascinatie van het modernisme voor de moderne tijd – die ingaat tegen de modernistische neiging om zonder meer de superioriteit van het bur-

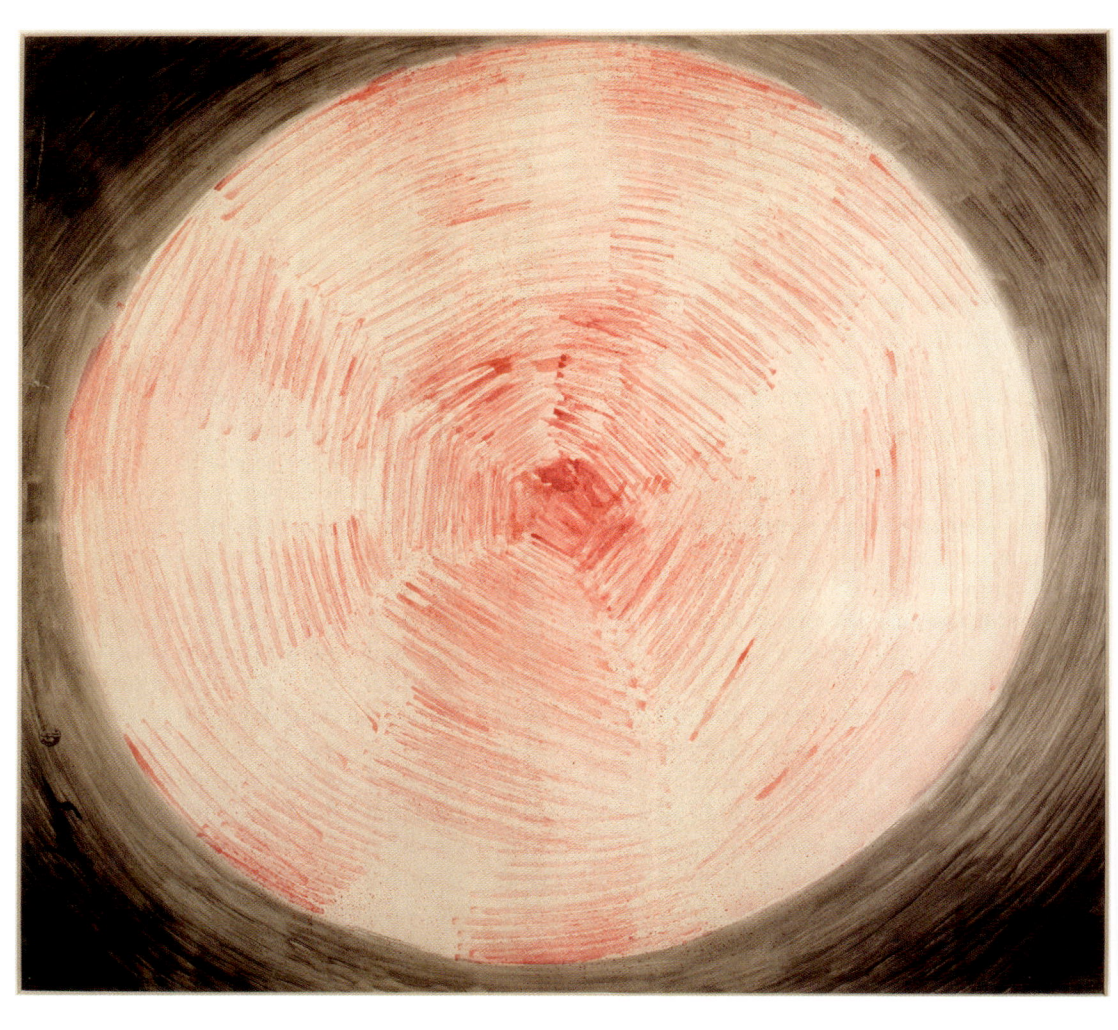

9. Léopold Survage, *Le Rythme Coloré*, inkt op papier, 1913

gerlijk subject te onderschrijven – versnelt en verheerlijkt in bepaalde gevallen zelfs de tendens van die moderne tijd om elke vorm van subjectiviteit omlaag te halen, met uitzondering van degene die het effectiefst het industriële kapitalisme aan het oppervlak brengt.

Een fascinatie voor de effecten van de moderne tijd vormt de kern van het werk van Delaunay in en rond de Bal Bullier, van de invloed die dat werk heeft op de futuristische opvatting over kledij aan de vooravond van de Eerste Wereldoorlog, en van de veronderstelde vermogens die de film zou hebben volgens de vroege theoretici ervan en de eerste avant-gardisten die ermee werkten. Het gaat volgens mij telkens om een fascinatie voor de verpletterende effecten van het spektakel van de moderne tijd, en niet om een aanval daarop. David Harvey beweert dat Robert Delaunay's pogingen om 'de tijd af te beelden door een fragmentering van de ruimte... parallel loopt met de werkwijze van Fords lopende band',[68] hetgeen inhoudt dat de afstand die de modernistische kunst op bepaalde plaatsen innam ten opzichte van de effecten van de moderne tijd, desondanks die effecten toch nabootsten als nieuw, opwindend en heilzaam wellicht, ook al hielden de modernistische kunstenaars er afstand toe. Sonia Delaunay's weergave van de Bal Bullier kan worden gezien als een vergelijkbare uiteenzetting met de temporele en spatiële herorganisatie van de ervaring binnen de moderne tijd – in haar geval met de recreatieve compensatie voor de externe organisatie van de subjectieve tijd en ruimte door het vertoog over het efficiënter maken van de bedrijfsleiding en de kapitalistische productie. De 'simultane jurk' past in deze ruimte, niet als kritiek, niet als internalisering van een ritme, maar als herhaling en uitbreiding van de oppervlakte-effecten ervan: het subject zoekt zichzelf niet langer, maar verliest zich in het spel van de moderniteit met de lichamelijkheid. Cendrars slaat de spijker beter op zijn kop dan hijzelf in de gaten heeft met

die omkering in de titel van zijn gedicht over Delaunay's jurk, 'Op haar jurk draagt zij een lichaam', want we hebben het hier over de blootstelling van het subject aan de invloeden van de moderne tijd. Terwijl Fergussons schilderijen even zovele ontsnappingen voorstellen in een burgerlijke fantasmagorie over 'het natuurlijke', zien we ons bij de schilderijen van de Bal Bullier en de 'simultane jurk' geconfronteerd met een ontsnapping van de burgerij uit het conventionele naar het rijk van het spektakel en het moderne, waar het massasubject eerder wordt geconstitueerd door een reflex dan door reflectie.

Volgens Benjamin 'correspondeert de shockbeleving van de voorbijganger in de menigte met de "beleving" (*Erlebnis*) van de arbeider aan de machine.'[69] Deze ervaring nu vormt de toestand waarin het subject verkeert in de nachtclub – waar het transmuteert van het domein van de betaalde arbeid naar dat van de betaalde afleiding. Het is deze subjectiviteit en de intersubjectiveit ervan (het jezelf verliezen in het ervaren van anderen) die Sonia Delaunay zo fascineert, maar ook, kunnen we toevoegen, zoveel futuristen. Harvey meent dat de modernistische pogingen om de transformatie van de tijd in de moderne ervaring af te beelden door een fragmentering van de ruimte, 'vermoedelijk onbewust' plaatsvonden van hun parallellen met de Fordistische werkwijzen in de moderne fabriek.[70] Antliff oppert volgens mij terecht dat Harvey's kritiek op de kubisten onjuist is, aangezien de kubisten in hun specifieke en misschien op dat moment correcte lezing van Bergson – als zou hij het hebben over de vloeiende tijdservaring binnen de interne registers van de subjectieve accumulatie (de *Erfahrung* van Benjamin) – de 'publieke tijd' verwierpen, zoals Harvey haar aanduidt, en in plaats daarvan de nadruk legden op het primaat van de particuliere, geïnternaliseerde constructie van ruimte en tijd. Zoals Antliff het formuleert: 'De kubistische verbeelding is niet alleen een afgeleide van de waargenomen buitenwereld, ze komt voort uit een bestendige bewustzijnsstroom.'[71]

Gegeven het feit evenwel dat Sonia Delaunay's werk gesitueerd is in de 'populaire cultuur', dit werk eropuit is de tijd- en ruimte-ervaring van het dagelijks leven in de hoge kunst te incorporeren en zowel gebruik maakt van de subjectief verleidelijke effecten van de moderne cultuur als deze poogt weer te geven, zou Harvey wel eens méér gelijk kunnen hebben – en dan zouden we deze andere relatie tot de ervaring van tijd en ruimte kunnen gebruiken om een onderscheid te maken tussen het kubisme van vóór 1914 en de schijnbaar verwante vormen van fragmentatie-esthetiek die zich daarnaast ontwikkelden in de modernistische avant-garde. Delaunay moedigt geenszins noodzakelijkerwijs het zelfbesef van het subject met betrekking tot diens plaats en ontwrichting binnen het moderne leven aan, zoals Benjamin – in een meer utopische stemming – en Rosalind Krauss opperen, maar laat het bewustzijn los ten gunste van de sensatie, ze onderwerpt zich aan de oppervlakkige, gelijkschakelende effecten van ritme en bootst daarmee de verdoving van de individuele reflexiviteit door de moderne tijd na – of die nu op een persoonlijk of een historisch niveau plaatsvindt. (Dit blijkt duidelijk als we de functies bekijken die aan modernistische ideeën over de ruimtelijke fragmentatie van paletten en de snit van kleding kunnen worden gegeven.) Deze afwijzing van elke verantwoordelijkheid in een poging toch maar vooral 'modern' te zijn, vormt een voorafschaduwing van eenzelfde afwijzing binnen de abstracte film van na 1918 die 'mystiek' of 'mooi' poogde te zijn. Als de tango en de foxtrot niet zouden hebben geklonken, zou je bijna het ritme hebben gehoord van de rails waarover de moderne cultuur naar de rampspoed van de moderne oorlog werd geleid.

Dankwoord
Ik wil graag Sophie Symons bedanken omdat zij mij als eerste vertelde over de samenwerking van Delaunay en Cendrars en mijn interesse heeft aangewakkerd voor het modernisme aan het begin van de vorige eeuw. Ik bedank Becky Beasley dat ze me heeft gewezen op het fraaie essay van Rosalind Krauss over ritme, visie en moderne tijd en mijn interesse voor het gedachtegoed van Walter Benjamin heeft hernieuwd. Tenslotte bedank ik Monika Oechsler voor de gesprekken over verschillende aspecten van dit essay.

1. Dit is een onderwerp waarvoor steeds meer disciplines belangstelling opvatten – zie bijv. P.A. Michaud, *Aby Warburg and the Image in Motion*. [vert. S. Hawkes] Zone Books, New York 2004.
2. R. Krauss, 'The Im/Pulse to See'. In: H. Forster (red.), *Vision and Visuality: Dia Art Foundation Discussions in Contemporary Culture*, nr 2. Bay Press, Seattle 1988, pag. 51-75.
3. R. Krauss, *A Voyage on the North Sea*. Thames & Hudson, New York 2000.
4. D. Harvey, *The Condition of Post-Modernity: An Enquiry into the Origins of Social Change*. Harvard University Press, Cambridge (Mass.) 1989, pag. 201-283.
5. W. Benjamin, 'Enige motieven bij Baudelaire'. In: *Kleine filosofie van het flaneren*. [vert. Ineke van der Burg et. al.] Sua, Amsterdam 1992, pag. 87-116.
6. T. Adorno, *Aesthetic Theory*. Routledge & Kegan Paul, Londen 1984, pag. 316-317.
7. D. Cottington, *Cubism in the Shadow of War: The Avant-Garde and Politics in Paris, 1905-1914*. Yale University Press, New Haven 1998, pag. 181.
8. R. Delaunay, 'Mon ami Henri Rousseau 1'. In: *Les Lettres françaises*, 7 aug. 1952. Geciteerd in: *Cubism in the Shadow of War*, pag. 179.
9. *Cubism in the Shadow of War*, pag. 178.
10. Zie M. Antliff, 'Cubism in the Shadow of Marx'. In: *Art History* 22, 1999, pag. 444-450.
11. *Cubism in the Shadow of War*, pag. 175.
12. Zie over de marginalisering van vrouwelijke kunstenaars in het modernisme ondermeer S. L. Suleiman, *Subversive Intent: Gender, Politics and the Avant-Garde*. Harvard University Press, Cambridge (Mass.) 1990; W. Chadwick en I. de Courtivron, *Significant Others: Creativity and Intimate Partnership*. Thames & Hudson, Londen 1993; en C. Duncan, 'Virility and Domination in Early Twentieth Century Vanguard Painting'. In: *Artforum*, dec. 1973.
13. Zie S. Baron, *Sonia Delaunay: The Life of an Artist*. Thames & Hudson, Londen 1995, pag. 20 en 29.
14. *Cubism in the Shadow of War*, pag. 187.
15. E. Morano, *Sonia Delaunay: Art into Fashion*. George Braziller, New York 1986, pag. 12.
16. J. Damase, *Sonia Delaunay: Rhythm and Colours*. Thames & Hudson, Londen 1972, pag. 52.
17. S. Delaunay, *Nous irons jusqu'au soleil*. Éditions Robert Lafont, Parijs 1978, pag. 96.
18. Canudo was de oprichter van het avant-gardetijdschrift *Mountjoie* en een belangrijke schakel tussen Delaunay en de futuristen. (Misschien was hij het, en niet Severini, die als eerste de futuristen attendeerde op Delaunay's 'simultane jurk'.)
19. We zien deze verschuiving ook in Delaunay's ontwerpen van boekomslagen, van de bijna uniforme rechthoeken op de band van Cendrars' *Pâques à New York* naar de bogen, driehoeken en rechthoeken op Canudo's *Les transplantés*.
20. G. Apollinaire, 'De zittende vrouw'. In: *Mercure de France*,

1914. Delaunay maakte gebruik van Apollinaire's beschrijving bij haar eigen herinneringen aan het dragen van de eerste 'simultane jurk' in: *Nous irons jusqu'au soleil*.
21. J. Weiss, *The Popular Culture of Modern Art: Picasso, Duchamp, and Avant-Gardism*. Yale University Press, New Haven 1994, pag. 3.
22. Ibid. pag. 207.
23. *Nous irons jusqu'au soleil*, pag. 36. 'De foxtrot wedijverde met de tango in deze nieuwe tempel van de populaire dans. De ritmen waren zo dat wij ook de kleuren wilden laten dansen.'
24. Ibid. 'Het oudroze sprak met de tango, het Nattier-blauw speelde met het scharlakenrood.'
25. Ibid. 'De mode van die tijd interesseerde ons niet. Ik voerde geen vernieuwingen door in de snit van die tijd, maar verlevendigde en bezielde de kunst van het kleden, waarbij ik nieuwe draagbare materialen in een reeks kleurentoonladders toepaste.'
26. 'The Im/Pulse to See', pag. 51.
27. Ibid.
28. Sonia Delaunay, *Rhythm and Colours*, pag. 75.
29. S.A. Buckberrough, 'A Biographical Sketch'. In: *Sonia Delaunay: A Retrospective*. Albright-Knox Gallery, Buffalo 1980, pag. 39.
30. Sonia Delaunay, *Rythms and Colours*, pag. 75.
31. F. Léger, 'The New Realism – The Object'. In: *The Little Review*, New York 1926 (winter). Van belang is de rol die zowel Cendrars als Canudo als goede vrienden van Sonia Delaunay hebben gespeeld. Cendrars raakt in de periode na WO I als recensent en als scriptschrijver voor Abel Gance nauw betrokken bij de filmproductie. Canudo, die zoals we zullen zien al in 1911 in zijn theorieën de film als kunstvorm erkende, richt in 1922 de 'Club des Amis du Septième Art' (CASA) op. Het comité dat zich bezighoudt met de programmering (van 'Les Vendredis du Septième Art') voor CASA organiseert vrijwel onmiddellijk, in april 1924, de vertoning van alle montagesequenties uit Gance's *La Roue* (1921-1922) met beelden van industriële machines. Mogelijk is dit van invloed geweest op wat Léger daarna maakte. Léger was samen met Cendrars lid van CASA. Halverwege de jaren twintig heeft ook Sonia Delaunay het druk met films en ontwerpt ze de kostuums en decors voor *Le vertige* van Marcel l'Herbier en *Le p'tit Parigot* van René Le Somptier.
32. H. Bergson, *Creative Evolution*. [vert. A. Mitchell] Henry Holt and Company, New York 1911.
33. Benjamin merkt over *Matière et mémoire* van Bergson op: 'Hij gaat [...] eerst en vooral die ervaring uit de weg waaruit zijn eigen filosofie is ontstaan, of liever gezegd, in reactie waarop zij ontwikkeld is. Het gaat om het onherbergzame, oogverblindende tijdvak van de grote industrie.' In: 'Enige motieven bij Baudelaire', pag. 88.
34. *The Condition of Post-Modernity*, pag. 206.
35. J. Metzinger, 'Cubisme et tradition'. In: *Paris Journal*, aug. 1911. Vertaald in: E. Fry, *Cubism*. Oxford University Press, New York 1966.
36. M. Antliff, *Inventing Bergson: Cultural Politics and the Parisian Avant-Garde*. Princeton University Press, Princeton 1993, pag. 13
37. R. Allard, 'Les Beaux arts'. In: *Revue indépendante* nr. 3, aug. 1911, pag. 134. Geciteerd in het antwoord van Umberto Boccioni, 'Futurist Dynamism and French Painting'. In: *Lacerba*, 1 aug. 1913.
38. *La Voce*, nr. 44, 31 okt. 1912. Geciteerd in: 'Futurist Dynamism and French Painting'.
39. *Inventing Bergson*, pag. 18.
40. Ibid. pag. 13.
41. Ibid. pag. 54-56.
42. 'Enige motieven bij Baudelaire', pag. 89.
43. Ibid. pag. 117 en pag. 154.
44. R. Canudo, *Le livre de l'évolution: l'homme (Psychologie musicale des civilisations)*. E. Sansot & Cie, Parijs 1907, pag. 325.
45. R. Canudo, 'Naissance d'un sixième art'. In: *Les entretiens idéalistes*, 25 okt 1911. Vertaald in: R. Abel (red.), *French Film Theory and Criticism: A History/Anthology*, deel I: 1907-1929. Princeton University Press, Princeton 1988, pag. 59.
46. Ibid. pag. 60.
47. 'Enige motieven bij Baudelaire', pag. 92 en pag. 116.
48. Ibid. pag. 102.
49. *Inventing Bergson*, pag. 69-70.
50. Ibid. pag. 76.
51. F. Rutter, 'The Portrait Paintings of John Duncan Fergusson'. In: *The Studio* 54, nr. 225, dec. 1911, pag. 207.
52. 'Naissance d'un sixième art', pag. 59.
53. 'A Biographical Sketch', pag. 39.
54. C. Noland, 'High Decoration: Sonia Delaunay, Blaise Cendrars, and the Poem as Fashion Design'. In: *Journal X: A Biannual Journal in Culture & Criticism* 2, nr. 2, voorjaar 1998 nr. 7, pag. 26. http://www.olemiss.edu/depts/english/pubs/jx/2_2/noland.html
55. Het manifest en de tekening van Balla zijn opnieuw afgedrukt in: C.J. Taylor, *Futurism: Politics, Painting, Performance*. UMI Research Press, Ann Arbor 1979, pag. 77-79.
56. Ibid. pag. 77.
57. L. Survage, 'Le Rythme coloré'. In: *Les Soirées de Paris* 26-27, juli-aug. 1914. Vertaald in: R. Abel (red.), *French Film Theory and Criticism: A History/Anthology*, deel I: 1907-1929.
58. Ibid. pag. 91.
59. Ibid. pag. 91.
60. C. J. Holmes, 'Stray Thoughts on Rythms in Painting'. In: *Rythm* I, nr. 3, winter 1911, pag. 3.
61. 'A Biographical Sketch', pag. 65.
62. W. Benjamin, *Het kunstwerk in het tijdperk van zijn technische reproduceerbaarheid*. [vert. H. Hoeks] SUN, Nijmegen 1985, pag. 7-42. Voor een inspirerende analyse van het spel en de ervaringstoestanden in Benjamins werk, zie M. Bratu Hansen, 'Room for Play: Benjamin's Gamble with Cinema', *Canadian Journal of Film Studies*, 4/1/2004.
63. Voor een bespreking van dit fenomeen in de vroege abstracte film, zie M. Turvey, 'Dada Between Heaven and Hell: Abstraction and Universal Language in the *Rhythm* Films of Hans Richter', *October*, 105 (zomer 2003), pag. 13-36.
64. 'The Im/Pulse to See', pag. 53.
65. Ibid. pag. 53-54.
66. Naast het evidente voorbeeld van Delaunay's modeproject, denk ik hierbij ook aan de verschillende podia en regieaanwijzingen waarmee de abstracte film wordt geconcretiseerd, of dat nu de 'filmsymfonieën' van Oscar Fischinger uit de jaren dertig betreft, of het gebruik van projecties in de lichtshows bij popconcerten en in discotheken in de jaren zestig.
67. Krauss spreekt van het 'dubbele effect van een ervaring hebben en tegelijk jezelf van buitenaf die ervaring zien ondergaan' ['The Im/Pulse to See', pag. 58] dat veel wegheeft van die strategie – zoals Benjamin die zag in Chaplins lichamelijke 'fragmentatie' waarmee 'hij de zelfvervreemding productief maakt door haar zichtbaar te maken' ['Room for Play', pag. 26].
68. *The Condition of Post-Modernity*, pag. 266.
69. 'Enige motieven bij Baudelaire', pag. 103.
70. *The Condition of Post-Modernity*, pag. 267.
71. *Inventing Bergson*, pag. 53.

Elsa Schiaparelli
1890, Rome (It) - 1973, Parijs (Fr)

Onder de titel *Shocking! The Art and Fashion of Elsa Schiaparelli* opent in 2003 in het Philadelphia Museum of Art de eerste grote overzichtstentoonstelling van de van oorsprong Italiaanse ontwerper Elsa Schiaparelli. Bij de tentoonstelling, die in 2004 in het Musée de la Mode in Parijs te zien is, verschijnt een uitgebreide, rijk geïllustreerde catalogus. Honderden afbeeldingen die nooit eerder werden gepubliceerd, getuigen van het feit dat de in haar tijd baanbrekende ontwerper de afgelopen decennia in de vergetelheid is geraakt.

Elsa Schiaparelli wordt in 1890 in een welgesteld gezin in Rome geboren. Ze interesseert zich al op jonge leeftijd voor beeldende kunst, theater, muziek en poëzie. In 1919 reist ze naar New York waar ze kennis maakt met een kring van vooruitstrevende kunstenaars, onder wie Marcel Duchamp en Man Ray. Na drie jaar verhuist ze naar Parijs. Hier komt Schiaparelli in contact met haar grote voorbeeld Paul Poiret. Poiret motiveert Elsa om zelf te gaan ontwerpen. Passend bij het heersende modernisme vervaardigt Schiaparelli simpele werk- en sportkleding voor de moderne vrouw, zoals een zwart, basic truitje met een witte strik dat onmiddellijk in de mode raakt. Kenmerkend voor deze vroege ontwerpen zijn de vaak opvallende details die Schiaparelli in haar kleding verwerkt, zoals de hiervoor genoemde witte strikken, maar ook veren, kleurrijke borduursels, broches en knopen.

In Parijs vindt Schiaparelli al snel aansluiting bij de artistieke avant-garde. Onder invloed van de surrealistische kunstenaars rond Man Ray wordt haar werk in de jaren dertig frivoler en excentrieker, met name in de detaillering maar ook in de accessoires die ze ontwerpt. De invloed van het surrealisme zien we bijvoorbeeld terug in de speelse wijze waarop ze alledaagse voorwerpen in haar ontwerpen opneemt. Een schoen en een inktpot worden getransformeerd tot een hoed en een hand tot een handschoen, compleet met nagels. Bureauladen worden verwerkt in een jurk en juwelen gesierd door kevers en bijen. Het werk van kunstenaars als Salvador Dalí, Jean Cocteau en Alberto Giacometti dient vaak ter inspiratie. Deze kunstenaars werken regelmatig ook aan het ontwerpen van stoffen, accessoires en reclame-uitingen mee. Zo ontwerpt Dalí de wereldberoemde zwarte telefoontas voor Schiaparelli, Giacometti verscheidene knopen en Cocteau borduursels. In combinatie met haar heldere kleurgebruik, zoals oranje, groen en vooral fel roze, en de verwerking van innovatieve materialen, levert dit ware kunststukken op. Schiaparelli beperkt zich niet tot prêt-á-porter en couturecollecties, maar vervaardigt ook theater- en filmkostuums voor klassiekers als Zsa Zsa Gabors *Moulin Rouge*. Daarbij breidt ze haar lijn uit met parfum en cosmetica. Tot aan de tweede wereldoorlog zijn Elsa's ontwerpen, ook bij grote sterren als Katharine Hepburn, Joan Crawford en Greta Garbo, zeer geliefd en is haar invloed op met name de Amerikaanse mode-industrie groot. Na de oorlog spelen financiële problemen haar parten en in 1954 sluit ze haar salon. In 1973 overlijdt Schiaparelli.

Literatuur:
Blum, D.E., *Shocking! The Art and Fashion of Elsa Schiaparelli*. Philadelphia Museum of Art, Philadelphia 2003.
White, P., *Elsa Schiaparelli: Empress of Fashion*, Rizzoli, New York 1986.

Afbeeldingen:
1. Elsa Schiaparelli, kreeftenjurk, collectie 1937
2. Elsa Schiaparelli, badpak, collectie 1928
3. Elsa Schiaparelli, truitjes met aangebreide vlinderstrikken, collectie 1927
4. Elsa Schiaparelli, jurk waarin zijden sjaaltjes zijn verwerkt met daarop de vlaggen van beroemde Franse regimenten, collectie 1940
5. Elsa Schiaparelli, jurk met tekeningen van Jean Cocteau, collectie 1937
6. Elsa Schiaparelli, jasje met knopen in de vorm van lippen, collectie 1936
7. Elsa Schiaparelli, jurk met *SHAPE Silhouet*, collectie 1951
8. Elsa Schiaparelli, halsketting, 1938

Modetheoretici

Henk Hoeks, Jack Post

Vijf pioniers van de theorie van de mode
Een encyclopedisch overzicht

De vraag wat mode precies omvat, is moeilijk nauwkeurig te beantwoorden. Ze bestrijkt immers een breed scala van stijlen, kleuren, omgangsvormen en gedragingen. Kapsels en accessoires, sieraden en make-up kunnen eronder vallen, maar ook bijvoorbeeld architectuur. Wij beperken het begrip mode hier echter tot het domein van de kleding.

In de mode spelen ruwweg twee aspecten een cruciale rol. Het eerste is de tijd, en het tweede de sociale groep. Elke mode is vergankelijk, haar leven is begrensd in de tijd. De heersende mode verandert en wordt opgevolgd door een andere, een nieuwe. Behalve deze afwisseling in de tijd is voor mode wezenlijk dat ze door een groep personen wordt gedragen. De mode vooronderstelt dus een bepaald collectief gedrag. In de voorbije anderhalve eeuw, laten we zeggen ongeveer vanaf 1850, werden uiteenlopende denkers en schrijvers geboeid door het verschijnsel mode. Een vijftal van hen presenteren wij hier omdat hun gedachten verder gingen dan moralistische veroordeling of pure beschrijving. Zij hebben min of meer pioniersarbeid verricht door hun poging de verschijning van de mode te begrijpen als iets nieuws, als iets dat onlosmakelijk behoort tot de moderne samenleving. De dichter Charles Baudelaire zag in de mode het voorbeeld van een nieuwe schoonheid. Voor hem, maar ook voor Mallarmé, Simmel, Benjamin en Barthes zijn mode en moderniteit onverbrekelijk met elkaar verbonden. Zij delen het inzicht dat bondig is verwoord door de Italiaanse dichter Giacomo Leopardi die in zijn *Dialoog over de mode en de dood* uit 1827 de mode de zuster van de dood noemt, omdat beide kinderen zijn van de tijd en de vergankelijkheid. Deze theoretici, die op elkaar voortbouwen, fungeren in theoretische discussies over mode en moderniteit nog altijd als referentie.

Charles Baudelaire
1821, Parijs – 1867, Parijs

Charles Baudelaire geldt als de belangrijkste dichter van de negentiende eeuw. Hij werd in 1821 in Parijs in een redelijk welgesteld gezin geboren en stierf aldaar in 1867 in ellendige omstandigheden, geestelijk en lichamelijk afgetakeld. Baudelaire wordt gerekend tot de 'poètes maudits', gedoemde dichters, een soort uitgestotenen, die zich niet thuis voelden in de burgerlijke orde die in het midden van de negentiende eeuw overal in Europa, maar vooral in Frankrijk vaste voet kreeg. Baudelaire kantte zich scherp tegen de burgerlijke samenleving die volgens hem te zeer was gefixeerd op winst, nut, deugd en vooruitgang. Hij prefereerde een levenswijze als dandy, die hij beschouwde als een held, een nieuw soort aristocraat te midden van de op hun eigenbelang beluste berekenende burgers. De dandy houdt zich verre van de economische banaliteit van het alledaagse bestaan. Hij is een dienaar van de schoonheid die hij door, vaak extravagant, gedrag en kleding cultiveert.

Als tegenhanger van de bestaande orde ontwerpt Baudelaire een 'rijk van het kwade'. Niet deugdzaamheid, huwelijk en gezin zijn de onderwerpen die de dichter inspiratie bieden, maar juist misdaad, prostitutie en verdovende middelen. In zijn gedichten komen veelvuldig randfiguren voor zoals misdadigers, dronkaards, voddenrapers en hoeren. Toen hij in 1857 een bundel gedichten publiceerde, noemde hij die dan ook veelbetekenend *Les fleurs du mal* (De bloemen van het kwaad). Het boek riep bij verschijnen verontwaardiging op en werd wegens obsceniteit en godslastering door het gerecht veroordeeld. Op last van de rechter moesten zes gedichten uit de bundel worden verwijderd. In 1861 verscheen een tweede editie die Baudelaire aanvulde met nieuwe gedichten. *Les fleurs du mal* zou zijn enige bundel blijven, alhoewel hij gedichten toevoegde en aan de bestaande gedichten onophoudelijk vijlde en schaafde.

Les fleurs du mal zouden Baudelaires roem vestigen als de belangrijkste dichter van de negentiende eeuw, eigenlijk als de eerste grote, moderne dichter. Zijn gedichten weten tot op de dag van vandaag te inspireren, en betoveren ook zoveel jaar na hun verschijning de lezer nog altijd door hun onwaarschijnlijke technische perfectie en hun verrassend moderne inhoud, die vaak ook diepzinnig is. Baudelaire pakte zijn werk als dichter grondig en radicaal aan. Hij wilde niets minder dan de nieuwe schoonheid van zijn tijd in woorden weergeven. Als geen andere dichter van zijn tijd had hij een verfijnd zintuig voor de culturele revolutie die zich onder zijn ogen voltrok, en die zich onder meer manifesteerde in de grondige reconstructie van Parijs van middeleeuwse stad tot moderne burgerlijke metropool. Hij stapte als dichter van de Olympische hoogte af om als man van de menigte (*Man of the Crowd*, titel van een verhaal van Edgar Allan Poe, dat Baudelaire vertaalde) langs de nieuwe Parijse boulevards en door de straten te flaneren. En daar zuigt hij de details op waaruit hij de schoonheid zal peuren waarnaar hij op zoek is. Hij dompelde zich onder in de nieuwe grootstedelijke werkelijkheid die om een nieuw gedrag, een nieuwe waarneming en een nieuwe wijze van ervaren vroeg.

De Duits-joodse schrijver-filosoof Walter Benjamin (1892-1940, zie lemma Walter Benjamin) heeft een oorspronkelijke interpretatie vervaardigd van de gedichten uit *Les fleurs du mal*. Daarin laat hij heel precies zien op welke wijze deze nieuwe grootstedelijke gedragingen hun neerslag vinden in de gedichten. Zo wijst hij erop dat het eigenlijke verborgen onderwerp van deze gedichten de door de stad meanderende menigte is en de shockbeleving die de klassieke ervaring, steunend op continuïteit en contemplatie, heeft verdrongen.

In dit nieuwe grootstedelijke universum is volgens Baudelaire niet langer plaats voor het classicistische schoonheidsbegrip dat tot in zijn dagen opgeld deed. De klassieke schoonheid is als een antiek standbeeld tijdloos, onveranderlijk en volmaakt. Het is een schoonheid afgeleid van abstracte beginselen of steunend op vooraf gegeven concepties. Wat deze schoonheid ontbeert, en haar achterhaald maakt, is de worteling in de eigen, nieuwe tijd, in de realiteit van de nieuwe grootstedelijke cultuur.

Behalve dichter was Baudelaire ook een begenadigd kunstcriticus. In 1860 voltooide hij een essay dat overigens pas drie jaar later in 1863 werd gepubliceerd onder de titel *Le peintre de la vie moderne* (De schilder van het moderne leven). Het is gewijd aan de Franse tekenaar Constantin Guys (1802-1892). In dit sprankelende geschrift ontvouwt Baudelaire aan de hand van de tekeningen van Guys een nieuw schoonheidsbegrip, dat hij de naam *la modernité* (de moderniteit) gaf. In zijn definitie van de moderne schoonheid zet hij zich af tegen de klassieke schoonheidsopvatting. De moderne schoonheid bestaat 'uit een eeuwig onveranderlijk element waarvan de hoeveelheid uitzonderlijk moeilijk is vast te stellen, en uit een betrekkelijk, contextgebonden element dat [-] wordt bepaald door de mode, de moraal, de hartstocht van het ogenblik.' In zijn essay legt hij vooral de nadruk op het betrekkelijke, contextgebonden element: 'Het voorbijgaande, vluchtige element dat zo vaak van gedaante verandert, mag onder geen beding worden veracht, of terzijde geschoven. Als het wordt weggelaten, valt men onvermijdelijk in de leegte van een abstracte en ondefinieerbare schoonheid.' Een belangrijk aandeel in dit vluchtige en veranderlijke element wordt ingenomen door de mode, misschien wel het vergankelijkste van alle grootstedelijke verschijnselen. De mode zet in ieder geval een wezenlijk stempel op de eigentijdse schoonheid. De mode in enge zin, dat wil zeggen de kleding en de make-up, wordt door Baudelaire beschouwd als een overwinning op de natuur. De natuur is grof, platvloers, lelijk. Schoonheid kan net als de morele deugd enkel voortkomen uit de rede. Ze is de uitkomst van berekening. Kleding en make-up modelleren en vervormen het natuurlijke lichaam volgens een bepaald bovennatuurlijk ideaal tot een sublieme verschijning. Lichaam en japon vormen een ondeelbare eenheid. Helaas duurt de betovering maar één moment, want elke mode is slechts een meer of minder gelukte toenadering tot het *Idéal* (Ideaal), de vervulde tijd van de herinnering in tegenstelling tot het *Spleen*, het besef van de lege tijd. En het is juist door deze betrekkelijkheid van de mode dat het verlangen steeds opnieuw wordt geprikkeld.

De kunstenaar verzamelt de vluchtige, nietige details van het moderne leven en bewerkt die tot een eenheid. Toch mag de kunstenaar niet bij die voorstelling blijven stilstaan. Voor Baudelaire zijn zulke voorstellingen niet meer dan de materie die de dichter/kunstenaar door zijn verbeeldingskracht moet omzetten in een aan de tijd onthefen essentie. De dichter is met andere woorden op zoek naar het onmogelijke: een idee van het moderne leven zonder de afdruk van vergankelijkheid en dood die het moderne zo zeer kenmerken.

Literatuur
Charles Baudelaire, *De schilder van het moderne leven*. Uitgeverij Voetnoot, Amsterdam 1992. Vertaling en nawoord: Maarten van Buuren
Charles Baudelaire, *Oeuvres Complètes*. Éd. Claude Pichois. Gallimard, Parijs 1975.
Charles Baudelaire, *De bloemen van het kwaad*. Van Oorschot, Amsterdam 1995. Vertaling en commentaar: Peter Verstegen

Stéphane Mallarmé
1842, Parijs – 1898 Parijs

Stéphane Mallarmé (1842-1898) wordt beschouwd als een van de belangrijkste Franse symbolistische dichters. Mallarmé was gedurende zijn leven als leraar Engels werkzaam en genoot eigenlijk alleen bekendheid onder een kleine groep bevriende intellectuelen, schrijvers en schilders. Zijn roem viel hem pas na zijn dood ten deel, toen zijn veelal onvoltooide werk werd gepubliceerd. Mallarmé zette zich af tegen de instrumentele en beschrijvende taal van het naturalisme en de poëzie van de 'Parnassiens' uit het midden van de negentiende eeuw. Hij benadrukte vooral het symboolkarakter van het afzonderlijke woord en de onmiddellijke poëtische uitdrukkingskracht van de taal, wat zijn stijl een sterk visueel, ritmisch, zintuiglijk en impressionistisch karakter geeft. Zijn literaire werk is op te vatten als een doorlopend experiment met de taal waarbij hij voortdurend poogt symbolische en zintuiglijke talige werkelijkheden te creëren die niet afhankelijk zijn van de buitenwereld en de subjectieve ervaringen van de dichter.
Dat Mallarmé, die dus vooral bekend werd als dichter van 'pure en zuivere poëzie', van september tot december 1874 acht afleveringen van het modetijdschrift *La Dernière Mode* heeft geredigeerd weten maar weinigen. De traditionele receptie van zijn werk heeft altijd geworsteld met deze Mallarmé die onder pseudoniemen als Marguerite de Ponty, Miss Satin and Ix. over juwelen, hoeden, kant, exquise stoffen, interieur design en de Parijse Beau Monde schreef. Mallarmé schreef vrijwel het hele tijdschrift tot en met de ingezonden brieven eigenhandig vol. Deze activiteiten stonden in schril contrast met de symbolistische dichter die met zijn hermetische verzen en verering voor de taal nadrukkelijk afstand leek te nemen van vergankelijke verschijnselen als de journalistiek en de mode.
Recent onderzoek en de publicatie van een nieuwe editie van zijn verzameld werk hebben dit beeld van hem gecorrigeerd. Mallarmé is in zijn werk juist in discussie met de verschijnselen van de opkomende negentiende-eeuwse burgerlijke massacultuur. Hij neemt te midden van andere negentiende-eeuwse schrijvers die over de mode schreven een uitzonderingspositie in, omdat hij zich niet alleen theoretisch maar ook praktisch met de mode-industrie heeft geëngageerd. Aanvankelijk wilde hij in *La Dernière Mode* het onderzoek naar de sublieme schoonheid van de mode voortzetten in het voetspoor van Baudelaire (zie lemma over Baudelaire). Ook voor Mallarmé zijn mode en moderniteit onlosmakelijk met elkaar verbonden, maar anders dan Baudelaire zoekt hij niet naar de absolute en onvergankelijke essentie van de moderne schoonheid, maar benadrukt hij de moderne vluchtige en kortstondige schoonheid van de mode. De mode, zei Mallarmé eens, is de godin van de verschijning. En deze verschijning is niet die van de eeuwige schoonheid van de antieke godin, maar die van de vrouw in de straten van de grote stad Parijs. Een vrouw die slechts 'en passant' op een van de boulevards verschijnt, en wier kleding is ontworpen als een kunstwerk dat vaak maar één keer werd gedragen. Mallarmé trachtte de vluchtige, eigentijdse en kortstondige schoonheid van deze mode in zijn tijdschrift vast te leggen, in illustraties, maar vooral in taal. Hij hanteert in zijn teksten de plastische en concrete terminologie van de mode, maar evoceert ook de zintuiglijkheid van de kleding en de gebruikte stoffen. Zijn taal is even vluchtig, bewerkelijk en concreet als de verschijning van die prachtige jurk of hoed. Zonder zijn interventie zou deze schoonheid voor eeuwig zijn

verdwenen – het is mode die er om vraagt te worden vastgelegd. Niet met het nieuwerwetse fotoapparaat, omdat voor Mallarmé alleen de taal in staat is de momentane verschijning van de mode, zoals het verloop van de kleuren in een changeant, het ruisen van een kostbare stof, de schittering van de juwelen of strijken van het weefsel over de huid, vast te leggen. Daarin onderscheidt Mallarmé zich van de andere modetijdschriften uit zijn tijd, die de mode vooral als een consumptieartikel beschrijven, dat men zo snel mogelijk moet aanschaffen voordat het weer uit de mode is. Voor Mallarmé is de mode een creatief proces, dat de afzonderlijke creaties overstijgt. Via Mme (Marguerite) de Ponty en haar column 'La Mode', Miss Satin met haar 'Gazette de la fashion' en de anonieme Ix. met haar 'Chroniques de Paris' presenteert Mallarmé zijn lezeressen een voortdurende stroom van stilistische innovaties en raadgevingen. Op een gegeven moment beschrijft Mallarmé zelfs kleding die niet bestaat, maar die aan zijn fantasie is ontsproten. Hij vraagt zijn lezeressen welke jurk ze het mooiste vinden, de echte of de imaginaire. Het is duidelijk dat Mallarmé, die via zijn informanten wel degelijk op de hoogte was van wat er zich in de modewereld afspeelde, zijn project niet beschouwde als een daadwerkelijke rapportage van 'de laatste mode'. *La Dernière Mode* was voor hem voornamelijk een retorisch project, gericht op de 'poëtische evocatie' van de mode en de moderne schoonheid. Deze houding heeft er volgens sommigen toe bijgedragen dat hij na acht nummers werd vervangen door een andere hoofdredacteur.

Mallarmé tracht in zijn teksten in *La Dernière Mode* te ontsnappen aan de voortdurende dwang het heden van de mode vast te leggen, immers op het moment dat men de mode van het heden beschrijft is deze al weer verleden en 'uit de mode'. Dat is de ijzeren logica van de zich toentertijd ontwikkelende mode-industrie, een logica die door velen als emblematisch werd gezien voor de ontwikkeling van de consumptiecultuur in het algemeen. Voor Mallarmé bestond het levende beeld van de mode alleen in de taal en dat beeld had eigenlijk niets te maken met de werkelijke, geklede vrouw op straat en in de salons. Pas deze 'redding' van de mode uit het heden in de taal, geeft een blik op de 'moderne schoonheid' vrij. En misschien is dat wel het ware gezicht van de mode: een imaginaire beleving die alleen bestaat in de beschrijvingen in een tijdschrift.

Literatuur
S. Mallarmé, *Oeuvres complètes, tome 2*. Parijs (Gallimard) 2003
S. Mallarmé, P. N. Furbank & A. M. Cain, *Mallarmé on Fashion. A Translation of the Fashion Magazine, La Dernière Mode, with commentary*. Oxford; New York (Berg) 2004
J.-P. Lecercle, *Mallarmé et la mode*. Parijs (Libr. Séguier) 1989
S. Mallarmé, *La dernière mode. Gazette du monde et de la famille* [Facs.reprod.]. Parijs (Ramsay) 1978

Georg Simmel
1858, Berlijn – 1918 Straatsburg

Georg Simmel werd in 1858 in Berlijn geboren en hij overleed in 1918 toen hij hoogleraar aan de universiteit van Straatsburg was. Hij studeerde filosofie en geschiedenis in Berlijn, waar hij in 1885 privaatdocent werd. Simmel geldt als een van de aartsvaders van de sociologie, die als serieuze wetenschap in de tweede helft van de negentiende eeuw van de grond kwam. Als we aan de socioloog Simmel denken, moeten we hem ons niet voorstellen als een hedendaagse empirisch-sociologische onderzoeker, maar eerder als een theoreticus die maatschappelijke verschijnselen analyseert. Simmel wordt beschouwd als de grondlegger van de formele sociologie, waarmee wordt bedoeld dat hij vooral de vormen waarin de vermaatschappelijking zich voltrekt, analyseert en beschrijft. Het gaat hem om de relaties en de betrekkingen die zich tussen individuen onderling, tussen individuen en groepen, en tussen groepen ontwikkelen, los van de inhoud.

Simmel was een zeer productief auteur die een groot aantal publicaties op zijn naam heeft staan over nogal uiteenlopende onderwerpen. Hij heeft grote invloed uitgeoefend, niet alleen in sociologische vakkringen, maar ook in het domein van de cultuur en de cultuurfilosofie, in Duitsland uiteraard, maar ook in Italië, Frankrijk en niet te vergeten de Verenigde Staten.

Een regelmatig in zijn werk opduikend thema is de cultuur van de *Grossstadt* (metropool). Moderniseringsverschijnselen als urbanisering, industrialisering en massalisering trokken al vroeg zijn aandacht, waarbij hij vooral oog had voor de uitwerkingen van deze processen op het individu en zijn gedrag. In zijn grote werk *Philosophie des Geldes* (Filosofie van het geld) uit 1900 stelt Simmel dat geld het symbool is van de moderne tijd, gekenmerkt door onpersoonlijke, steeds killere en afstandelijkere verhoudingen. Hij staat ambivalent tegenover de gevolgen van de oprukkende geldeconomie die haar invloed doet gelden op het handelen en het verkeer tussen de mensen. Hij heeft waardering voor de symbolisering, vergeestelijking en bevordering van de vrijheid en de innerlijkheid waartoe de zich uitbreidende geldeconomie aanzet, maar heeft tegelijk een scherp oog voor de pathologische processen waarin het 'denken in geld' als 'absoluut middel' kan uitlopen. Hij wijst er bijvoorbeeld op dat kwalitatieve waarden tot kwantitatieve worden gereduceerd, doordat het leven een ononderbroken mathematische berekening wordt, of dat het leven zelf wordt gemarginaliseerd. De belangrijkste stelling echter die Simmel in de *Philosophie des Geldes* naar voren brengt, is de groeiende overmacht van de objectieve geest over de subjectieve, anders gezegd van de wereld van de economie over de werkende en consumerende mens.

Nadien zal Simmel in afzonderlijke essays dieper ingaan op bepaalde thema's van de moderne grootstedelijke cultuur. Fundamenteel in dit verband is zijn opstel *Die Grossstädte und das Geistesleben* (De metropolen en het leven van de geest), waarin Simmel stelt dat de inwoner van de grootstad om zijn eigen innerlijke leven te beschermen tegen de drukkende macht van het grootstedelijke leven een verstandelijk pantser heeft ontwikkeld. Dit pantser vangt op door af te weren en door de overmaat aan prikkeling stompen de zintuigen af, wat een zekere onverschilligheid bij de stedelingen kweekt voor bijzonderheden en details. Zij ontwikkelen de gewoonte om afstand te houden tot elkaar en om onderling enkel formele banden aan te gaan. De houding die de inwoner van de grote stad bij uitstek kenmerkt, is de geblaseerdheid. Door gedurige overprikkeling reageert hij onverschillig, sceptisch en ongevoelig op een sterke prikkel. Een gevolg hiervan is dat wie dit individu nog wil raken, zwaarder geschut zal moeten inzetten, wat een reactieketen zonder einde in gang zet.

Een verschijnsel uit de grootstedelijke ruimte waaraan Simmel als een van de eerste onder de filosofen aandacht besteedt, is de mode. Mode is weliswaar geen exclusief modern fenomeen, maar ze veronderstelt wel een sociaal sterk gedifferentieerde samenleving. 'De bosjesmannen [...], bij wie geen klassenvorming heeft plaatsgevonden, hebben in het geheel geen mode ontwikkeld, dat wil zeggen, er is bij hen geen interesse vastgesteld in verandering van kleding en sieraden.' De mode trekt grenzen, binnen de klassen maar vooral tussen de klassen en lagen van de maatschappij. Mode ent zich op de menselijke drift om zich te onderscheiden en zich als groep aaneen te sluiten en zichtbaar te maken. Volgens Simmel doet altijd slechts een voorhoede aan mode, terwijl de groep als geheel zich pas op weg naar die mode bevindt. De mode is met andere woorden een spel van distinctie en imitatie. De mens is, zo stelt Simmel, ten diepste een dualistisch wezen dat zich wil onderscheiden en tegelijk tot een groep wil behoren. Dit dualisme brengt een proces van actie en reactie op gang dat zich tot in het oneindige herhaalt.

Het spel van distinctie en imitatie is vooral werkzaam tussen de verschillende sociale lagen en klassen van een maatschappij, al speelt het ook tussen groepen van de bovenlaag van de maatschappij. De onderste lagen proberen de economisch beter gesitueerde groepen na te volgen – dit is het sociale aspect van de mode -, terwijl hierdoor bij de bovenste lagen de behoefte wordt geprikkeld om zich van de lagere klassen te onderscheiden en af te grenzen. Daarvoor gaan ze op zoek naar nieuwe symbolen waaromheen de groep zich aaneen kan sluiten. Hiermee is een nieuwe mode geboren. Deze dynamiek van opeenvolgende modes zou je het tijdsaspect van de mode kunnen noemen. Mode functioneert dus in de opvatting van Simmel uitsluitend op basis van klassenverschillen. In een communistische en egalitaire samenleving, waarin alle mensen gelijk zouden zijn, ontbreekt de vrees voor vermenging en vervaging van de hiërarchische sociale verschillen, die bij de 'klassen van de cultuurvolken aanleiding zijn tot de differentiëring van kleding, gedragingen, smaak enzovoort'.

De mode verspreidt zich in een samenleving dus van boven naar beneden. Het zijn vooral de beter gesitueerde groepen die het ritme en de vorm van de mode bepalen. In de onderste lagen bestaat volgens Simmel niet zozeer de behoefte aan afgrenzing en aaneensluiting, wat de reden is waarom zij zelf niet op zoek gaan naar nieuwe modes. Zij volgen slechts de trends van de bovenlaag. 'Maatschappelijke vormen, kleding, smaakoordelen, alle uitdrukkingsvormen van de mens worden onafgebroken door de mode gewijzigd, echter alleen zo dat de mode alleen de bovenste lagen beïnvloedt.' Mode kan dus alleen maar iets zijn wat niet door de gehele maatschappij wordt gedragen. Ze behoort 'tot het type verschijnselen waarvan het doel een steeds grenzenlozer verbreiding en steeds volmaakter realisering is – maar met het bereiken van dit absolute doel met zichzelf in tegenspraak zou komen en te niet zou gaan'.

Dit betekent dat de mode naar iets streeft wat zij nooit mag bereiken, omdat ze zich dan van haar drijfveer zou beroven. 'Haar probleem is niet zijn of niet-zijn, veeleer is zij tegelijk zijn en niet-zijn, ze staat steeds op de waterscheiding van verleden en toekomst en geeft ons zo, zolang zij op haar hoogtepunt is, een zo sterk gevoel van het heden, als waar weinig andere verschijnselen toe in staat zijn.'

Omdat Simmel de mode louter als maatschappelijk verschijnsel beschouwt, gaat hij niet in op de betekenis of inhoud van de mode. Ook het ontstaan van nieuwe modes valt buiten zijn gezichtshoek, al doet hij hierover wel een interessante observatie. Nieuwe modes hoeven, zo merkt Simmel op, wat hun inhoud betreft niet in de hoogste standen te ontstaan. Die kunnen veeleer 'bepaalde al bestaande inhouden oppikken en ze daardoor juist tot mode maken'. Nieuwe inhouden worden volgens Simmel vaak voortgebracht door de 'demi-monde'. Zij is daartoe gepredisponeerd door haar 'ontwortelde levensvorm'. Haar pariabestaan wekt in haar een openlijke of latente haat tegen alles wat reeds is gelegaliseerd en gevestigd. En de vernietigingsdrift die 'alle Paria-existenzen' eigen schijnt te zijn, uit zich esthetisch in het permanent streven naar nieuwe, tot dusver onbekende modes. Waarmee Simmel een nieuw interessant perspectief opende voor het onderzoek van de mode.

Literatuur
Georg Simmel wijdde drie beschouwingen aan de mode waarvan *Philosophie der Mode* uit 1905 de belangrijkste is. De andere twee zijn: *Zur Psychologie der Mode. Sociologische Studie* (1895) en *Die Frau und die Mode* (1908), thans alle te vinden in: Georg Simmel, *Gesamtausgabe*. 24 Delen. Suhrkamp Verlag, Frankfurt a/M 1989, deel 5, 8 en 10.

Walter Benjamin
1892, Berlijn – 1940, Port Bou

Walter Benjamin werd in 1892 te Berlijn geboren in een welgesteld joods gezin en stierf onder dreiging van het nationaal-socialisme in 1940 door eigen hand, toen hij na de val van Frankrijk naar de Verenigde Staten probeerde te ontkomen. Benjamin neemt in de intellectuele kosmos in Duitsland voor de Tweede Wereldoorlog een scherp gemarkeerde positie in.
Benjamin studeerde filosofie in onder meer zijn geboortestad Berlijn en promoveerde in 1917 aan de universiteit van het Zwitserse Bern. In 1925 zag hij zijn academische loopbaan versperd doordat zijn Habilitationsschrift werd afgewezen. Sedertdien moest Benjamin zo goed en zo kwaad als het ging als moderne intellectueel van zijn pen leven, en legde hij zich onder meer toe op de journalistiek. Het werk van Benjamin, dat grotendeels pas in de jaren zeventig van de vorige eeuw werd gepubliceerd, is uiteenlopend van vorm, schrijfwijze en thematiek. Hij schreef filosofische beschouwingen en literaire essays, kunstkritieken, literaire kritieken, aforismen, gedichten en talrijke brieven. Hij schreef over kennistheorie, over de avant-gardistische literatuur van zijn dagen, maar ook over het zeventiende-eeuwse Duitse barokke treurspel. In het bijzonder interesseerden hem die culturele verschijnselen die samenhingen met de modernisering van het leven en de maatschappij. Benjamin, die al vroeg afscheid had genomen van de academische filosofie, maakte onderwerpen tot voorwerp van reflectie die tot dan toe geen ingang in de filosofie hadden gevonden, zoals kinderboeken, erotiek, prostitutie, fotografie, film en mode. Zijn stijl is lapidair, soms moeilijk toegankelijk vanwege de esoterische inhoud, maar vaak ook briljant en flitsend. In terugblik kan hij aanspraak maken op de titel de belangrijkste en scherpzinnigste cultuurcriticus van de Republiek van Weimar (1918-1933) te zijn geweest.
Het is niet gemakkelijk in het werk van Benjamin een centrale gedachte aan te wijzen waaromheen zijn denken zich ontvouwt. Eerder is het zo dat zijn werk een fragmentarisch en essayistisch karakter heeft.
Al vroeg wijst Benjamin de in zijn dagen dominante opvattingen over de geschiedenis van de hand. Hij verwerpt de gedachte dat geschiedschrijving een kwestie van systematisch verzamelen van kennis van het bestudeerde tijdvak zou zijn. Geschiedschrijving is voor hem niet het verhalen van geschiedenissen, maar het doen oplichten van het 'ware' beeld van het verleden, dat zich op een bijzondere manier met het heden verbindt. Zo'n constellatie noemt Benjamin een 'dialectisch beeld', een beeld dat het vermogen heeft voor even de gang van de geschiedenis stil te zetten. Het pregnante beeld van de engel van de geschiedenis dat Benjamin gebruikt, expliceert dit nader: de storm van de vooruitgang 'drijft hem onstuitbaar de toekomst in', terwijl hij zou 'willen stilstaan, de doden wekken, en het verpletterde samenvoegen'. Deze messianistische gedachte is afkomstig uit *Over het begrip van de geschiedenis* uit 1939, een aantal stellingen die waren bedoeld als kentheoretische verantwoording van het *Passagen-Werk* en die samen met dit werk worden beschouwd als het testament van Benjamin.
In de jaren dertig werkte Benjamin aan een groots opgezette studie over Parijs in de negentiende eeuw, die de naam het *Passagen-Werk* heeft gekregen. Deze studie waaraan hij in 1927 begon, was bij zijn dood nog onvoltooid en bestaat uit een reusachtige hoeveelheid citaten uit de meest uiteenlopende bronnen, afgewisseld met commentaren van Benjamin. Het *Passagen-Werk*, dat pas in de jaren tachtig van de twintig-

ste eeuw werd gepubliceerd, omvat meer dan duizend bladzijden. Tijdens zijn leven publiceerde Benjamin wel verschillende essays die als voorstudie van dit werk kunnen worden beschouwd, zoals de opstellen over de dichter Charles Baudelaire, het essay over het surrealisme en het opstel over het kunstwerk. Centraal in het *Passagen-Werk* staat de stad Parijs, door Benjamin de hoofdstad van de negentiende eeuw genoemd. Parijs onderging in die eeuw een complete metamorfose van middeleeuwse naar moderne stad. De stad werd volledig gemoderniseerd. Parijs werd voorzien van een nieuw stratenplan waarin brede wegen, boulevards, waren opgenomen. Er verrezen nieuwe architecturen, zoals winkelpassages, panorama's, wintertuinen, speelzalen, stations en tentoonstellingsgebouwen. Het is echter niet Benjamins bedoeling al deze en nog andere verschijnselen te documenteren en te beschrijven (Dat heeft Simmel voor een belangrijk deel gedaan. Zie het lemma over Simmel). Hij heeft iets anders op het oog. Deze door en door kapitalistische maatschappij die waren produceert, wil dit niet van zichzelf weten. Ze denkt over zichzelf in termen van cultuur, geluk en vooruitgang. Deze onbewustheid duidt Benjamin aan met het begrip fantasmagorie.

De fantasmagorie is weliswaar een drogbeeld, maar ze is ook meer dan dat. Ze is de betoverende en verleidelijke zintuiglijke verschijning van de kapitalistische warenwereld, die de leefomgeving vormt van de negentiende-eeuwse stadsbewoner. Nergens in Europa heeft deze kapitalistische cultuur zich esthetischer en systematischer gemanifesteerd dan in het Parijs van de tweede helft van de negentiende eeuw. Voor Benjamin heeft de opkomst van het industriële kapitalisme Europa in een 'droomslaap' ondergedompeld, en hij acht het moment aangebroken om het in het uur van gevaar uit zijn slaap te doen ontwaken. Door een kritische terugblik op het verleden wil hij het heden dat nog altijd in de droom van de negentiende eeuw verkeert, van zijn fantasmagorie bevrijden. Hoe is dat mogelijk? Niet door ontmaskering of ideologiekritiek, maar door in de fantasmagorie die elementen naar voren te halen die in zich reeds vooruitgrepen naar de bevrijding. Het zijn deze voorafschaduwingen van geluk die Benjamin in de geschiedenis wil 'redden'. Ze worden leesbaar zodra de fantasmagorische betovering van deze vroegmoderne cultuuruitingen is uitgedoofd.

Benjamins ideeën en gedachten over mode moeten in het bredere kader van dit grootse, onvoltooide Passagenproject worden gezien. Hij citeert Baudelaire, Mallarmé en Simmel over de mode, en hij poogt een synthese van hun gedachten tot stand te brengen.

Benjamin brengt de mode in verband met het nieuwe tijdsregime dat in de moderne stad heerst en dat door Simmel is beschreven (zie lemma Simmel). Baudelaire noemde het gevoel dat dit regime opwekt, *ennui* (verveling). De seconden tikken weg, zonder een spoor na te laten. In de kapitalistische grootstad is eenieder onderworpen aan de abstracte, kwantitatieve kloktijd, de flaneur evengoed als de roulettespeler. Beide figuren zijn een reactie op de invoering van deze nieuwe tijdsorde. De flaneur vertraagt opzettelijk zijn pas, hij cultiveert een indolent bestaan, terwijl het roulettespel model staat voor de ervaringsloze tijd, voor het principe van het-steeds-weer-van-voren-af-aan beginnen. Dit besef van de lege tijd, waarin hetzelfde zich eindeloos herhaalt, heeft Baudelaire *spleen* gedoopt. Hoe kan deze cirkel van het oude dat zich als nieuw aanbiedt, worden doorbroken?

De mode belichaamt volgens Benjamin de droom van het nieuwe. Telkens weer weet zij zich te vernieuwen, maar het nieuwe dat zij presenteert, is een heruitgave van het oude. Daarom spreekt Benjamin over de mode als het nieuwe in de vorm van hetzelfde. De mode kiest uit het verleden motieven en vormen en brengt die als iets nieuws in omloop. Toch dicht Benjamin haar het vermogen toe deze cirkel van steeds hetzelfde en het nieuwe te doorbreken. De mode beschikt namelijk over, zoals

Benjamin zegt in *Over het begrip van de geschiedenis*, 'een fijne neus voor het actuele waar het zich maar in het struikgewas van het verleden roert'. Wanneer zij het verleden citeert, voltrekt zij naar de befaamde uitdrukking 'de tijgersprong in het voorbije'. Op dat moment staat het verleden op in het heden, en wordt de gang van de geschiedenis onderbroken.

Wezenlijk voor de mode is dus haar relatie met de tijd. De mode is thuis in de vergankelijkheid, haar tijd is niet de eeuwigheid, maar het moment (zie lemma Mallarmé). De mode is de kunst van het citeren. Zij kan niet bestaan zonder het verleden dat zij steeds weer tot leven wekt. Door verlaten, verouderde modes te citeren, vernietigt zij ze, op het moment dat zij ze redt door ze nieuw leven in te blazen. De mode speelt met het moment, dat zij in een perfecte vorm weet te vangen. Even lijkt het erop dat de tijd stilstaat en de eeuwigheid is ingetreden. Totdat de voorthollende tijd het moment verbreekt, en het als vergankelijk en utopisch ontmaskert. Het is deze ervaring van vergankelijkheid die het moment omgeeft met een waas van melancholie. Mode neemt een voorname plaats in in Benjamins analyse van de moderne grootstedelijke cultuur. Hij noemt haar een 'dialektische *Umschlageplatz*', een plaats waar een omslag wordt voltrokken, je zou dit woord met enige ironie als 'passage' kunnen vertalen, als doorgangsplaats. Zinspelend op een van de mooiste gedichten uit de *Fleurs du mal* van Baudelaire, 'A une Passante' (Voor een voorbijgangster), formuleerde Benjamin het aforisme: 'het eeuwige is hoe dan ook eerder een ruche aan de jurk dan een idee'. Waarmee hij wil zeggen dat er in de moderne cultuur geen andere eeuwigheid bestaat dan die van het moment, dat door de mode voor even wordt stilgezet. De mode laat het vergankelijke omslaan in het eeuwige. Zoals ze bijvoorbeeld ook het organische verbindt met het anorganische, en de liefde met de dood. Zij is bij uitstek de plek waar de vergankelijkheid van het vlees wordt geloochend.

De mode speelt bij Benjamin een niet te onderschatten rol in zijn geschiedenisfilosofie als model van een nieuwe oorspronkelijke verhouding tussen heden en verleden. Hij dicht haar een wezenlijke kracht toe in zijn program van de redding van het verleden. Zij is het immers die de tijgersprong in het verleden kan volvoeren, wat een versleutelde uitdrukking voor het begrip revolutie is.

Benjamin heeft in zijn gedachten over de mode de kern blootgelegd van wat werkzaam is in het denken over mode van Baudelaire, Mallarmé en Simmel, die als intellectueel de mode serieus hebben genomen. Geen van hen heeft haar hetzij moralistisch gekleineerd of tot een louter economisch verschijnsel gereduceerd. Zij hebben haar al vroeg herkend als een nieuw cultureel domein dat hen dwong en in staat stelde anders over de cultuur van hun tijd te denken.

Literatuur
Walter Benjamin, *Baudelaire*. Arbeiderspers, Amsterdam 1979.
Walter Benjamin, *Das Passagen-Werk*. 2 Dln. Suhrkamp, Frankfurt a/M 1983.
Walter Benjamin, *Maar een storm waait uit het paradijs. Filosofische essays over taal en geschiedenis*. SUN, Nijmegen 1996.
Frank Vande Veire, *Als in een donkere spiegel*. SUN, Amsterdam 2002.
Barbara Vinken, *Mode nach der Mode. Kleid und Geist am Ende des 20. Jahrhunderts*. Fisher Taschenbuch, Frankfurt a/M 1993.

Roland Barthes
1915, Cherbourg – 1981, Parijs

Roland Barthes (1915-1981) was een veelzijdig intellectueel. Hij bestudeerde de klassieke en moderne literatuur, theater en muziek maar ook onderwerpen uit de massacultuur zoals film, fotografie en reizen. Een van de onderwerpen waarover hij in de jaren vijftig regelmatig publiceerde en uiteindelijk in 1963 zijn proefschrift zou schrijven, is de mode. De mode is voor Barthes, net als het voedsel, de stad of de literatuur een complex tekensysteem waarmee wij communiceren en informatie uitwisselen. Naar analogie van het taalkundige onderscheid tussen taalsysteem (de Nederlandse taal bijvoorbeeld), taalgebruik (het Nederlands dat elke dag wordt gesproken) en taal (de taal Nederlands), onderscheidt Barthes in de mode het kostuum (het systeem van de mode), het individuele kledingstuk (de gedragen mode) en de kleding (de kledingstukken die tot een bepaalde cultuur behoren). Omdat de semiologie het systeem van de mode (het 'kostuum') bestudeert, luidt de titel van zijn studie *Système de la Mode*. Dat de veranderingen in de mode afhankelijk zijn van de regels van een onderliggend systeem, wordt duidelijk als men de lengte van de rok analyseert. Net zoals het revolutionaire lange haar van de Beatles in verhouding tot de voorafgaande haardracht lang was en in verhouding tot de lange haardracht van enkele jaren later kort, heeft de lengte van een rok als zodanig geen betekenis, maar alleen het gegeven dat een rok langer of korter is dan een rok uit een voorgaande periode.

Het feit dat de Nederlanders de betekenis van een bepaalde opeenvolging van taalklanken kunnen onderscheiden, is volgens taalkundigen mogelijk omdat wij allemaal van hetzelfde taalsysteem gebruik maken. De individuele spreker heeft nooit te maken met het taalsysteem omdat hij alleen met het dagelijkse taalgebruik te maken heeft. De linguïstiek leidt uit de massa van concrete taalfeiten van alledag het onderliggende abstracte taalsysteem af. Het systeem van de mode kan volgens Barthes op eenzelfde manier worden afgeleid uit de kledingstukken die in een bepaalde cultuur worden gedragen. Dit systeem bestaat uit een geheel van elementen die volgens bepaalde regels met elkaar kunnen worden gecombineerd, waarbij sommige combinaties in een bepaald jaar zijn toegestaan (de korte rokjes zijn 'in de mode'), terwijl andere combinaties verboden zijn (lange rokken zijn 'uit de mode' of midi-rokken zijn 'nog niet in de mode').

Toen Barthes met zijn onderzoek begon, was de mode nog nauwelijks wetenschappelijk onderzocht. De weinige beschikbare publicaties waren veelal geschreven door connaisseurs, die over veel feitenkennis beschikten en de variaties in de mode vaak verklaarden met behulp van sociologische en antropologische feiten zoals klimaat, sekse, huwelijkse staat of sociale klasse. Geen van deze studies gaf Barthes antwoord op zijn vraag wat mode eigenlijk precies is en hoe zij als sociaal communicatiesysteem functioneert.

Maar hoe kan mode worden onderzocht, en waar moet je beginnen? Het is volgens Barthes bijkans onmogelijk de werkelijk gedragen mode op de straat te onderzoeken. Om allerlei logistieke redenen, maar vooral omdat het heel moeilijk is te bepalen wat kleding precies betekent. Enerzijds heeft mode allerlei seksuele, sociologische, culturele, sociale en beroepsmatige betekenissen, anderzijds is het moeilijk deze betekenissen met de verschillende kledingstukken te verbinden. Wordt de mode bepaald door een samenstel van kledingstukken, door een afzonderlijk kledingstuk, door accessoires of een kleur? Het is moeilijk om het teken van de mode vast te stellen, zeker ook omdat dit in de tijd en per historische periode verschilt en afhankelijk is van de beperkingen en verboden van het specifieke modesysteem waarin het kledingstuk is ingepast. Kledingstukken bezitten slechts zeer uitzonderlijk, zoals het geval is bij de Japanse kimono of de Zuid-Amerikaanse poncho, een vastgelegde symbolische betekenis. Welk aspect van een kledingstuk betekenis heeft en om welke betekenissen het precies gaat, is moeilijk vast te stellen. Voor dit probleem vond Barthes een even eenvoudige als elegante oplossing. Hij besloot noch de mode op straat, noch de modefotografie, maar de geschreven mode in modetijdschriften te analyseren. Waarom? Modetijdschriften, zoals *Jardin des Modes* en *Elle*, spelen bij het vaststellen van de mode en de massale verspreiding ervan onder het grote publiek een cruciale rol. De mode verschijnt in deze tijdschriften op een heel speciale manier. De kledingstukken worden door de illustraties uit de werkelijkheid geïsoleerd en vervolgens door de bijschriften van betekenissen voorzien. Het beweeglijke beeld van de mode wordt door dit samenspel van tekst en beeld als het ware bevroren, zodat het beter kan worden onderzocht. Het nieuwe modebeeld wordt niet, zoals men geneigd is te denken, bepaald door de illustraties maar door de teksten, die de mode citeren en beschrijven. Barthes laat in zijn analyses zien dat de modetijdschriften niet alleen vertellen wat 'in de mode' is, maar tegelijk aan het zicht onttrekken dat de mode een geconstrueerd en kunstmatig sociaal feit is. De mode-industrie ontleent haar bestaansrecht aan het gegeven dat de lezeressen elk jaar weer de laatste mode kopen. De tijdschriften spelen in dit economische systeem een belangrijke rol, omdat ze alle commerciële en artificiële aspecten van de mode zorgvuldig wegmoffelen door het te doen voorkomen alsof de betekenissen op een natuurlijke wijze bij de kledingstukken horen en met de functie en/of de aard daarvan verweven zijn. Terwijl deze vluchtige en arbitraire betekenissen met de volgende mode vervangen worden door andere. Het gevolg hiervan is dat de modetijdschriften uitsluitend nog over mode spreken: de mode is in de mode. Barthes spreekt hier terecht van een tautologie – steeds weer, in elke foto, in elk bijschrift wordt herhaald dat dit de mode is en dit in de mode is. Het enige dat van periode tot periode verandert is de kleding. De mode verkoopt met andere woorden geen objecten, maar betekenissen en komt zo tegemoet aan het verlangen van de consument iets te bezitten dat 'in de mode' is.

Literatuur
R. Barthes, *Système de la mode*. Parijs (Éditions du Seuil) 1967
R. Barthes & M. Ward, *The fashion system*. Berkeley [etc.] (University of California Press) 1990
R. Barthes, Systeem van de Mode. De retoriek van de signifié. *Versus. Kwartaalschrift voor film en opvoeringskunsten*, 1985, nr. 4, pp. 45-53. (Vertaald fragment uit *Système de la mode* met korte inleiding van Eric de Kuyper)
R. Barthes, De modefotografie. *Versus. Kwartaalschrift voor film en opvoeringskunsten*, 1985, nr. 4, pp. 107-109. (Vertaald essay uit *Système de la mode*)
R. Barthes, *Le bleu est à la mode cette année et autres articles*. Parijs (Institut français de la mode) 2001

Personenregister

Acconci, Vito 232
Adje's Fotosoep **163**
Adorno, Theodor W. 57, 61, 62, 73, 364
Adrover, Miguel 240, **240**, 241
Aláez 239
Allard, Roger 372
Anholt, Simon 272
Antliff 372
Antoni & Alison **142**
Apollinaire, Guillaume 362, 368
Armani, Giorgio 16, 144, 146, **146**, **147**
Aron, Jean-Paul 99, 107
Asserate, Asfa-Wossen 98

Baily, Christopher 260
Bajo, Elena 223, 240, 242
Balenciaga **118**
Balzac, Honoré de 200
Barbey de Aurevilly, Jules 99, 200
Barthes, Roland 17, 24, 93, 96, 98-101, 127, 129, 133, 142, 143, 161, 195, 306, 349, 404, **404**
Baudelaire, Charles 29-31, 62, 73, 93, 201, 202, 203, 394, **394**
Baudrillard, Jean 134, 160
Beecroft, Vanessa 223, 243
Beene, Geoffrey 18
Beirendonck, Walter van 330, **330**, **331**, **332**, **333**
Benetton **77**, 154, **154**, 269, 273
Benjamin, Walter 29-36, 40, 41, 43, 44, 47-49, 52, 54-56, 61, 62, 65, 93, 128, 160, 379, 401, **401**
Berger, John 164
Bergson, Henri 371
Bët, Xuly 154, **213**, 278, **279**
Beuys, Joseph 229, 329
Bless 346, **346**, **347**
Blumenfeld, Erwin **62**, 321
Boccioni 372
Bogatyrev, Petr 129
Boilly, Louis-Léopold 317
Bourdieu 98
Bourdin, Guy 244, **244**, **245**, **246**, **247**, **248**, 249, **249**, **250**, **252**, **254**, 321
Borthwick, Mark **14**
Boyer, Paul **60**
Breward 100, 132
Brooks, Rosetta 248
Brummell, Beau 99, 100
Brummell, George 200
Burberry **240**, 260, **261**, 271, **271**
Burbridge, Richard **314**

Burden, Chris 242
Buren, Daniel **74**

Calefato, Patrizia 126
Campbell, Naomi **167**
Canudo 373
Cattelan, Maurizio **75**
Cendrars, Blaise 361, 379

Chalayan, Hussein **227**, 228, 229, **230**, 231, 232, 243, **279**, 320, **321**, 338, **339**, **340**, **341**
Chanel, Coco 29, 109, 110, **110**, **111**
Chapman, Jake & Dinos **320**
Chevreul, Michel Eugène 361
Chomsky, Noam 352
Cianciolo, Susan 240, 241
Colette 108
Comme des Garçons 38, **38**, **39**, **239**, **290**, **296**, **297**, **300**, **328**, 344
Connor, Maureen 320
Cottington, David 365
Courrège 29
Cruikshank, George **197**
Cunningham, Merce 238, 297
Cyclopes 326

Damase, Jacques 367, 370
Davis, Fred 25, 228
Delacroix, Eugène **52**
Delaunay, Sonia 358, **359**, **360**, **363**, **366**, **368**, **375**
Demeulemeester, Ann 94, **95**, 272, **273**
Derrida, Jacques 161, 353, 356
Diehl 225
Diesel 163, **163**, **262,** 273, 274, **274, 275, 276, 277**
Dietrich, Marlène **213**
Dior, Christian 317
Dolce & Gabbana 32, 138, **138**, **139**
Doucet, Jacques **46**
Duchamp, Marcel 230, 318
Duggan, Ginger Gregg 222

Eco, Umberto 88, 160
Eisenman, Peter **343**, 344, **348**, **350**
Elbaz, Alber 18, **19**, 26
Engels 53, 54
Ernst, Max **54**
Evans 225, 226

Fergusson, J.D. 374
Ferry, Jean 43
Fleury, Sylvie **70**
Fontana, Lucio 301
Ford, Tom 18, 26, 130, **130**
Fortuny, Mariano 107, 305
Foucault, Michel 169
Fukai, Akiko 288

Galliano, John 149, **149**, 157, 218, **218**, **219**, **220**, **221**, **222**, 223, 226, 228, 306
Gandelman, Claude 140
Gaultier, Jean Paul 34, 118, 310, **310**, **311**, **312**, 315
Gehry, Frank O. 84, **84**
Gelas, Nadine 140, 141
Ghesquière, Nicolas 118, **119**
Gigli 32
Gleizes, Albert **373**
Goldberg, RoseLee 242
Gramsci 132

Grandville, Jean Ignace Isidore Gérard **60**
Grumbach, Didier 24
Gucci 26, 130, **130**, **131**, 134, **134**, 223
Gucci, Guccio 130
Guerilla Girls 242
Guess? **141**
Guys, Constantin **202**

Hall, Stuart 165
Hamilton, Ann 223, 230
Hamnet, Katherine **141**
Harvey, David 362
Harvey, John 24
Haverkamp 32
Hebdige, Dick 132
Hegel 64
Heidegger 87
Heine, Heinrich 30
Herchcovitch, Alexandre 334, **334**, **335, 336**, **337**
Hilfiger, Tommy 266, **266**, **267**, 272, **272**
Hirokawa, Taishi 328
Hoeks, Henk 392
Hoffmann, Josef 318
Hollander, Anne 25, 97, 99, 101, 106, 107, 112, 113, 115, 120, 121, 197, 232, 240
Horn, Rebecca 223, 237

Ignace, Jean **60**
Imitation of Christ 240, 241
Ingres, Jean Auguste Dominique **316**, 317
Iribe, Paul 204

Jacobs, Marc 149
Jameson, Fredric 44, 45, 157
Jarman, Derek 271
Jolink, Joline **281**

Kaprow, Allan 240
Kawakubo, Rei 32, 33, 39, 237-239, 289, 291, 297, 301, 315
Klein, Micha **155**
Klein, Naomi 137, 140, 145
Klimt, Gustav 318
Kokosalaki, Sophia 178, **178**, **179**
Kolbowski, Silvia **343**, 344, **348**, **350**, **351**, **352**
Koolhaas, Rem 123, 353
Koons, Jeff **74**
Kosuth, Joseph 238
Kozlinsky, Vladimir, I. **52**
Kranz 99
Krauss, Rosalind 362, 370, 377
Kuyper, Eric de 24

Labowitz, Leslie 223
Lacan, Jacques 161, 168, 255
Lacoste **137**
Lacroix, Christian 45, 47, **50**, **51**, 61
Lacy, Suzanne 223
Lagerfeld, Karl 110
Lami, Eugène **198**
Lamsweerde, Inez van 158, **159**

Lang, Helmut 344
Lanvin 18, **19**
Lauren, Ralph 272, **272**, 282, **282**, **283**
Lavater, Johann 199
Lee, Pamela M. 354
Léger 371
Lehmann, Ulrich 42, 93
Leloir, Maurice **45**
Leopardi, Giacomo 389
Lepape, Georges 204, **208**
Levine, Sherry 241
Lipovetsky, Gilles 70, 212, 326
Loewy, Raymond 77
London, Fake **126**
Lukács, Georg 54, 55
Luxereau, Christophe **171**
Lyotard 155, 161

Madonna 156, 157, **157**, 209, **213**
Mallarmé, Stéphane 203, **204**, 396, **396**
Margiela, Maison Martin **28**, 33, 34, **34**, **35**, **36**, **37**, **40**, **41**, 223, 237, 238, 239, 296, 320, **321**
Marx 48, 49, 53
Matisse, Henri 317
Matta-Clark, Gordon 354
McLuhan, Marshall 263
McQueen, Alexander 223, **224**, 225, 226, 228, 234, **234**, **235**
McRobbie, Angela 226, 228, 231
Metinides, Enrique 321
Meyer, Baron Adolf de 321
Mitchell 153
Miu Miu (zie Prada, Miuccia)
Miyake, Issey 232, 233, 237, 278, **279**, **288**, 289, 292, **292**, **293**, **294**, **295**, **304**, 305, **307**, **308**, 315, 320, **328**
Morand, Paul 29
Moreau le Jeune **197**
Morano, Elizabeth 366
Morris, William 108
Motte Fouqué, Caroline de la 317
Mugler, Thierry 118
Mulvey, Laura 153, 164, 165
Murakami, Takashi 307

Nauman, Bruce 232
Nederveen Pieterse, Jan 165
Newton, Helmut 249, 252, 256, **256**, **257**, **258**, **259**, 321
Nike **137**
Noland, Carrie 376
Noten, Dries Van **22**

O'Brien, Glenn 345
ONG collectief **86**
Orson + Bodil 184, **184**
Orta, Lucy 322, **322**, **323**, **324**, **325**
Ozbek, Rifat 278

Paik, Nam June 232, 233
Paquin, Madame Jeanne **42**, 58, **58**, **59,** 63, 64, **65**

Paz, Octavio 74
Peirce, C.S. 162
Piano en Rogers 83, **83**
Pingat, Émile **46**
Piper, Adrian 242
Poiret, Paul 63, 204, **205**, 206, **206**, **207**, 208, **210**, 317, 318
Polhemus, Ted 262, 315
Post, Jack 392
Prada 122, **122**, **123**, 223, 236, **236**
Prada, Miuccia 123
Proust 96, 101, 107

Quant, Mary 68, **69**
Quinn, Marc **320**

Red or Dead 242
Riesman, David 87
Rist, Pipilotti **75**
Rosenberg, Harold 73
Rosso, Renzo 274
Rousseau, Jean-Jacques 199
Rush 232, 236

Saint Laurent, Yves 26, **26**, **27**
Sander, August 181
Sapir, Edward 129
Saussure, de 128, 161
Schacknat, Karin 314
Schiaparelli, Elsa 195, 319, **319**, 382, **383, 384, 385, 386, 387, 388, 389, 390**
Seurat, Georges 203, **203**
Shea, Judith **190**
Sherman, Cindy 238
Simmel, Georg 52, 56, 57, 97, 106, 127, 128, 398, **398**
Slobbe, Alexander van 184, **184**, **185**, **186**, **187**
Spivak Chakravorty, Gayatri 151
Sprouse, Stephen 149, **149**
Steegman, John 98
Steele, Valerie 31, 127
Steichen, Edward 208, **209**
Sterbak, Jana 237
Stiles en Selz 238, 240
Survage, Léopold 362, 376, **378**

Takada, Kenzo 289
Tanabe, Hiroshi **150**
Tati 191
Taylor-Wood, Sam **90**
Thesander, Marianne 25
Theyskens, Olivier 326, **327**
Thomas, Mike **326**
Tilroe, Anna 320
Tod's 137, **137**
Townsend, Chris 320, 342, 360
Troebetskoj, Nikolaj 129
Troy, Nancy J. 317
Turbeville, Deborah 249, 321
Twiggy 195, **195**

Velde, Henry van de 108, **318**

Versace **144**, **270**, **286**
Versace, Gianni 225, **270**, 286, **286**, **287**, 319, **319**
Viktor & Rolf 214, **214**, **215**, **216**, **217**, 229-232, 297
Vinken, Barbara 28
Vlugt, Marcel van der **167**
Vuitton, Louis 149, **149**, 307

Walker, Tim **174**
Warhol, Andy **155**, 160
Watanabe, Junya 232, 233, 237, 298, **298**, **299**
Wegman, William **326**
Weiss, Jeffrey 368
Wenders, Wim 135, 181
Westwood, Vivienne 78, **78**, **79**, **80**, **81**, 271, **271**
Wilcox, T.J. 320
Willhelm, Bernhard 102, **103**, **104**, **105**, **194**
Williams, Raymond 156
Wollheim, Richard 96
Worth, Charles Frederick 58, 202, **202**, 317

Yamamoto, Yohji 32, 135, **180**, 181, 289, 291, **297**, 301, 302, **302**, **303**, 315

Zahm, Olivier 230

Over de auteurs

Nanda van den Berg is kunsthistorica, redacteur en publicist. Zij schrijft over mode en modefotografie. Recente publicaties zijn 'Echter dan echt. Over hedendaagse modefotografie' in *De Gids*, nr. 1 (2003) en 'Dooie poppen met jurken. Dilemma's rond een Nederlands modemuseum' in *Boekman*, nr. 61 (2004). In 2006 verschijnt het boek *Mode in Nederland* (Terra Lannoo, Warnsveld) waaraan zij als auteur heeft bijgedragen.

Jan Brand is hoofd van dAcapo-ArtEZ, het studium generale van ArtEZ hogeschool voor de kunsten. Daarnaast is hij redacteur van vele publicaties op het gebied van beeldende kunst, architectuur en design. Enkele publicaties die hij samenstelde: *De Ideale Vrouw* (i.s.m. José Teunissen) (SUN, 2004), *Look and Feel* (De Verbeelding, Zeewolde 2004), *NEO* (Centraal Museum, Utrecht 2003), *Kunstmatige Natuurlijk Netwerken* (De Verbeelding, Zeewolde 2002), *Het Drinkglas* (Fort Asperen 1997), *Sonsbeek 93* (Sonsbeek, Arnhem 1993), *Allocaties, kunst in een natuurlijke en kunstmatige omgeving* (Floriade, Zoetermeer 1992), *De Woorden en de Beelden* (Centraal Museum, Utrecht 1991) en *Architectuur en Verbeelding* (Waanders, Zwolle 1989).

Rosetta Brooks is kunstcriticus en curator in Zuid-Californië, V.S. Ze is momenteel verbonden aan de masteropleiding *MA Art Criticism and Theory Program* van het Art Center, College of Design, Pasadena, California. Ze was oprichter en redacteur van het Londense ZG magazine, een onderneming die momenteel omgevormd wordt tot de uitgeverij ZG Press, die in 2006 van start zal gaan. Brooks schreef vele hoofdartikelen en catalogusessays voor het Whitney Museum of American Art in New York, The National Art Gallery in Washington DC, het Victoria & Albert Museum in Londen, en het Baltic Center in Newcastle, Engeland. Brooks schrijft veel over kunstenaars als Robert Rauschenberg, Sigmar Polke, Edward and Nancy Kienholz en Cindy Sherman. In 2003 verscheen bij Phaedon Press een monografie over Richard Prince van haar hand.

Patrizia Calefato is taalfilosofisch onderzoeker en als associate professor in de Sociolinguïstiek en Film, Fotografie en TV verbonden aan de Universiteit van Bari, Italië. Haar interessegebieden zijn: taalfilosofie, de semiotiek van cultuur en mode, filmtheorie en feminisme. Zij is als adviseur verbonden aan het tijdschrift *Fashion Theory: The Journal of Dress, Body & Culture* (Berg Publishers, Oxford-Washington). Ze schreef naast vele boeken over de sociale dimensie van taal onder andere *Mass moda. Linguaggio e immaginario del corpo rivestito* (Costa&Nolan, Genova 1996), en was redacteur van onder andere *Moda & mondanità* (Palomar, Bari 1992, met Paola Zaccaria), *El sentido del vestir* (Engloba, Valencia 2002), *Segni di moda* (Palomar, Bari 2002, *Moda y cine* (ed.) (Engloba, Valencia 2003), *Lusso* (Meltemi, Rome 2003) en *The Clothed Body* (Berg Publishers, Oxford-Washington 2004).

Ginger Gregg Duggan is werkzaam als curator voor Remote Control Curatorial. Daarnaast is ze tijdelijk curator van het Krannert Art Museum, onderdeel van de Universiteit van Illinois. Hiervoor was ze onder andere curator in het Bellevue Art Museum in Seattle, het Museum of Art in Fort Lauderdale, en het Palm Beach Institute of Contemporary Art. Een recent project is *Fashion: The Greatest Show on Earth*, een grote multimediatentoonstelling over de verhouding tussen modeshows en performancekunst.

Akiko Fukai is hoofdcurator van Kyoto Costume Institute in Japan. Fukai organiseerde diverse grote tentoonstellingen over mode in Kyoto, Tokyo, Parijs en New York, waaronder *Revolution in Fashion*, *Japonism in Fashion*, *Visions of the Body* en *COLORS Viktor & Rolf & KCI*. Zij doet daarnaast onderzoek naar de relatie tussen mode en Japonisme en kreeg hiervoor in 2000 een speciale prijs van de Academy of Japonism in Japan. Ze won een beurs van de Japan Fashion Association in 1993 om onderzoek te doen naar de Japanse invloed op Franse stoffen. Ze is professor aan de Shizuoka University of Art and Culture (Hamamatsu), en doceert aan de Tokyo University. Fukai is auteur en redacteur van vele boeken, onder andere *Japonism in Fashion* (Heibonsha, 1994) en *Fashion* (Taschen, 2002).

Henk Hoeks is sinds 1970 werkzaam als redacteur van uitgeverij SUN. Hij gaf boeken uit op het gebied van filosofie (onder andere Heidegger, Benjamin en Foucault), architectuur (onder andere Aldo Rossi), geschiedenis (onder andere de reeks *De Geschiedenis van Amsterdam*) en cultuurfilosofie (onder andere Frank Vande Veire). Hoeks vertaalde ook diverse teksten zoals van Walter Benjamin *Het kunstwerk in het tijdperk van zijn technische reproduceerbaarheid* (SUN, 1985) en van Aldo Rossi *De Architectuur van de Stad* (SUN, 2002).

Eric de Kuyper was producer bij de BRT, hoofddocent van de vakgroep Filmstudies aan de Universiteit Nijmegen (tegenwoordig Radboud Universiteit) en adjunct-directeur van het Nederlands Filmmuseum. Tegenwoordig is hij voornamelijk actief als auteur en regisseur. Hij maakte verschillende films en was co-scenarist van Chantal Akerman. Hij bewerkte Proust voor het RO-theater en vertaalde verschillende toneelstukken. Als schrijver publiceerde hij op het gebied van film, opera, dans en theater. Hij is ook auteur van verschillende autobiografische boeken en theoretische studies, waaronder *De Verbeelding van het*

Mannelijk Lichaam (SUN/Kritak, 1993). In deze studie onderzoekt hij de glamourstrategieën van zowel mannelijke als vrouwelijke Hollywoodsterren. Het thema van het kostuum, de kleding en de mode komen in zijn werk regelmatig aan de orde.

Dirk Lauwaert werkt als publicist over film, televisie, fotografie, beeldende kunst en mode. Hij doceert fotografie aan de Hogeschool Sint-Lukas in Brussel en film aan de Erasmus Hogeschool, departement Rits in Brussel. Hij maakt culturele documentaires voor de Belgische televisie en doet momenteel onderzoek naar negentiende-eeuwse stadsfotografie in Europa en de verbeelding van kleding in film en fotografie. In 1996 publiceerde hij een bundel essays *artikels* (Yves Gevaert, 1996).

Ulrich Lehmann is curator van het Victoria & Albert Museum in Londen en docent in de geschiedenis van design aan het Royal College of Art in Londen. Zijn onderzoek richt zich op de geschiedenis van de moderniteit, van de Verlichting tot heden. Hij hanteert daarbij methodologieën uit onderzoeksgebieden als filosofie, moderne geschiedenis, sociologie, psychologie, als ook de geschiedenissen van kunst en design. Recente publicaties en tentoonstellingen zijn: *Chic Clicks: Creativity and Commerce in Contemporary Photography*, tentoonstelling en catalogus voor het ICA Boston, USA en het Fotomuseum Winterthur, Zwitserland (2002), en het boek *Tigersprung: Fashion in Modernity*, over de filosofie en het concept van 'mode' (MIT Press, Cambridge (Mass.), Londen, 2001).

Gilles Lipovetsky is filosoof en doceert aan diverse universiteiten. Tevens bekleedt hij een hoge functie aan het Franse nationale instituut voor onderwijs (Membre associé du Conseil National des Programmes – Education Nationale). Zijn onderzoek speelt zich af op het terrein van het individualisme, de mode, luxe en consumentisme. Hij schreef onder andere de volgende boeken: *L'Ere du Vide* (1983), *L'Empire de l'Ephémere* (1987), *La Troisième Femme* (1997), *Le Luxe éternel* (2003, in samenwerking met Elyette Roux) en *Les Temps hypermodernes* (2004). Zijn boeken worden gepubliceerd in 16 talen. Een van zijn meest invloedrijke boeken is *The Empire of Fashion: Dressing Modern Democracy* (Princeton University Press 1994).

Jack Post is semioticus en mediatheoreticus en werkt als universitair docent aan de Faculteit der Cultuurwetenschappen van de Universiteit Maastricht. Hij publiceerde een semiotische studie naar optische effecten in de film (Peters, Leuven 1998) en is momenteel als senior-onderzoeker betrokken bij een NWO-onderzoek naar Digital Games. Zijn huidige onderzoek richt zich op de semiotische analyse van de (zintuiglijke) interactie van de toeschouwer met (nieuwe) media. In het kader van dit onderzoek heeft hij gepubliceerd over diverse onderwerpen zoals computerspellen, websites, filmmarketing, elektronische literatuur, de kijkervaring van de filmtoeschouwer en kermis in de film. Hij bereidt tevens een onderzoek voor naar kunstprogramma's op televisie en met name naar het televisiewerk van de Belgische televisiemaker Jef Cornelis.

Ted Polhemus woont in Londen en is freelance antropoloog, schrijver, journalist, fotograaf, docent en curator. Op het gebied van modetrends en -stijlen is hij ook adviseur voor reclame- en marketingbedrijven. Wereldwijd kreeg Polhemus bekendheid met zijn boeken *Streetstyle: From Sidewalk to Catwalk* – over subculturen door de jaren heen – en *Style Surfing: What to wear in the 3rd Millennium*, over de nieuwe consument die geen mode meer volgt, maar zijn eigen stijl samenstelt uit verschillende stijlen. Hij is curator van de tentoonstelling *Streetstyle* in het Victoria & Albert Museum in London (1994-1995) en van *Style Surfing* in het Bonnefanten Museum in Maastricht (2000). Vorig jaar verscheen het boek *Hot Bodies, Cool Styles*, over lichaamsdecoratie en body-art.

Karin Schacknat is theoriedocente aan de afdeling Modevormgeving van de ArtEZ Academie voor beeldende kunsten Arnhem, freelance docente Mode und Kommunikation aan de Fachhochschule Düsseldorf en freelance publiciste. Na haar studie modevormgeving aan de Hogeschool voor de kunsten Arnhem (tegenwoordig ArtEZ) studeerde zij Nederlandse taal en film- en opvoeringskunsten aan de Katholieke Universiteit Nijmegen. Op haar naam staan verschillende publicaties over mode, kleedgedrag en andere culturele aspecten.

Anneke Smelik is hoogleraar Visuele Cultuur bij de afdeling Algemene Cultuurwetenschappen aan de Radbout Universiteit in Nijmegen. Zij studeerde theater- en filmwetenschap aan de Universiteit Utrecht en promoveerde in 1995 aan de Universiteit van Amsterdam op een proefschrift over vrouwenfilms en filmtheorie. Zij publiceerde onder andere *Effectief beeldvormen. Theorie, analyse en praktijk van beeldvormingsprocessen* (Van Gorcum, Assen 1999, met R. Buikema en M. Meijer) en *And The Mirror Cracked. Feminist Cinema and Film Theory* (Macmillan, London 1998). Haar huidige onderzoek richt zich op science fiction, digitale kunst en de vermenging van technologie en cultuur.

José Teunissen is sinds 1998 als conservator Mode en Kostuums werkzaam bij het Centraal Museum Utrecht en sinds 2002 als Lector Modevormgeving bij ArtEZ hogeschool voor de kunsten (ArtEZ Modelectoraat) in Arnhem. Enkele van haar publicaties zijn *Mode in Beweging. Van modeprent naar modejournaal* (Nederlands Filmmuseum, Amsterdam 1992), *De nieuwe Kleren. Over mode en ecologie* (De Balie, Amsterdam 1993), *De Ideale Vrouw* (in samenwerking met Jan Brand, SUN, Nijmegen/Amsterdam 2004), *Woman By* (Centraal Museum, Utrecht 2003) en *Global Fashion / Local Tradition, over de globalisering van mode* (in samenwerking met Jan Brand, Uitgeverij Terra Lannoo, Warnsveld 2005).

Chris Townsend is kunsthistoricus en als senior onderzoeker verbonden aan de vakgroep Media Arts van Royal Holloway, University of London. Recente publicaties zijn onder andere *Rapture: Art's Seduction by Fashion, 1970 – 2001* (2002), *The Art of Tracey Emin* (co-editor met Mandy Merck, 2002), *The Art of Bill Viola* (editor, 2004) en *The Art of Rachel Whiteread* (editor, 2004). Hij schreef ook vele essays in catalogi. Hij is onder andere curator van de tentoonstelling *Rapture: Art's Seduction by Fashion* (Barbican Art Gallery, 2002) and *The Ugly Show* (Leeds Metropolitan University en andere locaties, 1998).

Barbara Vinken is hoogleraar in de Franse literatuurwetenschap en algemene en vergelijkende literatuurwetenschap aan de Universiteit van München. Vinken is daarnaast onder andere wetenschappelijk adviseur van het tijdschrift *Fashion Theory* (Berg Publishers). Zij schreef diverse boeken, onder andere over mode, feminisme, gender en pornografie. Enkele van haar publicaties: *Mode nach der Mode: Geist und Kleid am Ende des 20. Jahrhunderts* (Fischer, Frankfurt am Main 1993, tweede editie 1994, vertaald in het Engels en uitgegeven in 2004 door Berg Publishers *Postfashion*) en *Stigmata/Körperinschriften* (red. in samenwerking met Bettine Menke, Fink, Paderborn 2004).

Anne van der Zwaag is kunsthistoricus en curator van de tentoonstelling *Extra Forte* (Fort Asperen, 2005), de *Kleurbeurs* (Sikkens Foundation, 2005) en *Het kunstenaarsboek als wetenschappelijke bron* (Centraal Museum, 2003). Zij is tevens betrokken bij de organisatie van verschillende symposia, tentoonstellingen en aanverwante activiteiten in opdracht van onder meer de Universiteit Utrecht, ArtEZ hogeschool voor de kunsten en Open Monumentendag. Als redactielid en auteur is zij betrokken bij publicaties op het gebied van beeldende kunst, mode, 3D design, typografie en cultureel erfgoed.

Colofon

Redactie
  Jan Brand
  José Teunissen
  i.s.m. Anne van der Zwaag

Redactiecoördinatie
  Catelijne de Muijnck

Beeldredactie
  Minke Vos

Auteurs hoofdartikelen
  Rosetta Brooks, Patrizia Calefato, Ginger Gregg Duggan, Akiko Fukai, Henk Hoeks, Eric de Kuyper, Dirk Lauwaert, Ulrich Lehmann, Gilles Lipovetsky, Ted Polhemus, Jack Post, Karin Schacknat, Anneke Smelik, José Teunissen, Chris Townsend, Barbara Vinken

Verantwoording overgenomen artikelen
  – Rosetta Brooks, 'Gezucht en gesteun in Bloomingdale's'
  Dit artikel verscheen eerder met de titel 'Sighs and whispers in Bloomingdale's: A review of a Bloomingdale's mail-order catalogue for their lingerie department' in ZG, nr 3, 1982 en Angela McRobbie (red.), Zoot Suits and Second Hand Dresses, MacMillan, Londen 1988.
  – Ginger Gregg Duggan, 'The Greatest Show on Earth'
  Dit artikel verscheen eerder met de titel 'The Greatest Show on Earth, A look at contemporary fashion shows and their relationship to performance art' in Fashion Theory, Vol. 5, Issue 3, Berg Publishers Oxford, 2001, p. 243-270.
  – Akiko Fukai, 'Japan en de mode'
  Dit artikel verscheen eerder met de titel 'Le Japon et la mode' in: XXIèmeCIEL, Mode in Japan. Nice, Musée des Arts Asiatique, 2003, p. 21-27.
  – Dirk Lauwaert, 'Het moreel en de mode'
  Dit artikel verscheen eerder in De Witte Raaf, editie nr 71, Brussel, januari 1998.
  – Ulrich Lehmann, 'Tigersprung: het modelleren van de geschiedenis'
  Dit essay is een geredigeerde versie van een artikel 'Tigersprung, Fashioning History' dat eerder verscheen in Fashion Theory, Vol. 3, Issue 3, Berg Publishers Oxford, 1999, p. 297-321. Met dank aan Kathryn Earle, van Berg Publishers in Oxford, die zo vriendelijk was ons toestemming te geven de tekst aan te passen.
  – Barbara Vinken, 'De eeuwigheid – een ruche aan een jurk'
  Dit artikel verscheen eerder met de titel 'Eternity, A Frill on the Dress' in: Fashion Theory, Vol. 1, Issue 1, Berg Publishers Oxford, 1997, p. 59-68.

Auteurs lemma's modeontwerpers
  – Nanda van den Berg:
  Nicolas Ghesquière, Alber Elbaz, Alexander van Slobbe
  – Karin Schacknat:
  Guy Bourdin, Dolce & Gabbana, Jean Paul Gaultier, Guccio Gucci, Christian Lacroix, Inez van Lamsweerde, Helmut Newton, Miuccia Prada
  – José Teunissen:
  Viktor & Rolf
  – Anne van der Zwaag:
  Giorgio Armani, Walter van Beirendonck, Bless, Burberry, Hussein Chalayan, Coco Chanel, Comme des Garçons, Sonia Delaunay, Diesel, Ann Demeulemeester, John Galliano, Alexandre Herchcovitch, Tommy Hilfiger, Sophia Kokosalaki, Ralph Lauren, Maison Martin Margiela, Alexander McQueen, Issey Miyake, Lucy Orta, Madame Paquin, Paul Poiret, Mary Quant, Yves Saint Laurent, Elsa Schiaparelli, Gianni Versace, Vivienne Westwood, Junya Watanabe, Bernhard Willhelm, Yohji Yamamoto

Vertalingen
  – Arjen Mulder en Maaike Post:
  Eng - Nl Brooks, Duggan, Lehmann, Townsend, Polhemus, Vinken
  – Bookmakers:
  It - Nl Calefato, Fr - Nl Lipovetsky en Fukai (Japans - Fr Dominique Palmé)

Fotoverantwoording
  American Fine Arts Co., Inc., New York: p. 351, p. 352
  Richard Avedon voor Vogue (1968): p. 34
  Boissonnas en Taponier voor Les Modes (1907): p. 58 (boven)
  CNAC / MNAM Dist. RMN / Droits réservés: p. 378
  CNAC / MNAM Dist. RMN / Philippe Migeat: p. 363, pp. 366-367
  Diesel: p. 163 (links), p. 262, p. 274, p. 275, p. 276, p. 277
  André Durst voor Vogue (1938): p. 59
  Anders Edström: p. 41 (links)
  Peter Eisenman, Silvia Kolbowski: p. 343, p. 348, p. 350
  Marco Fasoli: p. 335
  Marina Faust: p. 37, p. 41 (rechts)
  Jean François: p. 38, p. 298, p. 299 (onder)
  Shoji Fujii: p. 104, p. 105
  Guy Bourdin Estate: pp. 244-245, p. 246, p. 247, p. 248, p. 249, pp. 250-251, p. 252, p. 254
  George Hoyningen-Huene: p. 282
  Hulton Getty Picture Collection: p. 196 (rechts)
  Matt Jones: p. 131

Tatsuya Kitayama: p. 28, p. 40
Micha Klein: p. 155
Hans Kroeskamp: p. 166
Kazumi Kurigami: p. 292
Dan Lecca: p. 273
Les Modes januari 1908 (nr. 85): p. 60 (onder)
Les Modes oktober 1910 (nr. 118): p. 46 (boven)
Christophe Luxereau: p. 171
Guy Moberly: p. 264 (rechts)
Helmut Newton: p. 256, p. 257, p. 258
Sandra Niessen: p. 263 (links)
Port Discovery, Baltimore, USA: p. 85 (links)
Power Plant, Baltimore, USA: p. 83 (rechts)
Ralph Lauren: p. 272 (rechts), p. 282
Man Ray voor Harpers Bazaar (1940): p. 58 (onder)
Léopold Reutlinger voor Les Modes (1904): p. 42
Peter Stigter: omslag, p. 22, p. 35, p. 38 (onder), p. 111, pp. 184-187, pp. 214-215, p. 216, p. 217, p. 220, p. 235, p. 303, p. 311
Ronald Stoops: p. 36
Javier Vallhonrat: p. 51
Marcel van der Vlugt: p. 167 (onder)
Vogue juli 1983: p. 290
www.adje.punt.nl: p. 163 (rechts)

Ontwerp en zetwerk
Roger Willems, Amsterdam
m.m.v. Radim Pesko

Lithografie
Laserline, Hengelo

Druk- en bindwerk
Printer Trento, Trento, Italië

Niets uit deze uitgave mag worden verveelvoudigd en/of openbaar gemaakt door middel van druk, fotokopie, microfilm op welke wijze dan ook, zonder voorafgaande schriftelijke toestemming van de uitgever.

De uitgever heeft ernaar gestreefd de rechten met betrekking tot de illustraties volgens de wettelijke bepalingen te regelen. Degenen die desondanks menen zekere rechten te kunnen doen gelden, kunnen zich alsnog tot de uitgever wenden. De publicatierechten van werken van beeldende kunstenaars aangesloten bij een CISAC-organisatie zijn geregeld met Beeldrecht Amsterdam.

Deze publicatie werd mogelijk gemaakt door een financiële bijdrage van de Mondriaan Stichting en Fonds BKVB, het Prins Bernhard Cultuurfonds en het VSBfonds.

© 2006 Uitgeverij Terra Lannoo BV en ArtEZPress

Uitgeverij Terra
Postbus 614, 6800 AP Arnhem
info@terralannoo.nl
www.terralannoo.nl
Uitgeverij Terra maakt deel uit van de Lannoo-groep, België

ArtEZPress
Postbus 49, 6800 AA Arnhem
www.artez.nl
ArtEZPress maakt deel uit van ArtEZ hogeschool voor de kunsten

derde druk, 2007

ISBN 90 5897 510 X – NUR 452

Dit boek is tevens verkrijgbaar in het Engels (ISBN 90-5897-511-8)